Manual de Preguntas, Respuestas y Explicaciones de Preparación para el Examen CISM®

10ª edición

CISM Certified Information Security Manager®
Una certificación ISACA®

ISACA®

Acerca de ISACA

Durante más de 50 años, ISACA® (*www.isaca.org*) ha promovido el talento, la experiencia y el aprendizaje en tecnología. ISACA proporciona a sus asociados conocimiento, credenciales, educación y una comunidad para progresar en sus carreras profesionales y transformar sus organizaciones, y permite que las empresas formen y desarrollen equipos de calidad. Entre estas credenciales, ISACA promueve y valida las habilidades y conocimientos críticos para el negocio mediante credenciales respetadas a nivel global como Certified Information Systems Auditor® (CISA®), Certified in Risk and Information Systems Control®(CRISC®), Certified Information Security Manager® (CISM®), Certified in the Governance of Enterprise IT® (CGEIT®) y Certified Data Privacy Solutions Engineer™ (CDPSE™). ISACA es una asociación global de profesionales y una organización de aprendizaje que aprovecha la experiencia de sus 145.000 miembros que trabajan en seguridad de la información, gobierno, aseguramiento, riesgo y privacidad para impulsar la innovación a través de la tecnología. Está presente en 188 países, con más de 220 capítulos a nivel mundial.

Descargo de responsabilidad

ISACA ha diseñado y creado el *Manual de Preguntas, Respuestas y Explicaciones de Preparación para el Examen CISM 10ª edición*, principalmente, como un recurso educativo para ayudar a las personas a prepararse para tomar el examen de certificación CISM. Este documento se ha realizado por separado del Examen CISM y del Comité de Certificación de CISM, el cual no se responsabiliza por su contenido. Las copias de exámenes pasados no se han divulgado públicamente ni se han puesto a disposición de ISACA para la preparación de esta publicación. ISACA no hace manifestaciones o da garantías de ningún tipo con respecto a estas u otras publicaciones de ISACA que garanticen la aprobación del examen CISM por parte de los candidatos.

ISACA
1700 E. Golf Road, Suite 400
Schaumburg, IL 60173, EE. UU.
Teléfono: +1.847.660.5505
Fax: +1.847.253.1755
Contacto: support.isaca.org
Sitio web: www.isaca.org

Participe en los foros en línea de ISACA: https://engage.isaca.org/onlineforums
Twitter: http://twitter.com/ISACANews
LinkedIn: www.linkedin.com/company/isaca
Facebook: www.facebook.com/ISACAGlobal
Instagram: www.instagram.com/isacanews/

ISBN 978-1-60420-927-3
Manual de Preguntas, Respuestas y Explicaciones de Preparación para el Examen CISM® 10ª Edición
Impreso en los Estados Unidos de América

PREFACIO

ISACA se complace en ofrecer las 1000 preguntas que contiene este *Manual de Preguntas, Respuestas y Explicaciones de Preparación para el Examen CISM® 10ª Edición*. El propósito de este manual es proporcionar al candidato CISM ejemplos de preguntas y temas de prueba para ayudarle a prepararse y estudiar para el examen CISM.

Este manual consta de 1000 preguntas de estudio con opciones múltiples, respuestas y explicaciones, que están organizadas según los dominios de la práctica laboral de CISM recientemente revisada (vigentes para 2022). Estas preguntas, respuestas y explicaciones están diseñadas para introducir a los candidatos a CISM a los tipos de preguntas que aparecen en el examen CISM. No son las preguntas reales del examen. Algunos de estos ítems aparecieron en ediciones anteriores del *Manual de Preguntas, Respuestas y Explicaciones de Preparación para el Examen CISM®*, pero muchos se han escrito de nuevo o se han mejorado para que sean más representativos de los ítems del examen real y para ofrecer una mayor aclaración o reflejar un cambio en la práctica. Las 1000 preguntas están ordenadas por dominios de CISM. Además, se han extraído 150 preguntas para ofrecer un examen de muestra con preguntas en la misma proporción que la práctica profesional actual del CISM. El candidato también puede obtener una copia del *Manual de Preparación para el Examen CISM® 16.ª Edición*, que ofrece los conocimientos base del CISM.

Al menos cada cinco años se lleva a cabo un estudio de práctica laboral para garantizar que la certificación está actualizada y es relevante. En el apartado titulado Nueva Práctica Laboral del CISM encontrará más información relacionada con la nueva práctica laboral.

ISACA ha elaborado esta publicación como un recurso educativo para ayudar a las personas que se preparan para realizar el examen examen CISM. Fue producido independientemente del grupo de trabajo de certificación de CISM, el cual no se responsabiliza de su contenido. Las copias de los exámenes anteriores no se publican y no están disponibles para los candidatos. ISACA no hace manifestaciones ni da garantías de ningún tipo en relación con estas u otras publicaciones de ISACA ni del IT Governance Institute® que garanticen a los candidatos la aprobación del examen CISM.

ISACA le desea éxito en el examen CISM. Su compromiso para obtener la certificación líder para gestores de seguridad de la información es ejemplar y agradecemos sus comentarios y sugerencias sobre el uso y la cobertura de este manual. Una vez que haya completado el examen, por favor dedique unos momentos a completar la evaluación en línea que corresponde a esta publicación (*www.isaca.org/studyaidsevaluation).* Sus observaciones serán valiosas para cuando se preparen nuevas preguntas, respuestas y explicaciones.

Esta página se ha dejado en blanco deliberadamente

AGRADECIMIENTOS

El *Manual de Preguntas, Respuestas y Explicaciones de Preparación para el Examen CISM® 10ª Edición* es el resultado de los esfuerzos colectivos de muchos voluntarios durante los últimos años. Los miembros de ISACA profesionales de la gestión de seguridad de la información de todo el mundo participaron ofreciendo generosamente su talento y pericia. Este equipo internacional ha mostrado un espíritu altruista que se ha convertido en la marca de los contribuyentes de este valioso manual. Agradecemos sinceramente su participación y sus opiniones.

Nos gustaría dar las gracias al Equipo de aseguramiento de la calidad de CISM 2021 por su duro trabajo y dedicación para actualizar y mejorar este manual.

Esta página se ha dejado en blanco deliberadamente

ÍNDICE

Esta página se ha dejado en blanco deliberadamente

NUEVA PRÁCTICA LABORAL DEL CISM

A PARTIR DE 2022, EL EXAMEN CISM EXAMINARÁ LA NUEVA PRÁCTICA LABORAL DEL CISM.

Al menos cada cinco años se lleva a cabo un análisis de práctica laboral internacional para mantener la validez y relevancia del programa de certificación CISM. Una nueva práctica laboral conforma la base del examen CISM que comienza a principios de 2022.

La práctica laboral se centra sobre todo en las tareas actuales que se llevan a cabo y el conocimiento empleado por los CISM. La recopilación de las prácticas laborales actuales de los CISM permite a ISACA garantizar que el programa de CISM siga cumpliendo con los altos estándares establecidos para la certificación de profesionales de todo el mundo.

Los resultados del análisis de las prácticas de trabajo de CISM se consideran cuidadosamente e influyen directamente en el desarrollo de las nuevas especificaciones de las pruebas para garantizar que el examen CISM refleje las mejores prácticas más actuales.

La nueva práctica profesional de 2022 refleja las áreas de estudio que deben evaluarse. La tabla siguiente la compara con la práctica laboral anterior. La práctica laboral del CISM completa se puede encontrar en *www.isaca.org/credentialing/cism/cism-job-practice-áreas.*

Práctica laboral CISM anterior	Nuevas prácticas laborales CISM 2022
Dominio 1: Gobierno de seguridad de la información (24 %)	**Dominio 1: Gobierno de seguridad de la información (17%)**
Dominio 2: Gestión de riesgos de la información (30 %)	**Dominio 2: Gestión de riesgos de la seguridad de la información (20%)**
Dominio 3: Desarrollo y gestión del programa de seguridad de la información (27 %)	**Dominio 3: Programa de seguridad de la información (33 %)**
Dominio 4: Gestión de incidentes de seguridad de la información (19 %)	**Dominio 4: Gestión de incidentes de seguridad (30 %)**

Esta página se ha dejado en blanco deliberadamente

INTRODUCCIÓN

El examen CISM evalúa el conocimiento práctico de un candidato, que incluye la experiencia y la aplicación, de los dominios de la práctica laboral. Recomendamos que el candidato al examen recurra a múltiples recursos para prepararse el examen, incluidos en el *Manual de Preguntas, Respuestas y Explicaciones de Preparación para el Examen CISM® (QAE)* o la base de datos, junto con publicaciones externas. Esta sección incluirá algunos consejos para estudiar para el examen y cuál es la mejor manera de utilizar este Manual de QAE junto con otros recursos.

PRIMEROS PASOS

Es esencial contar con el tiempo adecuado para prepararse para el examen CISM. La mayoría de los candidatos dedica entre tres y seis meses de estudio antes de presentarse al examen. Asegúrese de reservarse un tiempo designado cada semana para estudiar, que puede aumentar a medida que se acerque la fecha del examen.

Desarrollar un plan de estudio también puede ayudarlo a hacer un uso más eficaz de su tiempo antes de presentarse al examen.

ACERCA DE ESTE MANUAL

EL *Manual QAE del CISM* proporciona preguntas similares a las que se incluyen en el examen CISM. Estas se han elaborado utilizando los enunciados de tareas y conocimientos descritos en la práctica laboral del CISM.

Este manual consta de 1000 preguntas de opción múltiple, respuestas y explicaciones. Estas preguntas se seleccionan y ofrecen en dos formatos.

Preguntas ordenadas por dominio

Las preguntas, las respuestas y las explicaciones se proporcionan (clasificadas) por los cuatro dominios de práctica laboral de CISM. Esto permite al candidato CISM referirse a preguntas específicas para evaluar la comprensión de los temas cubiertos dentro de cada dominio. Estas preguntas son representativas de las preguntas CISM, aunque no son elementos reales del examen. Se incluyen para asistir al candidato a CISM en la comprensión del material en el *Manual de Preparación para el Examen CISM® 16.ª Edición* y para mostrar el tipo de formato de preguntas que se encuentra típicamente en el examen CISM. El número de preguntas, respuestas y explicaciones que se proporcionan en esta publicación para los cuatro capítulos de dominios ofrecen al candidato CISM con un número máximo de preguntas de estudio.

Examen de muestra

También se proporciona en este manual un examen de muestra aleatorio de 150 preguntas. **Este examen está organizado según los porcentajes de los dominios especificados en la práctica laboral CISM y utilizados en el examen CISM:**

Gobierno de seguridad de la información	17 por ciento
Gestión de riesgo de la seguridad de la información	20 por ciento
Programa de seguridad de la información	33 por ciento
Gestión de incidentes	30 por ciento

Se exhorta a los candidatos a utilizar este ejemplo de examen y las hojas de respuestas proporcionadas para simular un examen real. Hay dos formas principales de utilizar este modelo de examen. El primero es como una prueba preliminar que se hace antes de realizar cualquier estudio adicional. El examen de muestra en el Manual QAE tiene la misma longitud que el examen CISM real, a diferencia de la autoevaluación de CISM, que es una herramienta de autoevaluación simplificada. La prueba preliminar puede ayudarle a determinar los dominios que menos conoce.

También puede ayudarle a orientarse sobre los tipos de preguntas que puede encontrar en su estudio y durante el examen.

La segunda forma de utilizar el modelo de examen es como prueba posterior. Esto le ayudará a determinar la efectividad de sus esfuerzos de estudio a medida que se acerca la fecha del examen. Los resultados de la prueba pueden ayudarle para centrarse en los dominios o conocimientos relacionados que requieren una preparación adicional antes de presentarse al examen.

Las modelos de hojas de respuestas de examen se proporcionan para ambos usos. Además, se incluye un ejemplo de respuesta/clave de referencia del examen Estos ejemplos de preguntas de examen tienen referencias cruzadas a las preguntas, las respuestas y las explicaciones por dominio, por lo que es conveniente consultar las explicaciones de las respuestas correctas. Esta publicación es ideal para utilizarla junto con el *Manual de Preparación para el Examen CISM® 16.ª Edición.*

Se debe tener en cuenta que el *Manual de Preguntas, Respuestas y Explicaciones de Preparación para el Examen CISM® 10ª Edición* se desarrolló para ayudar al candidato a CISM a estudiar y prepararse para el examen CISM. Cuando utilice esta publicación para prepararse para el examen, por favor tenga en cuenta que la misma cubre un amplio espectro de temas sobre gestión de la seguridad de la información. No asuma que la lectura y el trabajo de las preguntas de este manual le prepararán completamente para el examen. Debido a que las preguntas del examen a menudo se relacionan con la experiencia práctica, le recomendamos que se refiera a su propia experiencia y a otras publicaciones mencionadas en el *Manual de Preparación para el Examen CISM® 16.ª Edición.* Estas referencias adicionales son excelentes fuentes de información más detallada y aclaraciones. Es recomendable que los candidatos identifiquen los dominios de la práctica laboral en los que se sientan débiles o que requieran una mayor comprensión, y estudien en consecuencia.

TIPOS DE PREGUNTAS EN EL EXAMEN CISM

Las preguntas del examen CISM se desarrollan con el fin de medir y evaluar el conocimiento práctico, así como la aplicación de principios y normas de gestión de seguridad de la información. Todas las preguntas se presentan en formato de opción múltiple y están diseñadas para la única mejor respuesta.

Se advierte al candidato que debe leer cuidadosamente cada pregunta. Muchas veces una pregunta del examen CISM requerirá que el candidato elija la respuesta apropiada que es la **MÁS** probable o la **MEJOR**, o se le puede pedir que elija una práctica o procedimiento que realizaría **PRIMERO** en relación con las otras respuestas. En cada caso, el candidato debe leer la pregunta cuidadosamente, eliminar las respuestas que sean claramente incorrectas y luego hacer la mejor elección posible. Saber que se formulan estos tipos de preguntas y cómo estudiar para contestarlas ayudará en gran medida a responderlas correctamente. La mejor respuesta es una de las opciones proporcionadas. Pueden existir muchas soluciones posibles a los escenarios planteados en las preguntas, dependiendo de la industria, la ubicación geográfica, etc. Es recomendable considerar la información provista en la pregunta y determinar la mejor respuesta de las opciones proporcionadas.

Todas las preguntas del examen CISM plantean un problema (pregunta) y cuatro opciones (selecciones de respuesta). Se pide al candidato que elija la respuesta correcta o la mejor respuesta entre las opciones. El enunciado se puede formular como una pregunta o como un enunciado incompleto. En algunos casos, también puede incluirse un escenario o una descripción. Estas preguntas normalmente incluyen la descripción de una situación y requieren que el candidato conteste a dos o más preguntas basándose en la información suministrada.

Una estrategia útil para responder a estas preguntas es la siguiente:

- Leer toda la pregunta y determinar lo que se pide. Buscar las palabras clave, como "MEJOR", "MÁS", "PRIMERO", etc., y los términos clave que puedan indicar qué dominio o concepto se evalúa.
- Leer todas las opciones, y a continuación, vuelva a leer la pregunta para ver si puede eliminar alguna de las opciones basándose en su comprensión inmediata de la pregunta.
- Volver a leer las opciones restantes y aportar cualquier experiencia personal para determinar cuál es la mejor respuesta a la pregunta.

Otra condición que debe considerar el candidato durante su preparación para el examen es reconocer que la seguridad de la información constituye una profesión global, y que las percepciones y experiencias individuales pueden no reflejar la posición o circunstancia más global. Dado que el examen y los manuales de CISM se redactan para la comunidad internacional de seguridad de la información, el candidato debe tener una actitud flexible cuando lea una condición que pueda ser contraria a su experiencia. Se debe tener en cuenta que las preguntas del examen CISM son formuladas por experimentados responsables de seguridad de la información de todo el mundo. Cada pregunta del examen la revisa el Grupo de trabajo de desarrollo de preguntas para el examen CISM de ISACA, que está formado por miembros internacionales. Esta representación geográfica garantiza que todas las preguntas del examen sean entendidas de la misma manera en todos los países y en todos los idiomas.

Las sugerencias para mejorar el manual o las preguntas relacionadas con los contenidos se deben enviar a *studymaterials@isaca.org.*

Esta página se ha dejado en blanco deliberadamente

PRUEBA PRELIMINAR

Si desea realizar una prueba preliminar para determinar sus fortalezas y debilidades, el ejemplo de examen comienza en la página 417 y la hoja de respuestas de esta prueba preliminar se encuentra en la página 436. Puede calificar su prueba preliminar con la clave de respuesta y referencia del examen de muestra en la página 440.

Esta página se ha dejado en blanco deliberadamente

PREGUNTAS, RESPUESTAS Y EXPLICACIONES POR DOMINIO

DOMINIO 1: GOBIERNO DE SEGURIDAD DE LA INFORMACIÓN (17%)

1. ¿Cuál de las siguientes es la forma **MÁS** efectiva de asegurarse que se resuelva el incumplimiento de las normas de la seguridad de la información?
   A. Auditorías periódicas de las áreas que no cumplen
   B. Un programa de escaneo permanente de vulnerabilidades
   C. Entrenamiento anual en la concienciación de la seguridad
   D. Informes periódicos al comité de auditoría

D es la respuesta correcta.

Justificación:

A. Las auditorías periódicas pueden ser efectivas, pero únicamente cuando se combinan con la presentación de informes.
B. El escaneo de vulnerabilidades tiene poco que ver con el incumplimiento de las normas.
C. El entrenamiento puede aumentar la concienciación de la gerencia en relación con la seguridad de la información, pero la concienciación no suele ser tan convincente para la gerencia como tener nombres individuales destacados en un informe de cumplimiento.
D. Informar del incumplimiento al comité de auditoría es la forma más eficaz para que las partes implicadas tomen las medidas adecuadas para lograr el cumplimiento.

2. El compromiso y apoyo de la alta gerencia hacia la seguridad de la información se puede obtener **MEJOR** a través de presentaciones que:
   A. usen ejemplos ilustrativos de ataques efectivos.
   B. expliquen el riesgo técnico para la empresa.
   C. evalúen los objetivos de la empresa tomando como referencia las buenas prácticas de seguridad.
   D. vinculen el riesgo de seguridad con los objetivos clave del negocio.

D es la respuesta correcta.

Justificación:

A. La alta gerencia puede no estar tan interesada en los ejemplos de ataques efectivos si no están asociados con el impacto sobre el entorno y los objetivos de negocio.
B. La alta gerencia no estará tan interesada en los riesgos técnicos para la empresa si estos no están ligados al impacto sobre el entorno y los objetivos del negocio.
C. Las buenas prácticas de la industria pueden ser importantes para la alta gerencia siempre que sean relevantes para la empresa y sus objetivos de negocio; sin embargo, no es el mejor método para conseguir su compromiso y apoyo a la seguridad de la información.
D. Vincular el riesgo de seguridad a los objetivos clave de negocio es la mejor opción para obtener el compromiso y apoyo de la alta gerencia, de la inversión en seguridad en relación con la consecución de los objetivos clave de negocio.

3. La función **MÁS** apropiada de la alta gerencia en apoyo a la seguridad de la información es:

A. la evaluación de los proveedores que ofrecen productos de seguridad.
B. la evaluación del riesgo para la empresa
C. la aprobación de políticas y financiamiento.
D. desarrollar normas suficientes para lograr que el riesgo sea aceptable.

C es la respuesta correcta.

Justificación:

A. La evaluación de los proveedores es responsabilidad del responsable de seguridad de la información; sin embargo, no es un rol de la alta gerencia en su apoyo a la seguridad de la información. La alta gerencia puede participar en la evaluación de los proveedores en algunas empresas, pero su rol principal es establecer la dirección de las actividades comerciales de la empresa, la supervisión y el gobierno.
B. La evaluación del riesgo es responsabilidad del director de seguridad de la información y no es un rol para la alta gerencia en su apoyo a la seguridad de la información.
C. Las políticas son una declaración de intenciones y de dirección de la alta gerencia que deben ser aprobadas por ésta. También debe proporcionar suficiente financiación para conseguir los objetivos seguridad de la información de la empresa. Esta es la función más apropiada de la alta gerencia en apoyo a la seguridad de la información.
D. El desarrollo de las normas que cumplen las intenciones de las políticas es una función del gestor de seguridad de la información y no es un rol para la alta gerencia en su apoyo a la seguridad de la información.

4. ¿Cuál de los siguientes sería el **MEJOR** indicador de un gobierno eficaz de la seguridad de la información en una empresa?

A. El comité de dirección aprueba los proyectos de seguridad.
B. Se brinda capacitación sobre política de seguridad a todos los gerentes.
C. La capacitación sobre seguridad se encuentra disponible para todos los empleados en la intranet.
D. El personal de TI recibe formación sobre la realización de pruebas y la aplicación de los parches necesarios.

A es la respuesta correcta.

Justificación:

A. La existencia de un comité de dirección que aprueba todos los proyectos de seguridad es el mejor indicador de un programa de gobierno efectivo. Para garantizar la participación de todas las partes afectadas por las consideraciones de seguridad, muchas empresas recurren a un comité directivo compuesto por altos representantes de los grupos afectados. Esta composición ayuda a lograr el consenso sobre las prioridades y los compromisos y sirve como un canal efectivo de comunicaciones para asegurar la alineación del programa de seguridad con los objetivos de negocio.
B. La capacitación o formación en la política de seguridad para todos los responsables es importante en todos los niveles de la empresa, pero no es el mejor indicador de un gobierno efectivo. El comité de dirección debe dirigir y aprobar el programa de formación como un proyecto de seguridad.
C. La disponibilidad de una formación de seguridad para todos en la intranet, aunque puede resultar beneficiosa para el programa de seguridad general, no es el mejor indicador de un gobierno efectivo, ya que es una actividad operativa de la seguridad de la información. La formación en materia de seguridad debe ser guiada y aprobada como proyecto de seguridad por el comité de dirección.
D. Incluso las empresas con poco gobierno general pueden ser efectivas a la hora de añadir parches a los sistemas de manera oportuna, pero esto no es el mejor indicador de un gobierno efectivo. Las pruebas y la aplicación de parches es una actividad operativa de la seguridad de la información y no forma parte del gobierno.

5. El gobierno de seguridad de la información se ve impulsado **PRINCIPALMENTE** por:
   A. restricciones de tecnología.
   B. requisitos regulatorios.
   C. potencial de litigios.
   D. estrategia del negocio.

D es la respuesta correcta.

Justificación:

A. Las restricciones tecnológicas no son los principales impulsores del gobierno de la seguridad de la información, aunque se pueden tener en cuenta a la hora de desarrollar el gobierno y planificar la estrategia.
B. Los requisitos regulatorios no son los impulsores principales del gobierno de la seguridad de la información, estos requisitos son abordados por el gobierno y pueden afectar a la manera en la que se desarrolla la estrategia de gobierno.
C. El potencial de litigios suele ser un aspecto del riesgo de responsabilidad y una consideración para el gobierno de la seguridad de la información, pero no es un motor principal.
D. La estrategia de negocio es el motor principal del gobierno de la seguridad de la información porque la seguridad se debe alinear con los objetivos de negocio de la empresa, tal y como se establece en la estrategia de negocio.

6. ¿Cuál es la **MEJOR** prueba de un programa de seguridad de la información maduro?
   A. Existe una evaluación y análisis del riesgo exhaustivo.
   B. Existe el desarrollo de una arquitectura de seguridad física.
   C. Existe una declaración de aplicabilidad de los controles.
   D. Existe una estrategia eficaz de seguridad de la información.

D es la respuesta correcta.

Justificación:

A. La evaluación y el análisis del riesgo son necesarios para desarrollar una estrategia y proporcionarán cierta información necesaria para desarrollarla, pero no definirán el alcance y la carta del programa de seguridad.
B. Una arquitectura de seguridad física es parte de una implementación.
C. La declaración de aplicabilidad es parte de la implementación de estrategias usando la ISO/IEC 27001 o 27002 después determinar el alcance y las responsabilidades del programa.
D. El proceso de desarrollo de las estructuras de gobierno de la seguridad de la información, lograr la adopción por parte de la organización y desarrollo de una estrategia de implementación, definirán el alcance y las responsabilidades del programa de seguridad.

7. Las inversiones en tecnologías de seguridad de la información deben basarse en:

   A. evaluaciones de vulnerabilidades.
   B. análisis de valor.
   C. clima de negocio.
   D. recomendaciones de auditoría.

B es la respuesta correcta.

Justificación:

   A. Las evaluaciones de vulnerabilidades son útiles, pero no proporcionan información que ayude a determinar si el coste de la tecnología está justificado.
   B. Las inversiones en tecnologías de seguridad deben estar basadas en un análisis de valor y un caso de negocio sólido. El análisis de valor proporciona una evaluación de que las características del producto consideran el caso de negocio y que el coste no es superior al impacto del riesgo de seguridad que se mitiga.
   C. El valor demostrado tiene prioridad sobre el negocio actual porque el entorno cambia constantemente.
   D. Basar las decisiones solo en las recomendaciones de auditoría sería reactivo por naturaleza y podría no abordar completamente las necesidades clave del negocio.

8. ¿Cuál de las siguientes opciones es el **MAYOR** factor de éxito para gestionar eficazmente la seguridad de la información?

   A. Un presupuesto adecuado
   B. Una autoridad de nivel superior o mayor rango
   C. Una tecnología robusta o sólida
   D. Relaciones de negocio efectivas

D es la respuesta correcta.

Justificación:

   A. Un presupuesto adecuado es importante, pero sin la cooperación y el apoyo de la Dirección, es poco probable que el programa de seguridad sea efectivo.
   B. La autoridad de alto nivel puede ser útil para comunicar a los niveles organizativos adecuados, pero la seguridad eficaz requiere persuasión, cooperación y funcionamiento en colaboración.
   C. Una buena tecnología y una red robusta ayudarán sin duda a que la seguridad sea eficaz, pero son sólo una parte de lo que se necesita.
   D. El apoyo para la seguridad de la información desde la Dirección es esencial para un programa de seguridad efectivo. Esto requiere desarrollar buenas relaciones en toda la empresa y, en particular, con los directivos influyentes.

9. ¿Cuál de las siguientes es una característica de la gestión centralizada de la seguridad de la información?

   A. Más caro de administrar
   B. Mayor adhesión a las políticas
   C. Mejor capacidad de respuesta a las necesidades de las unidades de negocio.
   D. Mayor rapidez en la resolución de las solicitudes

B es la respuesta correcta.

Justificación:

A. La gestión centralizada de seguridad de la información es generalmente menos costosa de administrar debido a las economías de escala.

B. La centralización de la gestión de la seguridad de la información permite una mayor uniformidad y un mejor cumplimiento de las políticas de seguridad.

C. Con una gestión de la seguridad de la información centralizada, la seguridad de la información suele responder menos a las necesidades específicas de las unidades de negocio debido a la mayor separación y a la mayor burocracia entre el departamento de seguridad de la información y los usuarios finales.

D. Con la gestión centralizada de seguridad de la información, la respuesta puede ser más lenta debido a una mayor separación y más burocracia entre el departamento de seguridad de la información y los usuarios finales.

10. Una implementación con éxito del gobierno de seguridad de la información requerirá **PRIMERO**:

   A. formación en la concienciación de la seguridad.
   B. políticas de seguridad actualizadas.
   C. un equipo de gestión de incidentes de seguridad informáticos.
   D. una arquitectura de seguridad.

B es la respuesta correcta.

Justificación:

A. La formación en la concienciación de la seguridad promoverá las políticas, procedimientos y el uso apropiado de los mecanismos de seguridad, pero no precederá a la implementación del gobierno de la seguridad de la información.

B. Es necesario políticas de seguridad actualizadas para alinear los objetivos de negocio de la dirección con los procesos y procedimientos de seguridad Los objetivos de gestión se traducen en la política, y la política se traduce en normas y procedimientos.

C. Un equipo de gestión de incidentes de seguridad no será el primer requisito para la implementación del gobierno de seguridad de la información y puede existir incluso si el gobierno formal es mínimo.

D. El gobierno de seguridad de la información proporciona la base para la arquitectura y se debe implementar antes de que se desarrolle una arquitectura de seguridad.

11. ¿Cuál de las siguientes personas estaría en la **MEJOR** posición para patrocinar la creación de un equipo de dirección de seguridad de la información?
    A. Gerente de seguridad de la información
    B. Director de operaciones
    C. Auditor interno
    D. Asesor legal

B es la respuesta correcta.

Justificación:

A. Patrocinar la creación del comité de dirección lo debe iniciar alguien experimentado en la estrategia y dirección del negocio. Un gerente de seguridad acudiría a este grupo en busca de dirección y por tanto no estaría en la mejor posición para supervisar la formación de este grupo.
B. El director de operaciones (COO) representa a la alta dirección, que es responsable de ofrecer apoyo a las iniciativas de seguridad de la información con un tono positivo desde la parte superior. El grupo de dirección de seguridad de la información debería estar patrocinado por el COO (alta dirección), porque esta persona tiene la autoridad (y la responsabilidad) para dirigir la participación de los jefes de las unidades de negocio y autorizar el mandato o los estatutos.
C. El auditor interno puede ser un miembro del grupo de dirección, pero no tiene la autoridad para tomar decisiones o emprender acciones para supervisar la creación del comité.
D. El asesor legal puede ser un miembro de un grupo de dirección, pero no tiene la autoridad para tomar decisiones o emprender acciones para supervisar la creación del comité.

12. ¿Cuál de los siguientes factores es el **MÁS** significativo al determinar el apetito de riesgo de una empresa?
    A. La naturaleza y el alcance de las amenazas
    B. Las políticas organizacionales
    C. La estrategia general de seguridad
    D. La cultura organizacional

D es la respuesta correcta.

Justificación:

A. El entorno de amenazas cambia continuamente y la identificación de riesgos para la empresa no determina su apetito o sus límites tolerables.
B. Las políticas se redactan para apoyar los objetivos y los parámetros del negocio, y pueden hacer referencia al apetito de riesgo, pero como no son un valor constante, el apetito de riesgo se debe determinar en el transcurso de una evaluación del riesgo.
C. El apetito de riesgo es un dato para la estrategia de la seguridad porque la estrategia está enfocada parcialmente en mitigar el riesgo hasta niveles aceptables.
D. El grado de rechazo al riesgo o de agresividad al riesgo, en el contexto de la capacidad objetiva de la empresa para recuperarse de las pérdidas, es el principal factor para determinar la propensión al riesgo.

13. ¿Cuándo se debería emitir una petición de propuestas?

A. En la etapa de viabilidad de un proyecto
B. Tras la aprobación del proyecto por la administración
C. Previo al desarrollo del presupuesto de un proyecto
D. Cuando se desarrolla el caso de negocio

C es la respuesta correcta.

Justificación:

A. La evaluación de la viabilidad de un proyecto involucra diversos factores que se deben determinar antes de emitir una petición de propuesta (RFP).
B. Un RFP es un documento que se distribuye a los proveedores requiriéndoles que envíen una propuesta para desarrollar o proporcionar una solución. La aprobación final por parte de la dirección es probable que ocurra después de recibir las respuestas a una RFP.
C. El desarrollo del presupuesto de un proyecto depende de las respuestas a una RFP.
D. El caso de negocio puede desarrollarse como parte de la determinación de la viabilidad, lo cual ocurre previo a la emisión de la RFP.

14. ¿Cuál de las siguientes opciones es la **MÁS** apropiada para incluir en una estrategia de seguridad de la información?

A. Los controles de negocio designados como controles clave
B. Procesos, métodos, herramientas y técnicas de seguridad
C. Conjuntos de reglas de cortafuegos, parámetros por defecto de red y parámetros de sistema de detección de intrusos
D. Estimaciones de presupuesto para adquirir herramientas específicas de seguridad

B es la respuesta correcta.

Justificación:

A. Los controles del negocio clave son solo una parte de la estrategia de seguridad y deben estar relacionados con los objetivos de negocio.
B. Un conjunto de objetivos de seguridad apoyados por procesos, métodos, herramientas y técnicas constituye una estrategia de seguridad.
C. Los conjuntos de reglas de cortafuegos, los parámetros de red por defecto y los parámetros del sistema de detección de intrusos son detalles técnicos sujetos a cambio periódico, y no son el contenido apropiado para un documento de estrategia.
D. Los presupuestos generalmente no están incluidos en una estrategia de seguridad de la información. Adicionalmente, hasta que no se formule y aplique la estrategia de seguridad de la información, no se identificarán las herramientas específicas y no se dispondrá de estimaciones de costes concretas.

15. Un gerente de seguridad de la información puede conseguir **MEJOR** el compromiso y el apoyo de la alta gerencia enfatizando en:

    A. el riesgo organizacional.
    B. las métricas de desempeño.
    C. las necesidades de seguridad.
    D. las responsabilidades de las unidades organizacionales.

A es la respuesta correcta.

Justificación:

- **A. La seguridad de la información existe para hacer frente a los riesgos para la empresa que pueden impedir el logro de sus objetivos. El riesgo organizacional será el argumento más convincente para conseguir el compromiso y el apoyo de la dirección.**
- B. Las métricas de desempeño solo proporcionarán información y conocimientos operacionales sobre la función de la seguridad de la información, pero no sobre el valor del negocio, que enfatizará una necesidad que constituye la base del apoyo de la alta dirección.
- C. El responsable de seguridad de la información debe identificar las necesidades de seguridad de la información basado en las necesidades organizacionales; sin embargo, las necesidades de seguridad por sí solas no son el factor en el que hay que hacer hincapié para conseguir el compromiso de la alta gerencia.
- D. Identificar las responsabilidades organizacionales es una tarea para la dirección y no está relacionada con el objetivo de conseguir el compromiso de la alta dirección con la seguridad de la información.

16. ¿Cuál de las siguientes funciones representaría un conflicto de intereses para un gerente de seguridad de la información?

    A. Evaluación de terceros solicitando conectividad
    B. Evaluación de la adecuación de planes de recuperación de desastre
    C. Aprobación final de las políticas de seguridad de la información
    D. Supervisión del acatamiento de los controles físicos de seguridad

C es la respuesta correcta.

Justificación:

- A. La evaluación de terceros que solicitan conectividad es una práctica aceptable y no presenta ningún conflicto de interés.
- B. La evaluación de los planes de recuperación de desastres es una práctica aceptable y no presenta ningún conflicto de interés.
- **C. Como la alta gerencia es en última instancia responsable de seguridad de la información, debe aprobar las declaraciones de política de seguridad de la información; el responsable de seguridad de la información no debe tener la aprobación final porque representaría un conflicto de intereses.**
- D. El control de la adhesión a los controles de la seguridad física es una práctica aceptable y no presenta ningún conflicto de interés.

17. ¿Cuál de las siguientes situaciones se debe corregir **PRIMERO** para asegurar un gobierno efectivo de seguridad de la información en una empresa?
    A. El departamento de seguridad de la información tiene dificultad para llenar las vacantes.
    B. El director de operaciones aprueba los cambios de política de seguridad.
    C. El comité de supervisión de seguridad de la información solo se reúne trimestralmente.
    D. El gerente del centro de datos tiene la autorización final de todos los proyectos de seguridad.

D es la respuesta correcta.

Justificación:

A. La dificultad en llenar las vacantes no es infrecuente debido a la escasez de profesionales cualificados en seguridad de la información.
B. Es importante que alguien de la alta dirección, como el director de operaciones, apruebe las políticas de seguridad para asegurarse de que sean acordes con la intención y dirección de la gerencia.
C. No es inapropiado que un comité de supervisión o de dirección se reúna trimestralmente.
D. Debe existir un comité de dirección que apruebe todos los proyectos de seguridad. El hecho de que el director del centro de datos tenga la aprobación final de todos los proyectos de seguridad indica que no se está usando un comité de dirección y que la seguridad de la información está relegada a un lugar subordinado en la empresa. Esto indicaría un fallo del gobierno de seguridad de la información y sería necesario corregirlo primero.

18. ¿Cuál de los siguientes requisitos tendría el nivel de prioridad **MÁS BAJO** en seguridad de información?
    A. Técnicos
    B. Regulatorios
    C. Privacidad
    D. Negocio

A es la respuesta correcta.

Justificación:

A. Las prioridades en materia de seguridad de la información pueden a veces prevalecer sobre las especificaciones técnicas, que deben entonces reescribirse para ajustarse a las normas mínimas de seguridad.
B. Los requisitos regulatorios son impuestos por el gobierno y, por lo tanto, no pueden ser anulados.
C. Los requisitos de privacidad suelen ser obligatorios por parte del gobierno y, por lo tanto, no son susceptibles de ser anulados
D. Las necesidades del negocio deben ser siempre preferentes a la hora de decidir las prioridades en materia de seguridad de la información.

19. ¿Dónde deben identificarse inicialmente las necesidades de recursos para la seguridad de la información?
    A. En las políticas
    B. En la arquitectura
    C. En la estrategia
    D. En los procedimientos

C es la respuesta correcta.

Justificación:

A. Las políticas pueden especificar algunos requisitos, pero se desarrollan durante la implementación de la estrategia.
B. La arquitectura debe implementar las políticas y las normas.
C. La estrategia debe definir inicialmente los requisitos de los recursos necesarios para implementar el programa. Esto es diferente desde el nivel de detalle táctico necesario para identificar los recursos específicos.
D. Los procedimientos definirán los procesos de adquisición de recursos, pero no especificarán requisitos.

20. Las tecnologías de seguridad deben seleccionarse **PRINCIPALMENTE** en función de su:

A. capacidad para mitigar el riesgo del negocio.
B. evaluaciones en las publicaciones comerciales.
C. uso de tecnologías nuevas y emergentes.
D. beneficios en comparación con sus costes.

D es la respuesta correcta.

Justificación:

A. Un criterio habitual de evaluación para la selección apropiada de cualquier tecnología de seguridad es su capacidad para reducir o eliminar el riesgo del negocio de manera rentable.
B. Las evaluaciones de las publicaciones comerciales pueden no proporcionar toda la información sobre las capacidades de la tecnología y pueden estar escritas por patrocinadores o personas influyentes.
C. Aunque las tecnologías nuevas o emergentes pueden ofrecer beneficios potenciales, no se ha comprobado su efectividad con el tiempo, y esto reduce su aceptabilidad como base principal de selección.
D. Las inversiones en tecnologías de seguridad deben basarse en su valor general en relación con su coste; el valor puede demostrarse en términos de mitigación de riesgos.

21. ¿Qué actividad debe realizar **PRIMERO** el responsable de seguridad de la información tras comprobar que el cumplimiento de un conjunto de normas es deficiente?

A. Iniciar el proceso de excepción.
B. Modificar la política para abordar el riesgo.
C. Incrementar la exigencia de cumplimiento.
D. Realizar una evaluación de riesgos.

D es la respuesta correcta.

Justificación:

A. El proceso de excepción puede ser utilizado después de evaluar el riesgo de incumplimiento y determinar si se requieren controles compensatorios.
B. Modificar la política no es necesario, a menos que no haya una norma y una política aplicables.
C. No es apropiado aumentar la exigencia de cumplimiento hasta que el gerente de seguridad de la información haya determinado el alcance del riesgo que presenta un cumplimiento débil.
D. La primera acción después de hallar un incumplimiento con normas específicas debería ser determinar el riesgo para la empresa y el impacto potencial (tanto para el cumplimiento como para el riesgo de seguridad).

22. ¿Qué debe conseguir la gestión del cambio desde la perspectiva de la gestión de riesgos?

A. La debe operar la seguridad de la información para garantizar el mantenimiento de la seguridad.
B. La debe supervisar el comité de dirección debido a su importancia.
C. Debe ser secundaria a la gestión de la configuración y liberación.
D. Debe asegurar que cualquier cambio no implicará ningún riesgo que supere el nivel de riesgo aceptable.

D es la respuesta correcta.

Justificación:

A. No es importante quién supervisa el proceso de gestión de cambios siempre y cuando tenga lugar la notificación y se implemente un proceso coherente.
B. La supervisión de la gestión de cambios puede o no puede ser la responsabilidad del comité de dirección.
C. La gestión de cambios es tan esencial como la gestión de la configuración y liberación para gestionar los riesgos de manera adecuada. La gestión de la configuración y liberación puede ser incluida como parte del proceso de gestión de cambios.
D. Es muy importante que la gestión del cambio garantice que cualquier nuevo cambio o modificación no afectará al nivel de riesgo existente ni superará el apetito de riesgo. En general, debe realizarse una reevaluación de los riesgos en caso de que se produzcan cambios importantes, con el fin de ajustarse al nivel de seguridad aceptable.

23. ¿Cuál de las siguientes es una característica de la gestión descentralizada de la seguridad de la información en una empresa geográficamente dispersa?
    A. Más uniformidad en la calidad de servicio
    B. Mayor adhesión a las políticas
    C. Mejor alineación con las necesidades de la unidad de negocio
    D. Más ahorro en los costes totales de operación

C es la respuesta correcta.

Justificación:

A. La uniformidad en la calidad de servicio tiende a variar de unidad a unidad.
B. Es posible que la adhesión a las políticas varíe de modo considerable entre las diferentes unidades de negocio.
C. La descentralización de la gestión de la seguridad de la información suele dar lugar a una mejor alineación con las necesidades de las unidades de negocio, ya que la gestión de la seguridad está más cerca del usuario final y puede conocer el escenario local de riesgos y amenazas.
D. La descentralización de la gestión de seguridad de la información suele ser más costosa de administrar debido a la falta de economías de escala.

24. ¿Cuál de las siguientes es el puesto **MÁS** apropiado para patrocinar el diseño y la implementación de una nueva infraestructura de seguridad en una gran empresa global?
    A. Director de seguridad
    B. Director de operaciones
    C. Responsable de privacidad de datos
    D. Director de asesoría legal

B es la respuesta correcta.

Justificación:

A. Es posible que el responsable de seguridad sepa lo que se necesita, pero no tendrá la autoridad para promover iniciativas. Un patrocinador debe tener una gran influencia en toda la empresa.
B. El responsable de operaciones tiene la autoridad y será responsable de patrocinar el diseño y la implementación de la nueva infraestructura de seguridad. Eso está en línea con el compromiso de la alta dirección para apoyar la seguridad de la información.
C. Es posible que el responsable de privacidad no tenga el conocimiento de las operaciones diarias de la empresa ni de los requisitos generales de seguridad para garantizar una orientación adecuada; tampoco tendrá este cargo la autoridad para patrocinar la iniciativa.
D. El responsable de asesoría legal suele tener un enfoque jurídico limitado a los contratos y las acciones y otros requisitos normativos y tiene poco conocimiento de los requisitos generales de seguridad de la organización. Además, en su posición es posible que no tenga la autoridad para patrocinar la iniciativa.

25. El elemento **MÁS** importante a considerar al desarrollar un caso de negocio para un proyecto es:

A. la viabilidad y propuesta de valor.
B. el compromiso de los recursos y el tiempo.
C. el análisis financiero de los beneficios.
D. la alineación con los objetivos de la organización.

A es la respuesta correcta.

Justificación:

A. La viabilidad y el hecho de que la propuesta de valor tenga sentido serán consideraciones importantes para que un proyecto siga adelante.
B. Los recursos y el tiempo necesarios son importantes, pero son un componente de la propuesta de valor en términos de costes.
C. El análisis financiero de los beneficios es un componente de la propuesta de valor, pero normalmente se deben proponer otros beneficios.
D. La propuesta de valor debe incluir la alineación con los objetivos del negocio.

26. Se le ha pedido a un responsable de seguridad de la información recién nombrado que redefina los requisitos seguridad de la información debido a que la alta dirección no está satisfecha con su estado actual. ¿Cuál de las siguientes opciones considerará el gerente de seguridad de la información como la **MÁS** crítica?

A. Un marco industrial
B. La estrategia de negocio
C. La infraestructura de tecnología
D. Las competencias del usuario

B es la respuesta correcta.

Justificación:

A. Los marcos industriales son útiles para mejorar la implementación de seguridad en la medida en que se alineen con, y respalden, los objetivos del negocio.
B. El factor más crítico a considerar para definir los requisitos de seguridad de la información es la estrategia de negocio, ya que todo lo que hace el negocio, incluida la seguridad de la información, se realiza solo para llevar a cabo la estrategia del negocio.
C. Los requisitos de seguridad son impulsados por las prácticas, los procedimientos y la política de seguridad de la información. Hay que tener en cuenta la infraestructura tecnológica a la hora de implantar la seguridad, pero si la infraestructura actual no puede soportar los requisitos de seguridad de la información que están alineados con la estrategia empresarial, también habrá que reevaluar la infraestructura.
D. Las competencias de los usuarios reflejan un estado actual y pueden ser útiles para trazar un camino hacia el menor coste, pero las competencias pueden mejorarse proporcionando formación para que los usuarios alcancen el nivel requerido. La estrategia del negocio es el impulsor de los requisitos de seguridad de la información (y todas las otras actividades).

27. El objetivo **PRINCIPAL** del desarrollo de una estrategia de seguridad de la información es:

A. establecer métrica de seguridad y control del desempeño.
B. educar a los dueños del proceso de negocio con respecto a sus funciones.
C. garantizar el cumplimiento de los requisitos legales y regulatorios.
D. apoyar los objetivos del negocio de la empresa.

D es la respuesta correcta.

Justificación:

A. Establecer las métricas de seguridad y el control del desempeño es muy importante porque indican el logro de objetivos de seguridad, pero esto es solo un aspecto de los requisitos principales para apoyar los objetivos de negocio.
B. Educar a los propietarios del proceso de negocio está subordinado a apoyar los objetivos de negocio y es solo un aspecto secundario en el desarrollo de una estrategia de seguridad de la información.
C. Cumplir los requisitos legales y regulatorios es solo uno de los objetivos de la estrategia necesaria para apoyar los objetivos de negocio.
D. El objetivo de la seguridad de la información en una empresa es ayudar a la empresa a conseguir sus objetivos y es el objetivo principal de una estrategia de la seguridad de la información.

28. El compromiso y el apoyo de la alta dirección a la seguridad de la información puede ser MEJOR mediante:

A. una política formal de seguridad patrocinada por el director general.
B. formación periódica de concienciación en seguridad para los empleados.
C. revisión periódica de la alineación con los objetivos de gestión empresarial.
D. la aprobación de la estrategia de seguridad de la información por parte de la alta dirección.

C es la respuesta correcta.

Justificación:

A. A pesar de que la aprobación del director general de la política de seguridad contribuye a la buena visibilidad y demuestra su compromiso, es un evento único y discreto que puede ser olvidado rápidamente por la alta dirección.
B. La formación en concienciación de la seguridad para los empleados no tendrá tanto efecto sobre el compromiso de la alta dirección como la alineación con los objetivos de negocio.
C. Garantizar que las actividades de seguridad siguen alineadas y apoyan los objetivos empresariales es fundamental para obtener un mayor apoyo de la dirección. La revisión periódica de las actividades de seguridad proporcionará visibilidad regular a la alta gerencia.
D. Aunque la aprobación de la estrategia de seguridad por parte de la alta dirección proporciona una buena visibilidad y demuestra el compromiso de la cúpula directiva, se trata de un evento único y discreto que puede ser olvidado rápidamente por la alta dirección.

29. ¿Cuál de las siguientes actividades es la que **MÁS** comúnmente corresponde a un comité directivo de seguridad de la información?

A. Entrevistar a los candidatos para las posiciones de especialista en seguridad de información
B. Desarrollar el contenido para los programas de conocimiento de la seguridad
C. Priorizar las iniciativas de seguridad de la información
D. Aprobar el acceso a sistemas financieros críticos

C es la respuesta correcta.

Justificación:

A. Las entrevistas a los especialistas las debería hacer el gerente de seguridad de la información.
B. El desarrollo del contenido del programa debe ser realizado por el personal de seguridad de la información.
C. La priorización de las iniciativas de seguridad de la información corresponde a un comité directivo de seguridad de la información.
D. Aprobar el acceso a sistemas financieros críticos es la responsabilidad de los propietarios individuales de los datos de sistemas.

30. ¿Cuál de los siguientes es el factor **MÁS** importante a la hora de diseñar la arquitectura de seguridad de la información?

A. Las interfaces técnicas de la plataforma
B. La escalabilidad de la red
C. Las metodologías de desarrollo
D. Los requisitos de las partes interesadas

D es la respuesta correcta.

Justificación:

A. La interoperabilidad es importante, pero carece de mérito si se logra una solución tecnológicamente elegante que no satisface las necesidades del negocio.
B. La escalabilidad es importante, pero solo en la medida en que la arquitectura cumpla los requisitos de las partes interesadas.
C. Existen varias metodologías viables de desarrollo, y la elección de la que se va a utilizar no es particularmente importante, siempre que satisfaga las necesidades de la empresa.
D. El factor más importante para el diseño de la arquitectura de seguridad de la información es el de las salvaguardas para los requisitos de las partes interesadas definidos por las necesidades de negocio.

31. El grado de apoyo de la alta dirección a la aplicación de la estrategia y las actividades de gestión de riesgos de un programa de seguridad de la información determinará **PRIMERO**:

A. el estatuto.
B. el presupuesto.
C. la política.
D. la estructura jerárquica.

A es la respuesta correcta.

Justificación:

A. Sin el apoyo de la dirección, el programa nunca podrá establecer un estatuto que le permita funcionar dentro del entorno. Todas las demás opciones siguen el estatuto.
B. Sin un estatuto para el programa, no habrá presupuesto porque el programa no existirá.
C. Se necesita un estatuto para establecer el programa antes de que se pueda desarrollar la política.
D. La estructura jerárquica no se establecerá hasta que el programa tenga un estatuto.

32. ¿Cuál de las siguientes es la tarea **MÁS** apropiada para que realice un responsable de seguridad de la información?

   A. Actualizar los parámetros de seguridad a nivel de plataforma.
   B. Llevar a cabo ejercicios de prueba de recuperación de desastres.
   C. Aprobar el acceso a sistemas financieros críticos.
   D. Desarrollar una estrategia de seguridad de la información.

D es la respuesta correcta.

Justificación:

   A. La actualización de los parámetros de seguridad a nivel de plataforma suele ser realizada por personal con menores responsabilidades porque es una tarea básica para los administradores de TI.
   B. Los ejercicios de prueba de recuperación ante desastres normalmente los haría el personal de operaciones de los equipos de BCP/DR y de otros departamentos.
   C. Aprobar el acceso a sistemas financieros críticos es responsabilidad de los propietarios de los datos.
   D. Desarrollar una estrategia para la seguridad de la información sería la tarea más adecuada para el responsable de seguridad de la información.

33. Cuando un gerente de seguridad de la información está desarrollando un plan estratégico para seguridad de información, el calendario para el plan debería:

   A. estar alineado con el plan estratégico de TI.
   B. estar basado en la tasa actual de cambio tecnológico.
   C. ser de tres a cinco años tanto para hardware como para software.
   D. estar alineado con la estrategia del negocio.

D es la respuesta correcta.

Justificación:

   A. Cualquier planificación para la seguridad de información debe estar debidamente alineada con las necesidades del negocio y no sería necesario que lo estuviera con el plan estratégico de TI.
   B. Las necesidades tecnológicas no deberían tener prioridad sobre las del negocio y la estrategia de seguridad de la información no se puede basar en la tasa actual de cambio tecnológico sin establecer primero si está alineada con las necesidades del negocio.
   C. La planificación no debe hacerse con un calendario artificial que no tiene en cuenta necesidades del negocio: un calendario de tres a cinco años debe estar justificar y parece arbitrario.
   D. Cualquier plan para la seguridad de información debe estar debidamente alineado con la estrategia del negocio.

34. ¿Cuál es la información **MÁS** importante que debe incluir un plan estratégico para la seguridad de información?
    A. Requisitos de contratación de personal de seguridad de la información
    B. Actual estado y futuro estado deseado
    C. Requisitos de inversión de capital de TI
    D. Declaración de misión de la seguridad de la información

B es la respuesta correcta.

Justificación:

A. Las necesidades de personal se derivan de los plazos de ejecución y los requisitos del plan estratégico.
B. Lo más importante es presentar una visión de futuro y, a continuación, crear una hoja de ruta desde el estado actual hasta el estado futuro deseado, basándose en un análisis de carencias que identifique los requisitos para alcanzar el estado futuro.
C. Los requisitos de inversión de capital de TI no se determinan a nivel del plan estratégico, sino a partir de una evaluación financiera y operativa de los activos de capital necesarios para conseguir los objetivos del plan estratégico.
D. La declaración de misión suele ser una declaración breve y de alto nivel de los objetivos generales de la organización y sólo afecta directamente a la estrategia de seguridad de la información al establecer el contexto.

35. Los proyectos de seguridad de la información deben priorizarse en función de:
    A. el tiempo requerido para la implantación.
    B. el impacto sobre la empresa.
    C. el coste total de la implantación.
    D. la combinación de recursos que se requiere.

B es la respuesta correcta.

Justificación:

A. El tiempo requerido para la implantación puede tener impacto sobre la empresa, pero está subordinado al impacto global del proyecto en la misma.
B. La priorización de los proyectos de seguridad de la información se debe evaluar en función del impacto positivo que tendrán sobre la empresa.
C. El coste total de la implantación es un aspecto del proyecto de seguridad de la información, pero no es el factor por el que se evalúa la priorización.
D. La combinación de recursos necesarios puede ser un factor de entrega, pero no es especialmente relevante para priorizar los proyectos de seguridad.

36. ¿Cuál de las siguientes opciones prepararía **MEJOR** a un gerente de seguridad de la información para las revisiones regulatorias?

A. Asignar un administrador de seguridad de la información como enlace regulatorio.
B. Realizar autoevaluaciones con directrices e informes regulatorios.
C. Evaluar los informes regulatorios anteriores con los comentarios de los propietarios del proceso.
D. Garantizar que el departamento legal apruebe todas las consultas regulatorias.

B es la respuesta correcta.

Justificación:

A. Dirigir a los reguladores a una persona o departamento específicos no es un método que prepare para una revisión regulatoria, ya que solo servirá como acción para facilitar la revisión.
B. Las autoevaluaciones proporcionan la mejor retroalimentación en cuanto a cumplimiento o preparación y permiten la identificación de los elementos que requieren corrección
C. Evaluar los informes regulatorios anteriores no es tan efectivo como las autoevaluaciones porque las condiciones pueden haber cambiado.
D. El departamento legal debe revisar todas las consultas formales, pero esto no ayuda a prepararse para una revisión regulatoria.

37. Desde la perspectiva de un gerente de seguridad de la información, ¿cuál es el beneficio inmediato de funciones y responsabilidades claramente definidas?

A. Mayor cumplimiento de las políticas
B. Mejores flujos de procedimiento
C. Segregación de funciones
D. Mejor rendición de cuentas

D es la respuesta correcta.

Justificación:

A. La definición de funciones y responsabilidades no mejora por sí sola el cumplimiento de las políticas si no se realiza un seguimiento adecuado y se aplica la rendición de cuentas.
B. Los flujos de los procedimientos no se ven necesariamente afectados por la definición de roles y responsabilidades.
C. Es más probable que la segregación de las funciones se produzca como resultado de la aplicación del cumplimiento de políticas que solo por definir roles y responsabilidades, aunque sea un primer paso necesario.
D. Definir roles y responsabilidades aclara quien es responsable del desempeño y los resultados.

38. ¿Cuál de los siguientes roles es responsable de la obligación legal y regulatoria por los fallos de seguridad en la empresa?
    A. Director de seguridad
    B. Director de asesoría legal
    C. El comité de dirección y la alta gerencia
    D. El grupo de dirección de seguridad de la información

C es la respuesta correcta.

Justificación:

A. El director de seguridad no es responsable de la obligación legal y regulatoria de la empresa que pueda aparecer por los fallos de seguridad.

B. El director de asesoría legal no es individualmente responsable de la obligación legal y regulatoria por los fallos de seguridad en la empresa.

C. El consejo de administración y la alta dirección son los responsables últimos de garantizar que la normativa se cumpla adecuadamente y tienen la responsabilidad legal y reglamentaria por los fallos de seguridad en la empresa.

D. El grupo de dirección de seguridad de la información no es responsable de la obligación legal y regulatoria que pueda aparecer por los fallos de seguridad en la empresa.

39. Para implementar un gobierno de seguridad de la información una organización debería **PRIMERO**:
    A. adoptar normas de seguridad.
    B. determinar las referencias de seguridad.
    C. definir la estrategia de seguridad.
    D. establecer políticas de seguridad.

C es la respuesta correcta.

Justificación:

A. La adopción de unas normas de seguridad adecuadas se basa en la implementación de la intención de las políticas y no es el primer paso, ya que sigue al desarrollo de políticas que apoyan la estrategia.

B. Las líneas básicas de seguridad se establecen como resultado de determinar el riesgo aceptable. Su determinación no es el primer paso en la implementación de la seguridad de la información, sino que se considera un requisito anterior al desarrollo de estrategias.

C. El gobierno de la seguridad se basa en la estrategia de seguridad de la información, que es el primer paso en la implementación. Primero se debe desarrollar una estrategia de la seguridad de la información que cumpla y apoye los objetivos de negocio.

D. Las políticas son un instrumento para el gobierno y se desarrollan para ayudar a la estrategia; las políticas no se encuentran entre las primeras actividades que se llevan a cabo para implementar el gobierno de la seguridad de la información.

40. El requisito **MÁS** básico para un programa de gobierno de seguridad de la información es:

A. estar alineado con la estrategia corporativa del negocio.
B. basarse en un método correcto de gestión de riesgos.
C. proporcionar un cumplimiento regulatorio adecuado.
D. proporcionar las mejores prácticas para las iniciativas de seguridad.

A es la respuesta correcta.

Justificación:

A. Para que sea efectivo y recibir apoyo de la alta dirección, un programa de seguridad de la información debe estar alineado con la estrategia de negocio corporativa.
B. Un enfoque de la gestión de riesgos que sea efectivo puede ser de poca ayuda para una empresa si no aborda de forma específica la estrategia de negocios de la empresa y es coherente con esta.
C. El programa de gobierno debe abordar los requisitos regulatorios que afectan a la empresa hasta donde determine la gerencia, pero no es el requisito más básico.
D. Las buenas prácticas son la base del programa de gobierno, pero no tienen prioridad sobre la estrategia de negocio como requisito más básico.

41. Hacer cumplir la política de seguridad de la información es la responsabilidad del:

A. comité de dirección de seguridad.
B. director de información.
C. director de seguridad de la información.
D. director de cumplimiento.

C es la respuesta correcta.

Justificación:

A. El comité de dirección de seguridad guiará y se asegurará de que la política de seguridad esté alineada con los objetivos de negocio, pero no es responsable de su aplicación.
B. El director de informática puede participar hasta cierto punto en la aplicación de la política, pero no es directamente responsables de ello.
C. Hacer cumplir la política de seguridad de la información es la responsabilidad del director de seguridad de información.
D. El director de cumplimiento suele participar en determinar el nivel de cumplimiento, pero no suele participar directamente en la aplicación de la política.

42. Un gerente de seguridad de la información en una empresa global tiene que asegurar que el programa local de seguridad de la información cumplirá inicialmente con:
    A. la política de privacidad de datos corporativos.
    B. la política de privacidad de datos donde se recogen los datos.
    C. la política de privacidad de datos del país de la sede central.
    D. la directiva de privacidad de datos aplicable globalmente.

B es la respuesta correcta.

Justificación:

A. La política de privacidad de datos corporativos no puede dictar que la política de seguridad de la información se ajuste a ella, ya que aborda una función diferente y puede ser un subconjunto en sí misma.
B. Como filial, la entidad local tendrá que garantizar que el programa de seguridad de la información cumple las leyes locales del país en lo que respecta a protección de datos, privacidad y seguridad. En caso de incumplimiento, sería posible considerar responsable a la alta dirección.
C. Las directivas de la política de privacidad de datos del país donde se encuentra la sede central pueden no ser aplicables, ya que las políticas de la empresa deben cumplir los requisitos de las leyes locales que sean de aplicación y no las leyes aplicables en la sede central donde se habría elaborado la política de privacidad. Las leyes de privacidad y protección de datos son específicas de cada país.
D. Además, al diferir las regulaciones locales del país en que se encuentra la sede central de la empresa, es improbable que una política a nivel del grupo resuelva todos los requisitos legales locales. Las leyes de privacidad y protección de datos son específicas de cada país.

43. La alineación estratégica efectiva del programa de seguridad de la información requiere:
    A. la participación activa de un comité de dirección.
    B. la creación de una unidad de negocio de planificación estratégica.
    C. la coordinación periódica con los propietarios del negocio.
    D. la aceptación de las limitaciones técnicas y culturales.

C es la respuesta correcta.

Justificación:

A. La participación activa de un comité de dirección formado por los propietarios del negocio o por sus delegados es una manera de conseguir la alineación estratégica, pero un comité de dirección no es la única manera de conseguir este objetivo.
B. Si la empresa tiene una unidad de planificación estratégica de negocio, la participación activa en sus actividades puede ayudar a comprender las futuras direcciones del negocio y garantizar que se incluyan cuestiones de seguridad en el proceso de planificación, pero la alineación estratégica del programa de seguridad de la información no requiere la creación de dicha unidad.
C. La alineación estratégica efectiva del programa de seguridad de la información requiere que una comprensión de los planes y objetivos empresariales determinados por los han determinado los propietarios del negocio. Aunque el método de conseguir una coordinación o interacción regular con los propietarios del negocio puede variar según el tamaño y la estructura de la empresa, la interacción en sí misma es un requisito.
D. La alineación de un programa de seguridad de la información debe tener en cuenta la cultura y la tecnología existente, pero la seguridad de la información apoya los objetivos de negocio de la empresa, que pueden incluir cambios en la cultura y la tecnología actual Estos aspectos de la empresa no se deben aceptar como base para la alineación del programa cuando no están alineados con los objetivos de negocio.

44. Lo **MÁS** importante de declaración de privacidad en un sitio web de comercio electrónico de una compañía incluya:

A. un enunciado que establezca lo que hará la compañía con la información que recolecta.
B. una cláusula de exención de responsabilidad relacionada con la precisión de la información contenida en su sitio web.
C. información técnica sobre la manera en que se protege la información.
D. un enunciado relacionado con el lugar donde se guarda la información.

A es la respuesta correcta.

Justificación:

A. La mayoría de las leyes y normativas sobre privacidad requieren que se revele cómo se utilizará la información.
B. Una cláusula de exención de responsabilidad puede ser prudente, pero no es necesaria ya que no se refiere a la privacidad de datos.
C. No es obligatorio ni deseable publicar los detalles técnicos relacionados con la manera en que se protege la información en el sitio web.
D. No es obligatorio decir dónde se alberga la información.

45. Los objetivos de negocio definen la dirección estratégica de la empresa. Las metas funcionales definen la dirección táctica de una función del negocio. Los objetivos de seguridad definen la dirección de la seguridad de la empresa. ¿Cuál es la relación **MÁS** importante entre estos conceptos?

A. Las metas funcionales se derivan de los objetivos de seguridad.
B. Los objetivos de negocio se derivan de los objetivos de seguridad.
C. Los objetivos de seguridad se derivan de los objetivos de negocio.
D. Los objetivos de negocio y de seguridad se deben definir independientemente.

C es la respuesta correcta.

Justificación:

A. Los objetivos funcionales y de seguridad deben estar alineados a nivel operativo, pero ninguno deriva del otro.
B. La seguridad no es un fin en sí misma y debe servir a los objetivos generales del negocio. Por tanto, los objetivos de negocio no se derivan de los objetivos de seguridad.
C. Los objetivos de seguridad deben derivarse de los objetivos de negocio, que se desarrollan en función de la estrategia empresarial global. Esta es la relación más importante, ya que depende de la estrategia de negocio definida por la alta dirección.
D. Si los objetivos de seguridad se definen independientemente de los objetivos de negocio, la función de seguridad no apoyaría la estrategia general del negocio o podría obstaculizar a consecución de los objetivos globales del negocio.

46. Un gerente de seguridad está preparando un informe para obtener el compromiso de la dirección ejecutiva con un programa de seguridad. ¿La inclusión de cuál de los siguientes elementos sería de **MÁS** valor?

A. Ejemplos de incidentes reales en empresas similares
B. Declaración de las buenas prácticas generalmente aceptadas
C. Asociación de amenazas realistas con los objetivos de la empresa
D. Análisis del riesgo tecnológico actual

C es la respuesta correcta.

Justificación:

A. Aunque los ejemplos de incidentes en otras empresas pueden ayudar a obtener la aceptación de la alta dirección, el programa de seguridad debe basarse en amenazas realistas para los objetivos corporativos de la empresa.
B. Las buenas prácticas son útiles y pueden ser la base para el programa de seguridad, lo que puede mejorar la aceptación de la alta dirección. Sin embargo, esto puede no ser un argumento sustancial para obtener el compromiso de la dirección ejecutiva.
C. Vincular amenazas realistas a objetivos de negocio clave llamará directamente la atención de la directiva y proporcionará a la gerencia ejecutiva la comprensión necesaria del escenario de riesgo para garantizar su compromiso con el programa de seguridad.
D. El análisis de los riesgos tecnológicos actuales puede mejorar el compromiso de la alta gerencia, pero pueden no tener tanto peso como las amenazas realistas a los objetivos de negocio de la empresa.

47. La preocupación **PRINCIPAL** de un gerente de seguridad de la información que documenta una política de retención de datos formal es:

A. las buenas prácticas generalmente aceptadas en la industria.
B. los requisitos del negocio.
C. los requisitos regulatorios y legislativos.
D. la disponibilidad de almacenamiento.

C es la respuesta correcta.

Justificación:

A. Las buenas prácticas raramente son la respuesta más efectiva para una empresa. Pueden ser una guía útil, pero no suelen ser una preocupación primordial.
B. Los requisitos del negocio son una preocupación para formular las políticas de retención de datos y tendrán que cumplir los requisitos de las leyes del país.
C. La principal preocupación para el desarrollo de la política de retención de datos es la alineación con los requisitos regulatorios y legislativos locales. El cumplimiento es una necesidad del negocio, y las políticas y los procedimientos internos no pueden tener prioridad sobre las leyes del país.
D. El almacenamiento es una consideración irrelevante cuando se desarrolla una política de retención de datos, ya que deben tomarse las medidas necesarias en función de las necesidades.

48. ¿Quién tiene la responsabilidad de clasificar la información en una empresa?

    A. El custodio de datos
    B. El administrador de la base de datos
    C. El director de seguridad de la información
    D. El propietario de los datos

D es la respuesta correcta.

Justificación:

A. El custodio de los datos es responsable del manejo y la gestión operativa de la información en consonancia con la clasificación de datos.

B. El administrador de la base de datos no es responsable de la clasificación de los datos, sino de la administración técnica de la base de datos y los requisitos del manejo que se aplican a los datos en almacenamiento y en tránsito, de acuerdo con los requisitos de cada nivel de clasificación.

C. El responsable de la seguridad de la información supervisa el proceso global de clasificación y tratamiento de datos para garantizar la conformidad con las políticas y normas de la empresa.

D. El propietario de los datos es responsable de la clasificación de los mismos y de garantizar su coherencia con los criterios de clasificación de la empresa.

49. ¿Cuál es la función **PRINCIPAL** del gerente de seguridad de la información relacionada con el proceso de tratamiento y clasificación de datos dentro de una empresa?

    A. Definir y ratificar la estructura de clasificación de datos de la empresa
    B. Asignar los niveles de clasificación a los activos de información
    C. Asegurar los activos de información en conformidad con la clasificación de sus datos
    D. Confirmar que los activos de esa organización se hayan clasificado correctamente

A es la respuesta correcta.

Justificación:

A. Definir y ratificar la estructura de clasificación de datos y los procedimientos de tratamiento, en consonancia con el apetito de riesgo de la empresa y el valor de los activos de información, es la función principal del responsable de la seguridad de la información en relación con el proceso de clasificación y tratamiento de datos dentro de la empresa.

B. La responsabilidad de asignar los niveles de clasificación a los activos de información corresponde a los propietarios de los datos y no al gerente de seguridad de la información.

C. El trabajo de asegurar los activos de información es responsabilidad de los custodios de los datos y no del gerente de seguridad de la información.

D. Confirmar la correcta clasificación de los activos de información puede ser una de las funciones del auditor de seguridad de la información que lleva a cabo las revisiones de cumplimiento.

50. ¿Cuál de las siguientes opciones es **MÁS** importante para desarrollar una estrategia de seguridad?

A. Crear un ambiente positivo para la seguridad
B. Entender los objetivos clave del negocio
C. Tener una línea de reporte con la alta gerencia
D. Asignar recursos suficientes a la seguridad de la información

B es la respuesta correcta.

Justificación:

A. Un ambiente positivo para la seguridad (cultura) permite la gestión efectiva de la implementación de seguridad, pero no es tan importante durante el desarrollo de una estrategia de seguridad.
B. Entender los objetivos clave del negocio es lo más importante a la hora de desarrollar la estrategia de seguridad porque la estrategia de negocio es la que impulsa la seguridad.
C. Una línea de reporte con la alta dirección no es importante para desarrollar la estrategia de seguridad. Es necesaria para asegurarse de que la alta dirección esté informada sobre las iniciativas de seguridad y para garantizar su compromiso.
D. La asignación de recursos es un factor de gran importancia en el desarrollo de la estrategia de seguridad.

51. ¿Quién es, en última instancia, responsable de la información de la empresa?

A. El custodio de datos
B. Director de Seguridad de la Información
C. Junta directiva (consejo de dirección / administración)
D. Director de TI

C es la respuesta correcta.

Justificación:

A. El custodio de los datos es responsable del mantenimiento y la protección de los datos. Esta función es, por lo general, cubierta por el departamento de TI.
B. El director de seguridad de información es responsable de las operaciones y la gestión de la seguridad y de llevar a cabo las directrices de la alta gerencia.
C. La responsabilidad de todos los activos de la organización, incluida la información, recae en el consejo de administración, que se encarga de responder a las cuestiones que afectan a la protección de la información.
D. El director de TI es responsable de la tecnología de la información dentro de la empresa, pero no es el responsable legal último de la información de la empresa.

52. El consejo de dirección de una empresa ha tenido conocimiento de una nueva ley que requiere que las empresas dentro del sector la adopción de salvaguardias específicas a fin de proteger la información confidencial de los clientes. ¿Cuáles son las acciones que debería tomar el consejo a continuación?

A. Dirigir a la seguridad de la información sobre las acciones que debe tomar.
B. Investigar para determinar las soluciones adecuadas.
C. Requerir a la dirección que informe sobre el cumplimiento.
D. No hacer nada; la seguridad de la información no informa al consejo

C es la respuesta correcta.

Justificación:

A. El consejo de administración no dirige las actividades de la seguridad de la información; esto es una función de la dirección ejecutiva.
B. El consejo no se encargaría de la investigación, pero podría dar instrucciones al ejecutivo para que la llevara a cabo.
C. El gobierno de la seguridad de la información es responsabilidad tanto del consejo de dirección como de la dirección ejecutiva. En este caso, la acción apropiada sería garantizar que se ha establecido un plan para la implementación de la protección necesaria y requerir actualizaciones de esta implementación.
D. El consejo de administración tiene responsabilidades de supervisión y no hacer nada no sería prudente.

53. ¿Cuál de los siguientes prerrequisitos es el **MÁS** importante para establecer una gerencia de seguridad de la información dentro de una empresa?
    A. Compromiso de la alta gerencia
    B. Marco de seguridad de la información
    C. Estructura organizacional de seguridad de la información
    D. Política de seguridad de la información

A es la respuesta correcta.

Justificación:

- **A. El compromiso de la alta dirección es el prerrequisito más importante para establecer la gestión de la seguridad en la empresa. Sin el compromiso de la alta dirección, es probable que la seriedad de la iniciativa de seguridad sea ignorada en la empresa.**
- B. Sin el compromiso de la alta dirección, no es probable que se implemente un marco de seguridad de la información.
- C. Sin el compromiso de la alta dirección, no es probable que haya apoyo para desarrollar una estructura organizativa de seguridad de la información.
- D. El desarrollo de políticas eficaces como declaración de intenciones y dirección de la dirección es probablemente inadecuado sin el compromiso de la alta dirección con la seguridad de la información.

54. ¿Qué tendrá el **MAYOR** impacto sobre los modelos estándar de gobierno de seguridad de la información?
    A. Número de empleados
    B. Distancia entre ubicaciones físicas
    C. Complejidad de la estructura organizacional
    D. Presupuesto organizacional

C es la respuesta correcta.

Justificación:

- A. El número de empleados tiene un efecto mínimo o nulo en los modelos de gobierno estándar de la seguridad de la información.
- B. La distancia entre ubicaciones físicas tiene un efecto mínimo o nulo en los modelos de gobierno estándar de la seguridad de la información.
- **C. La modelización de un gobierno de la seguridad de la información depende en gran medida de la estructura organizativa general. Algunos elementos de la estructura organizacional que afectan al gobierno de la seguridad de la información son la múltiples misiones y funciones en toda la empresa, el liderazgo y las líneas de comunicación.**
- D. El presupuesto de la organización puede tener algún efecto en los modelos de gobierno adecuados según el que se haya elegido, porque la implementación de algunos modelos puede no ser económicamente viable.

55. La gerencia solicita que un gerente de seguridad de la información determine qué regulaciones relacionadas a la divulgación, los informes y la privacidad son las más importantes para que sean tratadas por la empresa. ¿En cuál de las siguientes opciones deben basarse las recomendaciones para abordar **MÁS** útilmente los requisitos legales y regulatorios?
   A. El alcance de reforzamiento de las acciones de aplicación de las normas
   B. La probabilidad y las consecuencias
   C. Las sanciones por incumplimiento
   D. La cuantía de la responsabilidad personal

B es la respuesta correcta.

Justificación:

A. El alcance de reforzamiento de las acciones de aplicación de las normas es una medida de probabilidad. Sin saber el alcance de las consecuencias, la probabilidad no puede verse en el contexto.

B. Los requisitos legales y regulatorios deben tratarse como cualquier otro riesgo para la empresa, calculando la probabilidad de cumplimiento y la magnitud de las posibles sanciones (impacto o consecuencias).

C. Las sanciones o el impacto deben ser considerados en el contexto de los mecanismos de reforzamiento de las acciones de aplicación de las normas. Si las sanciones tienen menos probabilidad de ser implementadas debido a una aplicación laxa, su gravedad representa un menor riesgo para la empresa que si se aplican ampliamente.

D. Excepto en casos extremos de fraude u otra actividad criminal, la responsabilidad por las sanciones regulatorias generalmente recae en la alta dirección y el consejo de dirección. No es un factor determinante en la evaluación de los requisitos regulatorios.

56. ¿Cómo debe un director de seguridad de la información equilibrar los requisitos potencialmente conflictivos de las normas de seguridad de una empresa internacional con la normativa local?
   A. Dar preferencia a las normas de la organización sobre las regulaciones locales.
   B. Seguir solamente las regulaciones locales
   C. Hacer consciente a la empresa de las normas en las que las regulaciones locales causan conflictos.
   D. Negociar una versión local de las normas de la empresa.

D es la respuesta correcta.

Justificación:

A. Las normas de la organización se deben subordinar a las regulaciones locales.

B. Sería incorrecto seguir únicamente las regulaciones locales porque se deben reconocer los requisitos de la organización.

C. Concienciar a la empresa sobre las normas es un paso sensato, pero no es una solución completa.

D. La negociación de una versión local de las normas de la empresa es el acuerdo más efectivo en esta situación. La empresa no pueda cambiar las normas y debe conseguir el cumplimiento, por lo que es necesario desarrollar una versión local de sus normas tras consultar a la oficina central.

57. El **PRIMER** paso para desarrollar un programa de gestión de seguridad de la información es:

A. identificar el riesgo de negocio que afecta la empresa.
B. establecer la necesidad para crear el programa.
C. asignar responsabilidad para el programa.
D. evaluar la idoneidad de los controles existentes.

B es la respuesta correcta.

Justificación:

A. La tarea de identificar el riesgo de negocio que afecta la empresa se asigna y se lleva a cabo después de establecer la necesidad de crear el programa.
B. Para desarrollar un programa de gestión de la seguridad de la información, el primer paso es establecer la necesidad de crear el programa. Esta es una decisión de negocio basada más en un juicio que en cualquier medida cuantitativa específica. Una vez establecida la necesidad, se asignan las demás opciones y se llevan a cabo.
C. La tarea de asignar responsabilidad para el programa es posterior al establecimiento de la necesidad de crear el programa.
D. La tarea de evaluar la idoneidad de los controles existentes es posterior al establecimiento de la necesidad de crear el programa.

58. ¿Cuál de las siguientes opciones debe usar **PRINCIPALMENTE** un gerente de seguridad de la información al proponer la implementación de una solución de seguridad?

A. Informe de evaluación del riesgo
B. Informe de evaluación técnica
C. Caso de negocio
D. Requisitos presupuestarios

C es la respuesta correcta.

Justificación:

A. El informe de evaluación del riesgo proporciona la justificación para el caso de negocio que se usa para implementar una solución de seguridad determinada.
B. El informe de evaluación técnica proporciona información complementaria para el caso de negocio.
C. El gerente de seguridad de la información necesita tener conocimiento sobre el desarrollo de casos de negocio para ilustrar los costes y beneficios, o la propuesta de valor, de la solución de seguridad.
D. Los requisitos presupuestarios proporcionan parte de la información necesaria para el caso de negocio.

59. Para justificar su presupuesto actual de seguridad de la información, ¿cuál de las siguientes opciones sería la **MAS** útil para el departamento de seguridad de la información?

A. La frecuencia de violaciones de seguridad
B. Expectativas de pérdida anual
C. El análisis de rentabilidad
D. Comparación con un grupo de pares

C es la respuesta correcta.

Justificación:

A. La frecuencia de las violaciones de seguridad puede ayudar a justificar el presupuesto, pero no es muy útil porque solo ilustra el volumen de incidentes y no proporciona información sobre los beneficios del gasto.
B. La expectativa de pérdida anual no tiene en cuenta el beneficio potencial de la inversión de seguridad de la información.
C. El análisis costo-beneficio o de rentabilidad es la mejor manera de justificar el presupuesto de la seguridad de la información.
D. La comparación con un grupo de pares proporcionaría un buen apoyo para el presupuesto de seguridad de la información necesario, pero no tendría en cuenta las necesidades y actividades específicas de la empresa.

60. ¿Cuál de las siguientes situaciones inhibiría **MÁS** la implementación efectiva del gobierno de la seguridad?

A. La complejidad de la tecnología
B. Limitaciones presupuestarias
C. Prioridades conflictivas del negocio
D. Falta de patrocinio de alto nivel

D es la respuesta correcta.

Justificación:

A. La complejidad de la tecnología sería un factor tenido en cuenta en el modelo de gobierno de seguridad de la empresa, por lo que no tendría un gran efecto en la implementación.
B. Las limitaciones presupuestarias inhibirían la implementación efectiva del gobierno de seguridad, pero probablemente serían una consecuencia de la falta de patrocinio de alto nivel y, por lo tanto, una situación secundaria.
C. Las prioridades de negocio en conflicto las debe abordar la alta dirección para facilitar la implementación de un gobierno de seguridad efectivo, lo que probablemente se lograría con un patrocinio de la alta dirección.
D. La necesidad de participación y apoyo de la alta dirección es un factor clave de éxito para la implementación de un gobierno de seguridad efectivo.

61. Para lograr una alineación estratégica eficaz de las iniciativas de seguridad de la información, es importante que:

A. el liderazgo del comité de dirección rote entre los miembros.
B. las unidades organizacionales principales proporcionen los datos y logren un consenso.
C. la estrategia del negocio sea actualizada periódicamente.
D. los procedimientos y las normas sean aprobadas por todos los jefes de departamento.

B es la respuesta correcta.

Justificación:

A. La rotación del liderazgo del comité de dirección no ayuda a lograr la alineación estratégica de las iniciativas de seguridad de la información.
B. Es importante lograr un consenso sobre los riesgos y los controles, y obtener aportaciones de diversas entidades organizativas, ya que la seguridad debe estar alineada con las necesidades de todas las unidades de negocio de la empresa.
C. Actualizar la estrategia del negocio no conduce a conseguir la alineación estratégica de las iniciativas de seguridad de la información.
D. No es necesario que todos los jefes de departamento aprueben los procedimientos y las normas. Esta actividad no conduciría a conseguir una alineación estratégica de las iniciativas de seguridad de la información.

62. En la implementación del gobierno de la seguridad de la información, el gerente de seguridad de la información es responsable **PRINCIPALMENTE** de:
    A. desarrollar la estrategia de seguridad.
    B. revisar la estrategia de seguridad.
    C. comunicar la estrategia de seguridad.
    D. aprobar la estrategia de seguridad.

A es la respuesta correcta.

Justificación:

A. El gerente de seguridad de la información es responsable de desarrollar una estrategia de seguridad basada en los objetivos de negocio con las aportaciones de los propietarios del proceso de negocio.
B. La revisión de la estrategia de seguridad es responsabilidad de un comité directivo o de la alta dirección.
C. El gerente de seguridad de la información no es necesariamente responsable de comunicar la estrategia de seguridad.
D. La dirección o el comité de dirección de seguridad tienen la responsabilidad de aprobar y financiar la implementación de la estrategia de seguridad.

63. La forma **MÁS** útil de describir los objetivos en la estrategia de seguridad de la información es a través de:
    A. atributos y características del estado deseado.
    B. objetivos generales de control del programa de seguridad.
    C. asignación de sistemas de TI a procesos de negocio clave.
    D. cálculo de expectativas de pérdidas anuales.

A es la respuesta correcta.

Justificación:

A. La estrategia de seguridad suele abarcar una amplia variedad de temas, procesos, tecnologías y resultados que se pueden describir mejor a través de un conjunto de características y atributos deseados.
B. Los objetivos de control son una función de la determinación del riesgo aceptable y una parte del desarrollo de la estrategia, pero el estado deseado de la función de seguridad es una herramienta mejor.
C. La combinación de las TI con los procesos empresariales clave debe producirse como parte de la implementación de la estrategia, pero es una actividad operativa y no una forma de describir los objetivos de la estrategia.
D. El cálculo de las expectativas de pérdidas anuales no es una forma de describir los objetivos en la estrategia de seguridad de la información.

64. ¿Cuál de las siguientes opciones es la causa **MÁS** probable de inconsistencias significativas en las configuraciones del sistema?
   A. Falta de procedimientos
   B. Gobierno inadecuado
   C. Normas deficientes
   D. Entrenamiento insuficiente

B es la respuesta correcta.

Justificación:

A. La falta de procedimientos adecuados es un error de gobierno y puede ser motivo de incoherencias significativas en las configuraciones de los sistemas; sin embargo, no es lo más probable. El gobierno tiene prioridad, ya que se debe haber sido implementado previamente para garantizar los procedimientos adecuados.

B. El gobierno es el conjunto de reglas por las que funciona la empresa, la supervisión para garantizar el cumplimiento y los mecanismos de retroalimentación que garantizan el cumplimiento de las normas. Lo más probable es que un fallo en uno o varios de estos procesos sea la causa de las incoherencias en las configuraciones del sistema.

C. Unas normas deficientes son una indicación de un gobierno inadecuado y pueden provocar incoherencias en las configuraciones del sistema; sin embargo, esto no es el motivo más probable, ya que el gobierno tiene prioridad.

D. Una formación insuficiente indica que no hay requisitos, o que los requisitos no se cumplen, o que los formadores no son competentes en la materia, todo lo cual refleja una gobernanza ineficaz que puede dar lugar a una falta de supervisión, una falta de requisitos claros para la formación o una falta de métricas adecuadas.

65. El cumplimiento de los requisitos legales y regulatorios es:

   A. una decisión de seguridad.
   B. una decisión del negocio.
   C. un requisito imprescindible.
   D. condicional y basado en el coste.

B es la respuesta correcta.

Justificación:

A. La seguridad de la información puede asesorar a la gerencia sobre el riesgo y el posible impacto del incumplimiento, pero la decisión del negocio la debe tomar la alta dirección.

B. El grado del cumplimiento de los requisitos legales y regulatorios es una decisión del negocio que debe tomar la alta dirección.

C. Los requisitos legales y regulatorios no difieren de otros a efectos de evaluación de riesgos y toma de decisiones. Cada requisito legal o regulatorio se evalúa en el contexto del riesgo que supone su incumplimiento.

D. El coste es solo un aspecto de la decisión de negocio global para cumplir con los requisitos legales y regulatorios.

66. Un gerente de seguridad de la información debe comprender la relación entre las operaciones de seguridad de la información y las operaciones de negocio con el fin de:
    A. respaldar los objetivos de la organización.
    B. determinar las áreas probables de incumplimiento.
    C. evaluar los posibles impactos de compromiso de la seguridad.
    D. comprender las amenazas para el negocio.

A es la respuesta correcta.

Justificación:

A. La seguridad existe para proporcionar un nivel de previsibilidad para las operaciones, respaldar las actividades de la empresa y garantizar la preservación de esta. Las operaciones de negocio deben ser el impulso de las actividades de seguridad con el fin de establecer objetivos significativos, determinar y gestionar los riesgos para las actividades de la empresa y proporcionar una base para orientar el programa de seguridad y medir su eficacia.
B. El cumplimiento regulatorio no es un objetivo de la seguridad de la información, ya que es responsabilidad del equipo jurídico, que debe evaluar las operaciones de negocio para identificar las áreas de incumplimiento.
C. Es necesario comprender los objetivos del negocio para evaluar los impactos potenciales, pero esto es solo una de las formas en las que la seguridad respalda los objetivos de la organización.
D. Es necesario comprender los objetivos del negocio para evaluar las amenazas, pero esta es solo una de las formas en las que la seguridad respalda los objetivos de la organización.

67. El enfoque **MÁS** efectivo para resolver los problemas que surgen entre la gestión de TI, las unidades de negocio y la gestión de seguridad al implementar una nueva estrategia de seguridad sugiere que el gerente de seguridad de la información:

    A. remita los problemas a un tercero externo para su solución.
    B. asegure que la alta gerencia proporcionará la autoridad de seguridad necesaria para resolver los problemas.
    C. insista en que los gerentes o unidades que no estén de acuerdo con la solución de seguridad acepten el riesgo.
    D. refiera los problemas a la alta dirección junto con las recomendaciones de seguridad.

D es la respuesta correcta.

Justificación:

A. La alta dirección es responsable de escalar los problemas a los terceros externos pertinentes.
B. La seguridad es sólo un aspecto de los problemas que pueden surgir entre las partes de la empresa, y la autoridad para abordar los problemas debe estar en un nivel superior para arbitrar entre los requisitos conflictivos.
C. Es poco probable que el gerente de seguridad esté en una posición de autoridad suficiente para insistir en que los gerentes de las unidades de negocios acepten el riesgo, y el asunto se debe escalar a la alta dirección para emitir tales directivas.
D. La alta dirección está en la mejor posición para arbitrar los problemas entre las unidades de negocio porque tendrá en cuenta las necesidades generales de la empresa para tomar una decisión.

68. La obtención de apoyo de la alta dirección para establecer un sitio de respaldo parcialmente equipado (templado) se puede lograr **MEJOR** a través de:

A. el establecimiento de una evaluación periódica del riesgo.
B. la promoción de los requisitos regulatorios.
C. el desarrollo de un caso de negocio.
D. el desarrollo de métricas efectivas.

C es la respuesta correcta.

Justificación:

A. Se debe llevar a cabo una evaluación de riesgos para elaborar un caso de negocio y obtener el apoyo de la dirección, pero la evaluación de riesgos por sí sola no será eficaz.
B. Informar a la dirección sobre los requisitos regulatorios podría ayudar a obtener apoyo para las iniciativas, pero debido a que muchas empresas no cumplen con las regulaciones, es poco probable que sea suficiente.
C. Un caso de negocio completo, que incluya un análisis de coste-beneficio, será más persuasivo para la dirección.
D. Un buen sistema de medición que garantice que las iniciativas cumplen los objetivos de la organización será útil, pero probablemente no sea suficiente para obtener el apoyo de la dirección.

69. ¿Cuál de los siguientes elementos es el **MÁS** importante a la hora de desarrollar una estrategia de la seguridad de la información?

A. Objetivos definidos
B. Plazos de entrega
C. Adopción de una estructura de control
D. Políticas completas

A es la respuesta correcta.

Justificación:

A. Sin objetivos definidos, no se puede desarrollar la estrategia de seguridad de la información ni el plan para alcanzarlos, por lo que los objetivos definidos son el elemento más importante.
B. Los plazos de entrega son importantes, pero no críticos, en el proceso de elaboración del documento de estrategia.
C. La adopción de un marco de control no es crítica antes de desarrollar una estrategia de seguridad de la información.
D. Las políticas se desarrollan durante y después de la implementación de la estrategia; no son requisitos previos para desarrollar la estrategia de seguridad de la información.

70. El responsable de seguridad de la información debe ocuparse las leyes y normativas:

A. hasta el punto en que tengan impacto en la empresa.
B. implementando normas internacionales.
C. desarrollando políticas que aborden los requisitos.
D. para asegurar que las directrices cumplan con los requisitos.

A es la respuesta correcta.

Justificación:

A. Los requisitos legales y regulatorios se deben evaluar en base al alcance y la naturaleza de la aplicación, la probabilidad de las acciones y sanciones aplicables y el impacto del cumplimiento parcial o incumplimiento comparado con los costes del cumplimiento.
B. Las normas internacionales tal vez no aborden los requisitos legales en cuestión.
C. Las políticas no se deberían dirigir a reglamentos particulares, pues estos últimos están sujetos a cambios. Las políticas únicamente deberían atender la necesidad de evaluar los requisitos regulatorios y tratarlos debidamente con base en el riesgo y el impacto.
D. Normalmente, las directrices no abordan las regulaciones, aunque las normas pueden abordarlas al determinar la dirección el nivel adecuado de cumplimiento.

71. ¿Quién puede abogar **MEJOR** por el desarrollo de un programa de seguridad de la información y asegurar el éxito del mismo?

A. Auditor interno
B. Director de operaciones
C. Comité de dirección
D. Gerencia de TI

C es la respuesta correcta.

Justificación:

A. Un auditor interno es un buen defensor, pero es secundario a la influencia de la alta gerencia.
B. El director de operaciones será un miembro del comité de dirección.
C. La alta gerencia representada en el comité de dirección de seguridad está en la mejor posición para abogar por el establecimiento de un programa de seguridad de la información y su apoyo continuo.
D. La gerencia de TI tiene un menor grado de influencia y sería también parte del comité de dirección.

72. ¿Cuál de las siguientes herramientas es la **MÁS** apropiada para determinar si se están cumpliendo los objetivos del gobierno de seguridad de la información?

A. Análisis SWOT (FODA)
B. Diagrama en cascada
C. Análisis de deficiencias
D. Cuadro de mando

D es la respuesta correcta.

Justificación:

A. Un análisis FODA se ocupa de las fortalezas, las debilidades, las oportunidades y las amenazas. Aunque útil, un análisis FODA no es una herramienta tan efectiva como el cuadro de mando.
B. Un diagrama en cascada se usa para entender el flujo de un proceso a otro.
C. Un análisis de deficiencias (o brechas), aunque es útil para identificar las diferencias entre el estado actual y estado futuro deseado, no es la herramienta más apropiada.
D. El cuadro de mando es muy eficaz para evaluar el grado de cumplimiento de los objetivos de seguridad de la información.

73. ¿Cuál de las siguientes opciones la consideración **MÁS** importante cuando se desarrolla la estrategia de seguridad de una empresa que opera en diferentes países?

A. Diversas actitudes hacia la seguridad por parte de empleados y la dirección
B. Las diferencias horarias y la capacidad de comunicarse con los responsables de seguridad
C. Una implementación coherente de los procedimientos y las políticas de seguridad en todos los países
D. El cumplimiento de diversas leyes y regulaciones gubernamentales

D es la respuesta correcta.

Justificación:

A. Las actitudes entre empleados y gerentes pueden variar según los países, lo que afectará a la implementación de una política de seguridad. Sin embargo, el impacto no es tan significativo como la diferencia entre las leyes nacionales.
B. Las diferencias horarias y la accesibilidad no son consideraciones importantes para el desarrollo de una estrategia de seguridad.
C. La implementación ocurre después de que se ha desarrollado una estrategia de seguridad, de modo que no puede ser una consideración para su desarrollo.
D. **Las leyes varían de un país a otro y pueden entrar en conflicto, lo que dificulta que una empresa cree una política de seguridad empresarial global que aborde adecuadamente los requisitos de cada país. Las repercusiones por no cumplir los múltiples marcos legales al mismo tiempo es la más importante de las consideraciones enumeradas.**

74. ¿Cuál de las siguientes opciones es la que **MEJOR** contribuye al desarrollo de un marco de gobierno de seguridad de la información que respalde el concepto de modelo de madurez?
   A. Análisis, control y discusiones permanentes
   B. Seguimiento continuo del rendimiento de la inversión en seguridad
   C. Reducción continua de riesgos
   D. Establecimiento de indicador de riesgo clave para controlar los procesos de gestión de la seguridad

A es la respuesta correcta.

Justificación:

   A. Para mejorar el marco de gobierno y alcanzar un mayor nivel de madurez, una empresa necesita realizar análisis, un seguimiento y una retroalimentación continua en las que se comparen el estado de madurez deseado con el actual.
   B. El rendimiento de la inversión en seguridad puede mostrar el resultado de desempeño de las actividades relacionadas con la seguridad en términos de coste-efectividad; sin embargo, no es un indicador ni una consideración para el concepto del modelo de madurez.
   C. La reducción continua de riesgos demuestra la efectividad del marco de gobierno de la seguridad, pero no es una indicación ni una consideración del concepto de modelo de madurez.
   D. El establecimiento de indicador clave de riesgo es una herramienta que se usa en la evaluación del control interno y representa un valor umbral que alerta a la dirección cuando los controles en los procesos de negocio están en riesgo. Es una herramienta de control más que una consideración para apoyar los modelos de madurez.

75. El caso de negocio **MÁS** completo para las soluciones de seguridad es aquel que:
   A. incluye una justificación apropiada.
   B. explica el perfil de riesgo actual.
   C. detalla los requisitos regulatorios.
   D. identifica incidentes y pérdidas.

A es la respuesta correcta.

Justificación:

   A. Existen muchas justificaciones posibles para implementar una solución de seguridad; sin embargo, la clave consiste en elegir la más apropiada para el caso de negocio.
   B. El perfil de riesgo actual puede ser una de las numerosas justificaciones y no puede, por sí solo, ser la entrada para un caso de negocio completo.
   C. Los requisitos regulatorios pueden ser una de las muchas justificaciones posibles y no pueden ser la única aportación para un caso de negocio completo.
   D. Los incidentes y las pérdidas pueden ser una de las muchas justificaciones para implementar soluciones de seguridad, pero no pueden ser la única aportación para un caso de negocio completo.

76. ¿Cuál de las siguientes opciones es **MÁS** importante para el éxito de un programa de seguridad de la información?

A. Formación en concienciación de la seguridad
B. Metas y objetivos alcanzables
C. El patrocinio de la alta gerencia
D. Presupuesto y personal adecuados para la puesta en marcha

C es la respuesta correcta.

Justificación:

A. La formación en concienciación de la seguridad, a pesar de ser importante, es secundario.
B. Las metas y objetivos alcanzables son importantes, pero no asegurarán el éxito sin el apoyo de la alta dirección.
C. El apoyo suficiente de la alta dirección es el factor más importante para el éxito de un programa de seguridad de la información.
D. Contar con el presupuesto y el personal adecuado es importante, pero en el improbable caso de que existan sin el apoyo de la alta dirección, no garantizarán por sí mismos el éxito.

77. ¿Cuál de las siguientes acciones ayuda a cambiar la cultura de seguridad de una empresa?

A. Desarrollar procedimientos para hacer cumplir la política de seguridad de la información.
B. Obtener un fuerte apoyo de la dirección.
C. Implementar estrictos controles técnicos de seguridad.
D. Auditar periódicamente el cumplimiento de la política de seguridad de la información.

B es la respuesta correcta.

Justificación:

A. Los procedimientos respaldan una política de seguridad de la información, pero es poco probable que tenga mucho impacto en la cultura de seguridad de la empresa.
B. La cultura en una empresa es un reflejo de la visión y la orientación de la alta dirección, por lo que solo su apoyo y presión ayudarán a cambiar la cultura de seguridad de una empresa.
C. Los controles técnicos proporcionarán más seguridad a un sistema de información y al personal; sin embargo, esto no ayudará a cambiar la cultura de seguridad.
D. La auditoría ayudará a asegurar la eficacia de la política de seguridad de la información; sin embargo, la auditoría no es eficaz para cambiar la cultura de la compañía.

78. Una empresa ha estado sujeta recientemente a una serie de ataques de denegación de servicio debido a una debilidad en la seguridad. El gerente de seguridad de la información debe presentar un caso de negocio para aumentar la inversión en seguridad. El desafío **MÁS** significativo para obtener la aprobación de la propuesta por la alta dirección es:

A. explicar los problemas de seguridad de la tecnología.
B. demostrar el valor y los beneficios.
C. simular varios escenarios de riesgo.
D. obtener datos de referencia para comparar.

B es la respuesta correcta.

Justificación:

A. En un caso de negocio, no hay necesidad de explicar los problemas de seguridad de la tecnología.
B. Los casos de negocio se preparan en función del valor de negocio y del beneficio para la empresa. Esto suele ser difícil de identificar y presentar para los responsables de seguridad.
C. La simulación de varios escenarios de riesgo es parte de la evaluación de riesgo, pero estos normalmente no se incluirán en un caso de negocio.
D. Los datos de los estudios comparativos de mercado son una aproximación para demostrar el valor y no suponen un reto importante para apoyar el caso de negocio.

79. ¿Cuál de las siguientes opciones es la **MEJOR** fuente para determinar el valor de los activos de información?

A. Los gerentes de cada negocio.
B. Los analistas de sistemas de negocios.
C. Gerente de seguridad de la información
D. Los resultados de estudios comparativos de mercado del sector.

A es la respuesta correcta.

Justificación:

A. Los gerentes del negocio están en la mejor posición para determinar el valor de los activos de información ya que ellos son los que tienen más conocimientos del impacto de los activos sobre el negocio.
B. Los analistas de sistemas de negocio no tienen tanto conocimiento como los gerentes de cada negocio respecto al impacto sobre el negocio.
C. Los gerentes de seguridad de la información no tienen tanto conocimiento como los gerentes de cada negocio respecto al impacto sobre el negocio.
D. Los promedios de las empresas homólogas del sector no proporcionan necesariamente información lo suficientemente detallada, ni son tan relevantes para los aspectos específicos del negocio como la información de los gerentes de cada negocio.

80. ¿En cuál de las siguientes áreas los propietarios de los datos son **PRINCIPALMENTE** responsables de establecer la mitigación del riesgo?

A. La seguridad de la plataforma
B. Cambios en los derechos
C. La detección de intrusos
D. Controles antivirus

B es la respuesta correcta.

Justificación:

A. La seguridad de la plataforma suele ser responsabilidad del responsable de seguridad de la información
B. Los propietarios de los datos son responsables de asignar derechos de usuario y aprobar el acceso a los sistemas de los cuales son responsables.
C. La detección de intrusos es responsabilidad del responsable de seguridad de la información.
D. Los controles de antivirus son responsabilidad del responsable de seguridad de la información.

81. La estrategia de seguridad de la información de una empresa se debe basar en:

A. gestionar el riesgo relacionado con los objetivos de negocio.
B. gestionar el riesgo a fin de reducirlo a cero y minimizar las primas de seguro.
C. evitar la ocurrencia del riesgo, de modo que no se requiera un seguro.
D. transferir la mayor parte del riesgo a las aseguradoras y ahorrar en costes de control.

A es la respuesta correcta.

Justificación:

A. Las empresas deben gestionar el riesgo para reducirlo a un nivel relativo y aceptable para su modelo, sus metas y objetivos de negocio.
B. Un enfoque de nivel cero puede ser costoso y no proporcionar el beneficio efectivo de ingresos adicionales a la empresa. El mantenimiento a largo plazo de este enfoque puede no ser rentable. Además, los niveles de riesgo no pueden ser cero.
C. El riesgo cambia junto con los modelos de negocio, la geografía, los procesos regulatorios y operativos. Además, no se pueden evitar todos los riesgos y habrá que habilitar los controles adecuados como parte de la estrategia de seguridad de la información.
D. Los seguros suelen utilizarse para protegerse de sucesos de baja probabilidad y alto impacto, y exigen que la empresa disponga de ciertos controles operativos para mitigar el riesgo, además de unas franquicias generalmente elevadas. Por tanto, la transferencia de la mayor parte de los riesgos no es rentable.

82. ¿Cuál de las siguientes opciones se debe incluir en un presupuesto anual de seguridad de la información que se somete a la aprobación de la dirección?

A. Un análisis de rentabilidad de los recursos incluidos en el presupuesto
B. Todos los recursos recomendados por el negocio
C. Coste total de la propiedad
D. Comparaciones de referencia

A es la respuesta correcta.

Justificación:

A. **Una breve explicación del beneficio de los gastos en el presupuesto ayuda a explicar cómo las compras que se están solicitando ayudarán a conseguir las metas y los objetivos de negocio. Esto ayuda a crear credibilidad para la función o programa de seguridad de la información. Explicar los beneficios facilitará a la alta gerencia que entiendan los requisitos y el apoyo del programa de seguridad de la información.**
B. Pese a que el presupuesto debería considerar todas las opiniones y recomendaciones provenientes del negocio, el presupuesto final que se envía a la gerencia para su aprobación debe incluir solo aquellos elementos que se deseen adquirir.
C. El coste total de la propiedad puede ser solicitado por la dirección y puede facilitarse en un anexo para una determinada solicitud de compra, pero no suele incluirse en un presupuesto anual.
D. Las comparaciones de referencia (comparaciones de costes con otras compañías o sectores) pudieran ser útiles para elaborar un presupuesto o para proporcionar una justificación en una revisión interna de una compra individual, pero no suele ser necesario que se incluyan en la solicitud de aprobación de presupuesto.

83. El objetivo **PRIMERO** de un programa de gestión de riesgos corporativos es garantizar que en la empresa:

A. los activos de TI de una organización en las funciones clave de negocio estén protegidos.
B. el riesgo del negocio se aborde mediante controles preventivos.
C. Se alcanzan los objetivos declarados.
D. Las instalaciones y sistemas de TI estén siempre disponibles.

C es la respuesta correcta.

Justificación:

A. Proteger los activos de TI es uno de los muchos objetivos que se incluyen en los objetivos declarados. Sin embargo, se debe considerar desde la perspectiva de conseguir los objetivos de la empresa.
B. Los controles preventivos no siempre son posibles o necesarios; la gestión de riesgos tratará los problemas con una mezcla apropiada de controles preventivos y correctivos para conseguir los objetivos establecidos.
C. **El objetivo principal de la gestión de riesgos es garantizar que una empresa mantenga la capacidad de alcanzar sus objetivos.**
D. Garantizar la disponibilidad de la infraestructura y los sistemas es un objetivo habitual incluido en los objetivos declarados.

84. Los requisitos de acceso a los datos de una aplicación deben ser determinados por el:

A. departamento legal.
B. el director de cumplimiento.
C. responsable de seguridad de la información.
D. propietario del negocio.

D es la respuesta correcta.

Justificación:

A. El departamento legal puede asesorar, pero no tiene la responsabilidad final, ya que puede no estar familiarizado con los roles y las responsabilidades en el departamento.
B. El responsable de cumplimiento puede asesorar, pero no tiene la responsabilidad final, ya que puede no estar familiarizado con los roles y las responsabilidades en el departamento.
C. El gerente de seguridad de la información puede asesorar, pero no tiene la responsabilidad final, ya que puede no estar familiarizado con los roles y las responsabilidades en el departamento.
D. Como los propietarios del negocio son los responsables últimos de sus aplicaciones y datos, ellos deben determinar los requisitos de acceso a los datos.

85. El propósito **PRINCIPAL** de un programa de seguridad de la información es:

A. proporcionar protección a los activos de información en consonancia con la estrategia y los objetivos del negocio.
B. expresar los resultados de una evaluación de riesgos operativos en términos de impacto en el negocio.
C. proteger la confidencialidad de los recursos de información y tecnología del negocio.
D. desarrollar la política y los procedimientos de seguridad de la información alineados con los objetivos de negocio.

A es la respuesta correcta.

Justificación:

A. El objetivo principal del programa de seguridad de la información es proporcionar protección para los activos de información y debe estar alineado con la estrategia y los objetivos de negocio.
B. El programa de evaluación de riesgos se centra en identificar escenarios de riesgos basados en la estrategia y los objetivos de negocio. Es una parte del programa de seguridad de la información y una de sus actividades principales, pero no es el objetivo principal.
C. El programa de seguridad de la información debe abordar la confidencialidad, la integridad y la disponibilidad. La confidencialidad sola no se puede considerar como el objetivo principal del programa de seguridad de la información.
D. La política y los procedimientos de seguridad se desarrollan como parte del programa de seguridad para conseguir una protección de los activos de información en consonancia con la estrategia y los objetivos de negocio.

86. El gobierno efectivo de seguridad de la empresa se garantiza de **MEJOR** mediante:

A. utilizando un enfoque ascendente, de lo más específico hasta lo más general.
B. la gestión por parte del departamento de TI
C. transfiriendo el asunto al departamento legal de la empresa.
D. utilizando un enfoque descendente de lo más general a lo más específico.

D es la respuesta correcta.

Justificación:

A. El gobierno de seguridad de la empresa puede no reflejarse eficazmente con un enfoque ascendente, ya que no se centrará en las prioridades de la dirección.
B. El gobierno de la seguridad de la empresa afecta a toda la empresa, no solo a la gerencia de TI.
C. El departamento legal es parte del proceso de general gobierno y puede proporcionar aportaciones útiles, pero no puede ser el único responsable.
D. El gobierno efectivo de la seguridad de la empresa debe ser una iniciativa descendente, en la que el consejo de administración y la dirección ejecutiva establezcan políticas, metas y objetivos claros y prevean su supervisión permanente.

87. El **PRIMER** paso para crear una cultura interna que adopte la seguridad de la información es:

A. implementar controles más fuertes.
B. realizar una formación de concienciación de forma periódica.
C. controlar activamente las operaciones.
D. obtener el respaldo de la dirección ejecutiva.

D es la respuesta correcta.

Justificación:

A. La implementación de controles más fuertes podría conducir a la evasión de los mismos.
B. La formación de sensibilización es importante, pero debe basarse en las políticas y contar con el apoyo de la dirección.
C. El control activo de las operaciones no afectará directamente a la cultura.
D. El apoyo de la gerencia ejecutiva en forma de aprobación de la política proporciona intención, dirección y apoyo.

88. ¿Cuál de las siguientes recomendaciones es la **MEJOR** para promover una cultura positiva de seguridad de la información en la empresa?

A. Fuerte supervisión por parte del comité de auditoría
B. Transparencia del gobierno de la organización
C. Colaboración en todas las líneas del negocio
D. Calificación positiva del gobierno por parte de analistas de valores

C es la respuesta correcta.

Justificación:

A. La supervisión por parte del comité de auditoría proporcionaría entradas y recomendaciones, pero es de poca ayuda para promover una cultura positiva.
B. La transparencia del gobierno puede contribuir a la práctica de la gestión de seguridad, pero no está directamente vinculada al establecimiento de una cultura de gobierno positiva.
C. Para promover una cultura de gobierno positiva, es esencial establecer colaboración entre todas las líneas del negocio. Esto permitirá a la dirección de cada línea hablar un lenguaje común y compartir las mismas metas.
D. La calificación positiva del gobierno por parte de analistas de valores puede ser útil para los inversores, pero tendrá poco o nulo efecto en la cultura interna de la organización.

89. Tras una evaluación completa de riesgos de TI, ¿quién está en la **MEJOR** posición para decidir qué controles de mitigación deben implementarse?
    A. La alta gerencia
    B. El gerente de negocio
    C. El gerente de auditoría de TI
    D. El responsable de seguridad de la información

B es la respuesta correcta.

Justificación:

A. La alta dirección tendrá que asegurar que el gerente de negocio tenga un claro entendimiento del riesgo evaluado, pero no estará en una posición para decidir sobre controles específicos.

B. El gerente de negocios estará en la mejor posición, basado en las propuestas de evaluación del riesgo y de mitigación, para decidir qué controles se pueden implementar de acuerdo con la estrategia de negocio y el presupuesto.

C. El gerente de auditoría de TI participará en el proceso de identificación de amenazas y vulnerabilidades y formulará recomendaciones para su mitigación

D. El responsable de seguridad de información podría tomar algunas decisiones con respecto a la implementación de controles. Sin embargo, el gerente de negocio tendrá una visión más amplia del negocio y entenderá mejor el impacto del control sobre los objetivos de negocio y, por tanto, estará en una mejor posición para tomar decisiones estratégicas.

90. De las siguientes, ¿cuál es la manera **MÁS** efectiva de medir la alineación de la empresa con un programa de seguridad de la información?
    A. Realizar el seguimiento de las auditorías a lo largo del tiempo.
    B. Evaluar pérdidas ocasionadas por incidentes.
    C. Analizar los casos de negocio.
    D. Entrevistar a los dueños del negocio.

D es la respuesta correcta.

Justificación:

A. Los informes de auditoría pueden indicar áreas de actividad de seguridad que no respaldan de manera óptima los objetivos de la empresa, pero no serán tan buen indicador como los conocimientos de los propietarios del negocio.

B. La empresa puede considerar que las pérdidas son aceptables o no, pero no estarán bien correlacionadas con la percepción del apoyo del negocio.

C. En la medida que se hayan desarrollado casos de negocios para determinadas actividades de seguridad, serán un buen indicador de si los requisitos del negocio se han considerado de la forma debida; sin embargo, la percepción de los dueños del negocio será, en última instancia, el factor más importante.

D. Es esencial que los dueños del negocio entiendan y respalden el programa de seguridad y comprendan plenamente cómo sus controles afectan a sus actividades. Esto se logra más fácilmente a través de la interacción directa con los líderes del negocio.

91. ¿Cuál de los siguientes es el medio **MÁS** adecuado para obtener el compromiso de la alta dirección en la implementación de una estrategia de la seguridad de la información?
    A. Material de formación en el que se habla sobre la importancia de las buenas prácticas de seguridad de la información
    B. Reuniones de grupo regulares para revisar los desafíos y los requisitos de las operaciones diarias
    C. Un análisis de coste-beneficio que detalle cómo se usará el presupuesto de la implementación solicitada
    D. Una presentación formal que destaque la relación entre la seguridad y los objetivos de negocio

D es la respuesta correcta.

Justificación:

A. La formación sobre las buenas prácticas de seguridad de la información forma parte de la implementación de un programa de seguridad de la información efectivo y es mejor distribuirlos a todos los trabajadores.
B. Es poco probable que la alta dirección tenga tiempo para celebrar reuniones periódicas de grupo, y es mejor abordar las operaciones diarias a nivel de los propietarios de procesos de negocio.
C. Un análisis detallado coste-beneficio del presupuesto de implementación es un documento de apoyo al que se puede hacer referencia para responder a las preguntas y establecer la credibilidad. Sin embargo, por tratarse de un documento independiente, no es la manera en la que el gerente de seguridad de la información obtiene el compromiso de la alta gerencia para implementar la estrategia de seguridad de la información.
D. Una presentación formal a la alta dirección es la manera más apropiada de obtener su compromiso cuando se utiliza como un medio para comunicar y sensibilizar sobre los aspectos clave del programa de seguridad en general y sobre como la seguridad está permitiendo la consecución los objetivos de negocio.

92. ¿Cuál de las siguientes opciones describe **MEJOR** el objetivo clave de un programa de seguridad de la información?
    A. Lograr objetivos y metas estratégicas del negocio.
    B. Establecer la responsabilidad (rendición de cuentas) por el riesgo de seguridad de la información
    C. Establecer la propiedad del riesgo de seguridad de la información
    D. Eliminar las amenazas para la empresa.

A es la respuesta correcta.

Justificación:

A. Aunque las actividades del programa de seguridad se centran principalmente en la protección de los activos de la empresa, el objetivo principal es apoyar la consecución de las metas y objetivos estratégicos de la empresa.
B. Un programa de seguridad de la información se centra en proteger los activos de información utilizando controles automatizados y manuales para lograr los objetivos estratégicos del negocio.
C. La seguridad de la información se consigue mediante la aplicación de cualquier tipo de control; se logra tanto o con controles TI, como con controles manuales.
D. Las amenazas no se pueden eliminar; los controles de seguridad de la información ayudan a reducir el riesgo a un nivel aceptable.

93. ¿Cuál de las siguientes opciones alinea **MEJOR** los objetivos de seguridad de la información con los objetivos del negocio? ¿Cuál de las siguientes opciones alinearía MEJOR los objetivos de seguridad de la información con los objetivos empresariales?

A. Un modelo de madurez de la capacidad
B. Un modelo de evaluación de procesos
C. Una evaluación y análisis de riesgos
D. Un cuadro de mando del negocio

D es la respuesta correcta.

Justificación:

A. Un modelo de madurez de la capacidad puede no incluir los objetivos de negocio; en ese caso, no proporcionaría una perspectiva completa y se centraría más en objetivos de seguridad.
B. Aunque proporciona un mayor detalle de los procesos y capacidades, un modelo de evaluación de procesos sólo proporciona una visión centrada en los procesos, en lugar de una multidimensional que abarque el negocio y la seguridad.
C. Una evaluación de riesgos se usa para identificar vulnerabilidades y controles, y no aborda la alineación de la seguridad con los objetivos de negocio.
D. Un cuadro de mando del negocio alinea los objetivos de seguridad de la información con los objetivos de negocio y proporciona una visión multidimensional de los factores cuantitativos y cualitativos.

94. ¿Cuál es el riesgo **PRINCIPAL** cuando no hay representación de la gestión de usuarios en el comité directivo de seguridad de la información?

A. No se consideran adecuadamente los requisitos funcionales.
B. Los programas de formación o entrenamiento de usuarios pueden no ser adecuados.
C. Los presupuestos asignados a las unidades de negocios no son apropiados.
D. Los planes de seguridad de la información no están con los requisitos del negocio.

D es la respuesta correcta.

Justificación:

A. Los requisitos funcionales y los programas de formación son parte del desarrollo de proyectos y no son el principal riesgo.
B. Los aspectos específicos de los programas de formación no suelen ser competencia del comité de dirección; la formación es un asunto operativo o de entrega que debe gestionar el equipo o la persona responsable del programa.
C. El comité de dirección de la seguridad de la información no tiene la autoridad para aprobar presupuestos para las unidades de negocio.
D. El comité de dirección es responsable de la ejecución de la estrategia de seguridad de la información; si no está representada la gestión de usuarios es posible que el comité no tenga en cuenta la productividad y la necesidad de controles adecuados para los usuarios.

95. ¿Quién debería ser el responsable de la aprobación final de la implementación de un parche de seguridad?

A. El gerente de desarrollo de aplicaciones
B. El propietario de los activos de TI
C. El responsable de seguridad de la información
D. El coordinador de continuidad del negocio

B es la respuesta correcta.

Justificación:

A. Cuando la lógica del negocio se ha modificado, el equipo de desarrollo de aplicaciones puede participar en las pruebas; sin embargo, la participación del equipo será menos necesaria cuando se implemente un parche de seguridad.
B. Para garantizar que no haya una interrupción grave del negocio debido a problemas inesperados, es importante incluir a los propietarios de los activos de TI en el circuito final de aprobación cuando se implementa un parche de seguridad.
C. El responsable de seguridad de la información está informado de los parches de seguridad que se deben aplicar; sin embargo, no siempre se requiere su aprobación para la aplicación de los mismos.
D. Un coordinador de continuidad del negocio no participaría en la aprobación de los parches de seguridad en las operaciones normales del día a día.

96. Una empresa que nombra a un director de seguridad de la información:

A. mejora la colaboración con la alta dirección.
B. reconoce un compromiso con las responsabilidades legales en materia de seguridad de la información.
C. infringe el rol de gobierno del consejo de administración.
D. mejora la responsabilidad financiera de los proyectos de tecnología.

B es la respuesta correcta.

Justificación:

A. La presencia o ausencia de un director de seguridad de la información (CISO) no influye sustancialmente en la colaboración de los directivos
B. Nombrar a un CISO crea una línea de responsabilidad clara para la seguridad de la información. Debido al alcance y la amplitud de la seguridad de la información, la autoridad y la responsabilidad necesarias se deben asignar a un director general en reconocimiento del compromiso de la empresa.
C. El consejo de administración mantiene su función de gobierno independientemente de que se designe formalmente un CISO.
D. El CISO no suele estar asociado con la responsabilidad financiera de los proyectos tecnológicos.

97. ¿Cuál de las siguientes es el **MEJOR** enfoque para tratar un financiamiento inadecuado del programa de seguridad?

A. Eliminar servicios de seguridad de baja prioridad.
B. Requerir a la gerencia que acepte el aumento del riesgo.
C. Priorizar la mitigación de riesgos y educar a la gerencia.
D. Reducir las actividades de control y exigencia de cumplimiento.

C es la respuesta correcta.

Justificación:

A. Priorizar las actividades de seguridad siempre es útil, pero eliminar cualquier servicio de seguridad, aunque sea de baja prioridad, debe ser el último recurso.
B. Si los presupuestos se encuentran muy limitados, la dirección ya está abordando el aumento de otros riesgos y es probable que sea consciente del problema; un enfoque proactivo para hacer más con menos será bien recibido.
C. Asignar recursos a las áreas de mayor riesgo y beneficio y educar a la gerencia sobre las posibles consecuencias de la falta de financiación es el mejor enfoque.
D. La reducción de las actividades de control puede aumentar innecesariamente el riesgo cuando pueden estar disponibles opciones de bajo coste para realizar esas funciones.

98. Al desarrollar un programa de seguridad de la información, ¿cuál es la fuente de información **MÁS** útil para determinar los recursos humanos disponibles?
   A. Prueba de competencia
   B. Descripciones de puestos de trabajo
   C. Organigrama
   D. Inventario de destrezas o habilidades

D es la respuesta correcta.

Justificación:

A. La prueba de competencia es útil, pero solo en relación con destrezas técnicas específicas.
B. Las descripciones de cargos no serían tan útiles porque pueden perder vigencia o no ser lo suficientemente detalladas.
C. Un organigrama no ofrecería los detalles necesarios para determinar los recursos requeridos para esta actividad.
D. Un inventario de destrezas ayudaría a identificar los recursos humanos disponibles, las deficiencias y los requisitos de formación para desarrollar los recursos.

99. ¿Cuál de las siguientes opciones influye en **MAYOR** medida en el contenido de la estrategia de seguridad de la información?
   A. Tecnología emergente
   B. Peligros del sistema
   C. Arquitectura de red
   D. Metas de la organización

D es la respuesta correcta.

Justificación:

A. La tecnología emergente puede ayudar a que una empresa se adapte a los estándares actuales, pero puede no formar parte de los objetivos o la misión de la empresa.
B. Manejar o prevenir el compromiso del sistema es importante, pero no es la influencia que afectará al contenido de la estrategia de seguridad de la información, ya que es más probable que afecte al diseño y a la implementación de los controles.
C. La arquitectura de red no es una influencia que afecte al contenido de la estrategia de seguridad de la información porque es un diseño operativo que debe respaldar dicha estrategia.
D. La estrategia de seguridad de la información estará influida por los objetivos organizacionales, ya que los objetivos deben estar alineados con el negocio.

100. La empresa ha decidido externalizar la mayor parte del departamento de TI con un proveedor que aloja los servidores en un país extranjero. De las siguientes, ¿cuál es la consideración de seguridad **MÁS** crítica?

A. El cumplimiento de las leyes y regulaciones del país de origen puede no ser exigible en el país extranjero.
B. La posibilidad del retraso de la notificación de una violación a la seguridad debido a la diferencia horaria.
C. Se deben instalar otros sensores para la detección de intrusos en la red, lo que genera un coste adicional.
D. La compañía podría perder control físico sobre el servidor y no ser capaz de supervisar la situación de seguridad física de los servidores.

A es la respuesta correcta.

Justificación:

A. Una compañía debe regirse por las leyes y regulaciones locales del país donde reside, incluso si la compañía decide alojar los servidores en un proveedor de un país extranjero. Una posible violación de las leyes locales aplicables a la empresa podría no ser reconocida o rectificada (es decir, perseguida) debido a la falta de conocimiento de las leyes locales aplicables y a la incapacidad de hacerlas cumplir.
B. La diferencia horaria no es un factor de interés en un entorno que opera las 24 horas del día, los 7 días de la semana. Normalmente se dispone de localizadores, teléfonos móviles, teléfonos, etc., para comunicar las notificaciones.
C. La instalación de sensores adicionales para la detección de intrusos en la red es un problema manejable que requiere financiación adicional, pero es factible.
D. La mayoría de los proveedores de hospedaje (hosting) ha estandarizado el nivel de seguridad física disponible. Las auditorías físicas periódicas pueden tratar el problema.

101. Después de obtener la participación de la alta dirección, ¿cuál de los siguientes puntos debe ser el **SIGUIENTE** en abordarse al establecer el programa de seguridad de la información?

A. Definir métricas de seguridad.
B. Realizar una evaluación del riesgo.
C. Realizar un análisis de deficiencias.
D. Adquirir herramientas de seguridad.

B es la respuesta correcta.

Justificación:

A. La definición de las métricas de seguridad se debería llevar a cabo después de determinar los objetivos de control y de desarrollar la estrategia.
B. Al establecer un programa de seguridad de la información, la realización de una evaluación de riesgos es clave para identificar las necesidades de la empresa y desarrollar una estrategia de seguridad.
C. Una vez determinado el estado deseado de la seguridad y el estado actual, se utilizaría un análisis de las deficiencias para evaluar lo que hay que hacer para subsanarlas.
D. Adquirir herramientas de seguridad es una consideración posterior.

102. ¿Cuál de los siguientes sería el **PRIMER** paso al desarrollar un caso de negocio para una inversión en la seguridad de la información?
   A. Definir los objetivos
   B. Calcular el coste
   C. Definir la necesidad
   D. Analizar la rentabilidad

C es la respuesta correcta.

Justificación:

A. Sin una definición clara de las necesidades que es necesario abordar, no pueden determinarse los objetivos.
B. Sin una definición clara de las necesidades que es necesario abordar, no pueden determinarse los costes.
C. El primer paso para hacer una inversión en la seguridad de la información es tener una definición clara de las necesidades que se deben satisfacer al desarrollar un caso de negocio.
D. Sin una necesidad definida que requiera una solución, no se puede determinar la rentabilidad.

103. ¿Cuál es la **MEJOR** técnica para determinar qué controles de seguridad implementar con un presupuesto limitado?
   A. Análisis de riesgos
   B. Los cálculos de la expectativa de pérdida anual
   C. El análisis de rentabilidad
   D. Análisis del impacto

C es la respuesta correcta.

Justificación:

A. El análisis de riesgos cuantifica el riesgo para priorizar las respuestas al mismo.
B. La expectativa de pérdida anual es la pérdida monetaria que puede esperarse para un activo debido a un riesgo durante un período de un año, pero no sirve para priorizar los controles.
C. El análisis de rentabilidad se realiza para garantizar que el coste de una salvaguarda no supere su beneficio y que se proporciona la mejor protección acorde con el coste de la implementación.
D. Un análisis de impacto es un estudio para priorizar la criticidad de los recursos de información para una empresa basándose en los costes (o consecuencias) de los acontecimientos adversos. En un análisis del impacto se identifican amenazas a los activos y se determinan pérdidas de negocio potenciales para diferentes periodos de tiempo. Esta evaluación se utiliza para justificar el alcance de las salvaguardias necesarias y determinar los plazos de recuperación. Este análisis es la base para establecer la estrategia de recuperación.

104. Una empresa debe cumplir con los recientes requisitos regulatorios industriales publicados que pueden tener altos costes de implementación. ¿Qué es lo **PRIMERO** que debería hacer el gerente de seguridad de la información?
   A. Consultar al comité de seguridad.
   B. Realizar un análisis de deficiencias.
   C. Implementar controles compensatorios.
   D. Exigir cumplimiento inmediato.

B es la respuesta correcta. Justificación:

A. Consultar al comité de seguridad antes de saber el alcance de los problemas no sería el primer paso.
B. Al tratarse de requisitos regulatorios, un análisis de las deficiencias sería el primer paso para determinar el nivel de cumplimiento ya existente.
C. La implementación de controles de compensatorios no sería el primer paso.
D. Exigir el cumplimiento inmediato sin conocer el alcance del posible incumplimiento no sería un primer paso prudente.

105. ¿Cuál de los siguientes indica **MEJOR** el compromiso de la alta dirección para apoyar la seguridad de la información?

A. Evaluación del riesgo a los activos
B. Aprobación de metodología de gestión de riesgos
C. Revisión del riesgo inherente a los activos de información
D. Revisión del riesgo residual para los activos de información

B es la respuesta correcta.

Justificación:

A. Una evaluación del riesgo a los activos por sí misma no indica el compromiso y el apoyo de la alta dirección con la seguridad de la información.
B. La autorización por parte de la dirección de la metodología de gestión de riesgos es el mejor indicador del apoyo y el compromiso con la seguridad de la información, ya que demuestra su participación en el diseño de los controles.
C. Una revisión del riesgo inherente a los activos de información no es una indicación del compromiso y apoyo de la alta dirección a la seguridad de la información.
D. La revisión del riesgo residual puede ser un paso para conseguir el compromiso y el apoyo de la seguridad de la información, pero no es suficiente por sí misma.

106. ¿Cuál de los siguientes roles es responsable de garantizar la clasificación de la información??

A. La alta gerencia
B. El gerente de seguridad
C. El propietario de los datos
D. El custodio de los datos

C es la respuesta correcta.

Justificación:

A. La alta dirección es la responsable en última instancia de la empresa.
B. El responsable de seguridad es responsable de aplicar la protección de seguridad en relación con el nivel de clasificación especificado por el propietario.
C. El propietario de los datos es el responsable de aplicar la clasificación apropiada a los datos.
D. El grupo de tecnología posee la custodia de los datos que delega el propietario de los datos, pero el grupo no clasifica la información.

107. Los niveles de madurez son un enfoque para determinar el alcance hasta el cual han sido implementadas prácticas sólidas en una empresa en función de los resultados. Otro enfoque que ha sido desarrollado para alcanzar esencialmente el mismo resultado es:

A. declaraciones de aplicabilidad de los controles.
B. desempeño y capacidades del proceso.
C. evaluación probabilística del riesgo.
A. análisis de los factores del riesgo de la información.

B es la respuesta correcta.

Justificación:

A. Una declaración de aplicabilidad de los controles identifica qué controles de riesgo se aplican, pero no está directamente relacionada con las evaluaciones de desempeño o madurez.
B. El enfoque de desempeño y las capacidades del proceso proporciona una perspectiva más detallada de los niveles de madurez y sirve esencialmente con el mismo propósito.
C. La evaluación probabilística de riesgo proporciona resultados cuantitativos de la probabilidad y la magnitud del riesgo; no está relacionada con la evaluación del desempeño o las capacidades.
D. El análisis de factores de riesgo de la información es un enfoque para evaluar el riesgo que no tiene en cuenta el desempeño.

108. El **PRINCIPAL** objetivo del desarrollo de programas de seguridad de la información debe ser:
    A. crear una estrategia de seguridad de la información.
    B. establecer procedimientos de respuesta a incidentes.
    C. identificar e implementar soluciones de seguridad rentables.
    D. reducir el impacto de los riesgos en el negocio.

D es la respuesta correcta.

Justificación:

A. Una estrategia de la seguridad de la información es importante para crear el programa de seguridad de la información y no puede ser su objetivo.
B. Establecer procedimientos de respuesta a incidentes es importante y es un componente de un programa de seguridad de la información, pero no es su objetivo principal.
C. Las soluciones de seguridad rentables son esenciales, pero no son el objetivo del desarrollo del programa de seguridad.
D. El objetivo más importante de un programa de seguridad de la información es reducir el riesgo y el impacto en el negocio.

109. Durante una reunión de las partes interesadas, se realizó una pregunta sobre quién es el responsable último de rendir cuentas de la protección de datos sensibles. Suponiendo que existen todos los roles siguientes en la empresa, ¿cuál sería la respuesta **MÁS** apropiada?
    A. Los administradores de seguridad
    B. El comité de dirección de TI
    C. La junta directiva
    D. El gerente de seguridad de la información

C es la respuesta correcta.

Justificación:

A. Los administradores de seguridad son responsables de implementar, supervisar y hacer cumplir las reglas de seguridad establecidas y autorizadas por la dirección, pero no son quienes deben rendir cuentas en última instancia de la protección de los datos sensibles.
B. El comité de dirección de TI ayuda en la ejecución de la estrategia de TI, supervisa la gestión de la prestación de los servicios y los proyectos de TI, y se centra en los aspectos de implementación, pero no es quien rinde cuentas en última instancia de la protección de los datos sensibles.
C. El consejo de dirección es en última instancia el que debe rendir cuentas sobre la seguridad de la información, al igual que hace con todos los demás activos de la organización.
D. El responsable de seguridad de la información es responsable de identificar y explicar a las partes interesadas el riesgo a la información de la empresa, presentar alternativas para la mitigación e implementar un enfoque respaldado por la empresa.

110. ¿Cuál de los siguientes es el objetivo **MÁS** importante de una revisión de la estrategia de seguridad de la información?

A. Garantizar que el riesgo sea identificado, analizado y mitigado hasta niveles aceptables
B. Asegurarse de que la estrategia de seguridad de la información esté alineada con los objetivos de la organización
C. Garantizar el mejor retorno de inversiones de seguridad de la información
D. Asegurarse del uso eficiente de recursos de seguridad de la información

B es la respuesta correcta.

Justificación:

A. Garantizar la identificación y mitigación de los riesgos no es suficiente para ser el objetivo más importante de la estrategia de seguridad de la información, ya que hay que tener en cuenta todos los controles y cuestiones de negocio.
B. La parte más importante de una estrategia de seguridad de la información es que respalde las metas y los objetivos del negocio de la empresa.
C. Maximizar el retorno de la inversión de seguridad de la información solo puede lograrse si la estrategia de seguridad de la información está alineada con la estrategia del negocio.
D. El uso eficiente de los recursos a nivel de la empresa solo puede lograrse si la estrategia de seguridad de la información está alineada con la estrategia del negocio.

111. El gobierno de la seguridad de la información debe integrarse en todas las funciones y actividades de la empresa **PRINCIPALMENTE** para:

A. maximizar la eficiencia de seguridad.
B. estandarizar las actividades operativas.
C. lograr la alineación estratégica.
D. abordar el riesgo operativo.

D es la respuesta correcta.

Justificación:

A. La eficiencia no es el resultado principal deseado de la integración del gobierno en todas las funciones de negocio de la empresa.
B. La estandarización ayudará a crear un programa más eficiente, pero no es el objetivo principal de la integración del gobierno de la seguridad de la información en todas las funciones de negocio.
C. Aunque el buen gobierno puede ayudar a promover la alineación estratégica, no es la razón principal para garantizar la integración del gobierno en todas las funciones de la organización.
D. El objetivo principal de la integración del gobierno de la seguridad de la información en las funciones y las actividades de negocio es abordar el riesgo operativo. Todos los aspectos de las actividades de la organización representan un riesgo que se mitiga mediante un gobierno eficaz de seguridad de la información y la elaboración e implementación de políticas, normas y procedimientos.

112. ¿Cuál de las siguientes opciones es el **MEJOR** indicador del estado del gobierno de seguridad de la información?

A. Un nivel de madurez definido
B. Una estrategia de seguridad desarrollada
C. Normas y políticas completas
D. Bajos números de incidentes

A es la respuesta correcta.

Justificación:

A. Un nivel de madurez definido es el mejor indicador integral del estado del gobierno de seguridad de la información. El nivel de madurez indica cuán maduro está un proceso en una escala de 0 (proceso incompleto) a 5 (optimización del proceso).
B. Una estrategia de seguridad desarrollada es un primer paso importante, pero se debe implementar de forma correcta para que sea efectiva; por sí sola, no es un indicador del estado del gobierno de la seguridad de la información.
C. Se requieren normas y políticas completas para un gobierno efectivo, pero son solo una parte del requisito. Por sí solas, no son un indicador de la efectividad del gobierno de seguridad de la información
D. El número de incidentes está relativamente desconectado de la efectividad del gobierno de seguridad de la información. Las tendencias en los incidentes serían un mejor indicador.

113. Desde el punto de vista de la seguridad de la información, ¿cuál de las siguientes opciones tendrá el **MAYOR** impacto sobre una empresa financiera con oficinas en varios países y que realiza transacciones transfronterizas?

A. Tecnologías actuales y futuras
B. Regulaciones evolutivas de protección de datos
C. Economizar los costes de ancho de banda de redes
D. Economizar los costes de ancho de banda de redes se consideraría una parte de los costes del negocio; sin embargo, no es una consideración relevante para la seguridad de la información.

B es la respuesta correcta.

Justificación:

A. Se considerarían las tecnologías actuales y futuras, pero por lo general no estarán afectadas por las regiones o países operativos.
B. Las leyes sobre la seguridad de la información varían de un país a otro. Una empresa debe conocer las leyes aplicables en cada país y acatarlas, ya que el incumplimiento puede tener un gran impacto en las operaciones locales.
C. Economizar los costes de ancho de banda de redes es una parte de los costes del negocio; sin embargo, no es una consideración relevante para la seguridad de la información.
D. La centralización de seguridad de la información es una decisión del negocio y no es un factor significativo de las operaciones internacionales que afecte a las operaciones de seguridad.

114. La alineación estratégica se logra **PRINCIPALMENTE** cuando los servicios proporcionados por el departamento de seguridad de la información:
   A. reflejan los requisitos de las partes interesadas comerciales principales.
   B. reflejan los deseos del equipo ejecutivo de TI.
   C. reflejan los requisitos de las buenas prácticas de la industria.
   D. son fiables y rentables.

A es la respuesta correcta.

Justificación:

   A. La seguridad de la información existe para minimizar interrupciones del negocio y respaldar el logro de los objetivos de la organización. Cuando los servicios provistos reflejan los requisitos de las partes interesadas comerciales principales, la alineación se logra principalmente.
   B. El comité de dirección de TI es solo una de las partes interesadas, y es posible que sus deseos no reflejen los requisitos del resto de la empresa.
   C. Las buenas prácticas pueden ser excesivas o insuficientes para una empresa específica y no garantizan la alineación de la seguridad de la información con el negocio.
   D. Los servicios tienen que ser fiables y rentables, pero eso no garantiza la alineación con los objetivos del negocio.

115. ¿Quién debe ser designado como propietario de los datos sensibles de los clientes que sólo utiliza el departamento de ventas y que se almacenan en una base de datos central?
   A. El departamento de ventas
   B. El administrador de base de datos
   C. El director de TI
   D. El director del departamento de ventas

D es la respuesta correcta.

Justificación:

   A. El departamento de ventas no puede ser el propietario del activo debido a que elimina la responsabilidad personal.
   B. El administrador de la base de datos es un custodio.
   C. El director de TI (CIO) no es el propietario de esta base de datos debido a que es probablemente quien posee menos información acerca de las necesidades específicas de las operaciones de ventas y de las preocupaciones de seguridad.
   D. El propietario del activo de información debe ser la persona con poder de decisión en el departamento que obtiene el mayor beneficio del activo. En este caso, es el director del departamento de ventas.

116. ¿Quién puede aprobar **MEJOR** los planes de implantación de un marco de gobierno de la seguridad de la información?

A. Auditor interno
B. Gerente de seguridad de la información
C. Comité de dirección
D. Gerencia de infraestructura

C es la respuesta correcta.

Justificación:

A. Un auditor interno es responsable de la función de auditoría y no tiene autoridad para aprobar planes de implementación del marco de gobierno de seguridad.
B. La gerencia de seguridad de la información es responsable de las operaciones de seguridad y no tiene autoridad para aprobar el marco de gobierno de seguridad.
C. La alta dirección, que es parte del comité de dirección de seguridad, es la autoridad más indicada para aprobar los planes de implantación de un marco de gobierno de seguridad de la información.
D. La gerencia de infraestructura no está en la mejor posición porque se centra más en las tecnologías que en el negocio.

117. ¿Cuál de los siguientes roles es el **PRINCIPAL** responsable de determinar los niveles de clasificación de la información para un activo de información específico?

A. Director
B. Custodio
C. Usuario
D. Propietario

D es la respuesta correcta.

Justificación:

A. La dirección es responsable de los asuntos de nivel superior tales como proporcionar y aprobar presupuestos, respaldar actividades, etc.
B. El custodio de información es responsable de las tareas de seguridad cotidianas tales como proteger información, crear copias de seguridad de información, etc.
C. Los usuarios son el nivel más bajo. Usan los datos, pero no los clasifican. El propietario clasifica los datos.
D. Aunque el propietario de la información estar en una posición gerencia y también ser considerado un usuario, el rol de propietario de la información tiene la responsabilidad de determinar niveles de clasificación de la información.

118. En una empresa, la seguridad de los sistemas de información es responsabilidad de:

A. todo el personal.
B. el personal de sistemas de información.
C. el personal de seguridad de sistemas de información.
D. el personal funcional.

A es la respuesta correcta.

Justificación:

A. Todo el personal de la empresa tiene la responsabilidad de velar por la seguridad de los sistemas de información, e incluidos los que tienen una responsabilidad indirecta, como, por ejemplo, el personal de seguridad física.
B. La seguridad de sistemas de información no puede ser responsabilidad solo del personal de sistemas de información porque ellos no pueden garantizar la seguridad en toda la empresa.
C. La seguridad de los sistemas de información no puede ser responsabilidad exclusiva del personal de seguridad de los sistemas de información, ya que debe apoyarse en muchos otros departamentos para garantizar la seguridad y debe contar con la aceptación y la cooperación de todo el personal.
D. La seguridad de sistemas de información no puede ser responsabilidad de personal funcional, ya que tienen una autoridad limitada y necesitan la colaboración del resto del personal para garantizar la seguridad de forma colectiva.

119. Las actividades de gestión de riesgos relacionadas con la TI son **MÁS** efectivas cuando se:

A. tratan como procesos distintos.
B. realizan por el departamento de TI.
C. integran dentro de procesos de negocio.
D. comunican a todos los empleados.

C es la respuesta correcta.

Justificación:

A. El riesgo de TI es parte de un escenario de riesgos más amplio y se debe integrar en las actividades de gestión de riesgos generales.
B. Para garantizar un enfoque objetivo y holístico, la gestión de los riesgos informáticos debe abordarse a nivel de toda la empresa, independientemente del departamento de informática.
C. Las tecnologías de la información son un facilitador de las actividades empresariales; para que sean eficaces, deben estar integradas en los procesos empresariales.
D. La comunicación por sí sola no está necesariamente relacionada con el éxito de la ejecución de un proceso.

120. ¿Quién debe determinar generalmente la clasificación de un activo de información?

A. El custodio del activo
B. El gerente de seguridad
C. La alta gerencia
D. El propietario del activo

D es la respuesta correcta.

Justificación:

A. El custodio aplica la protección de activos, según su clasificación.
B. El responsable de seguridad desarrolla la estructura y las normas para la clasificación y puede clasificar la información que es propiedad del rol.
C. La alta dirección no suele determinar los niveles de clasificación, a menos que también sean propietarios de la información.
D. Clasificar un activo de información es responsabilidad del propietario del activo.

121. Desactivar temporalmente algunos procesos de supervisión, incluso si son respaldados por una aceptación de riesgo operativo, puede no ser aceptable para el responsable de seguridad de la información si:

A. implica un riesgo de cumplimento.
B. no se puede determinar el impacto a corto plazo.
C. viola las prácticas de seguridad de la industria.
D. no se pueden detectar cambios en la matriz de las funciones.

A es la respuesta correcta.

Justificación:

A. Los procesos de supervisión son necesarios para garantizar el cumplimiento de las leyes y los reglamentos de la empresa; por lo tanto, el responsable de la seguridad de la información estará obligado a asesorar sobre el cumplimiento de la ley.
B. Aunque no se pueda determinar el impacto a corto plazo, es una decisión empresarial aceptar el riesgo.
C. Las prácticas de seguridad de la industria no anulan la decisión del negocio de aceptar el riesgo.
D. Los cambios en la matriz de roles no anulan la decisión del negocio de aceptar el riesgo.

122. ¿Cuál de las siguientes es la consideración **MÁS** importante al desarrollar una estrategia de la seguridad de la información?

A. Recursos disponibles para implementar el programa
B. Cumplir con las restricciones legales y regulatorias
C. Efectividad de la mitigación del riesgo
D. Recursos requeridos para implementar la estrategia

C es la respuesta correcta.

Justificación:

A. La disponibilidad de recursos es un factor en el desarrollo e implementación del programa, pero no es una consideración para desarrollar una estrategia de la seguridad de la información.
B. Los requisitos legales y regulatorios se deben considerar en la estrategia en el nivel adecuado de cumplimiento que la determine la gerencia, pero no es la consideración más importante.
C. Gestionar de manera efectiva el riesgo a niveles aceptables (en línea con los objetivos del negocio) es la consideración general más importante de una estrategia de la seguridad de la información.
D. Las necesidades de recursos para implementar la estrategia es una consideración, pero secundaria.

123. ¿Cuál de las siguientes es la forma **MÁS** efectiva de medir la alineación estratégica de un programa de la seguridad de la información?

A. Encuestar a las partes interesadas en el negocio
B. Rastrear auditorías a lo largo del tiempo
C. Evaluar las pérdidas por incidentes
D. Analizar casos de negocio

A es la respuesta correcta.

Justificación:

A. El mejor indicador de la alineación estratégica es la opinión de las partes interesadas del negocio, y la mejor manera de obtener esta información es recabar su periódicamente su opinión.
B. Las auditorías pueden indicar que algo va mal, pero no tienen una correlación directa con la efectividad del programa de la seguridad de la información para apoyar las metas y objetivos de negocio.
C. Las pérdidas por incidentes pueden indicar la efectividad global del programa, pero tienen más relación con presupuestos o recursos humanos inadecuados que con la alineación.
D. Los casos de negocio para los proyectos de seguridad pueden indicar dónde se ha perdido la alineación. Sin embargo, los casos de negocio son indirectos, y un análisis llegaría demasiado tarde para ser útil como indicador de alineación.

124. Los objetivos del negocio deben ser evidentes en la estrategia de seguridad mediante:

A. conexiones inferidas.
B. controles estandarizados.
C. restricciones gestionadas.
D. trazabilidad directa.

D es la respuesta correcta.

Justificación:

A. Las conexiones inferidas con los objetivos de negocio no son tan buenas como las conexiones rastreables.
B. Los controles estandarizados pueden o no ser relevantes para un objetivo de negocios concreto.
C. Abordar y gestionar las limitaciones no es tan útil por sí solo como con el añadido de definir los beneficios explícitos.
D. La estrategia de seguridad es más útil si hay una conexión rastreable y directa con los objetivos del negocio.

125. ¿Con cuál de las siguientes opciones es **MÁS** importante que la arquitectura de seguridad de la información esté alineada?

A. Buenas prácticas de la industria
B. Metas y objetivos del negocio
C. Los planes de tecnología de información
D. Marcos de trabajo de la seguridad de la información internacionales

B es la respuesta correcta.

Justificación:

A. Las buenas prácticas de la industria pueden servir como guía, pero pueden ser excesivas o insuficientes para una empresa específica.
B. Lo más importante es que la arquitectura de seguridad esté alineada con las metas y objetivos del negocio.
C. Los planes de tecnología de la información se crean una vez que la arquitectura y la estrategia están establecidas y se alinean por defecto con las metas y objetivos empresariales.
D. Los marcos internacionales pueden servir de guía general en la medida en que apoyen las metas y objetivos del negocio.

126. ¿Cuál de los siguientes elementos es **MÁS** probable que permanezca constante a lo largo del tiempo para la seguridad de la información? Respecto a la seguridad de la información:

A. política.
B. norma.
C. estrategia.
D. procedimiento.

C es la respuesta correcta.

Justificación:

A. Las políticas no cambian con tanta frecuencia como los procedimientos y las normas; sin embargo, las políticas de seguridad si cambian para ajustarse a las nuevas regulaciones o leyes, para responder a los cambios en la organización o para abordar las nuevas tendencias de tecnología emergentes. Estos cambios no suelen requerir ajustes en la estrategia de seguridad de la información.
B. Las normas cambian con mayor frecuencia debido a que a menudo deben ajustarse para permitir los cambios en la tecnología y en los procesos de negocio.
C. De las opciones provistas, la estrategia de la seguridad de la información es la menos probable que cambiar. Una estrategia de la seguridad de la información es un reflejo de los objetivos de alto nivel y de la dirección del programa de seguridad, según lo dictaminado por el liderazgo de la compañía. Las políticas, las normas y los procedimientos de seguridad de la información se derivan de la estrategia de seguridad de la información.
D. Los procedimientos cambian con mayor frecuencia debido a que a menudo deben ajustarse para compensar los cambios en la tecnología y en los procesos de negocio.

127. El consejo de administración de una empresa está preocupado por los recientes intentos de fraude originados en Internet. ¿Qué acción deberá tomar la junta para abordar esta preocupación?

A. Dirigir directamente las operaciones de seguridad de la información para encontrar las soluciones específicas que se necesitan para abordar el riesgo.
B. Investigar soluciones para determinar las acciones apropiadas para la empresa.
C. No tomar ninguna medida; la seguridad de la información no informa al consejo.
D. Encargar a la dirección ejecutiva que evalúe el riesgo e informe de los resultados al consejo de administración.

D es la respuesta correcta.

Justificación:

A. La junta no dirige directamente las operaciones de seguridad, que se delegan a la gerencia ejecutiva.
B. La junta no investigará soluciones, pero puede dar instrucciones a la gerencia ejecutiva para que lo haga.
C. No hacer nada no sería una acción responsable.
D. El consejo de administración suele dar instrucciones a la dirección ejecutiva para que evalúe el riesgo e informe de los resultados para permitir una toma de decisiones informada.

128. Los nuevos requisitos regulatorios y de cumplimiento legal que tendrán un efecto en la seguridad de la información será **MÁS** probable que provengan de:

A. el oficial legal corporativo.
B. el departamento de auditoría interna.
C. los departamentos afectados.
D. el director de cumplimiento.

C es la respuesta correcta.

Justificación:

A. Los responsables jurídicos de las empresas suelen centrarse en los asuntos contractuales y en los requisitos de divulgación para informar a los organismos que regulan las empresas públicas.
B. Los auditores internos normalmente suelen ocuparse de la revisión de los requisitos de cumplimiento existentes más que de los nuevos requisitos regulatorios o legales.
C. Los departamentos afectados por los requisitos regulatorios y legales (como el de recursos humanos) suelen recibir consejo de sus respectivas asociaciones sobre las nuevas y cambiantes regulaciones y las posibles repercusiones en las diferentes empresas.
D. Los responsables de cumplimiento se encargan normalmente de determinar el cumplimiento de las normas y las políticas internas.

129. ¿Quién debe aconsejar, **PRINCIPALMENTE,** sobre el impacto de nuevos requisitos regulatorios que puedan conducir a cambios en los sistemas de aplicación más importantes?

A. El departamento de auditoría interna
B. Analistas/desarrolladores del sistema
C. Dueños de los procesos de negocio claves
D. Asesor legal corporativo

C es la respuesta correcta.

Justificación:

A. Los auditores internos no estarían en condiciones de comprender plenamente todas las implicaciones para el negocio.
B. Los desarrolladores de sistemas no serán conscientes del impacto en las operaciones de negocio.
C. Los propietarios de los procesos de negocio están en la mejor posición para entender cómo los nuevos requisitos regulatorios pueden afectar a sus sistemas.
D. La asesoría legal no está en posición de comprender las implicaciones.

130. El **MEJOR** enfoque para desarrollar un programa de seguridad de la información es utilizar:

A. un proceso.
B. un marco de control.
C. un modelo de referencia.
D. una directriz.

B es la respuesta correcta.

Justificación:

A. Los procesos respaldan una implementación y gestión del programa de seguridad de la información, pero por sí solos no son tan útiles como un marco de control.
B. La adopción de un marco de control, como la Organización internacional de normalización (ISO) 27001 o COBIT, es el mejor enfoque y el más ampliamente reconocido para desarrollar un programa de seguridad de la información.
C. Un modelo de referencia es un enfoque para desarrollar un programa de seguridad de la información, pero es menos flexible que un marco de control.
D. Las directrices ayudan a una implementación y gestión del programa de seguridad de la información, pero por sí solos no son tan útiles como un marco de control.

131. El **PRIMER** paso para desarrollar un caso de negocios es:

A. determinar la probabilidad de éxito.
B. calcular el retorno de la inversión.
C. analizar la rentabilidad (coste-beneficio).
D. definir los problemas a abordar.

D es la respuesta correcta.

Justificación:

A. Sin una definición clara de los problemas a tratar, la probabilidad de éxito es baja.
B. Sin una definición clara de los problemas a abordar, las soluciones propuestas y los resultados esperados, no se puede calcular el retorno de la inversión.
C. Sin una definición clara de los problemas a abordar, las soluciones propuestas y los resultados esperados, no se puede calcular la rentabilidad.
D. Sin una definición clara de los problemas a abordar, un caso de negocio no está completo y no puede demostrar los beneficios de la nueva visión de negocio.

132. La función de TI ha declarado que no es necesario actualizar el análisis de impacto en el negocio cuando coloca una nueva aplicación en producción porque no produce modificaciones en los procesos de negocio. El gerente de seguridad de la información debería:

A. verificar la decisión con las unidades de negocio.
B. comprobar el análisis de riesgos del sistema.
C. recomendar la actualización tras la revisión posterior a la implementación.
D. solicitar una revisión de auditoría.

A es la respuesta correcta.

Justificación:

A. Verificar la decisión con las unidades de negocio es la respuesta correcta porque no es responsabilidad de la función de TI decidir si una nueva aplicación modifica los procesos de negocio.
B. Comprobar el análisis de riesgos del sistema no tiene en cuenta el cambio en las aplicaciones.
C. Recomendar la actualización tras la revisión posterior a la implementación retrasa la actualización.
D. Solicitar una revisión de auditoría retrasa la actualización.

133. ¿Cuál de las siguientes opciones representa el **MAYOR** objetivo de las regulaciones de privacidad?

   A. Minería de datos sin restricciones
   B. Robo de identidad
   C. Protección de los derechos humanos
   D. Datos personales identificables

D es la respuesta correcta.

Justificación:

   A. La extracción de datos es una herramienta aceptada para la elaboración de informes ad hoc; sólo podría suponer una amenaza para la privacidad si infringiera las disposiciones regulatorias.
   B. El robo de identidad es una consecuencia potencial de violaciones de privacidad, pero no es el objetivo principal de muchas regulaciones.
   C. La protección de los derechos humanos aborda cuestiones de privacidad, pero no es el objetivo principal de la regulación.
   D. La protección de los datos personales identificables es el principal objetivo de las normativas sobre privacidad, como la Ley de Portabilidad y Responsabilidad del Seguro Médico (HIPAA).

134. El requisito **MÁS** importante para obtener el compromiso de la dirección con el programa de la seguridad de la información es:

   A. llevar a cabo un análisis comparativo de varias empresas con éxito.
   B. demostrar las pérdidas posibles y otros impactos que pudieran resultar de una falta de apoyo.
   C. informar a la gerencia de los requisitos legales en relación con el cuidado debido.
   D. demostrar el apoyo a los resultados deseados.

D es la respuesta correcta.

Justificación:

   A. Aunque el análisis comparativo de empresas similares puede ser útil en algunos casos para obtener el apoyo de la gerencia al programa de seguridad de la información, es probable que la evaluación comparativa por sí sola no sea suficiente.
   B. La gerencia a menudo considera que la seguridad es lastre económico e hiperreactiva. Mostrar los resultados probables puede ayudar a elaborar un caso, pero demostrar cómo el programa ayudará materialmente a conseguir los resultados de negocio deseados será más efectivo.
   C. El cuidado debido es un requisito legal y es mejor que lo presente el departamento legal. Por sí mismo, el requisito de cuidado debido no es suficiente para demostrar el valor de un programa de seguridad de la información a la gerencia.
   D. El enfoque más efectivo para obtener apoyo de la dirección para el programa de la seguridad de la información es demostrar de manera persuasiva la forma en que el programa ayudará a logar los resultados deseados. Esto puede hacerse proporcionando apoyo de negocios específico en áreas de previsibilidad operativa y cumplimiento regulatorio, así como mejorando la asignación de recursos y las métricas de desempeño significativas.

135. Los incidentes de seguridad graves suelen dar lugar a que la dirección vuelva a centrarse en la seguridad de la información. Para utilizar **MEJOR** esta atención, el gerente de la seguridad de la información debe elaborar un caso para:

A. mejorar la integración entre los procesos del negocio y los de la seguridad de la información.
B. aumentar los presupuestos de la seguridad de la información y los niveles de personal.
C. desarrollar esfuerzos para conseguir controles más estrictos y un cumplimiento más robusto.
D. adquirir mejores controles de seguridad técnica suplementarios.

A es la respuesta correcta.

Justificación:

A. Una integración estrecha entre el gobierno de la seguridad de la información y el gobierno general de la empresa puede proporcionar una mejor seguridad a largo plazo al institucionalizar sus actividades y aumentar la visibilidad en todas las actividades de la empresa.
B. Un aumento en los presupuestos y en el personal puede mejorar la seguridad, pero no tendrá el mismo impacto benéfico que incorporar la seguridad en los niveles estratégicos de las operaciones de la empresa.
C. La efectividad del control y los esfuerzos de cumplimiento deben equilibrarse con los requisitos del negocio, la cultura y otros factores de la empresa que se logran mejor en los niveles de gobierno.
D. Aunque los controles técnicos de seguridad pueden mejorar algunos aspectos de la seguridad, no abordan asuntos de gestión ni proporcionan cambios duraderos, necesarios para una mejora general en la postura de la empresa ante la seguridad.

136. ¿Qué persona o grupo debería dar la aprobación final a las políticas de la seguridad de TI de la organización?

A. Gerentes de unidad de negocios
B. Director de Seguridad de la Información
C. La alta gerencia
D. Director de TI

C es la respuesta correcta.

Justificación:

A. Los gerentes de unidad de negocios deben contribuir a las políticas de seguridad de TI, pero no deberían tener autoridad para dar la aprobación final.
B. Muy probablemente el director de seguridad de la información sería el autor principal de las políticas y, por lo tanto, no sería la persona apropiada para aprobarlas.
C. La alta gerencia debería dar la aprobación final a todas las políticas de la empresa, incluidas las políticas de seguridad de TI.
D. El director de información debería contribuir a las políticas de TI, pero no debería tener autoridad para dar la aprobación final.

137. ¿Cuál de los siguientes grupos tiene la responsabilidad final de la efectividad de los controles de seguridad?

   A. El administrador de seguridad que implementó los controles
   B. El responsable de seguridad de la información de la empresa
   C. La alta gerencia de la empresa
   D. El auditor de sistemas de información que recomendó los controles

C es la respuesta correcta.

Justificación:

   A. La alta gerencia, y no el administrador de la seguridad, tiene la responsabilidad última por la efectividad de los controles de seguridad. Aunque se delegue la autoridad para la implementación, la responsabilidad no se puede delegar.
   B. La autoridad puede haber sido delegada en el director de seguridad de la información para verificar la eficacia de los controles de seguridad, pero la responsabilidad final sigue recayendo en la alta dirección.
   C. La alta gerencia tiene la última responsabilidad por la efectividad de los controles de seguridad.
   D. Al auditor de sistemas de información se le pueden asignar las pruebas de efectividad de los controles de seguridad, pero no es responsable de su efectividad.

138. Para que el programa de seguridad de la información de una organización sea altamente efectivo, ¿quién debería tener la responsabilidad final para autorizar el acceso al sistema de información?

   A. Propietario de la información
   B. Gerente de seguridad
   C. Director de TI
   D. Administrador del sistema

A es la respuesta correcta.

Justificación:

   A. Dado que el propietario de la información es quien mejor conoce la naturaleza de la información en el sistema y quién necesita acceder a ella, el propietario de la información debe proporcionar la autorización para que los usuarios accedan a los sistemas de información bajo su control.
   B. El gerente de seguridad será responsable de garantizar que los controles de acceso funcionan de manera correcta y de evaluar el riesgo de acceso no autorizado, pero no es responsable de conceder derechos de acceso.
   C. El director de TI solo será responsable de autorizar el acceso a la información relacionada con los sistemas y redes dentro del dominio del CIO.
   D. Los administradores de sistemas son principalmente custodios y solo deben tener acceso a la información de los sistemas que requieren para sus operaciones.

139. Una empresa tiene operaciones globales consolidadas. El Director de informática ha solicitado al director de seguridad de información que desarrolle un nuevo programa de seguridad de la información para la empresa. ¿Cuál de las siguientes acciones debería tomarse **PRIMERO**?

   A. Identificar los activos.
   B. Realizar una evaluación del riesgo.
   C. Definir el alcance.
   D. Llevar a cabo un análisis del impacto en el negocio.

C es la respuesta correcta.

Justificación:

   A. El alcance del programa debe determinarse antes de poder llevar a cabo identificación de activos.
   B. El alcance del programa debe determinarse antes de poder llevar a cabo la evaluación de riesgos.
   C. El alcance del programa debe determinarse antes de poder llevar a cabo cualquiera de los otros pasos.
   D. El alcance del programa debe determinarse antes de poder llevar a cabo el análisis del impacto en el negocio.

140. El aspecto del gobierno que es **MÁS** relevancia para establecer referencias de seguridad es:

A. las políticas.
B. el riesgo aceptable.
C. los impactos.
D. las normas.

D es la respuesta correcta. Justificación:

A. Las políticas pueden requerir que se definan las referencias, pero lo específico estará en las normas.
B. El riesgo aceptable definirá los objetivos de control que luego se expresan en las normas.
C. Los impactos potenciales ayudarán a determinar el riesgo aceptable expresado en las normas, lo cual establecerá la referencia colectivamente.
D. Las normas, en su conjunto, definen los límites más bajos de la seguridad y, por tanto, la línea de base.

141. Cuando se evalúa la madurez del proceso de gestión de riesgos, ¿cuál de las siguientes conclusiones descubrimientos despierta la **MAYOR** preocupación?

A. Los procesos organizacionales no se han documentado de forma adecuada.
B. Se utilizan marcos múltiples para definir el estado deseado.
C. Los objetivos de seguridad requeridos no están bien definidos.
D. El estado requerido no se basa en los objetivos de negocio.

D es la respuesta correcta.

Justificación:

A. Se espera que la empresa comience a trabajar para mejorar el sistema más allá de este nivel. No es incorrecto que una empresa comience por la base del modelo de madurez.
B. Este método podrá ser innecesariamente costoso si no está bien planificado y puede provocar conflictos entre los marcos.
C. Es muy importante que los objetivos cualitativos y cuantitativos estén bien definidos para que el análisis de las deficiencias sea efectivo. Sin embargo, definir un estado deseado sin información acerca de la estrategia comercial invalida todo el proceso.
D. La gestión de riesgos se centra en el negocio. Definir un estado deseado sin considerar los objetivos del negocio implica que el resultado deseado establecido puede no ser efectivo, incluso si se alcanza.

142. La retención de registros de negocio debe basarse **PRINCIPALMENTE** en:

A. la estrategia y dirección del negocio.
B. los requisitos regulatorios y legales.
C. la capacidad y longevidad de almacenamiento.
D. el caso de negocio y análisis de valor.

B es la respuesta correcta.

Justificación:

A. La estrategia y dirección del negocio abordarían el problema de retención de registros del negocio, entre otros muchos, pero normalmente no será el objetivo. principal.
B. La retención de los registros del negocio la impulsan principalmente los requisitos legales y regulatorios.
C. La capacidad y longevidad de almacenamiento son importantes, pero son aspectos secundarios.
D. El caso de negocio y el análisis de valor serían secundarios frente a cumplir con los requisitos legales y regulatorios.

143. El concepto de gobierno, riesgo y cumplimiento sirve **PRINCIPALMENTE** para:

A. alinear las funciones de aseguramiento de la empresa.
B. garantizar que la política aborde las tres actividades.
C. presentar la secuencia correcta de las actividades de seguridad.
D. definir las responsabilidades de la seguridad de la información.

A es la respuesta correcta.

Justificación:

A. El gobierno, riesgo y cumplimiento (GRC) es un esfuerzo por integrar las actividades de aseguramiento en la empresa para lograr una mayor eficiencia y efectividad.
B. Es poco probable que las políticas cubran las tres actividades, pero el GRC puede unificar las políticas existentes para reducir la complejidad y las diferencias existentes.
C. El GRC se ocupa directamente de la secuencia de actividades de seguridad y los tres se pueden producir al mismo tiempo.
D. El GRC se centra en las actividades de seguridad, no de las responsabilidades específicas de varios grupos.

144. ¿Cuál de los siguientes factores es el **MÁS** importante para la implementación exitosa de un programa de seguridad de la información de una empresa?

A. Apoyo de la alta gerencia
B. Presupuesto para las actividades de seguridad
C. Evaluaciones de vulnerabilidad regulares
D. Administradores con conocimientos en seguridad

A es la respuesta correcta.

Justificación:

A. El apoyo de la alta gerencia es crítico en la implementación de cualquier programa de seguridad.
B. No es posible contar con un presupuesto adecuado para las actividades de seguridad sin el apoyo de la alta dirección.
C. Las evaluaciones de la vulnerabilidad son un elemento importante en un programa de seguridad exitoso, pero será de poca utilidad sin el apoyo de la dirección para abordar los problemas que puedan aparecer.
D. Los administradores de seguridad con conocimientos son importantes para el éxito de un programa de seguridad, pero no es probable que sean eficaces sin el apoyo de la dirección.

145. La estrategia de seguridad de la información presentada a la alta dirección para su aprobación **DEBE** incorporar:

A. tecnologías específicas.
B. mecanismos de cumplimiento.
C. prioridades del negocio.
D. procedimientos detallados.

C es la respuesta correcta.

Justificación:

A. La estrategia es un documento orientado al futuro que refleja el conocimiento de las bases tecnológicas y los avances en general, pero las tecnologías específicas suelen abordarse a niveles inferiores en función de la estrategia.
B. Los mecanismos para el cumplimiento de los requisitos legales y regulatorios son generalmente controles implementados a nivel táctico basados en la dirección de la estrategia.
C. La estrategia es el enfoque de alto nivel que permite cumplir las prioridades y los objetivos. La estrategia de seguridad de la información debe incorporar las prioridades del negocio para que tenga sentido.
D. Los procedimientos detallados son inadecuados a nivel estratégico.

146. El componente **MÁS** importante de una política de privacidad es:

A. notificaciones.
B. garantías.
C. obligaciones.
D. las normas.

A es la respuesta correcta.

Justificación:

A. Las políticas de privacidad deben contener requisitos de notificación en caso de divulgación no autorizada y disposiciones de exclusión voluntaria.
B. Las políticas de privacidad no abordan de las garantías, que generalmente no están relacionadas con una política de privacidad.
C. Las políticas de privacidad pueden abordar las responsabilidades a consecuencia de la divulgación no autorizada, pero ese no es el componente más importante.
D. Las normas relativas a la privacidad serían independientes y no formarían parte de la política.

147. ¿Cuál de las siguientes consideraciones es la **MÁS** importante al asegurar los datos de la tarjeta de crédito del cliente adquiridos por una caja registradora de punto de venta?

A. Autenticación
B. Endurecimiento
C. Cifrado
D. No repudio

C es la respuesta correcta.

Justificación:

A. Autenticación del terminal del punto de venta, pero no evitará la lectura no autorizada de los datos.
B. El endurecimiento protegerá el punto de venta, pero no evitará la lectura no autorizada de los datos.
C. Los datos de los titulares de las tarjetas deben ser encriptados utilizando técnicas de encriptación fuertes.
D. El no repudio no es relevante en la protección de datos de tarjetas de crédito.

148. El cumplimiento de las normas y políticas de seguridad es responsabilidad de:

A. el gerente de seguridad de la información.
B. la dirección ejecutiva.
C. el oficial de cumplimiento.
D. todas las unidades organizacionales.

D es la respuesta correcta.

Justificación:

A. El responsable de seguridad de la información por lo general tiene cierta responsabilidad supervisar y evaluar el cumplimiento de normas de seguridad, pero reforzar su aplicación suele ser la responsabilidad de la dirección de la unidad o de recursos humanos.
B. La dirección ejecutiva normalmente supervisa el cumplimiento de normas.
C. Los gerentes de cumplimiento están generalmente relacionados con asuntos de cumplimiento legal y normativo como la privacidad.
D. Las responsabilidades de cumplimiento se suelen compartir entre las unidades de la organización y los resultados compartidos con la dirección ejecutiva y el comité de dirección de auditoría o el comité de cumplimiento.

149. ¿Cuál es el impulsor **PRINCIPAL** para obtener recursos externos para ejecutar el programa de seguridad de la información?

A. Los recursos externos pueden contribuir con una experiencia rentable y de la que no se dispone internamente.
B. Los recursos externos pueden ser responsables de cumplir con los requisitos del programa de seguridad.
C. Los recursos externos pueden reemplazar la dependencia de los recursos internos.
D. Los recursos externos pueden hacer un trabajo más efectivo basándose en sus conocimientos.

A es la respuesta correcta.

Justificación:

A. Los recursos externos que pueden contribuir con experiencia rentable que de la que no se dispone internamente representan la razón principal para que el responsable de seguridad de la información utilice recursos externos.
B. El gerente de seguridad de la información seguirá siendo el responsable de que se cumplan los requisitos del programa de seguridad, aunque se utilicen servicios de recursos externos.
C. Los recursos externos jamás podrán reemplazar por completo el rol de los recursos internos desde una perspectiva estratégica.
D. Los recursos externos no pueden tener un mejor conocimiento del negocio del responsable de seguridad de la información que los recursos internos.

150. ¿Cuál de los siguientes es el componente **MÁS** importante del gobierno de la seguridad de la información?

A. Supervisión y métricas apropiadas
B. Una estrategia establecida para avanzar
C. Un comité de seguridad de la información
D. La participación de la alta gerencia

D es la respuesta correcta.

Justificación:

A. El seguimiento y las mediciones pueden determinar el progreso, pero sólo son eficaces si hay apoyo de la dirección.
B. La estrategia es sólo uno de los componentes del de seguridad de la información y no puede funcionar sin el apoyo de la dirección.
C. Un comité directivo no puede existir sin el apoyo de la gerencia.
D. La alta dirección debe liderar a los portavoces de la seguridad de la información y el proceso para crear un marco de gobierno de seguridad de la información eficaz.

151. ¿Cuál de las siguientes es el resultado **MÁS** importante de una estrategia de seguridad de la información?

A. Normas y políticas coherentes
B. Asegurarse que el riesgo residual está en un nivel aceptable
C. Una mejora en el panorama de amenazas
D. Controles compatibles con las normas internacionales

B es la respuesta correcta.

Justificación:

A. La coherencia del diseño de los documentos facilita su mantenimiento, mientras que la coherencia del contenido de los documentos en las distintas unidades y entidades garantiza su aplicación uniforme; la coherencia no garantiza la alineación con los objetivos empresariales.
B. El riesgo residual es el que permanece después de que la dirección haya implementado una respuesta o un tratamiento al riesgo. Un objetivo importante de una estrategia de seguridad es implementar controles rentables que aseguren que el riesgo residual permanece dentro de los niveles de riesgo y tolerancia aceptables para la empresa.
C. La mayoría de las amenazas no pueden verse afectadas por la política; sin embargo, el impacto y la probabilidad del riesgo pueden verse afectados.
D. Los controles estándar pueden o no ser relevantes para un objetivo de negocio en particular.

152. Obtener apoyo de la dirección para una de iniciativa de seguridad de la información se puede logar **MEJOR** al:

A. desarrollar y presentar un caso de negocio.
B. definir el riesgo que se abordará.
C. presentar un análisis financiero de los beneficios.
D. alinear la iniciativa con los objetivos de la organización.

A es la respuesta correcta. Justificación:

A. Un caso de negocio incluye las demás opciones y las aborda específicamente
B. Un caso de negocio debe enumerar el riesgo del que se ocupará la iniciativa.
C. La propuesta de valor es una parte esencial del caso de negocio que se hace cargo de los aspectos financieros de la iniciativa.
D. El caso de negocio debe mostrar cómo la iniciativa se alinea y apoya a los objetivos de la organización.

153. El foco **PRINCIPAL** del gobierno de seguridad de la información es:

A. proteger adecuadamente la información y la base de conocimientos de la organización.
B. proporcionar garantías a la alta dirección de que la postura de seguridad es adecuada.
C. proteger los sistemas de TI que almacenan y procesan la información del negocio.
D. optimizar la estrategia de seguridad de la información para lograr los objetivos del negocio.

D es la respuesta correcta.

Justificación:

A. Aunque es importante proteger de forma adecuada la información y la base de conocimientos, el gobierno se trata, en última instancia, del logro de los objetivos del negocio.
B. A menos que la estrategia de seguridad de la información esté alineada con los objetivos del negocio, no existe fundamento para determinar la adecuación de la postura de seguridad.
C. El gobierno de la seguridad de la información es más que los sistemas TI.
D. El gobierno garantiza la consecución de los objetivos empresariales mediante la evaluación de las necesidades, las condiciones y las opciones de las partes interesadas; el establecimiento de la dirección a través de la priorización y la toma de decisiones; y la supervisión del rendimiento, el cumplimiento y los avances con respecto a los planes.

154. La base **MÁS** importante para desarrollar un caso de negocio es:

A. el riesgo que se abordará.
B. el análisis financiero de los beneficios.
C. la alineación con los objetivos de la organización.
D. la viabilidad y propuesta de valor.

D es la respuesta correcta.

Justificación:

A. El riesgo que se abordará es parte de lo que determina la viabilidad y si los beneficios son suficientes dados los gastos.
B. El análisis de beneficios es parte de lo que determina la viabilidad y si los beneficios son suficientes dados los gastos.
C. La alineación con los objetivos de la organización es parte de lo que determina la viabilidad y si los beneficios son suficientes dados los gastos.
D. La viabilidad y la propuesta de valor son los factores principales para determinar si un proyecto se llevará a cabo.

155. ¿Cuál de las siguientes es la consideración **MÁS** importante al desarrollar una estrategia de la seguridad de la información?

A. Apoyar los objetivos del negocio
B. Maximizar la eficacia de los recursos disponibles
C. Garantizar que se aborden las limitaciones legales y regulatorias
D. Determinar el efecto sobre las funciones y responsabilidades organizacionales

A es la respuesta correcta.

Justificación:

A. El objetivo general de una estrategia de seguridad de la información es apoyar a las actividades y objetivos de negocio y minimizar los eventos disruptivos.
B. Maximizar la eficacia de los recursos es uno de los factores para el desarrollo de una estrategia, pero es secundario para apoyar las actividades de la organización.
C. La estrategia debe considerar los requisitos normativos y legales, pero son solo una categoría de consideraciones de impacto potencial.
D. La estructura organizativa influye en los planteamientos para desarrollar una estrategia, pero es sólo una de las consideraciones.

156. El resultado **MÁS** importante de alinear el gobierno de la seguridad de la información con el gobierno corporativo es:

A. mostrar que la seguridad de la información es coherente con las reglas.
B. proporcionar cumplimiento normativo.
C. maximizar la rentabilidad de los controles.
D. minimizar el número de reglas y regulaciones requeridas.

C es la respuesta correcta.

Justificación:

A. Si bien es importante que la seguridad de la información sea coherente con las reglas corporativas, no es la razón principal para la alineación.
B. El cumplimiento no es un factor principal en la alineación del gobierno.
C. El gobierno corporativo incluye una estructura y reglas que en la mayoría de los casos están relacionadas con la gestión de diversos tipos de riesgo. La falta de alineación puede resultar en controles duplicados o contradictorios, lo que repercute negativamente la rentabilidad.
D. Minimizar el número de reglas es útil; sin embargo, es solo un elemento para lograr rentabilidad.

157. ¿Cuál de las siguientes es la consideración **MÁS** importante para una política de control?

A. Protección de datos
B. Protección de la vida de las personas
C. Estrategia de seguridad
D. Factores de regulación

B es la respuesta correcta.

Justificación:

A. La protección de datos no es tan importante como la protección de la vida de las personas.
B. En el caso de los controles físicos, como las puertas con control eléctrico y acceso mediante tarjeta magnética, lo más importante es la seguridad, por ejemplo, garantizar que las puertas no se abran en caso de incendio.
C. La política de control es parte de la estrategia de seguridad de la información.
D. El cumplimiento de los requisitos regulatorios, en su caso, es importante, pero en última instancia, la seguridad de las personas tiene la prioridad más alta.

158. Una organización ha adoptado una práctica de rotación periódica de personal para minimizar el riesgo de fraude y alentar la formación cruzada. ¿Qué tipo de política de autorización abordaría **MEJOR** esta práctica?
   A. Multinivel
   B. Basada en roles
   C. Discrecional
   D. Obligatorio

B es la respuesta correcta.

Justificación:

A. Las políticas multinivel se basan en clasificaciones y autorizaciones.
B. Una política basada en roles asociará el acceso de datos con el rol desempeñado por un individuo, y restringirá así el acceso a los datos que la persona requiere para realizar sus tareas.
C. Las políticas discrecionales dejan las decisiones de acceso las tomen los gerentes de recursos de información.
D. El control de acceso obligatorio requiere un nivel de autorización igual o superior al nivel de clasificación del activo. Suele incluir la necesidad de conocer.

159. El gerente de seguridad de la información de una empresa está planificando la estructura del comité de dirección de seguridad de la información. ¿A cuál de los siguientes grupos debe invitar el gerente?
   A. Auditoría externa y verificadores de la penetración en la red
   B. Consejo de dirección y reguladores de la organización
   C. Representantes sindicales externos y proveedores de seguridad clave
   D. Directores de TI, de recursos humanos y del departamento de ventas

D es la respuesta correcta.

Justificación:

A. La auditoría externa puede evaluar y asesorar sobre el programa; sin embargo, es posible que el programa utilice examinadores, pero no son miembros apropiados para un comité de dirección.
B. El comité de dirección necesita tener representación ejecutiva. Puede informar al consejo, pero generalmente los miembros del consejo no forman parte del comité de dirección, a excepción de su promotor ejecutivo. Los reguladores no forman parte de este comité.
C. Los representantes sindicales externos y proveedores de seguridad clave son entidades que pueden ser consultadas como parte de las actividades del programa, pero no participan en el comité de dirección.
D. Los directores de TI, recursos humanos y ventas son algunas de las personas clave que deben apoyar un programa de seguridad de la información.

160. ¿Cuál de los siguientes es el enfoque **MÁS** rentable para lograr la alineación estratégica?

A. Preguntar con regularidad a la gerencia
B. Implementar un marco de gobierno
C. Garantizar que los controles cumplen con los objetivos
D. Desarrollar una arquitectura de la empresa

A es la respuesta correcta.

Justificación:

A. Lograr y mantener la alineación estratégica significa que los gerentes y los propietarios del proceso de negocio creen que la seguridad de la información apoya eficazmente sus actividades organizacionales. Esto puede ser más fácil y barato si se determina mediante encuestas periódicas que también indicarán la mejora o la degradación con el tiempo.
B. La implementación de un marco de gobierno adecuado puede mejorar la alineación estratégica, además de una serie de otros beneficios, pero es demasiado compleja, larga y costosa, y puede no captar directamente las percepciones de los propietarios del negocio ni muestre los cambios con el tiempo.
C. Aunque son importantes, los controles que cumplen objetivos no pueden ser percibidos por los directivos como útiles para el negocio y, de hecho, pueden ser vistos como un impedimento para sus actividades.
D. Una arquitectura de la empresa debe considerar los objetivos del negocio durante el diseño y desarrollo, pero en el intento de equilibrar otros requisitos tales como la seguridad y la funcionalidad, pueden ser percibidos, o no, como un apoyo a las actividades del negocio.

161. ¿Cuál de los siguientes puntos está relacionado **PRINCIPALMENTE** con el surgimiento del gobierno, el riesgo y el cumplimiento?

A. La creciente necesidad de controles
B. El proceso de desarrollo de políticas
C. La integración de las actividades relacionadas con el aseguramiento
D. Un modelo para el desarrollo del programa de seguridad de la información

C es la respuesta correcta.

Justificación:

A. Uno de los resultados del gobierno, riesgo y cumplimiento (GRC) es la mayor atención que se presta a controles generales, porque son de más generalizados y rentables que los controles de nivel de aplicación. Sin embargo, el principal impulsor del GRC es la mayor complejidad y diversidad de los requisitos de aseguramiento y la necesidad de abordarlos mediante un proceso integrado.
B. Como con la mayoría de las actividades de seguridad de la información, se necesita el apoyo de políticas apropiadas para la aplicación efectiva del GRC, pero eso es solo un aspecto para lograr la integración.
C. El GRC es un proceso para integrar múltiples actividades diferentes pero relacionadas para mejorar la eficacia, reducir o eliminar los enfoques conflictivos y reducir los costes.
D. El GRC no es un modelo, sino un enfoque para lograr una mayor integración del proceso de aseguramiento.

162. ¿Cuál de los siguientes responsables tiene **MÁS** posibilidades de establecer los requisitos de seguridad de la información sobre una aplicación?
A. Comité de dirección de TI
B. El propietario de los datos
C. Propietario del sistema
D. Auditor de TI

B es la respuesta correcta.

Justificación:

A. Un comité de dirección de TI es un comité a nivel gerencia que ayuda en la ejecución de la estrategia de TI, supervisa la gestión diaria de la prestación de servicios de TI y los proyectos de TI y se centra en los aspectos de implementación.
B. Los propietarios de datos determinan el nivel de los controles que consideren necesarios para la seguridad de los datos y las aplicaciones que los almacenan o procesan.
C. Los propietarios del sistema son responsables de las plataformas, en lugar de las aplicaciones o datos.
D. El auditor de TI evalúa la adecuación, la eficiencia y la eficacia de los controles.

163. ¿Cuál de las siguientes medidas es la **MÁS** útil para gestionar despliegues de controles de seguridad cada vez más complejos?
A. Una estrategia basada en normas
B. Una arquitectura de seguridad
C. El desarrollo de políticas
D. Apoyo de la alta gerencia

B es la respuesta correcta.

Justificación:

A. Las normas pueden proporcionar métricas para el despliegue, pero no proporcionarán herramientas de gestión significativas.
B. El despliegue de iniciativas de seguridad complejas y la integración de una serie de proyectos y actividades diversas se gestionarían más fácilmente con la visión general y las relaciones que proporciona una arquitectura de seguridad.
C. Las políticas orientarán la dirección, pero no proporcionarán herramientas de gestión significativas.
D. El apoyo de la dirección es siempre útil y puede ayudar a procurar recursos, pero tendrá poco beneficio directo en la gestión de implementaciones de seguridad complejas.

164. ¿Quién está en la **MEJOR** posición para determinar el nivel de seguridad de la información necesario para una aplicación específica del negocio?
A. El desarrollador del sistema
B. El gerente de seguridad de la información
C. El custodio del sistema
D. El propietario de los datos

D es la respuesta correcta.

Justificación:

A. El desarrollador del sistema tendrá conocimiento específico en áreas limitadas, pero no tendrá un conocimiento completo de los asuntos del negocio que afectan al nivel de seguridad requerido.
B. El responsable de seguridad debe garantizar que se proporciona el nivel de protección requerido por el propietario de los datos.
C. El custodio proporciona el nivel de protección que requerido por el propietario.
D. Los propietarios de los datos son los mejor conocen las necesidades de seguridad de la aplicación del negocio de las que son responsables.

165. ¿Cuál de las siguientes opciones es la que **MÁS** puede cambiar la cultura de una empresa a una que sea más consciente de la seguridad?

A. Las políticas y procedimientos de seguridad adecuados
B. Las revisiones periódicas de cumplimiento
C. Los comités de dirección de seguridad
D. Campañas de concienciación de la seguridad

D es la respuesta correcta.

Justificación:

A. Las políticas y procedimientos adecuados tendrán poco efecto en cambiar la cultura de la seguridad.
B. Las revisiones de cumplimiento tienen un efecto pequeño en la cultura de seguridad de una empresa.
C. Los comités de dirección tienen representación de la alta gerencia y pueden afectar a la cultura de seguridad.
D. De estas opciones, las campañas de concienciación de la seguridad son las que tiene una mayor probabilidad de ser efectivas a la hora de mejorar la concienciación en seguridad.

166. ¿Cuál de los siguientes es el paso **MÁS** importante en el desarrollo de una estrategia de seguridad de la información rentable que esté alineada con los requisitos del negocio?

A. La identificación de los activos de información y de la propiedad de los recursos
B. La valoración de los activos de información
C. La determinación de objetivos claramente definidos
D. La clasificación de los activos en cuanto a la sensibilidad y criticidad

C es la respuesta correcta.

Justificación:

A. La identificación de activos de información y la propiedad de activos es un buen punto de partida para implementar una estrategia de seguridad de la información. Sin embargo, es esencial tener un objetivo claro.
B. La valoración de los activos de información se realiza mejor después de que se haya elaborado el inventario de activos y se hayan asignado los propietarios de los mismos. Los propietarios de los activos generalmente clasifican los activos según el esquema de clasificación de los activos de la empresa. La clasificación de activos representa el valor de negocio del activo para la empresa y es la base para los niveles de protección requeridos.
C. Determinar los objetivos de la seguridad de la información proporciona la base para un plan pueda conseguirlos: esto constituye la definición de una estrategia.
D. La clasificación de activos representa el valor de negocio del activo para la empresa y es la base para los niveles de protección requeridos.

167. Determinar la naturaleza y el alcance de las actividades requeridas en el desarrollo de un programa de seguridad de la información suele requerir la evaluación de los componentes del programa existente. La **MEJOR** manera de lograr esto es realizar:

A. una revisión de la seguridad.
B. una evaluación de impacto.
C. una evaluación de vulnerabilidades.
D. un análisis de amenazas.

A es la respuesta correcta.

Justificación:

A. La revisión de seguridad se utiliza para determinar el estado actual de la seguridad para los diversos componentes del programa.
B. La evaluación de impacto se utiliza para determinar el posible impacto en el caso de la pérdida de un recurso.
C. La vulnerabilidad es solo un aspecto específico que puede tenerse en cuenta en una revisión de seguridad.
D. Un análisis de amenazas no suele formar parte de una revisión de seguridad.

168. El enfoque de sistemas en lo que se refiere a la seguridad de la información es:

A. una metodología prescriptiva para diseñar la arquitectura de los sistemas.
B. un entendimiento de que el todo es mayor que la suma de sus partes.
C. un proceso que asegura la alineación con los objetivos del negocio.
D. un marco para el gobierno de la seguridad de la información.

B es la respuesta correcta.

Justificación:

A. Mientras que un enfoque de sistemas es esencial para desarrollar una arquitectura de sistemas sólida, no es un enfoque prescriptivo.
B. Un enfoque de sistemas para el desarrollo de la seguridad de la información incluye el entendimiento de que el todo es más que la suma de sus partes y los cambios en una parte afectan al resto.
C. La alineación con los objetivos del negocio es uno de los resultados deseados, pero el enfoque de sistemas no lo asegura.
D. El enfoque de sistemas no es un marco para el gobierno de la seguridad de la información, aunque puede ser útil para implementar un marco de gobierno de la seguridad de la información eficaz y un programa de gestión de la seguridad de la información.

169. ¿Cuál de las siguientes opciones justifica **MEJOR** un programa de seguridad de la información?

A. El impacto en los activos de TI críticos
B. Un caso de negocio detallado
C. Aprobación del comité de dirección
D. La aceptación del usuario

B es la respuesta correcta.

Justificación:

A. El impacto en los activos de TI es un componente importante, pero por sí mismo no es suficiente para justificar el programa de seguridad de la información.
B. Un caso de negocio contiene la documentación de la justificación de la realización de una inversión empresarial, que se utiliza tanto para apoyar una decisión empresarial sobre la conveniencia de proceder a la inversión como una herramienta operativa para apoyar la gestión de la inversión a través de su ciclo de vida económico completo. Un caso de negocio proporcionará la justificación para el programa de seguridad de la información al demostrar los beneficios de la implementación.
C. La aprobación por parte del comité de dirección valida la justificación contenida en el caso de negocio.
D. La aceptación del usuario es muy relevante durante el ciclo de vida de desarrollo del sistema; sin embargo, no se recomienda confiar en la aceptación del usuario como justificación para un programa de seguridad, en particular porque la seguridad y el desempeño suelen estar en conflicto.

170. La **PRIMERA** acción que debe tomar el gerente de seguridad de la información cuando le informan que se aplican nuevas regulaciones sobre la manera en que la empresa maneja los datos confidenciales es determinar:

A. los procesos y las actividades afectados.
B. cómo preferiría responder la alta dirección.
C. si la empresa puede acogerse a una exención.
D. el coste aproximado de cumplimiento.

A es la respuesta correcta.

Justificación:

A. Los cambios de la seguridad de la información se realizan mejor en función del riesgo. Para determinar el riesgo asociado con las nuevas regulaciones, el gerente de seguridad de la información primero debe saber los procesos y actividades pueden verse afectados.
B. La ata gerencia no contará una base preferente de criterios de respuesta hasta que se determinen los posibles efectos y se identifiquen los requisitos de cumplimiento.
C. Solicitar una exención suele tener un coste, al menos en términos de tiempo, y posibles consecuencias para la reputación. Además, si tiene poco o ningún efecto en la empresa, no hay necesidad de solicitar la exención, incluso fuera posible.
D. Hasta que se comprendan el alcance de los posibles efectos y los cambios que se pueden necesitar para cumplir, no se podrá calcular el coste de cumplimiento de manera aproximada.

171. ¿Cuál de los siguientes requisitos es el **MÁS** importante al desarrollar el gobierno de seguridad de la información?

A. Cumplir con las normas corporativas aplicables
B. Conseguir la rentabilidad de la mitigación del riesgo
C. Obtener consenso de las unidades de negocio
D. Alinearse con las metas de la organización

D es la respuesta correcta.

Justificación:

A. Las normas corporativas se establecen sobre la base de las políticas que apoyan la estrategia de la organización. El cumplimiento de las normas corporativas es sólo un aspecto del desarrollo del gobierno.
B. Aunque la rentabilidad de los enfoques de mitigación de riesgos es una consideración importante, los aspectos de gobierno de seguridad de la información no se pueden implementar si son contrarios a los objetivos de la organización.
C. El consenso es valioso, pero no es obligatorio.
D. El gobierno de la seguridad de la información es el conjunto de responsabilidades y prácticas ejercidas por el consejo de administración y la dirección ejecutiva con el objetivo de proporcionar una dirección estratégica, garantizar la consecución de los objetivos, comprobar que el riesgo se gestiona adecuadamente y verificar que los recursos de la empresa se utilizan de forma responsable. Debería apoyar y reflejar las metas de la empresa.

172. ¿Cuál es la consideración **MÁS** importante al desarrollar un caso de negocio para una inversión en seguridad de la información?

A. El impacto en el perfil de riesgo de la empresa
B. La aceptabilidad del consejo de directores
C. Los beneficios de la implementación
D. La asequibilidad para la empresa

C es la respuesta correcta.

Justificación:

A. El impacto en el perfil de riesgo puede ser un componente del caso de negocio, pero no incluye todas las áreas que cubriría el caso de negocio.
B. La base para la aceptación entre los directores debería ser el impacto en el perfil de riesgo.
C. Un caso de negocio se define como la documentación de las razones para realizar una inversión empresarial, utilizada tanto para apoyar una decisión de negocio sobre si se procede a la inversión como una herramienta operativa para apoyar la gestión de la inversión a través de su ciclo de vida económico completo. Un caso de negocio no solo cubre beneficios a largo plazo, sino también los beneficios a corto plazo, así como los costes.
D. Aunque es importante tener en cuenta el coste, si los beneficios superan a los costes, a la empresa le conviene seguir adelante con la inversión.

173. Una empresa decidió implementar procesos de gobierno, riesgo y cumplimiento (GRC) en varias áreas críticas de la empresa. ¿Cuál de los siguientes objetivos es el **PRINCIPAL**?

A. Reducir los costes de gobierno
B. Mejorar la gestión de riesgos
C. Armonizar las actividades de seguridad
D. Conseguir o mantener el cumplimiento regulatorio

B es la respuesta correcta.

Justificación:

A. Los costes de gobierno pueden o no reducirse, pero ese no es el objetivo principal.
B. El objetivo general de gobierno, riesgo y cumplimiento (GRC) es mejorar la gestión de riesgo al integrar estas actividades interrelacionadas en la empresa, centradas principalmente en los ámbitos financieros, legales y de TI.
C. La convergencia de las actividades de seguridad es sólo un elemento de gobierno, riesgo y cumplimiento (GRC).
D. Lograr un nivel de cumplimiento de normas apropiado puede ser una de las metas, pero con el objetivo general de una gestión de riesgo más efectiva y eficiente.

174. Los límites aceptables definidos por las normas de la organización los determina **PRINCIPALMENTE**:

A. la probabilidad y el impacto.
B. el apetito de riesgo.
C. las políticas relevantes.
D. la estrategia definida.

B es la respuesta correcta. Justificación:

A. La probabilidad de un evento adverso y las consecuencias de dicho evento definen el riesgo, pero solo el apetito al riesgo indicará si el riesgo es aceptable.
B. El apetito al riesgo es la cantidad de riesgo, a nivel general, que una entidad desea aceptar para llevar a cabo su misión. El apetito de riesgo establece los límites aceptables para las normas de la organización.
C. Las normas interpretan la política, pero los límites se establecen según el riesgo.
D. Las normas son parte de la implementación de la estrategia, pero los límites se establecen según el riesgo.

175. ¿Cuál de las siguientes opciones asegurará **MEJOR** que la dirección asuma la responsabilidad del proceso de toma de decisiones en materia de seguridad de la información?

A. Políticas y procedimientos de seguridad
B. Autoevaluación anual por parte de la gerencia
C. Los comités de dirección de seguridad
D. Campañas de concienciación de la seguridad

C es la respuesta correcta.

Justificación:

A. Las políticas y los procedimientos de seguridad son buenos, pero no resultan necesariamente en que la dirección asuma la responsabilidad.
B. Los ejercicios de autoevaluación no necesariamente indican que la gerencia se ha hecho responsable del proceso de toma de decisiones de seguridad.
C. Los comités de dirección de seguridad proporcionan un foro para que la dirección exprese su opinión y se responsabilice del proceso de toma de decisión.
D. Las campañas de concienciación no son una indicación de que la gerencia se haya hecho responsable del proceso de toma de decisiones de seguridad.

DOMINIO 2: GESTIÓN DE RIESGOS DE LA INFORMACIÓN (20%)

1. Un programa efectivo de gestión de riesgo debería reducir el riesgo a:

   A. cero.
   B. un nivel aceptable.
   C. un porcentaje aceptable del ingreso.
   D. una probabilidad aceptable de ocurrencia.

B es la respuesta correcta.

Justificación:

A. Reducir el riesgo a cero es imposible y el intento de lograrlo podría tener un coste prohibitivo.
B. Un programa efectivo de gestión de riesgos reduce el riesgo a un nivel aceptable; esto se logra reduciendo la probabilidad de una pérdida aplicando medidas preventivas y reduciendo el impacto de la pérdida aplicando medidas correctivas.
C. Vincular el riesgo a un porcentaje del ingreso no es recomendable ya que no hay una correlación directa entre ambos elementos.
D. Reducir la probabilidad de que ocurra el riesgo puede no siempre ser posible, como en el caso de los desastres naturales.

2. ¿Cuál de las opciones que se indican a continuación es un **MEJOR** indicador de una adecuada gestión del riesgo?

   A. Se cuantifica el riesgo general.
   B. El riesgo inherente se elimina.
   C. El riesgo residual es aceptable.
   D. El riesgo asociado al control está vinculado a las unidades de negocio.

C es la respuesta correcta.

Justificación:

A. El hecho de que el riesgo total haya sido cuantificado no indica necesariamente la existencia de una práctica efectiva de gestión de riesgos.
B. Eliminar el riesgo inherente es prácticamente imposible.
C. Una práctica de gestión del riesgo efectiva reduce el riesgo residual hasta niveles aceptables.
D. Aunque vincular el riesgo de control al negocio puede mejorar la responsabilidad / rendición de cuentas, esto no es tan deseable como lograr un nivel de riesgo residual aceptable.

3. ¿Cuál de las siguientes opciones debe utilizarse en un programa efectivo de gestión de seguridad de la información para determinar la cantidad de recursos dedicados a mitigar las exposiciones?

   A. Los resultados de análisis del riesgo
   B. Los hallazgos identificados en los informes de auditoría
   C. Los resultados de las pruebas de penetración
   D. La cantidad disponible del presupuesto de TI

A es la respuesta correcta.

Justificación:

A. Los resultados del análisis del riesgo son la fuente de información más útil y completa para determinar la cantidad de recursos que se deben dedicar para mitigar los riesgos.
B. Los hallazgos de los informes de auditoría pueden no abordar todos los riesgos y ni tampoco la frecuencia de pérdida anual.
C. Los resultados de las pruebas de penetración proporcionan solo una visión limitada de la exposición.
D. El presupuesto de TI no está vinculado a los riesgos que enfrenta la empresa.

4. ¿Cuál es la razón **PRINCIPAL** por la que un gerente de seguridad de la información debe tener un profundo conocimiento sobre tecnología de la información?

   A. Evitar que el personal de TI confunda o engañe al gerente de seguridad de la información
   B. Implementar tecnologías complementarias de seguridad de la información
   C. Entender los requisitos de la arquitectura conceptual de seguridad de la información
   D. Entender el riesgo de TI relacionado con la consecución de una seguridad de información adecuada

D es la respuesta correcta.

Justificación:

A. Esta no es la razón principal por la cual el gerente de seguridad de la información debe tener conocimientos técnicos, pero es útil.
B. El gerente de seguridad de la información no es responsable de la implementación de los controles de seguridad de TI.
C. Los conocimientos técnicos no se requieren para desarrollar una arquitectura de seguridad de la información conceptual.
D. El gerente de seguridad de la información debe entender cualquier riesgo relacionado con los sistemas de TI que pudieran afectar a los objetivos de negocio o a la consecución de la estrategia de negocio para proponer un nivel adecuado para los controles.

5 Para propósitos de gestión de riesgo, el valor de un activo físico debe basarse en:

   A. el coste original.
   B. el flujo neto de caja.
   C. el valor presente neto.
   D. el coste de reemplazo o reposición.

D es la respuesta correcta.

Justificación:

A. El coste original puede ser muy diferente del coste actual de reemplazar el activo.
B. El flujo neto de caja no refleja con exactitud el verdadero valor del activo.
C. El valor presente neto no refleja con exactitud el verdadero valor del activo.
D. El valor de un activo físico debe basarse en su coste de reemplazo o reposición ya que esta es el importe que se necesitaría para reemplazar el activo si se dañara o destruyera.

6 ¿Cuál de las siguientes opciones es **MÁS** probable que inicie la revisión de un estándar de seguridad de la información? Cambios en:

   A. la eficacia de los controles de seguridad.
   B. las responsabilidades de los jefes de departamento.
   C. los procedimientos de seguridad de la información.
   D. los resultados de las evaluaciones periódicas de riesgos.

D es la respuesta correcta.

Justificación:

A. Los cambios en la eficacia de los controles de seguridad requieren una revisión de los controles, no necesariamente de los estándares.
B. Los cambios en los roles y las responsabilidades de los jefes de departamento no requieren cambios en los estándares de seguridad, que se capturarán durante la revisión del riesgo.
C. Los estándares establecen los requisitos de los procedimientos, de modo que no es probable que un cambio en el procedimiento afecte a la norma.
D. Las políticas de seguridad deben revisarse periódicamente para garantizar que abordan adecuadamente los objetivos de seguridad de la empresa. La revisión de una norma de seguridad está motivada por los cambios en los factores de riesgo externos e internos que se captan durante la evaluación de riesgos.

7. ¿Durante qué etapa del desarrollo es **MÁS** apropiado comenzar a evaluar el riesgo de un nuevo sistema de aplicación?

A. Viabilidad
B. El diseño
C. El desarrollo
D. Las pruebas

A es la respuesta correcta.

Justificación:

A. El riesgo se debe resolver tan pronto como sea posible en el desarrollo de un nuevo sistema de aplicación. El riesgo proyectado asociado con un nuevo sistema puede hacerlo inviable.
B. En algunos casos, el riesgo identificado podría ser mitigado a través de cambios en el diseño. Si los cambios necesarios no se identifican hasta que el diseño ya ha comenzado, dichos cambios resultan más costosos. Por esta razón, comenzar la evaluación del riesgo durante la fase de diseño no es la mejor solución.
C. La fase de desarrollo es demasiado tardía en el ciclo de vida del desarrollo del sistema (SDLC) para mitigar los riesgos de manera efectiva.
D. Esperar a evaluar el riesgo durante las pruebas puede suponer a empezar de nuevo el proyecto.

8. ¿Cuál es el atributo **MÁS** esencial de un indicador clave de riesgo (KRI) efectivo? El KRI:

A. es preciso y fiable.
B. proporciona métricas cuantitativas.
C. indica la acción requerida.
D. es predictivo de un evento de riesgo.

D es la respuesta correcta.

Justificación:

A. Los indicadores clave de riesgo (KRI) suelen indicar un riesgo en el desarrollo, pero no indican cuál es el riesgo real. Esta opción no es el atributo esencial ya que los KRI no son precisos ni fiables.
B. Los KRI por lo general no proporcionan métricas cuantitativas sobre el riesgo.
C. Los KRI no indicarán que se requiera ninguna otra acción que no sea investigar más.
D. El atributo más esencial es que un KRI debe ser predictivo e indicar que un riesgo se está desarrollando o cambiando para mostrar que es necesario investigar para determinar la naturaleza y el alcance de un riesgo.

9. ¿La aceptación del riesgo es un componente de cuál de los siguientes?

A. Evaluación de riesgos
B. Mitigación de riesgos
C. Identificación de riesgos
D. Seguimiento de riesgos

B es la respuesta correcta.

Justificación:

A. La evaluación de riesgos incluye identificación y el análisis para determinar la probabilidad y las posibles consecuencias de un compromiso, que no es cuando se debe considerar el riesgo para la aceptación o la mitigación requerida.
B. Si tras la evaluación del riesgo éste es inaceptable, se determina la aceptabilidad tras los esfuerzos de mitigación del riesgo.
C. La identificación de riesgos es el proceso de evaluación que identifica el riesgo viable mediante el desarrollo de una serie de posibles escenarios de riesgo.
D. La supervisión no está relacionada con la aceptación de riesgo.

10. Los programas de gestión de riesgo se han diseñado para reducir el riesgo hasta:

A. un nivel que es demasiado pequeño para ser medible.
B. el punto en el cual el beneficio supera al gasto.
C. un nivel que la empresa esté dispuesta a aceptar.
D. una tasa de retorno que iguale al coste actual del capital.

C es la respuesta correcta.

Justificación:

A. Reducir el riesgo hasta un nivel demasiado pequeño para medirlo no es práctico y a menudo es prohibitivo con respecto al coste.
B. Dependiendo de la preferencia de riesgo de una empresa, puede o no optar por la mitigación del riesgo hasta el punto en que el beneficio sea igual o superior al gasto.
C. El riesgo debe reducirse a un nivel que una empresa esté dispuesta a aceptar.
D. Vincular el riesgo a una tasa de rendimiento específica ignora los aspectos cualitativos del riesgo que también deben considerarse.

11. ¿Con qué intervalo debe llevarse a cabo **NORMALMENTE** una evaluación del riesgo?

A. Una vez al año para cada proceso y subproceso del negocio
B. Cada tres a seis meses para procesos críticos del negocio
C. Continuamente
D. Anualmente o cuando haya un cambio significativo

D es la respuesta correcta.

Justificación:

A. Realizar una evaluación del riesgo una vez al año es insuficiente si ocurrieran cambios importantes.
B. Realizar una evaluación del riesgo cada tres a seis meses para procesos críticos no es habitual y puede no ser necesario, o puede no abordar cambios importantes a su debido tiempo.
C. Realizar evaluaciones de riesgo de manera continua, en general, no es factible financieramente; es más rentable llevar a cabo evaluaciones de riesgo anualmente o cuando haya un cambio significativo.
D. El riesgo cambia constantemente. Llevar a cabo una evaluación de riesgos anualmente o cada vez que se produzca un cambio significativo ofrece la mejor alternativa porque tiene en cuenta un plazo razonable y permite flexibilidad para abordar los cambios significativos.

12. ¿Cuál de los siguientes escenarios de riesgo se evaluaría **MEJOR** utilizando técnicas de evaluación de riesgo cualitativa?

A. Robo de software comprado
B. Interrupción de energía que dure 24 horas
C. Disminución permanente en la confianza del cliente
D. Pérdida temporal de servicios de correo electrónico

C es la respuesta correcta.

Justificación:

A. El robo de software puede cuantificarse en dinero.
B. Las interrupciones de energía pueden cuantificarse en cantidades monetarias con más precisión que al evaluarse con técnicas cualitativas. Los cortes de energía pueden cuantificarse en cantidades monetarias con mayor precisión que la que se puede evaluar con técnicas cualitativas.
C. Una disminución permanente en la confianza del cliente no se presta a ser medido con técnicas cuantitativas. Las técnicas cualitativas son más eficaces para evaluar aspectos como la fidelidad y la buena voluntad de los clientes.
D. La pérdida temporal de correo electrónico puede cuantificarse 'fácilmente en cantidades económicas.

13. Los niveles aceptables del riesgo de seguridad de la información deben ser determinados por:
   A. el asesor legal.
   B. la gerencia de seguridad.
   C. los auditores externos.
   D. el comité de dirección.

D es la respuesta correcta.

Justificación:

   A. El asesor legal no es la autoridad que debe determinar el nivel aceptable de riesgo de seguridad de la información para la empresa.
   B. La gerencia de seguridad no es la autoridad que debe determinar el nivel aceptable de riesgo de seguridad de la información para la empresa.
   C. Los auditores externos pueden señalar las áreas de riesgo, pero no son la autoridad que debe determinar el nivel aceptable de riesgo de seguridad de la información para la empresa.
   D. La alta dirección, representada en el comité de dirección, tiene responsabilidad final para determinar qué niveles de riesgo está dispuesta a aceptar la empresa.

14. El análisis de riesgos cuantitativo es el **MÁS** adecuado cuando los resultados de la evaluación:
   A. incluyen las percepciones del cliente.
   B. contienen estimaciones porcentuales.
   C. carecen de detalles específicos.
   D. contienen información subjetiva.

B es la respuesta correcta.

Justificación:

   A. El análisis cualitativo es un enfoque más apropiado para las percepciones de los clientes, que son difíciles de expresar de forma puramente cuantitativa.
   B. Las estimaciones porcentuales son características del análisis cuantitativo del riesgo.
   C. El análisis cualitativo es un enfoque más apropiado cuando se carece de detalles específicos.
   D. El análisis cualitativo es un enfoque más apropiado para información subjetiva.

15. ¿Cuál de los siguientes es el uso **MÁS** apropiado del análisis de deficiencias o brechas?
   A. Evaluar un análisis del impacto sobre el negocio
   B. Desarrollar un cuadro de mando integral del negocio
   C. Demostrar la relación entre los controles
   D. Medir el estado actual frente al estado futuro deseado

D es la respuesta correcta.

Justificación:

   A. Un análisis de deficiencias no es lo más adecuado para evaluar un análisis del impacto sobre el negocio.
   B. Un análisis de deficiencias no es lo más adecuado para desarrollar un cuadro de mando integral del negocio.
   C. Un análisis de deficiencias no es lo más adecuado para demostrar la relación entre los controles.
   D. Un análisis de deficiencias es más útil para resolver las diferencias entre el estado actual y un estado futuro.

16. ¿Cuál de las siguientes situaciones presenta el **MAYOR** riesgo de seguridad de la información para una empresa con múltiples pequeñas y ubicaciones de procesamiento a nivel nacional?
   A. No se cumplen las directrices de operación de sistemas.
   B. Los procedimientos de la gestión de cambios son deficientes.
   C. El desarrollo de sistemas está externalizado.
   D. No se lleva a cabo la gestión de capacidad de sistemas

B es la respuesta correcta.

Justificación:

A. Las directrices generalmente no son obligatorias, dejar de cumplirlas no es una preocupación principal.
B. La falta de una supervisión eficaz puede dar lugar a actividades de gestión del cambio incoherentes, lo que puede suponer un grave riesgo para la seguridad.
C. Los sistemas desarrollados por proveedores externos se cada vez más comunes y no representan un aumento en el riesgo de seguridad tanto como una mala gestión de cambios.
D. Una mala gestión de la capacidad puede no representar necesariamente un riesgo importante para la seguridad.

17. La decisión sobre si un riesgo de TI se ha reducido a un nivel aceptable debe determinarse por:
   A. los requisitos de la organización.
   B. los requisitos de los sistemas de información.
   C. los requisitos de seguridad de la información.
   D. las normas internacionales.

A es la respuesta correcta.

Justificación:

A. Los requisitos de la organización deben determinar cuándo un riesgo ha sido reducido a un nivel aceptable.
B. La aceptabilidad del riesgo es, en última instancia, una decisión de la dirección, que puede ser o no coherente con los requisitos de los sistemas de información.
C. La aceptabilidad del riesgo es, en última instancia, una decisión de la gerencia, que puede ser o no coherente incidir o no con los requisitos de seguridad de la información.
D. Como cada empresa es única, las normas internacionales pueden no representar la mejor solución para empresas específicas y sirven principalmente como directrices.

18. ¿Cuál de las siguientes es la razón **PRINCIPAL** para implementar un programa de gestión de riesgos? Un programa de gestión de riesgos:
   A. permite que la empresa elimine el riesgo.
   B. es una parte necesaria de la debida diligencia de la gerencia.
   C. satisface los requisitos de auditoría y regulatorios.
   D. ayuda a aumentar el retorno de la inversión

B es la respuesta correcta.

Justificación:

A. El riesgo no puede ser eliminado.
B. La razón principal para realizar la gestión de riesgos es que es una parte esencial de la diligencia debida de la dirección.
C. Satisfacer los requisitos de auditoría y regulatorios tiene una importancia secundaria.
D. Un programa de gestión de riesgos puede aumentar, o no, el retorno de la inversión.

19. ¿Cuál de los siguientes grupos estaría en la **MEJOR** posición para realizar un análisis de riesgo para un negocio?

A. Auditores externos
B. Un grupo de pares con un negocio similar
C. Los dueños del proceso
D. Un consultor especializado de gestión

C es la respuesta correcta.

Justificación:

A. Las partes externas, incluidos los auditores, no tienen el nivel necesario de conocimientos detallados del funcionamiento interno del negocio.
B. Los grupos paritarios no tendrían un conocimiento suficientemente detallado del negocio para ser eficaces en el análisis del riesgo de los negocios de una empresa concreta.
C. Los dueños del proceso tienen los conocimientos más profundos del riesgo y de los controles compensatorios dentro de su entorno.
D. Se espera que los consultores de gestión tengan las habilidades técnicas necesarias de análisis del riesgo, pero aun así tendrían que contar con un grupo con conocimiento profundo del negocio.

20. ¿Cuál de los siguientes tipos de riesgos se evalúa **MEJOR** utilizando técnicas cuantitativas de evaluación de riesgos?

A. Datos de clientes robados
B. Una interrupción de energía eléctrica
C. Un sitio web alterado
D. Pérdida del equipo de desarrollo de software

B es la respuesta correcta.

Justificación:

A. El efecto del robo de datos de los clientes podría conducir a una disminución permanente de la confianza de los clientes, lo cual no se presta a medición por medio de técnicas cuantitativas.
B. La pérdida de energía eléctrica durante poco tiempo es más fácil de medir que las otras opciones y puede cuantificarse en pérdidas económicas que pueden evaluarse con técnicas cuantitativas.
C. El riesgo de alteración de sitio web por hackers es casi imposible de cuantificar, pero podría provocar una disminución permanente de la confianza del cliente, lo cual no se presta a medición por medio de técnicas cuantitativas.
D. La pérdida de una mayoría del equipo de desarrollo de software sería imposible de cuantificar.

21. ¿Cuál de las siguientes opciones ayuda **MEJOR** a calcular el impacto de perder la conectividad de la red de retransmisión de tramas durante 18-24 horas?

A. Tarifa por hora cobrada por el operador
B. Valor de los datos transmitidos por la red
C. Compensación agregada de todos los usuarios del negocio afectados
D. Pérdidas financieras incurridas por las unidades de negocio afectadas

D es la respuesta correcta.

Justificación:

A. Es de suponer que el operador no cobraría si se perdiera la conectividad, y esto no sería útil para calcular el impacto.
B. El valor de los datos no se ve afectado por la pérdida de conectividad, y no ayudaría a calcular el impacto.
C. La compensación de los usuarios del negocio afectados no se basa en la conectividad, y no sería útil para calcular el impacto.
D. Las pérdidas financieras sufridas por las unidades de negocio serían un factor principal para calcular el impacto de la pérdida de conectividad.

22. ¿Cuál de los siguientes es el producto **MÁS** útil de un análisis del riesgo de seguridad de la información?

A. Informe del análisis del impacto en el negocio
B. Lista de puntos de acción para mitigar el riesgo
C. Asignación de los riesgos a los dueños del proceso
D. Cuantificación del riesgo organizacional

B es la respuesta correcta.

Justificación:

A. El informe del análisis del impacto en el negocio es útil sobre todo para la respuesta ante futuros incidentes y para la continuidad del negocio, pero no mitiga el riesgo actual.
B. La lista de puntos de acción para mitigar el riesgo es lo más útil para presentar puntos directos y factibles para abordar el riesgo organizacional.
C. La asignación de los riesgos es útil, pero por sí misma no se traduce en actividades de mitigación de riesgos.
D. La cuantificación del riesgo no se traduce directamente en actividades de mitigación del mismo.

23. ¿Con cuál de los siguientes enfoques puede lograrse el **MEJOR** seguimiento continuo de los esfuerzos de remediación para mitigar los riesgos identificados?

A. Diagramas de árbol
B. Diagramas de Venn
C. Diagrama de mapa de calor
D. Diagramas de barra

C es la respuesta correcta.

Justificación:

A. Los diagramas de árbol son útiles para el análisis de decisiones.
B. Los diagramas de Venn muestran la conexión entre conjuntos, pero no son útiles para indicar el estado.
C. Los mapas de calor (diagramas de semáforo) muestran rápida y claramente el estado actual de los esfuerzos de remediación.
D. Los diagramas de barra muestran el tamaño relativo, pero son un enfoque de presentación menos directo para el seguimiento del estado de los esfuerzos de remediación.

24. ¿Qué dos componentes deben ser evaluados **PRINCIPALMENTE** en un análisis efectivo del riesgo?

A. Visibilidad y duración
B. Posibilidad e impacto
C. Probabilidad y frecuencia
D. Impacto financiero y duración

B es la respuesta correcta.

Justificación:

A. La visibilidad y la duración no son los elementos principales de un análisis de riesgos.
B. La probabilidad y el impacto son los elementos principales que se determinan en un análisis de riesgos.
C. La probabilidad es lo mismo que la posibilidad, y la frecuencia se tiene en cuenta al determinar la expectativa de pérdidas anuales, pero es un elemento secundario del análisis.
D. El impacto financiero es una de las principales consideraciones, pero la duración es un elemento secundario del análisis. El impacto financiero es una de las principales consideraciones, pero la duración es un elemento secundario del análisis.

25. El responsable de seguridad de la información debe usar técnicas de evaluación del riesgo para:

A. justificar la selección de las estrategias de mitigación del riesgo.
B. maximizar el retorno de la inversión.
C. proporcionar documentación para auditores y reguladores.
D. cuantificar los riesgos que, de otro modo, serían subjetivos.

A es la respuesta correcta. Justificación:

A. El gerente de seguridad de la información debe usar técnicas de evaluación del riesgo como una de las bases principales para justificar e implementar una estrategia de mitigación del riesgo de la manera más eficiente posible.
B. La evaluación del riesgo es solo una parte de la determinación del retorno de la inversión.
C. Proporcionar documentación para auditores y reguladores es un aspecto secundario del uso de técnicas de evaluación de riesgos.
D. Si el riesgo evaluado es subjetivo, las técnicas de evaluación de riesgos no los cuantificarán de forma significativa.

26. ¿Cuál de las siguientes opciones es la **MÁS** esencial al evaluar un riesgo?

A. Proporcionar cobertura equitativa para todos los tipos de activos
B. Comparar datos de empresas similares
C. Considerar el valor monetario y la probabilidad de pérdida
D. Centrarse en pérdidas de negocio y amenazas pasadas válidas

C es la respuesta correcta.

Justificación:

A. Proporcionar cobertura equitativa para todos los tipos de activo al evaluar el riesgo puede que no sea relevante, en función de la importancia que el tipo de activo tiene para la empresa (por ejemplo, es probable que la flota de vehículos no sea tan importante como el centro de datos).
B. Los estudios comparativos con otras empresas tienen un valor relativamente pequeño al evaluar el riesgo.
C. La probabilidad de pérdida y el valor monetario de estas pérdidas son los elementos más esenciales a tener en cuenta al evaluar el riesgo.
D. Las pérdidas y amenazas pasadas pueden ser útiles para posibles eventos futuros, pero no son lo la consideración más importante al evaluar el riesgo.

27. Un gerente de seguridad de la información recibe un informe que muestra un aumento en la cantidad de eventos de seguridad. La explicación **MÁS** probable para esto es:

A. la explotación de una vulnerabilidad en el sistema de información.
B. agentes de amenazas dirigidos contra la empresa en mayor cantidad.
C. fallo de un control de detección implementado con anterioridad.
D. aprobación de una nueva excepción por incumplimiento por parte de la gerencia.

A es la respuesta correcta.

Justificación:

A. La explotación de una vulnerabilidad puede generar un aumento en el número de eventos de seguridad.
B. Si no hay cambios en la vulnerabilidad, un aumento en la cantidad de agentes de amenazas no explicaría un aumento de eventos de seguridad.
C. Un aumento en el número de eventos de seguridad que aparecen en los informes sugiere que los controles de detección probablemente funcionan correctamente, ya que el fallo del control supondría la ausencia de eventos en el informe.
D. Las excepciones aprobadas por la gerencia pueden suponer un mayor número de eventos de seguridad en los informes si no se notifican estas excepciones al departamento de seguridad de la información para permitir las actualizaciones de la monitorización. Sin embargo, por lo general las excepciones se comunican al responsable de seguridad de la información, de modo que esta es una explicación poco probable para el aumento.

28. Para destacar a la gerencia la importancia de integrar la seguridad de información en los procesos del negocio, un responsable de seguridad de la información recién contratado debe **PRIMERO:**
   A. preparar un presupuesto de seguridad.
   B. realizar una evaluación del riesgo.
   C. desarrollar una política de seguridad de la información.
   D. obtener información de referencia.

B es la respuesta correcta.

Justificación:

   A. Después de la evaluación de riesgos se debe preparar un presupuesto de seguridad para determinar las actividades que se debe desarrollar para abordar las áreas de preocupación.
   B. La evaluación de riesgos, el análisis, la valoración y el análisis de impacto serán el punto de partida para dirigir la atención de la dirección a la seguridad de la información y para destacar su importancia con respecto a las prácticas empresariales.
   C. El desarrollo de una política de seguridad de la información se basa en la evaluación de riesgos y es posterior a la misma.
   D. La información de referencia solo será relevante después de que se haya realizado una evaluación de riesgos con fines de comparación.

29. Cuando se realiza un análisis cuantitativo del riesgo, ¿cuál de lo siguiente es MÁS importante para estimar la pérdida potencial?

   A. Evaluar las pérdidas de productividad.
   B. Determinar el impacto de la divulgación de datos confidenciales.
   C. Calcular el valor de la información o del activo.
   D. Medir la probabilidad de ocurrencia de cada amenaza.

C es la respuesta correcta.

Justificación:

   A. Determinar cuánta productividad podría perderse y cuánto costaría son pasos en el proceso de estimación del riesgo potencial.
   B. Conocer el impacto si se revela la información confidencial es también un paso en la estimación del riesgo potencial.
   C. Calcular el valor de la información o del activo es el primer paso en un proceso de análisis de riesgos para determinar el impacto en la empresa, que es el objetivo final.
   D. Medir la probabilidad de que ocurra cada amenaza identificada es un paso para realizar un análisis de amenazas y, por lo tanto, es una respuesta parcial.

30. ¿Cuál es el objetivo **PRINCIPAL** de un programa de gestión de riesgos?

    A. Minimizar el riesgo inherente.
    B. Eliminar el riesgo empresarial.
    C. Implementar controles efectivos.
    D. Alcanzar un riesgo aceptable.

D es la respuesta correcta.

Justificación:

A. El riesgo inherente puede ser ya aceptable y no necesitar ya remediación. Minimizar el riesgo por debajo del nivel aceptable no es el objetivo y suele aumentar los costes.
B. La eliminación del riesgo empresarial no es posible.
C. Los controles efectivos son naturalmente un objetivo claro de un programa de gestión de riesgos con el objetivo principal de lograr un riesgo aceptable en toda la empresa.
D. La meta de un programa de gestión de riesgo es garantizar que se alcanza un nivel de riesgo aceptable y se mantiene así.

31. ¿Cuál de las siguientes opciones es el **MEJOR** atributo de los indicadores clave de riesgo?

    A. Alta flexibilidad y adaptabilidad
    B. Prácticas y metodologías coherentes
    C. Robustez y resiliencia
    D. Relación coste-beneficio

B es la respuesta correcta.

Justificación:

A. La alta flexibilidad y adaptabilidad son atributos recomendables, pero no proporcionan una línea base de referencia consistente para determinar las desviaciones significativas.
B. Los indicadores clave de riesgo efectivos son el resultado de la desviación respecto a la línea base Las prácticas y metodologías coherentes establecen líneas base que representan el mejor atributo, al proporcionar un punto estable que utilizar como referencia para notificar el avance.
C. La robustez y resiliencia son atributos recomendables, pero no proporcionan una línea base de referencia consistente para determinar las desviaciones significativas.
D. La relación coste-beneficio no es un indicador de riesgo.

32. ¿Cuál es el **PRIMER** paso para realizar un análisis de riesgo de la información?

    A. Establecer la propiedad de los activos.
    B. Evaluar los riesgos de los activos.
    C. Realizar un inventario de activos.
    D. Clasificar los activos.

C es la respuesta correcta.

Justificación:

A. Los activos deben ser inventariados antes de poder establecer su propiedad.
B. Los activos deben ser inventariados antes de poder evaluar su riesgo.
C. Los activos deben ser inventariados antes de realizar cualquiera de las otras opciones.
D. Los activos deben ser inventariados antes de ser clasificados.

33. Se completó una evaluación de riesgos y un análisis del impacto en el negocio (BIA) para una importante propuesta de compra y un nuevo proceso para una empresa. Existe desacuerdo entre el responsable de seguridad de la información y el gerente del departamento de negocios, quien será responsable de evaluar los resultados y el riesgo identificado. ¿Cuál de las siguientes opciones sería el **MEJOR** enfoque del gerente de seguridad de la información?
   A. Aceptación de la decisión del gerente de negocios sobre el riesgo para la corporación
   B. Aceptación de la decisión del gerente de seguridad de la información sobre el riesgo para la corporación
   C. Revisión de la evaluación del riesgo junto con la dirección ejecutiva para obtener su opinión definitiva
   D. Crear una nueva evaluación del riesgo y un análisis del impacto en el negocio para resolver el desacuerdo

C es la respuesta correcta.

Justificación:
   A. Este no es el mejor enfoque, ya que el gerente de negocio probablemente esté centrado en que se haga el trabajo, y no en gestionar el riesgo que supone para la empresa.
   B. Por lo general, el gerente de seguridad de la información está centrado en el riesgo y puede que lo esté sobrestimando al pensar en los peores casos posibles, en vez de los eventos más probables.
   C. La dirección ejecutiva está en la mejor posición para considerar la visión global y las soluciones intermedias entre seguridad y funcionalidad para toda la empresa.
   D. No hay indicios de que las evaluaciones sean inadecuadas o defectuosas; por lo tanto, no está justificado repetir el ejercicio.

34. ¿Cuál de las siguientes opciones es la MÁS esencial para que un programa de gestión del riesgo sea efectivo?
   A. Presupuesto flexible de seguridad
   B. Un punto de referencia del riesgo válido
   C. Detección de nuevos riesgos
   D. Informes de riesgos precisos

C es la respuesta correcta.

Justificación:
   A. Un presupuesto flexible para seguridad es esencial para implementar la gestión de riesgos. Sin embargo, sin identificar nuevos riesgos, los demás procedimientos solamente serán útiles durante un periodo limitado.
   B. Una línea base de referencia del riesgo es esencial para implementar la gestión del riesgo. Sin embargo, sin identificar nuevos riesgos, los demás procedimientos solamente serán útiles durante un periodo limitado.
   C. Todos estos procedimientos son esenciales para implementar la gestión de riesgos. Sin embargo, sin identificar nuevos riesgos, los demás procedimientos solamente serán útiles durante un periodo limitado.
   D. Los informes precisos sobre riesgos son esenciales para implementar la gestión del riesgo. Sin embargo, sin identificar nuevos riesgos, los demás procedimientos solamente serán útiles durante un periodo limitado.

35. ¿Cuál de las siguientes métricas proporcionará el **MEJOR** indicador de riesgo organizacional?

A. Expectativas de pérdida anual
B. El número de incidentes de seguridad de la información
C. El alcance de las interrupciones de negocio no planificadas
D. El número de vulnerabilidades de alto impacto

C es la respuesta correcta.

Justificación:

A. La expectativa de pérdidas anuales son la cuantificación de la exposición a las pérdidas en función de la probabilidad y la frecuencia de las interrupciones con un coste conocido o estimado. Es parte del análisis de impacto al negocio y se puede calcular a nivel de empresa o de sistema, pero se basa en proyecciones y no en datos observados.
B. El número de incidentes registrados o reconocidos no revelan impacto ni indican el riesgo organizacional.
C. Una interrupción de negocio no planificada es el mejor indicador del riesgo organizativo, porque proporciona una medida cuantificable de cuánto puede perder el negocio debido a la incapacidad para adquirir, procesar y producir resultados que afectan a los clientes.
D. La cantidad de vulnerabilidades de alto impacto proporciona un indicador de debilidad dentro de los sistemas o la red, pero no es por sí mismo un indicador de riesgo.

36. ¿Cuál de los siguientes es un indicador de un gobierno efectivo?

A. Una arquitectura de seguridad de la información definida
B. Cumplimiento de las normas de seguridad internacionales.
C. Auditorías externas periódicas
D. Un programa de gestión de riesgos establecido

D es la respuesta correcta.

Justificación:

A. Una arquitectura definida de la seguridad de la información es útil, pero por sí misma no es un buen indicador de la efectividad del gobierno.
B. El cumplimiento de las normas internacionales no es un indicador de un gobierno efectivo.
C. Las auditorías externas periódicas podrían servir para dar una opinión sobre la efectividad del gobierno.
D. Un programa dinámico de gestión de riesgos es un componente clave e indicador de un gobierno eficaz.

37. Las evaluaciones del riesgo se deben repetir en intervalos regulares porque:

A. las amenazas del negocio cambian constantemente.
B. las omisiones en evaluaciones anteriores pueden resolverse.
C. las evaluaciones repetitivas permiten diversas metodologías.
D. ayudan a concienciar sobre la seguridad en el negocio.

A es la respuesta correcta.

Justificación:

A. A medida que cambian los objetivos y los métodos de la empresa, también cambian la naturaleza y la importancia de las amenazas.
B. Las omisiones en evaluaciones anteriores no justifican, por sí mismas, la reevaluación periódica.
C. El uso de varias metodologías no es una razón comercial para repetir las evaluaciones de riesgo a intervalos regulares.
D. Las evaluaciones de riesgo pueden ayudar a despertar la concienciación del negocio, pero existen mejores maneras de despertar la concienciación de la seguridad que realizando una evaluación de riesgo.

38. ¿Cuál de los siguientes pasos en la realización de una evaluación del riesgo debe realizarse **PRIMERO**?

A. Identificar los activos del negocio
B. Identificar el riesgo del negocio
C. Determinar las vulnerabilidades
D. Evaluar los controles clave

A es la respuesta correcta.

Justificación:

A. La evaluación del riesgo requiere identificar los activos del negocio que hay que proteger antes de identificar las amenazas.
B. El segundo paso en la evaluación del riesgo es establecer si esas amenazas representan riesgo para el negocio, identificando la probabilidad y el efecto de que ocurran.
C. La evaluación de las vulnerabilidades que pueden afectar la seguridad del activo es posterior a identificar los activos y el riesgo del negocio.
D. La evaluación del riesgo tras el análisis se utiliza para determinar si los controles abordan el riesgo para cumplir los criterios de aceptabilidad.

39. ¿Cuál es una expectativa razonable para tener un programa de gestión de riesgos?

A. Elimina todo riesgo inherente.
B. Mantiene el riesgo residual en un nivel aceptable.
C. Implementa controles preventivos para cada amenaza.
D. Reduce el riesgo de control a cero.

B es la respuesta correcta.

Justificación:

A. La gestión del riesgo no pretende eliminar todos los riesgos identificados, ya que puede no ser rentable.
B. El objetivo de la gestión de riesgos es garantizar que todo el riesgo residual se mantiene en un nivel aceptable para el negocio.
C. La gestión de riesgos no pretende implementar controles para cada amenaza, ya que no todas las amenazas suponen un riesgo, y no sería rentable.
D. El riesgo de control es el riesgo de que un control pueda no ser efectivo; es un componente del programa, pero es poco probable que sea reducido a cero.

40. ¿En qué fase del proceso de desarrollo debería introducirse **PRIMERO** la evaluación del riesgo?

A. Programación
B. Especificación
C. Prueba de usuario
D. Viabilidad

D es la respuesta correcta.

Justificación:

A. La evaluación no sería relevante en la fase de programación.
B. El riesgo también se debe considerar en la fase de especificación, cuando se diseñan los controles, pero esta evaluación aún se basaría en la realizada en el estudio de viabilidad.
C. La evaluación no sería relevante en la fase de prueba de usuario.
D. El riesgo debe abordarse lo antes posible en el ciclo de desarrollo. El estudio de viabilidad debe incluir la evaluación del riesgo para que el coste de los controles pueda ser estimado antes de proceder con el proyecto.

41. Al realizar una evaluación inicial de vulnerabilidades técnicas, ¿cuál de las siguientes opciones debe recibir máxima prioridad?
    A. Sistemas que impactan afectan a la situación legal o regulatoria
    B. Sistemas o aplicaciones con exposición al exterior
    C. Recursos sujetos a contratos de desempeño
    D. Sistemas cubiertos por seguros de interrupción del negocio

D es la respuesta correcta.

Justificación:

A. Las consideraciones legales y regulatorias son evaluadas de la misma manera que otras formas de riesgo.
B. Los sistemas y las aplicaciones con exposición al exterior no son necesariamente sistemas de alto impacto. La priorización de una evaluación de vulnerabilidades debe realizarse en función del impacto.
C. Si bien el impacto asociado con la pérdida de cualquier recurso sujeto a un contrato de desempeño es claramente cuantificable, puede no ser necesariamente un recurso crítico. Si la pérdida de un sistema de contratos representa un impacto significativo para la empresa, se implementarán medidas adicionales como el seguro de interrupción del negocio.
D. Mantener las operaciones del negocio siempre es la prioridad. Si un sistema está cubierto por el seguro de interrupción del negocio, es un claro indicador de que la gerencia lo considera un sistema crítico.

42. ¿Por qué decidiría una institución financiera global no tomar ninguna medida ante a una vulnerabilidad de denegación de servicio descubierta por el equipo de evaluación del riesgo?
    A. Existen suficientes salvaguardias para neutralizar este riesgo.
    B. Las medidas correctoras necesarias son demasiado complicadas de implementar.
    C. El coste de las medidas correctoras supera el valor del activo y de la posible pérdida.
    D. La probabilidad de que ocurra el riesgo no se conoce.

C es la respuesta correcta.

Justificación:

A. Las protecciones necesitan ser equiparables al nivel de riesgo. Nunca se puede estar seguro de tener suficientes salvaguardas porque las amenazas siempre están evolucionando.
B. Aunque las contramedidas podrían ser demasiado complicadas de desplegar, esta no es la razón más convincente.
C. Una empresa puede decidir convivir con riesgos específicos porque costaría más protegerse que el valor de la pérdida potencial.
D. Es improbable que una institución financiera global esté expuesta a tales ataques y la probabilidad no podría predecirse.

43. ¿Cuál de las siguientes opciones es el indicador clave de riesgo **MÁS** significativo?

A. Una desviación en la rotación de empleados
B. La cantidad de paquetes rechazados por los cortafuegos (firewall)
C. La cantidad de virus detectados
D. La relación de informes de TI

A es la respuesta correcta.

Justificación:

A. Los cambios significativos en la rotación de empleados indican que algo importante está afectando a la plantilla, lo que merece la atención del responsable de seguridad de la información. Si muchos desarrolladores de alto nivel dejan el grupo de investigación y desarrollo, por ejemplo, esto puede indicar que un competidor está intentando obtener la tecnología propietaria o los planes de desarrollo de la empresa.
B. Un aumento en la cantidad de paquetes rechazados puede indicar un cambio en el entorno de las amenazas, pero no hay impacto a menos que esté afectando al tráfico legítimo. Por lo tanto, la cantidad de paquetes rechazados no es un indicador clave de riesgo (KRI) efectivo.
C. Un aumento en la cantidad de virus detectados puede indicar un cambio en el entorno de las amenazas, pero el aumento de los virus detectados también indica que la amenaza está contrarrestada de manera adecuada por los controles existentes.
D. Los cambios en las relaciones de informes se presentan como resultado de las decisiones de negocio intencionales; por lo tanto, la relación de informes de TI no es un KRI.

44. ¿Cuál es el propósito **PRINCIPAL** de utilizar el análisis de riesgo dentro de un programa de seguridad?

A. El análisis de riesgo ayuda a justificar los gastos de seguridad.
B. El análisis de riesgo ayuda a priorizar los activos que serán protegidos.
C. El análisis de riesgo ayuda a informar a la dirección ejecutiva sobre el riesgo residual.
D. El análisis de riesgo ayuda a evaluar las exposiciones y el plan de remediación.

D es la respuesta correcta.

Justificación:

A. El análisis del riesgo soporta de manera indirecta los gastos en seguridad, pero justificar los gastos en seguridad no es su propósito principal.
B. Ayudar a los negocios a priorizar los activos a ser protegidos es un beneficio indirecto del análisis de los riesgos, pero no su propósito principal.
C. Informar a la gerencia ejecutiva sobre el valor del riesgo residual no es directamente relevante.
D. El análisis del riesgo explora el grado de protección de un necesita un activo de modo que la remediación pueda gestionarse de manera efectiva.

45. Una autoridad regulatoria acaba de introducir nuevas regulaciones relativa a la publicación de resultados financieros trimestrales. La **PRIMERA** tarea que debe llevar a cabo el oficial de seguridad es:
   A. identificar si los controles actuales son adecuados.
   B. comunicar el nuevo requisito a auditoría.
   C. implementar los requisitos de la nueva regulación.
   D. llevar a cabo un análisis coste-beneficio en relación con la implementación del control.

A es la respuesta correcta.

Justificación:

   A. **Si las prácticas y procedimientos de seguridad actuales ya cumplen con la nueva regulación, no es necesario implementar controles nuevos.**
   B. Es probable que auditoría ya conozca la nueva regulación, y esto no es lo primero que debe hacerse.
   C. Los nuevos controles para cumplir con la nueva regulación solo deben implementarse después de determinar que los existentes no cumplen los requisitos.
   D. Un análisis de coste-beneficio sería útil después de determinar que los controles actuales no son adecuados.

46. Una institución bancaria en línea está preocupada de que una violación de la información personal de clientes tenga un impacto financiero significativo debido a la necesidad de notificar y de compensar a los clientes cuya información personal se pueda haber comprometido. La institución determina que el riesgo residual será siempre demasiado alto y decide:
   A. mitigar el impacto comprando seguros.
   B. implementar un cortafuego a nivel de circuito para proteger la red.
   C. incrementar la resiliencia de las medidas de seguridad implementadas.
   D. implementar un sistema de detección de intrusos en tiempo real.

A es la respuesta correcta.

Justificación:

   A. **El riesgo residual es el que permanece después de que la dirección ha implementado una respuesta al riesgo. Debido a que el riesgo residual será siempre demasiado alto, la única solución práctica es mitigar el impacto financiero mediante un seguro. La compra de seguros se conoce también como transferencia de riesgos.**
   B. La empresa ha decidido que el riesgo residual siempre será demasiado alto y ha preferido transferir el riesgo, por lo que no hay necesidad de una mayor mitigación.
   C. La empresa ha decidido que el riesgo residual siempre será demasiado alto y ha preferido transferir el riesgo, por lo que no hay necesidad de una mayor mitigación.
   D. La empresa ha decidido que el riesgo residual siempre será demasiado alto y ha preferido transferir el riesgo, por lo que no hay necesidad de una mayor mitigación.

47. ¿Qué mecanismo debe utilizarse para identificar las deficiencias que podrían dar a los atacantes la oportunidad de comprometer un sistema informático?
   A. Análisis del impacto en el negocio
   B. Un análisis de deficiencias de seguridad
   C. Métricas de desempeño del sistema
   D. Procesos de respuesta a incidentes

B es la respuesta correcta.

Justificación:

   A. Un análisis de impacto del negocio no identifica las vulnerabilidades.
   B. Un análisis de deficiencias de seguridad es un proceso que mide todos los controles de seguridad existentes en comparación con los objetivos de control, lo que permitirá identificar las deficiencias.
   C. Una medida de desempeño del sistema puede indicar las debilidades de seguridad, pero ese no es su propósito primario.
   D. Los procesos de respuesta a incidentes existen para casos en los que se explotan las debilidades de seguridad. Existen procesos de respuesta a incidentes para los casos en que se explotan las debilidades de seguridad.

48. ¿Cuál de los siguientes es un riesgo que **MÁS** probablemente se pasaría por alto en una revisión de la seguridad de la información durante una inspección in situ de proveedor deslocalizado?
   A. Diferencias culturales
   B. Habilidades técnicas
   C. La defensa en profundidad
   D. Políticas adecuadas

A es la respuesta correcta.

Justificación:

   A. Los individuos de diferentes culturas a menudo tienen una perspectiva diferente sobre qué información se considera sensible o confidencial y cómo debe tratarse; lo que puede ser incompatible con los requisitos de la empresa. Las normas culturales no suelen ser un área de consideración en una revisión de seguridad o durante una inspección in situ.
   B. Las habilidades técnicas son áreas comunes de alcance para una revisión de seguridad para asegurar que el proveedor externo (offshore) cumple con los estándares aceptables.
   C. Los controles de diseño y la eficacia operacional son áreas comunes de alcance para una revisión de seguridad para asegurar que el proveedor externo cumple con los estándares aceptables.
   D. Las políticas de seguridad de la información son áreas comunes de alcance para una revisión de seguridad para asegurar que el proveedor externo cumple con los estándares aceptables.

49. ¿Cuál de las siguientes opciones apoya **MEJOR** la mejora continua del proceso de gestión de riesgos?

A. Revisión periódica de las opciones de tratamiento de riesgos
B. Clasificación de los activos según su nivel de criticidad
C. Adopción de un modelo de madurez
D. Integración de las funciones de aseguramiento

C es la respuesta correcta.

Justificación:

A. El tratamiento de riesgos es un elemento del proceso de gestión de riesgos. También deben considerarse elementos como la identificación s, la comunicación y la aceptación del riesgo.
B. La clasificación de los activos es importante, pero es un elemento del proceso de gestión de riesgos y no es suficiente para garantizar la mejora continua.
C. Un modelo de madurez como el modelo de madurez de capacidad (CMM) puede utilizarse para clasificar a una empresa como inicial, repetible, definida, gestionada u optimizada. Como resultado, una empresa puede saber con facilidad donde falla y luego comenzar a trabajar para alcanzar el estado óptimo.
D. Integrar las funciones de aseguramiento tiene muchos beneficios. Sin embargo, esto no es un enfoque holístico porque la mejor de las funciones de aseguramiento será reactiva si la gestión de riesgos no se extiende toda la empresa. Deben tomarse medidas para garantizar que todos los miembros del personal, y no sólo los de las funciones de aseguramiento, sean conscientes del riesgo.

50. Los atacantes que explotan las vulnerabilidades de secuencias de comandos entre sitios (cross-site scripting) se aprovechan de:

A. una falta de controles apropiados de validación de entradas.
B. controles débiles de autenticación en la capa de aplicación web.
C. implementaciones criptográficas defectuosas de capa de conector seguro (Secure Sockets Layer) y longitudes de claves cortas.
D. relaciones de confianza implícitas de aplicación web.

A es la respuesta correcta.

Justificación:

A. Los ataques de secuencias de comandos entre sitios inyectan entradas mal formadas.
B. Los atacantes que explotan controles débiles de autenticación de aplicaciones pueden obtener acceso no autorizado a las aplicaciones, pero esto tiene poco que ver con las vulnerabilidades de las secuencias de comandos entre sitios.
C. Los atacantes que explotan las implementaciones criptográficas defectuosas de capa de conector seguro (SSL) y las claves cortas pueden rastrear (sniffing) el tráfico de red y quebrar las claves para obtener acceso no autorizado a la información. Esto tiene poco que ver con las vulnerabilidades de secuencias de comandos entre sitios.
D. Las relaciones de confianza de la aplicación web no se relacionan directamente con el ataque.

51. ¿Cuál de las siguientes opciones resolvería **MEJOR** el riesgo de fuga de datos?

A. Los procedimientos de copia de seguridad de archivos
B. Las verificaciones de integridad de la base de datos
C. Las políticas de uso aceptable
D. Los procedimientos de respuesta a incidentes

C es la respuesta correcta.

Justificación:

A. Los procedimientos de copia de seguridad de archivos garantizan la disponibilidad de información en consonancia con los requisitos de retención de datos, pero no ayudan a prevenir las fugas.
B. Las verificaciones de integridad de la base de datos verifican la asignación y la integridad estructural de todos los objetos de la base de datos especificada, pero no ayudan a prevenir las fugas.
C. Una política de uso aceptable establece un acuerdo entre los usuarios y la empresa y define los rangos de uso aprobados para todas las partes involucradas antes de obtener acceso a la red o a Internet.
D. Los procedimientos de respuesta a incidentes brindan pasos detallados que ayudan a que una empresa minimice el impacto de un evento adverso, pero no ayudan a prevenir las fugas de datos.

52. ¿Cuál de las siguientes influencias internas o externas en una empresa es la **MÁS** difícil de estimar?

A. Postura de vulnerabilidad
B. Requisitos de cumplimiento
C. Gastos de externalización
D. Escenario de amenazas

D es la respuesta correcta.

Justificación:

A. La postura de vulnerabilidad de una empresa se puede estimar con gran precisión realizando una revisión sistemática e iterativa de sistemas, flujos de datos, personas y procesos
B. Los requisitos de cumplimiento pueden ser ambiguos al principio, pero a medida que se revisan y reducen, su influencia en una empresa se vuelve más predecible hasta que cambian o crecen con el tiempo.
C. Los costes a largo plazo de la externalización son difíciles de predecir, pero suele ser claro para períodos de tiempo definidos (p. ej., períodos contractuales). Por el contrario, el panorama de amenazas siempre es difícil de estimar.
D. Las amenazas provienen de fuentes independientes que pueden ser naturales o dirigidas por personas. Ninguno de los dos puede predecirse de manera definitiva en todos los casos. Las amenazas dirigidas en especial por personas son muy difíciles de estimar en el contexto de la seguridad de la información, porque un número muy reducido de actores de amenaza (incluidas las personas sin ningún tipo de ayuda) pueden estar listos y ser capaces de iniciar eventos de amenaza por cualquier motivo, incluso por razones que no son sensatas para esa persona o un observador imparcial.

53. Un tercero estaba involucrado en el desarrollo de una aplicación del negocio. ¿Cuál de las siguientes es la **MEJOR** prueba de la existencia de puertas traseras?
   A. Control del tráfico del sistema en los puertos de red
   B. Revisiones de seguridad del código de toda la aplicación
   C. Ingeniería inversa de los binarios de la aplicación
   D. Ejecutar la aplicación desde una cuenta con alto nivel de privilegios en un sistema de prueba

B es la respuesta correcta.

Justificación:

A. El control del tráfico en los puertos de red del sistema no podría detectar todos los casos de puertas traseras, consume mucho tiempo y requeriría mucho esfuerzo.
B. La revisión de seguridad del código de toda la aplicación es la mejor medida y debe incluir la revisión de todo el código fuente para detectar todos los casos de puertas traseras.
C. Aplicar ingeniería inversa a los binarios de la aplicación puede que no proporcione pistas definitivas.
D. Las puertas traseras no se detectarán al ejecutar la aplicación desde cuentas con alto nivel de privilegios, debido a que las puertas traseras suelen ser cuentas ocultas en las aplicaciones.

54. El servidor de correo de una compañía permite el acceso anónimo a protocolo de transferencia de archivos (FTP) que podría ser explotado. ¿Qué proceso debe desplegar el gerente de seguridad de la información para determinar la necesidad de una acción de remediación?
   A. Una prueba de penetración
   B. Una revisión de seguridad de referencia
   C. Una evaluación del riesgo
   D. Un análisis de impacto en el negocio

C es la respuesta correcta.

Justificación:

A. Una prueba de penetración puede identificar la vulnerabilidad, pero no las amenazas potenciales ni la corrección de estas.
B. Una revisión de seguridad de la línea base de referencia puede identificar la vulnerabilidad, pero no la corrección.
C. Una evaluación del riesgo identificará el impacto sobre el negocio de la vulnerabilidad que se explota y las opciones de corrección.
D. Un análisis del impacto en el negocio identificará el impacto de la pérdida del servidor de correo y los requisitos para restaurarlo.

55. ¿Cuál de las siguientes medidas sería **MÁS** efectiva contra las amenazas internas a la información confidencial?
   A. Un control de acceso basado en roles
   B. El control de las pistas de auditoría
   C. La política de privacidad
   D. La defensa en profundidad

A es la respuesta correcta.

Justificación:

A. El control de acceso basado en roles es un control preventivo que proporciona acceso de acuerdo con las necesidades del negocio; por lo tanto, reduce derechos de acceso innecesarios y refuerza la **obligación de rendir cuentas.**
B. El control de las pistas de auditoría es un control de detección después de que se produzcan los hechos.
C. La política de privacidad no es relevante para este riesgo.
D. La defensa en profundidad se centra principalmente en las amenazas externas y en la estratificación del control.

56. Después de una evaluación del riesgo, un banco con operaciones globales decidió continuar operando en ciertas regiones del mundo donde el robo de identidad es desenfrenado. El gerente de seguridad de la información debe estimular al negocio para:
A. aumentar los esfuerzos de concienciación del cliente en esas regiones.
B. implementar técnicas de supervisión para detectar y reaccionar ante el posible fraude.
C. externalizar el procesamiento de tarjetas de crédito.
D. hacer responsable al cliente de las pérdidas si no siguiera el consejo del banco.

B es la respuesta correcta.

Justificación:

A. Si bien la concienciación del cliente ayuda a mitigar el riesgo, esto no es suficiente por sí solo para controlar el riesgo de fraude.
B. Implementar técnicas de supervisión que detecten y traten los posibles casos de fraude es la manera más efectiva de abordar este riesgo.
C. Aunque el banco contrate un servicio de externalización para su tratamiento, el banco seguirá siendo responsable.
D. Si bien es una posibilidad poco probable hacer al cliente responsable de las pérdidas, el banco necesita ser proactivo al gestionar el riesgo.

57. Una empresa planea subcontratar su gestión de relaciones con los clientes a un proveedor de servicio externo. ¿Cuál de las siguientes acciones debería realizar **PRIMERO** la empresa?
A. Solicitar que el proveedor de servicio externo verifique los antecedentes de sus empleados.
B. Realizar una evaluación del riesgo interna para determinar los controles necesarios.
C. Auditar al proveedor externo para evaluar sus controles de seguridad.
D. Realizar una evaluación de seguridad para detectar vulnerabilidades de la seguridad.

B es la respuesta correcta.

Justificación:

A. La verificación de antecedentes debería ser un requisito estándar del proveedor de servicio.
B. Se debe realizar una evaluación interna de riesgos para identificar el riesgo y determinar los controles necesarios.
C. Los objetivos de auditoría se deben determinar con los resultados de la evaluación del riesgo.
D. La evaluación de seguridad no cubre el riesgo operativo.

58. ¿Cuál es la causa raíz de un ataque efectivo de falsificación de petición en sitios cruzados?
A. La aplicación usa múltiples redirecciones para completar una transacción de inserción de datos.
B. La aplicación ha implementado cookies como único mecanismo de autenticación.
C. La aplicación se instaló con una clave de licencia ilegítima.
D. La aplicación se ha alojado en un servidor junto con otras aplicaciones.

B es la respuesta correcta.

Justificación:

A. La falsificación de petición en sitios cruzados (XSRF) se relaciona con un mecanismo de autenticación, no con el redireccionamiento.
B. La XSRF explota los mecanismos de autenticación inadecuados de las aplicaciones web que dependen únicamente de elementos como las cookies a la hora de realizar una transacción. Es un tipo de ataque a sitios web en el que se transmiten comandos no autorizados desde un usuario de confianza.
C. Una clave de licencia ilegítima está relacionada con los derechos de propiedad intelectual, no con la vulnerabilidad de XSRF.
D. El simple hecho de tener varias aplicaciones en el mismo servidor no es la causa principal de esta vulnerabilidad.

59. ¿Cuál de las siguientes opciones es la consideración **MÁS** importante cuando se lleva a cabo una evaluación de riesgos?

A. La gerencia respalda los esfuerzos de mitigación de riesgos.
B. Las expectativas de pérdida anual se calculan para los activos críticos.
C. Los activos se han identificado y evaluado apropiadamente.
D. Se comprenden los motivos, los medios y las oportunidades.

C es la respuesta correcta.

Justificación:

A. El apoyo de la dirección siempre es importante, pero no es relevante cuando se lleva a cabo una evaluación del riesgo excepto cuando la falta de apoyo puede suponer un riesgo.
B. Se pueden utilizar los cálculos de las expectativas de pérdidas anuales pueden utilizarse en el análisis de riesgos después de que los activos hayan sido identificados y valorados adecuadamente.
C. La identificación y la evaluación de activos proporcionan la base esencial de los esfuerzos de la evaluación de riesgos. El riesgo y el impacto no se puede determinar sin saber su existe un activo y qué valor tiene para la empresa
D. Entender los motivos, los medios y las oportunidades forma parte de la identificación de riesgos, pero deben considerarse en el contexto de los activos identificados y valorados.

60. ¿En qué momento se debería realizar una evaluación de riesgos de un nuevo proceso para determinar los controles apropiados? Debería llevarse a cabo:

A. solo al inicio y al final del nuevo proceso.
B. durante todo el ciclo de vida del proceso.
C. inmediatamente después de que se apruebe el caso de negocio para el proceso.
D. antes de autorizar las especificaciones del nuevo proceso.

B es la respuesta correcta.

Justificación:

A. Cambios en el riesgo en varias etapas del ciclo de vida. Si la evaluación ocurre solo al inicio y al final del proceso, no se identificarán problemas importantes.
B. La evaluación del riesgo debería realizarse a lo largo de todo el ciclo de vida de un proceso nuevo o modificado. Esto permite comprender cómo la implementación de un control temprano afectará a las necesidades de control más adelante.
C. Las evaluaciones deben realizarse en cada etapa del ciclo de vida, independientemente del proceso.
D. Las leyes y regulaciones no son relevantes cuando se tiene que evaluar el riesgo.

61. ¿Cuál es la **MEJOR** estrategia para la gestión de riesgos?

A. Lograr un equilibrio entre las metas de riesgo y de la organización.
B. Reducir el riesgo a un nivel aceptable.
C. Garantizar que el desarrollo de políticas considere apropiadamente el riesgo de la organización.
D. Garantizar que todos los riesgos no mitigados sean aceptados por la dirección.

B es la respuesta correcta.

Justificación:

A. Lograr un equilibrio entre las metas de riesgo y de la organización no siempre es práctico.
B. La mejor estrategia para la gestión de riesgos es reducirlo a un nivel aceptable, teniendo en cuenta el apetito de riesgo de la empresa y el hecho de que no es factible eliminar todo el riesgo.
C. El desarrollo de políticas debe considerar el riesgo de la organización y los objetivos del negocio, pero no es una estrategia.
D. Puede ser prudente asegurarse de que la dirección entiende y acepta el riesgo que no está dispuesta a mitigar, pero eso es una práctica y no es suficiente para ser considerada una estrategia.

62. ¿Cuál de las siguientes opciones sería el factor **MÁS** importante que se debería considerar en la pérdida de equipos móviles con datos no cifrados?
   A. Divulgación de información personal
   B. Cobertura suficiente de la política de seguros para pérdidas accidentales
   C. Impacto potencial de la pérdida de datos
   D. Coste de reemplazo del equipo

C es la respuesta correcta.

Justificación:

   A. La información personal no forma parte de los datos perdidos.
   B. Si se dispone de un seguro, es poco probable que compense todo el impacto potencial.
   C. Cuando se pierden o roban equipos móviles, la información contenida en el equipo es lo más importante para determinar el impacto de la pérdida. Mientras más confidencial sea la información, mayor será la responsabilidad. Si el personal lleva equipos móviles por motivos de trabajo, la empresa debe desarrollar una política clara sobre qué tipo de información debería contener el equipo y con qué fin.
   D. El coste del equipo resultaría menos importante.

63. Una institución financiera planea asignar recursos para seguridad de la información para cada división de negocio. ¿En qué áreas deben centrarse las actividades de seguridad?
   A. Áreas donde se aplican requisitos regulatorios estrictos
   B. Áreas que requieren el objetivo de tiempo de recuperación más corto
   C. Áreas que pueden maximizar el retorno de la inversión de seguridad
   D. Áreas donde el impacto y la probabilidad de las amenazas son las mayores

D es la respuesta correcta.

Justificación:

   A. Si bien los requisitos regulatorios pueden ser una consideración importante, puede haber otras áreas que impliquen mayor amenaza e impacto para la empresa.
   B. Considerar los requisitos del objetivo de tiempo de recuperación (RTO) es muy importante desde una perspectiva de continuidad de negocio, pero solo cubre una parte del marco de seguridad de la información. El cumplimiento de las regulaciones también puede afectar a las iniciativas de RTO.
   C. Es difícil establecer una fórmula única para que la línea de negocio más rentable siempre tenga las iniciativas de seguridad de la información más críticas en la empresa.
   D. Las actividades de seguridad se deben centrar en áreas donde el impacto y la probabilidad de amenazas son las mayores.

64. ¿Cuál de los siguientes aspectos sería **MÁS** importante incluir en el análisis de coste-beneficio de un sistema de autenticación de dos factores?
   A. Expectativa de pérdidas anuales por los incidentes
   B. Frecuencia de incidentes
   C. Coste total de la propiedad
   D. Presupuesto aprobado para el proyecto

C es la respuesta correcta.

Justificación:

   A. Las expectativas de pérdidas anuales pueden ayudar a medir el beneficio, pero no abordan los costes.
   B. La posible reducción de la frecuencia de incidentes ayudaría a medir el beneficio, pero no aborda los costes.
   C. El coste total de propiedad sería la información más relevante para determinar tanto el coste total como el beneficio.
   D. El presupuesto aprobado para el proyecto no es relevante para el análisis de coste-beneficio.

65. Se notifica una vulnerabilidad grave en el software de cortafuegos que usa una empresa. ¿Cuál de las siguientes debe ser la acción inmediata del gerente de seguridad de información?
   A. Asegurar que todos los parches del sistema operativo parches estén actualizados.
   B. Bloquear el tráfico entrante hasta que se encuentre una solución adecuada.
   C. Obtener orientación del fabricante de cortafuegos.
   D. Poner en marcha una prueba de penetración.

C es la respuesta correcta.

Justificación:

   A. Asegurar que todos los parches del sistema operativo están actualizados es una buena práctica, en general, pero no necesariamente resolverá la vulnerabilidad notificada en el software del cortafuegos.
   B. Bloquear el tráfico entrante puede no ser práctico o efectivo desde la perspectiva de un negocio.
   C. La mejor fuente de información es el fabricante del cortafuegos porque puede tener un parche para corregir la vulnerabilidad o una solución para superarla.
   D. Poner en marcha una prueba de penetración llevará demasiado tiempo y no proporcionará necesariamente una solución para las acciones correctivas.

66. De las siguientes opciones, ¿qué se espera que identifique una evaluación de vulnerabilidad de la red?
   A. Vulnerabilidades de día cero
   B. Software maliciosos y espía (spyware)
   C. Errores del diseño de seguridad
   D. Configuración errónea y omisión de actualizaciones

D es la respuesta correcta.

Justificación:
   A. Las vulnerabilidades de día cero, por definición, no se conocen con anterioridad y por lo tanto son indetectables.
   B. El software malicioso y spyware se tratan normalmente a través de las políticas de antivirus y antispyware.
   C. Los errores del diseño de la seguridad requieren un nivel de análisis más profundo.
   D. Una evaluación de vulnerabilidades de red busca identificar las vulnerabilidades conocidas basándose en configuraciones erróneas y las actualizaciones omitidas.

67. Cuando se descubre una vulnerabilidad importante en la seguridad de un servidor web crítico, se debe notificar inmediatamente a:
   A. el propietario del sistema para que tome acciones correctivas.
   B. el equipo de respuesta a incidentes para que investigue.
   C. los propietarios de los datos para que mitiguen el daño.
   D. el equipo de desarrollo para que solucione el problema.

A es la respuesta correcta.

Justificación:

   A. A fin de corregir las vulnerabilidades, el propietario del sistema debe ser notificado rápidamente antes de que se produzca un incidente.
   B. Enviar al equipo de respuesta a incidentes a investigar no es correcto porque el incidente no se ha producido y la notificación podría retrasar la aplicación de la corrección que los propietarios de los datos autorizan para mitigar los daños.
   C. Se debe notificar a los propietarios de los datos solo si la vulnerabilidad puede haber comprometido los datos.
   D. El propietario del sistema puede convocar al equipo de desarrollo para resolver la vulnerabilidad.

68. Después de una evaluación del riesgo se determina que el coste de mitigarlo es mucho mayor que el beneficio derivado. El gerente de seguridad de la información debería recomendar a la gerencia de la empresa que el riesgo se:

A. transfiera.
B. trate.
C. acepte.
D. elimine.

C es la respuesta correcta.

Justificación:

A. Transferir el riesgo tiene un beneficio limitado si el coste del control es mayor que el coste de la posible manifestación del riesgo.
B. Tratar el riesgo es un beneficio limitado si el coste del control es mayor que el coste del riesgo que se explota.
C. Cuando el coste del control es mayor que el coste del riesgo, éste debería aceptarse.
D. Si el valor de la actividad es mayor que el coste potencial del compromiso, poner fin a la actividad no sería el consejo más apropiado.

69. ¿Cuál de las siguientes opciones presentaría el **MAYOR** riesgo para seguridad de la información?

A. Las actualizaciones de los archivos de firmas de virus se aplican a todos los servidores cada día.
B. Los registros de acceso de seguridad se revisan en un plazo de cinco días laborales.
C. Los parches críticos se aplican dentro de las 24 horas siguientes a su publicación.
D. Los incidentes de seguridad se investigan en un plazo de cinco días laborales.

D es la respuesta correcta.

Justificación:

A. Las actualizaciones de los archivos de firma de virus a diario no suponen un gran riesgo.
B. Revisar los registros de acceso de seguridad en un plazo de cinco días no supone un gran riesgo.
C. Aplicar los parches en un plazo de 24 horas no es un riesgo significativo.
D. Esperar para investigar los incidentes de seguridad puede representar un riesgo importante.

70. ¿Cuál de los siguientes riesgos es el **MÁS** importante asociado con middleware en un entorno cliente-servidor?

A. Se puede impedir la aplicación de parches en el servidor.
B. Las copias de seguridad del sistema pueden estar incompletas.
C. La integridad de los datos se puede ver afectada.
D. Las sesiones de usuario final pueden ser secuestradas.

C es la respuesta correcta.

Justificación:

A. La aplicación de parches en el servidor no se ve afectada por la presencia de middleware.
B. Las copias de seguridad del sistema no se ven afectadas.
C. El mayor riesgo asociado con middleware en un entorno cliente-servidor es que la integridad de los datos se puede ver afectada de forma negativa si el middleware falla o se corrompe.
D. Pueden producirse sesiones de usuario final secuestradas, pero pueden detectarse implementando controles de seguridad en el middleware.

71. ¿Cuál de los siguientes mecanismos de seguridad es **MÁS** efectivo para proteger los datos clasificados que se han cifrado para evitar su divulgación y la transmisión fuera de la red de la empresa?
   A. Configuración de cortafuegos
   B. Fortaleza de los algoritmos de cifrado
   C. Autenticación dentro de aplicación
   D. Protección de las claves

D es la respuesta correcta.

Justificación:

   A. Los cortafuegos pueden estar perfectamente configurados, pero si las claves se filtran, no impedirán que el documento se descifre.
   B. Incluso los algoritmos de cifrado fáciles requieren recursos adecuados para descifrarse, mientras que las claves de cifrado se pueden usar con facilidad.
   C. Los controles de entrada principal a la aplicación pueden saltarse accediendo directamente a los datos.
   D. La gestión de claves es el eslabón más débil del cifrado. Si las claves están en las manos equivocadas, los documentos pueden ser leídos independientemente del lugar de la red donde se encuentren.

72. ¿Qué actividad debe realizar **PRIMERO** la gerencia de seguridad de la información cuando evalúa el impacto potencial de una nueva legislación de privacidad en la empresa?
   A. Desarrollar un plan operacional para lograr el cumplimiento de la legislación.
   B. Identificar sistemas y procesos que contengan componentes de privacidad.
   C. Restringir la recogida de información personal hasta cumplir con las regulaciones.
   D. Identificar la legislación de privacidad de otros países que pueden contener requisitos similares.

B es la respuesta correcta.

Justificación:

   A. Desarrollar un plan organizacional para lograr el cumplimiento de la legislación es incorrecto porque no es el primer paso.
   B. Identificar los sistemas y procesos relevantes es lo primero que se debe hacer.
   C. Restringir la recogida de información personal sería el siguiente paso.
   D. Identificar la legislación de privacidad de otros países no añadiría mucho valor.

73. ¿Cuándo deben realizarse evaluaciones del riesgo para lograr una eficacia óptima?
   A. Al principio del desarrollo del programa de seguridad
   B. Continuamente
   C. Mientras se desarrolla el caso de negocio para el programa de seguridad
   D. Durante el proceso de gestión del cambio del negocio

B es la respuesta correcta.

Justificación:

   A. El inicio de un programa de seguridad solo tiene lugar después de que se haya hecho una evaluación del riesgo.
   B. La evaluación de riesgos se debe hacer de forma continua debido a los cambios organizativos y técnicos. La evaluación del riesgo debe tener en cuenta todos los cambios significativos para que sea efectiva.
   C. El desarrollo del caso de negocio es otro momento durante el que debe producirse la evaluación de riesgos.
   D. El riesgo se debería evaluar durante el proceso de gestión del cambio, pero eso es solo un punto.

74. Hay un retraso entre el momento en que se publica por primera vez una vulnerabilidad de seguridad y el momento en que se entrega un parche. ¿Cuál de las siguientes opciones debería ser la **PRIMERA** en llevarse a cabo para mitigar el riesgo durante este período de tiempo?
   A. Identificar los sistemas vulnerables y aplicar controles compensatorios.
   B. Minimizar el uso de los sistemas vulnerables.
   C. Comunicar la vulnerabilidad a los usuarios del sistema.
   D. Actualizar la base de datos de firmas de los sistemas de detección de intrusos.

A es la respuesta correcta.

Justificación:

A. **La mejor protección es identificar los sistemas vulnerables y aplicar controles compensatorios hasta instalar un parche.**
B. Minimizar el uso de sistemas vulnerables podría ser un control compensatorio, pero no sería la primera acción a tomar.
C. Comunicar la vulnerabilidad a los usuarios del sistema no supondría un gran beneficio.
D. Actualizar la base de datos de firmas del sistema de detección de intrusos (IDS) no abordaría el momento de cuándo se actualizaría la lista de firmas del IDS para incluir las vulnerabilidades que aún no son públicas. Por lo tanto, este método no debería ser siempre la primera opción.

75. ¿Cuál de las siguientes técnicas es la que **MÁS** claramente identifica si se deberían implementar controles específicos de reducción de riesgos?
   A. El análisis de rentabilidad
   B. Pruebas de penetración
   C. Programas frecuentes de evaluación del riesgo
   D. Cálculos de las expectativas de pérdida anual

A es la respuesta correcta.

Justificación:

A. **En un análisis coste-beneficio, el coste anual de las salvaguardias se compara con el coste esperado de las pérdidas. Esta comparación puede utilizarse para justificar una medida de control específica.**
B. Las pruebas de penetración pueden indicar el alcance de una debilidad, pero, por sí mismas, no establecerán la relación coste-beneficio de un control.
C. Los programas de evaluación de riesgos frecuentes establecerán sin duda el riesgo existente, pero no determinarán el coste de los controles.
D. La expectativa de pérdidas anuales es una medida que contribuirá al coste potencial asociado con el riesgo, pero no aborda el beneficio de un control.

76. ¿Cuál de las siguientes es la razón **PRINCIPAL** para realizar continuamente la evaluación del riesgo?

A. Se debe justificar continuamente el presupuesto de la seguridad.
B. Se descubren vulnerabilidades nuevas todos los días.
C. El entorno de riesgo cambia constantemente.
D. La gerencia necesita recibir información continuamente acerca del riesgo emergente.

C es la respuesta correcta.

Justificación:

A. La justificación de un presupuesto nunca debería ser la razón principal para realizar una evaluación del riesgo.
B. Las nuevas vulnerabilidades se deben abordar a través de un proceso de gestión de parches.
C. El entorno de riesgo se ve afectado por factores como los cambios en la tecnología y la estrategia empresarial. Estos cambios introducen nuevas amenazas y vulnerabilidades a la empresa. Como resultado, la evaluación del riesgo debería realizarse continuamente.
D. Informar a la gerencia sobre riesgos emergentes es importante, pero no es el motivo principal para determinar cuándo se debería realizar una evaluación de riesgos.

77. La razón **MÁS** importante por la cual los sistemas de detección de intrusos (stat IDS) basados en anomalías estadísticas se usan con menor asiduidad que los IDS basados en firma, es que los IDS basados en anomalías estadísticas:

A. crean más costes generales que los IDS basados en firma.
B. causan falsos positivos desde cambios menores hasta variables de sistema.
C. generan falsas alarmas a partir de diversas acciones del usuario o del sistema.
D. no pueden detectar nuevos tipos de ataques.

C es la respuesta correcta.

Justificación:

A. Debido a la naturaleza de las operaciones del sistema estadístico de detección de intrusos basado en anomalías (stat IDS) (deben tratar constantemente de hacer coincidir los patrones de actividad con los parámetros de referencia), un stat IDS requiere mayor carga de trabajo y de procesamiento que las versiones basadas en firma. Sin embargo, no es el motivo más importante.
B. Debido a la naturaleza de un stat IDS - basado en estadística y en la comparación de datos con parámetros de referencia – este tipo de IDS puede no detectar cambios menores en las variables del sistema y puede generar muchos falsos positivos. Sin embargo, no es el motivo más importante.
C. Un stat IDS basado en anomalías recoge datos de tráfico normal y establece una línea de base. A continuación, muestrea periódicamente la actividad de la red basándose en métodos estadísticos y compara las muestras con la línea de base. Cuando la actividad está fuera del parámetro de referencia (nivel de recorte), el IDS lo notifica al administrador. Las variables de referencia pueden incluir el uso de la memoria o de la unidad central de procesamiento de un host, los tipos de paquetes de red y las cantidades de paquetes. Si las acciones de los usuarios o de los sistemas en la red varían mucho con períodos de baja actividad y períodos de intercambio frenético de paquetes, un stat IDS puede no ser adecuado, ya que el cambio radical de un nivel a otro casi seguramente generará falsas alarmas. Esta debilidad tendrá el mayor impacto sobre el funcionamiento de los sistemas de TI.
D. Como el stat IDS puede controlar múltiples variables de sistema, puede detectar nuevos tipos de variables rastreando cualquier tipo de actividad anormal.

78. La razón **PRINCIPAL** para clasificar los recursos de información según la sensibilidad y la criticidad es:

A. determinar la inclusión del recurso de información en el programa de seguridad de la información.
B. definir el nivel adecuado de los controles de acceso.
C. justificar los costes de cada recurso de información.
D. determinar el presupuesto general del programa de seguridad de la información.

B es la respuesta correcta.

Justificación:

A. La asignación de sensibilidad y criticidad se realiza con los activos de información que ya se han incluido en el programa de seguridad de la información.
B. La clase de sensibilidad y criticidad asignada al recurso de información determina el nivel de los controles de acceso deben establecerse.
C. La clasificación no está relacionada con los costes del recurso de información.
D. El presupuesto general de la seguridad no está relacionado directamente con la clasificación.

79. Durante la realización de un análisis de riesgos cualitativo, ¿cuál de las siguientes opciones producirá los resultados **MÁS** fiables?

A. Pérdidas de productividad estimadas
B. Posibles escenarios con amenazas e impactos
C. Valor de los activos de información
D. Evaluación de vulnerabilidades

B es la respuesta correcta.

Justificación:

A. Las pérdidas de productividad estimadas son más adecuadas para el análisis cuantitativo, pero si no se consideran las amenazas no se obtendrán resultados útiles.
B. Enumerar todos los escenarios razonables que podrían ocurrir, junto con las amenazas y los impactos, enmarcaría mejor la gama de riesgos y facilitaría un debate y una decisión más informados.
C. El valor de los activos de información formaría parte de un análisis cuantitativo que requiere que se tengan en cuenta las amenazas.
D. Las evaluaciones de la vulnerabilidad se analizarían mejor como parte de un análisis cuantitativo cuando se considera la amenaza.

80. ¿Cuál de las siguientes opciones es el **MEJOR** método para asegurar la efectividad general de un programa de gestión de riesgo?

A. Las evaluaciones de cambios por parte de los usuarios
B. La comparación de los resultados del programa con las normas de la industria
C. La asignación de riesgos dentro de la empresa
D. La participación de todos los miembros de la empresa

D es la respuesta correcta.

Justificación:

A. Lo más probable es que las evaluaciones de los usuarios se centren en su comodidad y facilidad de uso más que en la eficacia del programa
B. Comparar los resultados con los estándares de la industria es un indicador sin sentido; sin embargo, comparar los resultados con los objetivos del programa sería muy útil.
C. Asignar la propiedad del riesgo es un buen primer paso para mejorar la rendición de cuentas y, por tanto, probablemente de la eficacia.
D. La gestión eficaz de los riesgos requiere la participación, el apoyo y la aceptación de todos los miembros aplicables de la empresa, empezando por los niveles ejecutivos. El personal debe entender sus responsabilidades y recibir formación sobre cómo cumplir con sus funciones.

81. El uso **MÁS** efectivo de un registro de riesgos es:

A. identificar el riesgo y asignar roles y responsabilidades para su mitigación.
B. identificar amenazas y probabilidades.
C. facilitar una revisión exhaustiva de todos los riesgos relacionados con TI de forma periódica.
D. registrar el importe financiero anualizado de las pérdidas esperadas debidas al riesgo.

C es la respuesta correcta.

Justificación:

A. La identificación del riesgo y la asignación de roles y responsabilidades de mitigación son elementos del registro.
B. Identificar amenazas y probabilidades son dos elementos que se definen en la matriz de riesgos, a diferencia del enfoque más amplio de contenido y la finalidad del registro de riesgos.
C. Un registro de riesgos es más que una simple lista: debe utilizarse como herramienta para garantizar una documentación exhaustiva, una revisión periódica y una actualización formal de todos los elementos de riesgo en las organizaciones de TI y afines de la empresa.
D. Aunque la expectativa de pérdida anual debe incluirse en el registro, esta cuantificación es sólo un elemento del programa global de análisis de riesgos.

82. ¿Cuál de los siguientes controles es **MÁS** efectivo para proporcionar una garantía razonable de cumplimiento de acceso físico a una sala de servidores controlada con dispositivos biométricos sin presencia humana?

A. Revisión regular de las listas de control de acceso
B. Visitantes escoltados por guardia de seguridad
C. Bitácora de registro de visitantes en la puerta
D. Un dispositivo biométrico junto con un número de identificación personal

A es la respuesta correcta.
Justificación:

A. La revisión de las listas de control de acceso es un control de detección que permitirá que un gerente de seguridad de la información asegure que las personas autorizadas estén entrando de acuerdo con la política corporativa.
B. Los visitantes acompañados por un guardia también proporcionarán garantía, pero puede no ser rentable.
C. Un registro de visitantes es el siguiente control más rentable pero no tan seguro.
D. Un control biométrico junto con un número de identificación personal reforzará el control de acceso; sin embargo, todavía será necesario revisar los registros de garantía de cumplimiento para asegurar que solo se permite el acceso autorizado.

83. ¿Cuál de las siguientes es la forma **MÁS** eficaz de tratar un riesgo como una catástrofe natural que tiene una probabilidad baja y un nivel de impacto alto?

A. Implementar medidas correctoras.
B. Eliminar el riesgo.
C. Transferir el riesgo.
D. Aceptar el riesgo.

C es la respuesta correcta.

Justificación:

A. La implementación de medidas correctoras posiblemente no sería el enfoque más rentable de gestión de seguridad.
B. Eliminar el riesgo puede ser imposible.
C. Típicamente se transfiere el riesgo a las compañías de seguros cuando la probabilidad de que ocurra un incidente es baja pero el impacto es alto. Algunos ejemplos incluyen huracanes, tornados y terremotos.
D. La aceptación del riesgo podría dejar a la empresa vulnerable ante un desastre catastrófico que podría inhabilitarla o arruinarla. Sería más rentable pagar los costes de seguridad recurrentes que resultar afectado por un desastre del cual la empresa podría no recuperarse financieramente.

84. ¿Qué actividad debe realizarse para un riesgo aceptado anteriormente?

A. El riesgo debe volver a evaluarse periódicamente porque cambia con el tiempo.
B. El riesgo aceptado se debe señalar para evitar futuros esfuerzos de reevaluación.
C. El riesgo se debe evitar la próxima vez para optimizar el perfil de riesgo.
D. El riesgo se debe eliminar del registro de riesgos después de aceptarlo.

A es la respuesta correcta.

Justificación:

A. La aceptación del riesgo debe revisarse con regularidad para verificar que la razón para haber aceptado el riesgo inicialmente sigue siendo válida dentro del contexto actual del negocio. La justificación para la aceptación inicial de riesgos puede que ya no sea válida debido a cambios y, por lo tanto, el riesgo no se puede aceptar permanentemente.
B. Incluso si el riesgo que se ha aceptado se debe supervisar para percatarse de cambios en el entorno que pudieran alterar la decisión original.
C. El riesgo constituye una parte inherente del negocio y evitarlo para mejorar el perfil de riesgo sería engañoso y peligroso.
D. Incluso si el riesgo que se ha aceptado debe mantenerse en el registro de riesgos y supervisarse para percatarse de cambios en el entorno que pudieran alterar la decisión original.

85. Contactos en las autoridades avisan al gerente de seguridad de la información que existen pruebas de que su compañía es objetivo de una banda de experimentados intrusos (hackers) conocida por usar diversas técnicas, incluidas la ingeniería social y la penetración en redes. El **PRIMER** paso que debe dar el gerente de seguridad es:

A. realizar una evaluación exhaustiva de la exposición de la empresa a las técnicas de los intrusos (hackers).
B. iniciar formación de concienciación para hacer frente a la ingeniería social.
C. ofrecer sugerencias de forma inmediata a la alta gerencia sobre el riesgo elevado.
D. incrementar las actividades de supervisión a fin de proporcionar una detección temprana de intrusos.

C es la respuesta correcta.

Justificación:

A. El gerente de seguridad debe evaluar el riesgo, pero se debe advertir a la alta gerencia de inmediato.
B. Puede ser prudente iniciar una campaña de concienciación después de la activación de la alarma si la formación de concienciación no es reciente.
C. La información sobre posibles nuevos riesgos significativos de fuentes creíbles se debe proporcionar a la gerencia junto con una recomendación sobre los pasos que deben ser tomados para contrarrestar la amenaza.
D. Las actividades de monitorización deben incrementarse después de informar a la gerencia.

86. ¿Cuál de los siguientes controles sería el **MEJOR** para evitar un apagado accidental del sistema desde la consola o el área de operaciones?

A. Fuentes de alimentación eléctrica redundantes
B. Cubiertas protectoras para los interruptores
C. Alarmas de apagado
D. Lectores biométricos

B es la respuesta correcta.

Justificación:

A. Las fuentes de alimentación eléctrica redundantes no evitan que un individuo apague un dispositivo.
B. Las cubiertas protectoras para interruptores reducirían la posibilidad de que un individuo presione accidentalmente el botón de encendido de un dispositivo y lo apague.
C. Las alarmas de apagado se activarían después de que haya ocurrido el hecho.
D. Los lectores biométricos se utilizarían para controlar el acceso a los sistemas.

87. ¿Cuál es la manera **MÁS** efectiva de garantizar que los usuarios de red sean conscientes de sus responsabilidades para cumplir con los requisitos de seguridad de una empresa?
   A. Los banners de inicio de sesión aparecerán en cada inicio de sesión
   B. Mensajes de correo electrónico periódicos relacionados con la seguridad
   C. Un sitio web de intranet para seguridad de la información
   D. Divulgación de la política de seguridad de la información

A es la respuesta correcta.

Justificación:

   A. Los banners de inicio de sesión aparecerían cada vez que el usuario inicie sesión y este tendría que leer y aceptar las condiciones antes de utilizar los recursos. Debido a que el mensaje se transmitiría por escrito y seria consistente, podría aplicarse fácilmente en cualquier empresa.
   B. Los mensajes de correo electrónico relacionados con la seguridad habitualmente se consideran correo no solicitado (spam) por parte de los usuarios y, por sí mismos, no garantizarían que el usuario acepte cumplir los requisitos de seguridad acordados.
   C. La existencia de un sitio web de Intranet no obligaría a los usuarios a acceder al mismo ni a leer la información.
   D. El simple hecho de divulgar la política de seguridad de la información, no confirmaría que un usuario la hubiera leído, comprendido y aceptado cumplir con sus requisitos a menos que esté asociada con un reconocimiento formal, como la firma de aceptación de un usuario.

88. ¿Cuál es la acción **MÁS** importante antes de que un tercero realice pruebas de ataque y penetración contra una empresa?
   A. Garantizar que el tercero brinde una demostración en un sistema de prueba.
   B. Garantizar que las metas y los objetivos estén claramente definidos.
   C. Garantizar que el personal técnico haya sido instruido sobre qué esperar.
   D. Garantizar que se tomen las copias de seguridad especiales de los servidores de producción.

B es la respuesta correcta.

Justificación:

   A. Una demostración del sistema de prueba reducirá la espontaneidad de la prueba.
   B. La acción más importante es definir claramente las metas y objetivos de la prueba.
   C. El personal técnico no debería ser informado porque esto reduciría la espontaneidad de la prueba.
   D. Asumir que hay instalados procedimientos adecuados de copias de seguridad, las copias de seguridad especiales no deberían ser necesarias.

89. ¿Cuál es la **MEJOR** acción para llevar a cabo cuando un sistema departamental sigue sin cumplir con el requisito de robustez de contraseñas de una política de seguridad de la información?
   A. Presentar el problema al comité de dirección.
   B. Llevar a cabo una evaluación de riesgos para cuantificar el riesgo.
   C. Aislar el sistema del resto de la red.
   D. Solicitar una exención de aceptación de riesgos de la alta gerencia.

B es la respuesta correcta.

Justificación:

   A. El problema no debe escalarse antes de entender el riesgo de incumplimiento.
   B. Se justifica una evaluación del riesgo para determinar si debe concederse una aceptación del riesgo y para demostrar al departamento el peligro que representa desviarse de la política establecida.
   C. Aislar el sistema no respaldaría las necesidades del negocio.
   D. Cualquier descarga de responsabilidad se debe otorgar solo después de realizar un análisis riesgos.

90. ¿Cuál de los siguientes entornos representa el **MAYOR** riesgo para la seguridad organizacional?

A. Servidor de archivos administrado localmente
B. Almacén de datos de empresa
C. Grupos de servidores web con equilibrio de carga
D. Conmutador de datos administrado centralmente

A es la respuesta correcta.

Justificación:

A. Un servidor de archivos administrado localmente es el método que con menor probabilidad se ajustará a las políticas de seguridad de la organización porque suele estar sujeto a un menor control y supervisión.
B. Los almacenes de datos están sujetos a vigilancia, buenas prácticas de control de cambios y monitorización.
C. Los clústeres de servidores web están ubicados en centros de datos o almacenes y se caracterizan por una buena gestión.
D. Los conmutadores gestionados de manera centralizada forman parte de un centro de datos o almacén.

91. ¿Cuál de los siguientes presenta la **MAYOR** amenaza a la seguridad de un sistema de planificación de recursos de empresa (ERP)?

A. El informe de usuario ad hoc no se ha registrado.
B. El tráfico de red es a través de un solo conmutador.
C. Los parches de seguridad del sistema operativo no se han aplicado.
D. La seguridad de la base de datos usa por defecto los parámetros de ERP.

C es la respuesta correcta.

Justificación:

A. A pesar de que la falta de registro para informes de usuario ad hoc no es necesariamente buena, no representa una debilidad de seguridad tan seria como no instalar parches de seguridad.
B. Dirigir el tráfico de red a través de un solo conmutador no es inusual.
C. El hecho de que los parches de seguridad del sistema operativo no se han aplicado es una debilidad grave.
D. Que la seguridad predeterminada de la base de datos se configure por defecto con los parámetros del sistema de planificación de recursos empresariales no es significativo.

92. El retorno sobre la inversión en seguridad de información se puede evaluar **MEJOR** a través de cuál de los siguientes?

A. Apoyo de los objetivos de negocio
B. Métricas de seguridad
C. Entregables de seguridad
D. Modelos de mejora de procesos

A es la respuesta correcta.

Justificación:

A. Una forma de determinar el retorno sobre la inversión en seguridad es ilustrar cómo seguridad de la información respalda el logro de los objetivos del negocio.
B. Las métricas de seguridad miden la mejora y la eficacia dentro de la práctica de seguridad, pero no incluyen necesariamente a los objetivos del negocio.
C. Enumerar los entregables no está necesariamente ligado con los objetivos del negocio.
D. Crear modelos de mejora del proceso no está necesariamente ligado directamente a los objetivos de negocio.

93. Una empresa transfiere sus operaciones de TI a una ubicación en el extranjero. Un gerente de seguridad de la información debe centrarse **PRINCIPALMENTE** en:
   A. revisar nuevas leyes y regulaciones.
   B. actualizar procedimientos operativos.
   C. validar las calificaciones del personal.
   D. llevar a cabo una evaluación del riesgo.

D es la respuesta correcta.

Justificación:

A. Revisar nuevas leyes y regulaciones puede identificarse o no como una medida de mitigación basada en el riesgo determinado por la evaluación.
B. Actualizar procedimientos operativos puede identificarse o no como una medida de mitigación basada en el riesgo determinado por la evaluación.
C. Validar las calificaciones del personal puede identificarse o no como una medida de mitigación basada en el riesgo determinado por la evaluación.
D. Se debería efectuar una evaluación de riesgo para determinar el nuevo riesgo introducido por los procesos externalizados.

94. ¿Con cuál de las siguientes funciones del negocio es **MÁS** probable que la integración de la seguridad de la información resulte en que el riesgo se aborde como un elemento estándar del procesamiento de producción?
   A. Aseguramiento de la calidad
   B. Adquisiciones
   C. Cumplimiento
   D. Gestión de proyectos

A es la respuesta correcta.

Justificación:

A. El aseguramiento de la calidad utiliza métricas como indicadores para identificar problemas sistémicos en los procesos que pueden derivar en niveles de calidad de salida inaceptables. Debido a que lo que se pretende es que esta supervisión sea eficaz de manera continua como una cuestión de muestreo estadístico, la integración de la seguridad de la información con el aseguramiento de la calidad ayuda a garantizar que el riesgo se aborde como una parte estándar del proceso de producción.
B. Adquisiciones aprueba las compras iniciales, pero no participa en el control de la implementación o la producción.
C. El cumplimiento se centra en los requisitos legales y reglamentarios, que representan un subconjunto del riesgo general.
D. La participación de la oficina de gestión de proyectos se suele limitar a la planificación y la implementación.

95. ¿El uso de seguro es un ejemplo de cuál de las siguientes estrategias?
   A. Mitigación de riesgos
   B. Aceptación de riesgos
   C. Eliminación de riesgo
   D. Transferencia del riesgo

D es la respuesta correcta.

Justificación:

A. Los efectos potenciales de un evento pueden compartirse al contratar un seguro, pero el riesgo no se mitiga.
B. La aceptación del riesgo es una decisión de la empresa para asumir el impacto de los efectos de un evento.
C. El riesgo nunca se elimina por completo, a menos que se detenga o evite la actividad que lo provoca.
D. El seguro es un método para compensar la pérdida financiera que podría producirse como resultado de un evento adverso. Algunos, pero no todos, los costes potenciales se transfieren a la compañía aseguradora.

96. Después de determinar el riesgo residual, la empresa **A CONTINUACIÓN** debe:

A. transferir el riesgo residual a un tercero.
B. adquirir seguro contra los efectos del riesgo residual.
C. validar que el riesgo residual sea aceptable.
D. documentar y aceptar formalmente el riesgo residual.

C es la respuesta correcta.

Justificación:

A. La transferencia del riesgo es una medida que podría implementarse tras la validación inicial.
B. Adquirir un seguro es un paso que se da tras la validación inicial.
C. Después de que se haya determinado el riesgo residual, el próximo paso debe ser validar que el riesgo sea aceptable (o no) y esté dentro de la tolerancia de riesgo de la empresa.
D. Documentar y aceptar formalmente el riesgo residual es un paso que se da tras la validación inicial.

97. Un gerente de seguridad de la información está llevando a cabo una revisión de seguridad y determina que no todos los empleados cumplen con la política de control de acceso para el centro de datos. El **PRIMER** paso para abordar este problema debe ser:

A. evaluar el riesgo de la falta de cumplimiento.
B. iniciar una formación en la concienciación de la seguridad.
C. preparar un informe de estado para la gerencia.
D. incrementar la exigencia de cumplimiento.

A es la respuesta correcta.

Justificación:

A. Evaluar el riesgo de incumplimiento proporcionará la información necesaria para determinar los requisitos de remedio más efectivos.
B. Si la concienciación es adecuada, la formación tal vez no sea útil e incrementar la exigencia de cumplimiento podría ser lo indicado.
C. Se puede justificar un informe, pero este no abordará directamente el problema que por lo general es parte de las responsabilidades del gerente de seguridad de la información.
D. El incremento de la exigencia de cumplimiento no está justificado si el problema es una falta de comunicación efectiva sobre la política de seguridad.

98. ¿De qué manera ayuda el conocimiento del apetito de riesgo a incrementar la efectividad del control de seguridad?

A. Ayuda a obtener el apoyo necesario de la alta gerencia para la estrategia de seguridad de la información.
B. Proporciona una base para redistribuir los recursos para mitigar el riesgo que supera el apetito de riesgo.
C. Requiere el control continuo porque el entorno de riesgo completo cambia constantemente.
D. Facilita la comunicación con la gerencia sobre la importancia de la seguridad.

B es la respuesta correcta.

Justificación:

A. Conocer el apetito de riesgo de la empresa no es el único requisito necesario para obtener el apoyo de la alta gerencia.
B. Entender el apetito de riesgo en las áreas clave de control ayuda a redirigir los recursos desde riesgos que están en un nivel aceptable, o bajo dicho nivel, a riesgos que están por encima del apetito. El resultado es una mejora en la efectividad de los controles sin coste adicional.
C. Esta respuesta no aborda el valor de comprender el apetito de riesgo. La efectividad del control y el entorno de riesgo no cambian, pero en la monitorización continua se aplica más a controles que cambian rápidamente, y para áreas de mayor riesgo. Los cambios en el apetito de riesgo por lo general son más estables.
D. El conocimiento del apetito de riesgo ayuda a facilitar la comunicación con la gerencia, pero es solo un pequeño elemento de comunicación efectiva con la alta gerencia.

99. Una unidad de negocios tiene la intención de desplegar una nueva tecnología de manera que la coloca en situación de incumplimiento respecto a las normas existentes de seguridad de la información. ¿Qué acción inmediata debe emprender un gerente de seguridad de la información?
    A. Hacer cumplir la norma de seguridad existente.
    B. Cambiar la norma para permitir el despliegue.
    C. Realizar un análisis del riesgo para cuantificarlo.
    D. Realizar una investigación para proponer el uso de una tecnología mejor.

C es la respuesta correcta.

Justificación:

A. Hacer cumplir las normas existentes es una buena práctica; sin embargo, las normas necesitan ser examinadas continuamente a la luz de las nuevas tecnologías, el riesgo que estas presentan y los requisitos del negocio.
B. Las normas no deben ser cambiadas sin una evaluación del riesgo apropiada.
C. La resolución de conflictos de este tipo debe basarse en un análisis profundo del riesgo de los costes y beneficios de permitir o no una excepción a la norma. Una decisión nunca se debe tomar sin llevar a cabo dicho análisis.
D. El trabajo del gerente de seguridad no consiste en investigar tecnologías alternativas.

100. ¿El registro de acceso es un ejemplo de qué tipo de defensa contra el compromiso de los sistemas?
    A. Contención
    B. Detección
    C. Reacción
    D. Recuperación

B es la respuesta correcta.

Justificación:

A. Ejemplos de defensas de contención son la concienciación, la formación y las defensas de seguridad física.
B. Las defensas de detección incluyen generar registros, monitorizar, medir, auditar y detectar virus e intrusiones.
C. Ejemplos de defensas de reacción son respuesta a incidentes, política y cambio de procedimientos, y ampliación del control.
D. Ejemplos de defensas de recuperación son las copias de seguridad y las restauraciones, sitios por defecto y centros remotos, planes de continuidad de negocio y planes de recuperación de desastre.

101. Cuando un cambio propuesto en un sistema incumple una norma de seguridad existente, el conflicto se resolvería **MEJOR**:
    A. calculando el riesgo residual.
    B. ejecutando la norma de seguridad.
    C. rediseñando el cambio del sistema.
    D. implementando controles de mitigación.

A es la respuesta correcta.

Justificación:

A. Las decisiones con respecto a seguridad deben siempre ponderar la pérdida potencial de un riesgo frente a los beneficios derivados del cambio.
B. La gerencia debe decidir si el riesgo residual merece la pena.
C. Rediseñar el cambio propuesto podría no siempre ser la mejor opción porque podría no satisfacer las necesidades del negocio.
D. Implementar controles adicionales podría ser una opción, pero debería hacerse después de conocer el cambio del riesgo.

102. Una revisión interna de un sistema de aplicación basado en la web revela que es posible obtener acceso a las cuentas de todos los empleados al cambiar el ID del empleado para acceder a la cuenta en la dirección de la página web (URL). La vulnerabilidad identificada es:

A. autenticación rota.
B. entrada no validada.
C. secuencia de comandos entre sitios.
D. inyección de lenguaje de consulta estructurado.

A es la respuesta correcta.

Justificación:

A. El proceso de autenticación se rompe porque, a pesar de que la sesión es válida, la aplicación debe reautenticarse cuando los parámetros de entrada se cambian.
B. La revisión suministró ID de empleado válidos y se procesó una entrada válida. El problema aquí es la falta de reautenticación cuando los parámetros de entrada se cambian.
C. La secuencia de comandos entre sitios (Cross-site scripting) no es el problema en este caso porque el ataque no es transferido al navegador de ningún otro usuario para obtener el resultado.
D. La inyección de código SQL no es un problema ya que la entrada se suministra como un ID válido de empleado y no se añaden instrucciones SQL para proporcionar la salida.

103. ¿Cuál es el método **MÁS** rentable para identificar las vulnerabilidades de un nuevo proveedor?

A. Fuentes de informes de vulnerabilidades externas
B. Evaluaciones periódicas de vulnerabilidades realizadas por asesores
C. Software de prevención de intrusiones
D. Señuelos colocados en la zona desmilitarizada (DMZ)

A es la respuesta correcta.

Justificación:

A. Las fuentes externas de informes de vulnerabilidades son el método más rentable para identificar estas vulnerabilidades.
B. El coste asociado a las evaluaciones periódicas de vulnerabilidades sería mucho mayor.
C. El software de prevención de intrusiones no identificaría todas las vulnerabilidades del nuevo proveedor.
D. Los señuelos pueden identificar vulnerabilidades o no y pueden crear sus propios riesgos de seguridad.

104. ¿Cuál es la **MEJOR** manera de evaluar el riesgo agregado derivado de una cadena de vulnerabilidades del sistema vinculadas?

A. Escaneos de vulnerabilidad
B. Pruebas de penetración
C. Revisiones de códigos
D. Auditorías de seguridad

B es la respuesta correcta.

Justificación:

A. Las evaluaciones de seguridad, como los escaneos de vulnerabilidades, pueden ayudar en una revisión completa de los riesgos y vulnerabilidades, pero no pueden probar ni demostrar las consecuencias finales derivadas de tener varias vulnerabilidades vinculadas.
B. Las pruebas de penetración normalmente son la única evaluación de seguridad que puede asociar las vulnerabilidades mediante las consecuencias de su explotación. Esto permite medir y priorizar adecuadamente el riesgo. La prueba de penetración puede darle al riesgo una nueva perspectiva y establecer prioridades según el resultado final de una secuencia de problemas de seguridad.
C. Las revisiones de código requieren mucho tiempo y es poco probable que se realicen en diferentes partes de un sistema al mismo tiempo, por lo que es poco probable descubrir las vulnerabilidades de los sistemas vinculados.
D. Es poco probable que las auditorías usen el riesgo agregado de las vulnerabilidades de los sistemas vinculados.

105. Una empresa ha aprendido sobre una brecha de seguridad en otra empresa que usa tecnología similar. Lo **PRIMERO** que el gerente de seguridad de la información debería hacer es:
   A. evaluar la probabilidad de incidentes por la causa notificada.
   B. interrumpir el uso de la tecnología vulnerable.
   C. informar a la alta gerencia de que la empresa no se ha visto afectada.
   D. recordar al personal que no se han detectado violaciones a la seguridad similares.

A es la respuesta correcta.

Justificación:

   A. El gerente de seguridad primero debería evaluar la probabilidad de que ocurra un incidente similar, basándose en la información disponible.
   B. Descontinuar el uso de la tecnología vulnerable no necesariamente sería una solución práctica porque es muy probable que se necesite para apoyar las operaciones del negocio.
   C. Informar a la alta gerencia que la empresa no ha sido afectada debido a que ya se han aplicado controles sería prematuro hasta que el gerente de seguridad de la información pueda evaluar el impacto del incidente.
   D. Hasta que se realice una investigación, no se puede asegurar que no se hayan detectado brechas similares a la seguridad.

106. Al introducir en el negocio tecnología de computación en la nube pública, ¿cuál de las siguientes situaciones es una preocupación **PRINCIPAL**?
   A. Una curva ascendente en el coste del funcionamiento provocada por la expansión en escala
   B. Una dificultad al identificar el origen de las transacciones del negocio
   C. Un desconocimiento de los escenarios de riesgo que deben incluirse en el perfil de riesgo
   D. Mayor probabilidad de que le afecten ataques para explotar las vulnerabilidades

C es la respuesta correcta.

Justificación:

   A. En general, la facilidad para escalar es el beneficio de una solución en la nube. El escalamiento es flexible con la tecnología de computación en la nube a un coste predecible.
   B. La identificación del punto de origen de una transacción puede ser otro problema de la tecnología en la nube. Por lo tanto, no es necesario preocuparse por una solución de computación en la nube.
   C. La computación en la nube implica la interacción con un tercero, como cualquier otro convenio de externalización. Por lo tanto, una solución de computación en la nube tiene la probabilidad de introducir un nuevo riesgo que no es reconocido actualmente por el perfil de riesgo de la empresa. Es esencial que el perfil de riesgo de revisión cubra los nuevos escenarios de riesgo.
   D. La empresa puede ser víctima de ataques independientemente de la introducción de la solución de computación en la nube. Si existe una gestión de seguridad correcta para computación en la nube, la probabilidad de estar comprometido puede ser menor.

107. ¿Cuál es el resultado **TÍPICO** de una evaluación de riesgos?
   A. Una lista de controles adecuados para reducir o eliminar el riesgo
   B. Documentar las amenazas para la empresa
   C. Evaluación de las consecuencias para la entidad
   D. Un inventario de riesgos que podrían tener algún efecto sobre la empresa

D es la respuesta correcta.

Justificación:

   A. Una lista de controles adecuados para reducir el riesgo sigue a la evaluación.
   B. Documentar las amenazas es una parte de la entrada de una evaluación del riesgo.
   C. La evaluación de las consecuencias sigue a la evaluación.
   D. El resultado de una evaluación del riesgo es un inventario de riesgos.

108. Para mejorar la precisión, ¿cuál de las siguientes es la acción **MÁS** importante que se debe tomar para tener en cuenta la naturaleza subjetiva de la evaluación de riesgos?
   A. Entrenar o calibrar al encargado de la evaluación.
   B. Utilizar solo enfoques normalizados.
   C. Garantizar la imparcialidad del encargado de la evaluación.
   D. Utilizar múltiples métodos de análisis.

A es la respuesta correcta.

Justificación:

   A. Los estudios muestran que formar o calibrar al encargado de la evaluación mejora la exactitud y reduce la subjetividad de las evaluaciones del riesgo.
   B. Un enfoque estandarizado es menos efectivo para prevenir la sobreestimación del riesgo.
   C. La imparcialidad del evaluador es importante pero no compensa la tendencia a sobrestimar el riesgo.
   D. Existen varios métodos de análisis que pueden ayudar a la precisión, pero formar a los evaluadores de riesgos es la más efectiva.

109. Es **MÁS** probable que los sistemas de TI estrechamente integrados se vean afectados por:
   A. riesgo agregado.
   B. riesgo sistémico.
   C. riesgo operacional.
   D. riesgo en cascada.

D es la respuesta correcta.

Justificación:

   A. Puede haber un riesgo agregado en los sistemas homogéneos en los que un vector de amenaza puede comprometer muchos sistemas, independientemente de si están integrados o no.
   B. El riesgo sistémico no está relacionado con el grado de integración.
   C. El riesgo operacional no está relacionado con el grado de integración.
   D. Los sistemas estrechamente integrados son más susceptibles al riesgo en cascada debido a que el fallo de un elemento causa una secuencia de fallos.

110. Las evaluaciones del riesgo de seguridad son **MÁS** rentables para una empresa de desarrollo de software cuando se llevan a cabo:
   A. antes de comenzar el desarrollo del sistema.
   B. en el momento del despliegue del sistema.
   C. antes de desarrollar un caso de negocio.
   D. en cada etapa del ciclo de vida del desarrollo del sistema.

D es la respuesta correcta.

Justificación:

   A. Una evaluación del riesgo llevada a cabo antes del desarrollo del sistema no encontrará vulnerabilidades introducidas durante el desarrollo.
   B. Llevar a cabo una evaluación del riesgo durante el despliegue del sistema generalmente no es rentable y puede dejar pasar un riesgo clave.
   C. Si se lleva a cabo antes del desarrollo de un caso de negocio, una evaluación del riesgo no revelará el riesgo introducido durante ciclo de vida del desarrollo de sistemas (SDLC).
   D. Llevar a cabo evaluaciones del riesgo en cada etapa del SDLC es el método más rentable ya que garantiza que se descubran las vulnerabilidades tan pronto como sea posible.

111. ¿Cuál de los siguientes es el **MEJOR** indicador cuantitativo del apetito de riesgo de una empresa?

A. El número de incidentes y las actividades de mitigación siguientes
B. El número, tipo y estratificación de tecnologías disuasivas de control
C. El punto hasta el cual los requisitos de gestión de riesgos son políticas y normas
D. La proporción del coste de la cobertura de seguros para proteger de interrupción de negocios

D es la respuesta correcta.
Justificación:

A. El historial de incidentes puede proporcionar únicamente una aproximación de los esfuerzos de la empresa por mitigar futuras ocurrencias, después que se hayan determinado las consecuencias. El historial de incidentes también puede indicar una falta de concienciación hacia el riesgo.
B. El despliegue de controles puede proporcionar una estimación cualitativa aproximada del apetito de riesgo, siempre y cuando las tecnologías se prueben y se determine su efectividad.
C. Los requisitos establecidos en políticas y normas solo pueden servir como una aproximación cualitativa al apetito de riesgo.
D. El coste de una interrupción de negocios puede determinarse con exactitud. La comparación de este gasto (añadido a cualquier deducible) con el coste total de las primas pagadas por una cantidad específica del seguro puede servir como un indicador acertado de cuánto gastará la empresa para protegerse en contra de una pérdida definida.

112. Puede utilizarse el valor en riesgo:

A. como un enfoque cualitativo para evaluar el riesgo.
B. para determinar la máxima pérdida probable durante un periodo de tiempo.
C. para analizar el riesgo aplicable solo a empresas financieras.
D. como una herramienta útil para acelerar el proceso de evaluación.

B es la respuesta correcta.
Justificación:

A. El valor en riesgo (VAR) es una herramienta de análisis, no una herramienta de evaluación y es cuantitativa más que cualitativa.
B. VAR proporciona un valor cuantitativo de la pérdida probable máxima en un período de tiempo dado, típicamente con una certeza del 95 o 99 por ciento.
C. Aunque lo usan principalmente empresas financieras, se ha demostrado su aplicabilidad a la seguridad de la información.
A. Los cálculos del VAR suelen ser complejos y llevan mucho tiempo.

113. ¿Cuál de las siguientes es la razón MÁS importante para incluir una evaluación efectiva de amenazas y vulnerabilidades en el proceso de gestión del cambio?

A. Reducir la necesidad periódica de evaluaciones completas riesgo.
B. Garantizar que la seguridad de la información sea consciente de los cambios.
C. Garantizar que se cambien las políticas para abordar nuevas amenazas.
D. Mantener el cumplimiento regulatorio.

A es la respuesta correcta.

Justificación:

A. Mediante la evaluación de amenazas y vulnerabilidades durante el proceso de gestión de cambio, pueden determinarse los cambios en el riesgo y puede actualizarse una evaluación de riesgos de manera incremental. Esto mantiene la evaluación de riesgos actualizada sin necesidad de una reevaluación completa.
B. La seguridad de la información debe tener implementados procesos de notificación para garantizar la concienciación de cambios que pudieran tener un impacto sobre la seguridad, aparte de las evaluaciones de vulnerabilidades y amenazas.
C. Las políticas claramente requieren ajustes en respuesta a cambios en las amenazas o vulnerabilidades.
D. Aunque incluir una evaluación efectiva de amenazas y vulnerabilidades puede ayudar a mantener el cumplimiento, esta no es la razón principal para el proceso de gestión de cambio.

114. El hecho de que una empresa pueda sufrir una interrupción significativa como resultado de un ataque distribuido de denegación de servicio (DDoS) se considera:
A. un riesgo intrínseco.
B. un riesgo sistémico.
C. un riesgo residual.
D. un riesgo operacional.

D es la respuesta correcta.

Justificación:

A. El riesgo intrínseco es el resultado de factores internos y externos subyacentes que no están fácilmente sujetos a controles.
B. El riesgo sistémico se refiere al colapso de un sistema completo como resultado del riesgo impuesto por las interdependencias del sistema.
C. El riesgo residual es el nivel de riesgo restante después de haber implementado controles y medidas correctoras, y puede suponer un riesgo intrínseco.
D. Para una empresa el riesgo operacional es el resultado de sus operaciones internas y externas.

115. ¿Cuál de los siguientes factores de una evaluación de riesgos involucra típicamente la **MAYOR** cantidad de especulación?
A. Exposición
B. Impacto
C. Vulnerabilidad
D. Probabilidad

D es la respuesta correcta.

Justificación:

A. La exposición puede determinarse dentro de un intervalo.
B. El impacto puede determinarse dentro de un intervalo.
C. La vulnerabilidad puede determinarse dentro de un intervalo.
D. La probabilidad de que una amenaza encuentre una vulnerabilidad susceptible solo puede estimarse estadísticamente.

116. ¿Bajo qué circunstancias es **MÁS** apropiado reducir la robustez del control?
A. El riesgo evaluado está por debajo de niveles aceptables.
B. No puede determinarse el riesgo.
C. El coste del control es alto.
D. El control no es efectivo.

A es la respuesta correcta.

Justificación:

A. Es adecuado reducir la robustez del control si excede los requisitos de mitigación establecidos por niveles de riesgo aceptables.
B. Una incapacidad para determinar el riesgo no es una justificación para reducir la robustez del control.
C. El coste excesivo del control no es una razón para reducir la robustez, aunque sugiere la necesidad de rediseñar el control.
D. La efectividad del control no cambia el requisito de robustez del mismo.

117. Abordar el riesgo en varias etapas del ciclo de vida se apoya **MEJOR** en:
   A. la gestión de cambios.
   B. la gestión de versiones.
   C. la gestión de incidentes.
   D. la gestión de la configuración.

A es la respuesta correcta.

Justificación:

   A. La gestión de cambio es el proceso general para evaluar y controlar riesgos introducidos por cambios. Participa en el intervalo más amplio del ciclo de vida del sistema.
   B. La gestión de versiones es el proceso específico para la gestión de riesgos en el despliegue del sistema de producción.
   C. La gestión de incidentes de seguridad no es directamente relevante a las etapas del ciclo de vida.
   D. La gestión de configuración es el proceso específico para gestionar riesgos asociados con la configuración de los sistemas, pero la gestión de cambios aborda un abanico más amplio de riesgos.

118. La razón **PRINCIPAL** para considerar la seguridad de la información durante la primera etapa del ciclo de vida de un proyecto es:
   A. el coste de la seguridad es mayor en las etapas posteriores.
   B. la información de seguridad puede afectar la viabilidad del proyecto.
   C. la seguridad de la información es esencial para la aprobación del proyecto.
   D. asegura una clasificación adecuada del proyecto.

B es la respuesta correcta.

Justificación:

   A. Introducir la seguridad en etapas posteriores puede hacer que los proyectos excedan los presupuestos y puede crear problemas con los programas y fechas de entrega del proyecto, pero estos resultados se evitan generalmente si se evalúan los requisitos de seguridad en la fase de viabilidad.
   B. La viabilidad del proyecto puede verse directamente afectada por los requisitos de la seguridad de la información y es la razón principal para introducirlos en esta etapa del proyecto. El coste de la seguridad debe ser un factor en cualquier caso de negocios que apoye la viabilidad del proyecto, y algunas veces el coste de hacer algo de manera segura excede los beneficios que se anticipa producirá el proyecto.
   C. La aprobación de un proyecto es una decisión de negocio que puede verse afectada por consideraciones de la seguridad de la información, pero no son esenciales.
   D. Considerar la seguridad de la información durante la primera etapa no asegura una adecuada clasificación del proyecto.

119. El Director de Seguridad de la Información (CISO) ha recomendado varios controles de la seguridad de la información (tales como antivirus) para proteger los sistemas de información de la empresa. ¿Cuál de las siguientes opciones de tratamiento de riesgos es recomendada por el CISO?
   A. Transferencia del riesgo
   B. Mitigación de riesgos
   C. Aceptación de riesgos
   D. Elusión del riesgo

B es la respuesta correcta.

Justificación:

   A. La transferencia del riesgo implica traspasar el riesgo a otra entidad como, por ejemplo, una compañía de seguros.
   B. Mediante la implementación de controles de seguridad, la compañía trata de disminuir el riesgo hasta un nivel aceptable, y así mitigarlo.
   C. La aceptación del riesgo implica aceptarlo en el sistema y no hacer nada más.
   D. La evasión del riesgo detiene la actividad que lo causa.

120. Las políticas de seguridad de la información de una organización requieren que toda la información confidencial debe ser cifrada cuando se comunica a entidades externas. Una agencia reguladora insistió en que debe enviarse un informe de cumplimiento sin cifrado. El gerente de seguridad de la información debería:

A. ampliar el programa de concienciación de seguridad de la información para incluir a los empleados de la autoridad reguladora.
B. enviar el informe sin cifrar a la autoridad de la agencia reguladora.
C. iniciar un proceso de excepción para enviar el informe sin cifrar.
D. negarse a enviar el informe sin cifrar.

C es la respuesta correcta.

Justificación:

A. Aunque esta opción puede no ser posible, el gerente de seguridad de la información puede dialogar y entender la razón de insistir en que se envíe un informe sin cifrar e intentar convencer a la autoridad reguladora.
B. Si el gerente de seguridad de la información elige ignorar la solicitud de la autoridad reguladora (lo cual puede no ser posible en diversos lugares en el mundo), es necesario que se realice una evaluación comparativa de riesgo.
C. El gerente de seguridad de la información debería primero evaluar el riesgo de enviar el informe a la autoridad reguladora sin cifrar. El gerente de seguridad de la información puede considerar canales de comunicación alternativos que aborden el riesgo y faciliten la excepción.
D. La política de seguridad de la información indica que la información confidencial se debe cifrar cuando se envía a entidades externas. La función del gerente de seguridad de la información es encontrar la forma dentro de la política de completar la tarea. La mejor manera de hacer esto es iniciar una excepción.

121. El **MEJOR** proceso para la evaluación de un nivel de riesgo existente es:

A. un análisis de impacto.
B. una revisión de la seguridad.
C. una evaluación de vulnerabilidades.
D. un análisis de amenazas.

B es la respuesta correcta.

Justificación:

A. Un análisis de impacto se utiliza para determinar el impacto potencial en el evento de la pérdida de un recurso.
B. La revisión de seguridad se utiliza para determinar el estado actual de la seguridad para los diversos componentes del programa.
C. Mientras que las evaluaciones de vulnerabilidades ayudan a identificar y clasificar la debilidad en el diseño, implementación, operación o control interno de un proceso, son solo un aspecto de una revisión de la seguridad.
D. Un análisis de amenazas no es normalmente una parte de una revisión de seguridad. Las evaluaciones de amenazas evalúan el tipo, el alcance y la naturaleza de los eventos o acciones que pueden resultar en consecuencias adversas; la identificación se realiza respecto a las amenazas que existen contra los activos de la empresa.

122. Se realiza un análisis de rentabilidad en cualquier control propuesto para:
   A. definir las limitaciones del presupuesto.
   B. demostrar diligencia debida a la comisión de presupuesto.
   C. verificar que el coste de implementar el control está dentro del presupuesto de seguridad.
   D. demostrar que los costes se justifican mediante la reducción de riesgo.

D es la respuesta correcta.

Justificación:

   A. Un análisis de rentabilidad no define las restricciones de presupuesto; el consejo de administración o la alta gerencia de la empresa basarán esto en varios factores.
   B. El propósito del análisis no es mostrar que se ha realizado una diligencia debida, sino establecer un resultado que mostrará el coste del control y la reducción del riesgo.
   C. Un análisis de rentabilidad no ayuda a verificar que el coste de un control está dentro del presupuesto de seguridad; sin embargo, puede ayudar a identificar los controles que requieren gastos adicionales que superen el presupuesto de seguridad establecido.
   D. La alta gerencia puede sopesar el coste del riesgo en comparación con el coste del control y mostrar que el control reducirá ese riesgo con algunas mediciones.

123. ¿Cuál de las siguientes opciones revela **MEJOR** la naturaleza cambiante de los ataques en un entorno en línea?
   A. Un señuelo de alta interacción
   B. Un punto de acceso no autorizado.
   C. Grupos de seguimiento de la industria
   D. Un escáner de vulnerabilidades

C es la respuesta correcta.

Justificación:

   A. Un señuelo se utiliza para engañar a un hacker y aprender la metodología de los ataques. Sin embargo, un atacante puede o no utilizar métodos conocidos de ataques. Además, el señuelo solo revelará los ataques dirigidos contra la empresa, no la naturaleza general de los ataques que ocurren en el entorno en línea más amplio.
   B. Un atacante establece un falso punto de acceso para atraer a los usuarios legítimos a conectarse a él.
   C. Los grupos de seguimiento de la industria, como Infraguard, US Computer Emergency Readiness Team (CERT) e Internet Storm Center, brindan información sobre qué tipo de ataques están afectando a las empresas en una escala nacional o global.
   D. Incluso si un escáner de vulnerabilidades se actualiza con regularidad, revelará vulnerabilidades y no ataques.

124. El gerente de seguridad de la información debe tratar requisitos de cumplimiento normativo tales como:
   A. un mandato de la organización.
   B. una prioridad de la gestión de riesgos.
   C. una cuestión puramente operacional.
   D. tan solo otro riesgo.

D es la respuesta correcta.

Justificación:

   A. Si bien por lo general es preferible cumplir tanto como sea razonablemente posible, el alcance y el grado de cumplimiento de normas es una de las decisiones de la administración, no un mandato.
   B. Todos los riesgos se deben priorizar y las regulaciones o leyes pueden no ser la más alta prioridad.
   C. El cumplimiento normativo no es solo un problema operacional, principalmente es un problema de gestión.
   D. Existen muchas normativas que deben considerarse. Debe darse prioridad a aquellas con el mayor impacto, al igual que otros riesgos se consideran prioritarios dado a su viabilidad, nivel de ejecución, posibles sanciones y costes de cumplimiento.

125. La gerencia decidió que la empresa no logrará el cumplimiento con un conjunto de normativas recientemente emitidas.

¿Cuál de las siguientes es la razón **MÁS** probable para la decisión?

A. Las normativas son ambiguas y difíciles de interpretar.
B. La administración tiene un bajo nivel de tolerancia al riesgo.
C. El coste del cumplimiento excede el de posibles sanciones.
D. Las normas son incompatibles con la estrategia de la organización.

C es la respuesta correcta.

Justificación:

A. La administración debe abordar normas ambiguas solicitando aclaraciones desde el emisor o el departamento jurídico.
B. Las decisiones administrativas sobre el cumplimiento deben basarse en un análisis de rentabilidad.
C. La administración podrá decidir que es menos costoso hacer frente a posibles sanciones que intentar cumplir.
D. El hecho de que las normativas no sean coherentes con la estrategia organizacional no es la razón para decidir no cumplir con ellas.

126. Las referencias de control están **MÁS** directamente relacionadas con:

A. el apetito de riesgo de la empresa.
B. el panorama de las amenazas externas.
C. la efectividad de las opciones de mitigación.
D. la evaluación de vulnerabilidades.

A es la respuesta correcta.

Justificación:

A. Las referencias de control se diseñan para mitigar el riesgo y dependerán del apetito al riesgo de la empresa.
B. La viabilidad y la existencia de amenazas tendrá una correlación directa con las referencias de control, pero solo en la medida en que puedan explotar vulnerabilidades y crear un riesgo potencial de impacto.
C. En algunos casos la efectividad puede modificar los objetivos de control si no es factible mitigar el riesgo, pero por lo general no cambiará los objetivos.
D. La evaluación de vulnerabilidades se lleva a cabo en comparación con una referencia de control.

127. El **MAYOR** motivo por el que la administración podría elegir no mitigar un riesgo que excede el apetito de riesgo es que:

A. es el riesgo residual después de aplicar los controles.
B. es un riesgo caro para mitigar.
C. se encuentra dentro del nivel de tolerancia al riesgo.
D. es un riesgo de frecuencia relativamente baja.

C es la respuesta correcta.

Justificación:

A. El riesgo residual puede considerarse apropiado o no según del nivel de riesgo aceptable y la tolerancia para la variación a ese nivel.
B. Si la mitigación es demasiado cara, la administración debe considerar otras opciones de tratamiento y no simplemente optar por no hacerle frente.
C. La tolerancia al riesgo es el nivel aceptable de variación que la administración está dispuesta a permitir en un riesgo en particular, mientras la empresa persigue sus objetivos.
D. Aunque ocurriera un riesgo infrecuentemente, el gerente de seguridad de la información debe encargarse del riesgo si la magnitud es sustancial.

128. ¿Cuál de las siguientes opciones es el **MEJOR** indicador del nivel de riesgo aceptable en una organización?

A. La proporción del riesgo identificado que se ha remediado
B. La relación entre la cobertura del seguro de negocio y su coste
C. El porcentaje del presupuesto de TI asignado a la seguridad
D. El porcentaje de activos que se han clasificado

B es la respuesta correcta.

Justificación:

A. La proporción de riesgos sin remedio puede ser un indicador, pero hay muchos otros factores no relacionados con el riesgo aceptable, tales como la posibilidad del tratamiento, la disponibilidad de controles, etc.
B. El total de la cobertura del seguro comercial acumulada y el coste proporcionan una indicación directamente cuantificable del nivel de riesgo que la empresa aceptará y a qué precio.
C. El porcentaje del presupuesto de TI asignado a la seguridad es un indicador, pero no cuantifica los niveles aceptables de riesgo.
D. La clasificación de activos indicará qué activos son más importantes que otros, pero no cuantifica la aceptabilidad del riesgo.

129. ¿Cuál de las siguientes opciones es la que **MEJOR** asiste al gerente de seguridad de la información para identificar nuevas amenazas en la seguridad de la información?

A. La realización de revisiones más frecuentes de los factores de riesgo de la empresa
B. El desarrollo de escenarios de riesgo de seguridad de la información más realistas
C. La comprensión del flujo y la clasificación de la información utilizada por la empresa
D. Un proceso para controlar los informes de revisión post incidente preparado por el personal de TI

C es la respuesta correcta.

Justificación:

A. Los factores de riesgo determinan el impacto en el negocio o la frecuencia del riesgo y no están relacionados con la identificación de amenazas.
B. Los escenarios de riesgo no se usan para identificar amenazas tanto como se usan para identificar el impacto y la frecuencia de amenazas que explotan vulnerabilidades dentro de la arquitectura de seguridad de la información.
C. Comprender los objetivos de negocio de la empresa y cómo se usan los datos ayuda a la gerencia a evaluar si un acontecimiento de seguridad de la información debe considerarse como una nueva amenaza de la seguridad de la información.
D. El análisis de revisiones post incidentes ayuda a los gerentes a identificar amenazas en la SI que se materializaron en incidentes y no necesariamente asiste a los gerentes de TI a identificar las amenazas que presentan un riesgo para la seguridad de la información.

130. Los sistemas corporativos de TI muy integrados presentan un desafío para el gerente de seguridad de la información cuando se intentan establecer referencias de seguridad **PRINCIPALMENTE** desde el punto de vista de:

A. un incremento en la dificultad de la gestión de problemas.
B. una mayor complejidad en la gestión de incidentes.
C. la determinación del impacto del riesgo en cascada.
D. una menor flexibilidad en el establecimiento de objetivos de entrega del servicio.

C es la respuesta correcta.

Justificación:

A. Determinar las causas de raíz en la gestión del problema podría ser más difícil en sistemas muy integrados debido a las muchas funciones interconectadas, pero esa no es la preocupación primordial del riesgo.
B. La gestión de incidentes de seguridad puede estar afectada por la complejidad añadida de los sistemas muy integrados cuando se intenta aislar y determinar con rapidez la fuente de un problema a lo largo de una cadena de funciones acopladas entre sí, sin embargo, ese no es el problema primordial.
C. Los sistemas muy integrados son más susceptibles al riesgo en cascada donde el error o compromiso de cualquier elemento podría causar un efecto dominó de errores.
D. El establecimiento de objetivos de entrega del servicio estará limitado por el grado de integración debido a que la mayor parte de los elementos requiere el mismo nivel de funcionalidad. Esto se debe al nivel de servicio más bajo de cualquier componente que reduzca la funcionalidad de todos los elementos dependientes; sin embargo, no es la consideración principal.

131. Las vulnerabilidades identificadas durante una evaluación deben:

A. manejarse como un riesgo, aun cuando no exista una amenaza.
B. priorizarse para su solución basada únicamente en su impacto.
C. ser una base para analizar la eficacia de los controles.
D. evaluarse para determinar las amenazas, el impacto y el coste de mitigación.

D es la respuesta correcta.

Justificación:

A. Las vulnerabilidades pueden no estar expuestas a posibles amenazas. Además, puede no haber ninguna amenaza, o muy poco o ningún impacto, incluso si se explotan. Si bien las amenazas siempre están evolucionando, sin información adicional, no se puede determinar el tratamiento adecuado.
B. La priorización de las vulnerabilidades se debe hacer con base en la probabilidad de compromiso (que se ve afectada por el nivel de exposición), impacto y coste de la solución.
C. Las vulnerabilidades descubiertas mostrarán, en alguna medida, si se han implementado los controles existentes para abordar un posible riesgo, pero no indican la efectividad del control.
D. Las vulnerabilidades no identificadas se deben evaluar y priorizar en base a si existe una amenaza creíble, el impacto que tendría si se explota la vulnerabilidad y el coste de mitigación. Si existe una amenaza potencial, pero poco o ningún impacto en caso de que se explote la vulnerabilidad, el riesgo es pequeño y podría no necesitar un control para abordarlo.

132. ¿Cuál de las siguientes acciones debería tomar **PRIMERO** el gerente de seguridad de la información al descubrir que los controles actuales no son suficientes para evitar un compromiso serio?

A. Fortalecer los controles existentes.
B. Reevaluar el riesgo.
C. Establecer nuevos objetivos de control.
D. Modificar los niveles mínimos de seguridad.

B es la respuesta correcta.

Justificación:

A. A menos que se complete una evaluación detallada del hallazgo, gastar recursos en reforzar los controles existentes no será una medida adecuada.
B. El riesgo impulsa las decisiones de control. El riesgo debería reevaluarse y analizarse con cuidado para corregir el posible juicio erróneo en la evaluación original.
C. Un objetivo de control es una declaración del resultado deseado o propósito que se va a lograr mediante la implementación de procedimientos de control en un proceso en particular. Los cambios en los objetivos de control deberían realizarse después de que se haya reevaluado el riesgo.
D. Las referencias de seguridad establecidas en las normas apropiados son los requisitos mínimos de seguridad para los diferentes dominios de confianza en toda la empresa. Es posible que deban fortalecerse los límites mínimos después de que se haya reevaluado el riesgo.

133. ¿Cuál de los siguientes enfoques es **MEJOR** para abordar los requisitos regulatorios?

A. Tratar el cumplimiento regulatorio como cualquier otro riesgo.
B. Garantizar que las políticas aborden los requisitos regulatorios.
C. Hacer que el cumplimiento regulatorio sea obligatorio.
D. Obtener seguro para el incumplimiento.

A es la respuesta correcta.

Justificación:

A. Existen varios requisitos regulatorios con distintos grados de adherencia y posibles sanciones. Deben evaluarse y tratarse como cualquier otro riesgo.
B. Las políticas que abordan el cumplimiento con los requisitos legales no son suficientes para tratarlos.
C. El cumplimiento obligatorio de todos los mandatos legales puede no ser rentable si no se determina el riesgo y su posible impacto.
D. Es posible que el seguro por incumplimiento con las regulaciones no esté disponible.

134. ¿Cuál es la ventaja **PRINCIPAL** de realizar una evaluación del riesgo de manera coherente?

A. Reduce los costes de evaluación de riesgos.
B. Proporciona una prueba de atestiguamiento.
C. Es una parte necesaria de las auditorías de terceros.
D. Ello identifica tendencias en la evolución del perfil de riesgo.

D es la respuesta correcta.

Justificación:

A. Puede haber algunos beneficios de costes menores cuando se evalúa el riesgo de manera periódica, pero ese no es el beneficio principal.
B. Una evaluación aborda una revisión de un proceso, no la declaración de alguien de que se ha puesto en marcha. Un atestiguamiento es una declaración sin pruebas que la demuestren.
C. Las auditorías externas no requieren evaluaciones de riesgo, aunque se recomiendan.
D. Realizar el seguimiento de las tendencias en el riesgo en evolución brinda un beneficio significativo al gestionar el riesgo y garantizar que existen los controles apropiados.

135. Una nueva regulación para salvaguardar la información procesada por un tipo específico de transacción ha llegado a la atención de un oficial de seguridad de la información. El oficial debe **PRIMERO**:

A. reunirse con las partes interesadas para decidir cómo cumplirla.
B. analizar el riesgo clave en el proceso de cumplimiento.
C. determinar si los controles existentes cumplen con la regulación.
D. actualizar la política existente de seguridad/privacidad.

C es la respuesta correcta.

Justificación:

A. Si bien es apropiado e importante reunirse con las partes interesadas para decidir cómo actuar, esta acción tiene lugar después de evaluar si los controles existentes cumplen con la regulación y dependerá de si existe una deficiencia de control.
B. Si bien en el proceso de cumplimiento es apropiado e importante analizar el riesgo clave, esto se hace después de evaluar si los controles existentes cumplen con la regulación y dependerá de si son adecuados.
C. Si la empresa cumple gracias a los controles existentes, la necesidad de realizar otro trabajo relacionado con la regulación no es una prioridad.
D. Si bien es apropiado e importante actualizar la política de seguridad y privacidad existente, esto es adecuado solamente si la evaluación indica un requisito para cambiar la política de seguridad y privacidad existente.

136. ¿Cuáles son los elementos esenciales de riesgo?
A. Impacto y amenaza
B. Posibilidad e impacto
C. Amenaza y exposición
D. Sensibilidad y exposición

B es la respuesta correcta.

Justificación:

A. La amenaza es un elemento de riesgo solo en combinación con la vulnerabilidad.
B. El riesgo es la combinación de la probabilidad de un acontecimiento y su impacto.
C. La amenaza y la exposición no son suficientes para determinar el riesgo.
D. La sensibilidad es una medida de la consecuencia, pero no tiene en cuenta la probabilidad.

137. La monitorización ha señalado el incumplimiento de la seguridad. ¿Cuál es la acción **MÁS** adecuada?
A. Validar el incumplimiento.
B. Elevar el incumplimiento a la gerencia.
C. Actualizar el registro de riesgos.
D. Ajustar el umbral del indicador clave de riesgo.

A es la respuesta correcta.

Justificación:

A. Antes de tomar cualquier otra medida, el gerente de seguridad debe garantizar que el incumplimiento identificado por el control no es un falso positivo.
B. Elevar a la gerencia no se debe hacer hasta disponer de más información sobre la situación, e incluso entonces, solo si abordar el problema está fuera del ámbito del administrador de seguridad.
C. Actualizar el registro de riesgos es una posible respuesta a un incumplimiento validado.
D. Los cambios en el umbral del indicador clave de riesgo ocurrirán solo si la investigación subsiguiente cree que son necesarios.

138. ¿Cuál de los siguientes componentes se establece durante los pasos **INICIALES** del desarrollo de un programa de gestión de riesgos?

A. Aceptación y apoyo de la gerencia
B. Políticas y normas de seguridad de la información
C. Un comité de gerencia para supervisar el programa
D. Contexto y propósito del programa

D es la respuesta correcta.

Justificación:

A. Aunque es un componente importante en el desarrollo de cualquier programa administrado, la obtención de la aceptación y el apoyo de la gestión idealmente ocurre mucho antes del desarrollo del programa, en la etapa de Planificar y Organizar.
B. Las políticas y las normas de seguridad de la información son un componente del programa de gestión de riesgos, pero no pertenecen a las etapas iniciales de su desarrollo. Las políticas y las normas de seguridad de la información se forman a partir de las decisiones que se toman en la etapa de planificación del programa y se desarrollan según los resultados y objetivos de negocio establecidos por la empresa.
C. La gestión y la supervisión del programa de gestión de riesgos es un control de supervisión que se desarrolla para garantizar que el programa satisface los resultados y los objetivos de negocio establecidos por la empresa. Este proceso se diseña en las últimas etapas del desarrollo, una vez que se hayan establecido el propósito del programa y la mecánica de su desarrollo. Este proceso de supervisión podría integrarse con actividades de auditoría interna o con otros procesos del programa de cumplimiento.
D. Un requisito inicial es determinar el propósito de la empresa para crear un programa de gestión de riesgos, determinar los resultados deseados y definir los objetivos.

139. Como parte del desarrollo de sistemas, ¿cómo debería determinar una empresa qué elemento de la tríada confidencialidad, integridad y disponibilidad requiere **MAYOR** protección?

A. Debería basarse en la amenaza hacia cada uno de los elementos.
B. La disponibilidad es lo más importante.
C. Debería basarse en la probabilidad y el impacto para cada uno de los elementos si se han comprometido.
D. Todos los elementos tienen la misma importancia.

C es la respuesta correcta.

Justificación:

A. Aún si la amenaza de compromiso es alta, el impacto puede ser bajo; la mejor base para determinar dónde implementar la mayor protección es el riesgo del elemento específico.
B. Aunque puede parecer que la disponibilidad es lo más importante, si el sistema no funciona, no hay acceso a los datos. Puede haber casos en los que los procesos de negocio estándar pueden continuar, incluso si el sistema no funciona, pero se deben mantener controles más estrictos en torno a la confidencialidad e integridad de la información. El nivel de control debería basarse en el riesgo del elemento específico.
C. La probabilidad de compromiso y el impacto en la empresa se combinan para decidir qué elemento requiere la mayor protección, haciendo hincapié en el impacto.
D. Es muy poco probable que todos los elementos de la tríada confidencialidad, integridad o disponibilidad requieran los mismos niveles de protección.

140. ¿Cuál de los siguientes enfoques sería **MEJOR** para abordar vulnerabilidades significativas del sistema que se descubrieron durante un análisis de red?

A. Todas las vulnerabilidades significativas deben mitigarse de forma oportuna.
B. El tratamiento debe basarse en las consideraciones de la amenaza, el impacto y el coste.
C. Los controles compensatorios deben implementarse para las vulnerabilidades importantes.
D. Deben proponerse opciones de mitigación para que las apruebe la gerencia.

B es la respuesta correcta.

Justificación:

A. Es posible que algunas vulnerabilidades no tengan un impacto significativo y no requieran mitigación.
B. El tratamiento debería considerar el grado de exposición y el posible impacto y los costes de las distintas opciones de tratamiento.
C. Los controles compensatorios se consideran solo cuando hay una amenaza e impacto viables, y solo si el control principal no es adecuado.
D. Es posible que no se requiera la aprobación de la gerencia en todos los casos.

141. El gerente de seguridad de la información ha determinado que un riesgo excede el apetito al riesgo, y aun así, no mitiga el riesgo. ¿Cuál es la razón **MÁS** probable por la cual la gerencia consideraría esta acción apropiado?

A. El riesgo es el riesgo residual después de que se apliquen los controles.
B. El riesgo es caro de mitigar.
C. El riesgo está dentro del nivel de tolerancia al riesgo.
D. El riesgo es relativamente poco frecuente.

C es la respuesta correcta.

Justificación:

A. Incluso si el riesgo es residual, si excede el apetito al riesgo, solo es aceptable si está dentro de la tolerancia al riesgo. El riesgo residual puede considerarse apropiado o no según del nivel de riesgo aceptable y la tolerancia para la variación a ese nivel.
B. Si la mitigación es muy cara comparada con el beneficio, el gerente de seguridad de la información deberá considerar otras opciones de tratamiento. Conocer el gasto no es suficiente.
C. La tolerancia al riesgo es el nivel aceptable de variación que la administración está dispuesta a permitir en un riesgo en particular, mientras la empresa persigue sus objetivos.
D. La baja frecuencia por sí sola no indica que se pueda ignorar un riesgo.

142. ¿Por qué el análisis del riesgo debería incluir la consideración del posible impacto?

A. El impacto posible es un elemento de riesgo central.
B. El impacto posible se relaciona con el valor del activo.
C. El impacto posible afecta la naturaleza de la mitigación.
D. El impacto posible ayuda a determinar la exposición.

C es la respuesta correcta.

Justificación:

A. El impacto es distinto y está separado del riesgo y no es un elemento de riesgo central.
B. El impacto está relacionado con la pérdida del valor que proporciona el activo, pero no es relevante para la pregunta.
C. El alcance del posible impacto en caso de compromiso combinado con la probabilidad de ocurrencia determinará en gran medida el alcance de las medidas de mitigación.
D. Conocer el impacto no determinará el grado hasta el cual un activo está expuesto a una amenaza.

143. Para que sea efectiva, la gestión de riesgo debe aplicarse a:

A. todas las actividades de la organización.
B. los elementos identificados por una evaluación del riesgo.
C. cualquier área que supere los niveles de riesgo aceptables.
D. solo áreas que tengan impacto potencial.

A es la respuesta correcta.

Justificación:

A. Si bien no todas las actividades de la organización supondrán un riesgo inaceptable, la práctica de la gestión de riesgos se aplica, de todas maneras, para determinar qué riesgo requiere tratamiento.
B. La evaluación de riesgos forma parte de la función de gestión de riesgos. La evaluación de riesgos no precede a la inclusión de la actividad en el programa de gestión de riesgos.
C. Se puede determinar si un nivel de riesgo es aceptable solo cuando se conoce el riesgo.
D. El impacto potencial se puede evaluar solo cuando se conoce el riesgo y se determina el valor del activo.

144. Al enfrentarse con numerosos escenarios de riesgo, la priorización de las opciones de tratamiento será **MÁS** efectiva si se basa en:

A. la existencia de amenazas y vulnerabilidades identificadas.
B. la probabilidad de compromiso y el impacto siguiente.
C. los resultados de los análisis para detectar vulnerabilidades y el coste de las remediaciones.
D. la exposición de los activos corporativos y el riesgo operativo.

B es la respuesta correcta.

Justificación:

A. Las amenazas y vulnerabilidades son la medición del riesgo, pero sin conocer el impacto posible, las opciones de tratamiento más rentables no estarán claras.
B. La probabilidad de compromiso combinada con el posible impacto serán las consideraciones más importantes para seleccionar las opciones de tratamiento.
C. Las vulnerabilidades y el coste de solución de los problemas sin considerar el impacto no proporcionan suficiente información para realizar la selección del mejor tratamiento.
D. La exposición de los activos modificará el riesgo efectivo porque afectará a la probabilidad de que se explote una vulnerabilidad; sin embargo, no es información suficiente para elegir la mejor opción de tratamiento. El riesgo operativo es solo una parte del riesgo general.

145. ¿Cuál de los siguientes elementos determina el nivel de riesgo residual aceptable en una empresa?

A. Discreción de la gerencia
B. Requisitos reglamentarios
C. Riesgo inherente
D. Hallazgos de la auditoría interna

A es la respuesta correcta.

Justificación:

A. Decidir el nivel de riesgo aceptable para una empresa es fundamentalmente una función que corresponde a la gerencia. A su discreción, la gestión de la organización puede decidir aceptar el riesgo. El nivel objetivo de riesgo de destino para un control está sujeto en última instancia a discreción de la gerencia.
B. El incumplimiento de los requisitos regulatorios tiene consecuencias, pero se consideran en el contexto de riesgo de la organización. En algunos casos, el coste de incumplir puede ser inferior al coste de cumplir, en cuyo caso, la gerencia puede decidir aceptar el riesgo.
C. Riesgo inherente es el riesgo que existe antes de que se apliquen los controles.
D. Los resultados de una auditoría interna se utilizan para determinar el nivel de riesgo residual real, pero la determinación de si este nivel es aceptable es fundamentalmente una función de la gerencia.

146. Un proceso de gestión de riesgos es **MÁS** efectivo para lograr los objetivos de la organización si:

A. los propietarios de los activos realizan evaluaciones de riesgos.
B. el registro de riesgos se actualiza periódicamente.
C. un comité de dirección supervisa el proceso.
D. las actividades de riesgo se integran en los procesos de negocio.

D es la respuesta correcta.

Justificación:

A. Realizar una evaluación de riesgos no garantiza la mitigación como parte del proceso de negocio.
B. Mantener un registro de riesgos puede ser bueno para identificar los problemas, pero no mitiga el riesgo.
C. Centralizar la gestión de riesgos en un comité de dirección es menos efectivo que integrarla en cada proceso de negocio.
D. El objetivo principal del proceso de gestión de riesgos es que el riesgo se identifique, evalúe, comunique y aborde. Este objetivo se consigue de manera más efectiva cuando se integran las actividades de gestión de riesgos en los procesos de negocio, por ejemplo, gestión de cambio, respuesta a incidentes, nuevo diseño de producto, campaña de ventas, etc.

147. Reducir la exposición de un activo crítico es una medida de mitigación efectiva porque reduce:

A. el impacto de un compromiso.
B. la probabilidad de que se explote.
C. la vulnerabilidad del activo.
D. el tiempo que se necesita para la recuperación.

B es la respuesta correcta.

Justificación:

A. El impacto de una explotación que se lleva a cabo no cambiará.
B. Reducir la exposición reduce la probabilidad de que se explote una vulnerabilidad.
C. Las vulnerabilidades del activo no cambiarán porque se reduzca la exposición.
D. El tiempo de recuperación no se ve afectado por una reducción en la exposición.

148. ¿Cuál es la meta de la agregación de riesgos?

A. Combinar elementos homogéneos para reducir el riesgo general
B. Influir en las metodologías de aceptación de riesgos de la organización
C. Agrupar los acontecimientos de riesgo aceptables individuales en un informe de riesgos simplificado
D. Identificar el riesgo general significativo desde un solo vector de amenazas

D es la respuesta correcta.

Justificación:

A. Combinar elementos homogéneos no reduce el riesgo en sí; en realidad puede incrementarlo.
B. La agregación no afecta la metodología utilizada para la aceptación del riesgo.
C. El informe de riesgos no es una consideración principal de la agregación de riesgos.
D. El riesgo individual con mínimo impacto puede constituir un riesgo general significativo si cada riesgo puede explotarse desde el mismo vector de amenazas. El vector de amenazas es el método utilizado para explotar el objetivo.

149. ¿Cuál de las siguientes opciones es **MÁS** probable que alcance la mitigación de riesgo de una manera rentable en la empresa?

A. El director de riesgos.
B. Evaluaciones de riesgos coherentes
C. Integración del proceso de aseguramiento
D. Niveles de riesgo aceptables definidos

C es la respuesta correcta.

Justificación:

A. Un director de riesgo, generalmente, es útil para identificar muchos tipos de riesgos que enfrenta una empresa, pero la corrección es una función de varias unidades organizacionales y, a menos que se integren, existe la posibilidad de esfuerzos duplicados o brechas en la protección.
B. Las evaluaciones de riesgo son útiles para exponer el riesgo, pero por sí solas, no sirven para mitigar el riesgo identificado.
C. La integración de la mitigación de riesgos de muchas funciones de gestión y garantía de riesgos de una empresa típica garantizará mejor que no haya brechas en los esfuerzos de protección y el mínimo de esfuerzos duplicados, lo que probablemente resulte en la mejor cobertura al menor costo.
D. Definir los niveles de riesgo aceptables puede proporcionar una guía respecto los niveles requeridos de mitigación para la empresa, pero no evita la duplicación de esfuerzos ni las brechas en la protección.

150. Al considerar el alcance de los requisitos de protección, ¿cuál de las siguientes opciones es la consideración **MÁS** importante que afecta a todas las demás?

A. Exposición
B. Amenaza
C. Vulnerabilidad
D. Magnitud

A es la respuesta correcta.

Justificación:

A. La exposición es la cantidad potencial de pérdida que puede ocurrir debido a un evento adverso, calculado como el producto de la probabilidad y magnitud (impacto). Debido a que la probabilidad es en sí misma una función de amenaza y vulnerabilidad, la exposición tiene en cuenta los otros tres factores y, si se conoce, es, la consideración más importante.
B. Una amenaza es cualquier cosa (por ejemplo, un objeto, una sustancia o un ser humano) que es capaz de actuar contra un activo de una manera que pueda dañarlo. Las amenazas pueden causar daño solo si se corresponden con la vulnerabilidad; por lo tanto, la probabilidad de un evento puede calcularse solo cuando ambas se conocen.
C. La vulnerabilidad es una debilidad en el diseño, implementación, operación o control interno que podría exponer al sistema a amenazas adversas de eventos de amenaza. La vulnerabilidad puede conducir al daño solo cuando actúa por una amenaza correspondiente; por lo tanto, la probabilidad de un evento puede calcularse solamente si ambas se conocen.
D. La magnitud (o impacto) mide la posible gravedad de pérdida de un acontecimiento/escenario materializado. Si dicho acontecimiento se realiza depende de su probabilidad (posibilidad), que requiere de evaluación tanto de la amenaza como de la vulnerabilidad.

151. ¿Cuál de las siguientes opciones se debe comprender antes de definir las estrategias de gestión de riesgos?

A. Criterios de valoración de riesgos
B. Los objetivos y la tolerancia a riesgos de la organización
C. La complejidad de la arquitectura de TI
D. Los planes de recuperación de desastres de la empresa

B es la respuesta correcta.

Justificación:

A. Los criterios de evaluación no son relevantes a la hora de definir las estrategias de gestión de riesgos.
B. La estrategia de gestión de riesgos se debe diseñar para alcanzar los objetivos organizacionales y ofrecer controles adecuados para así limitar el riesgo y que sea coherente con el apetito de riesgo.
C. La complejidad de la arquitectura de TI puede suponer un riesgo para el proceso de evaluación de riesgos, pero debería afectar a la gestión de riesgos de forma directa.
D. Los planes de recuperación de desastres son un elemento de la estrategia de gestión de riesgos, pero los abordan los objetivos organizacionales y el apetito de riesgo.

152. Los objetivos de control están **MÁS** estrechamente alineados con:

A. tolerancia al riesgo.
B. criticidad.
C. el apetito de riesgo.
D. sensibilidad.

C es la respuesta correcta.

Justificación:

A. La tolerancia al riesgo es el nivel aceptable de desviación del riesgo aceptable y no se ve directamente afectada por los objetivos de control.
B. La criticidad es la importancia para el negocio y es una de las consideraciones cuando los objetivos de control son establecidos además del posible impacto, exposición, coste y viabilidad de posibles controles. Sin embargo, la criticidad desempeña un papel menor en las relaciones entre riesgo y control. La criticidad es más una necesidad para el negocio que un control para reducir el riesgo para el entorno.
C. El apetito al riesgo es la cantidad de riesgo, a nivel general, que una entidad desea aceptar para llevar a cabo su misión. Los objetivos de control se establecen para que los controles puedan diseñarse sobre esa base.
D. La sensibilidad es el posible impacto de divulgación no autorizada, que es una de las consideraciones en los objetivos de control, pero no es un control en sí mismo. La sensibilidad crea un riesgo que se compara con los controles vigentes para reducir ese riesgo, pero la sensibilidad es un marcador de identificación o clasificación de datos o un control y no define el riesgo aceptable.

153. ¿Cuál de las siguientes herramientas debe utilizarse para determinar **MEJOR** el nivel de esfuerzo necesario para cumplir con los objetivos de mejora específicos en la gestión de riesgos?

A. Un diagrama de flujo de trabajo
B. Un gráfico de Gantt
C. Un análisis de deficiencias (gap analysis)
D. El cálculo del retorno de la inversión

C es la respuesta correcta.

Justificación:

A. Los diagramas de flujo de trabajo documentan los procesos. Tener una representación visual de cómo funciona hoy un proceso de gestión de riesgos en comparación a cómo funcionaría en un estado deseado puede ser útil como parte de la propuesta o implementación de cambios, pero comparar estos dos estados no es lo mismo que saber qué tareas deben completarse para moverse del estado actual al estado futuro propuesto, que es lo que se necesita para determinar el nivel de esfuerzo.
B. Los diagramas de Gantt se utilizan para programar las actividades (tareas) necesarias para completar un proyecto. Un cronograma completo incluye todas las tareas que deben finalizarse y el tiempo que se tardará, pero la elaboración de un cronograma trata la priorización y otros temas que van más allá de lo necesario para determinar el nivel de esfuerzo.
C. Un análisis diferencial (gap analysis) documenta las tareas que deben completarse para moverse del estado actual al estado deseado y, de inmediato, puede determinarse el nivel de esfuerzo. Será necesario realizar un análisis de deficiencias para diversos componentes de la estrategia que ya se discutieron con anterioridad, tales como niveles de madurez, cada objetivo de control y cada objetivo de riesgo e impacto.
D. El retorno de la inversión, calculado en su forma más sencilla dividiendo la utilidad neta por la inversión total en el período considerado, es una medida de rendimiento y eficiencia operativos. No mide los niveles de esfuerzo.

154. ¿Cuál de las siguientes opciones es la **MÁS** útil para determinar las posibles consecuencias de una brecha de seguridad mayor?

A. Evaluación de riesgos
B. Valoración de activos
C. Pruebas de penetración
D. Revisión de la arquitectura

B es la respuesta correcta.

Justificación:

A. Una evaluación de riesgos integral requiere de una evaluación de la probabilidad y las posibles consecuencias; por lo tanto, va más allá de lo requerido.
B. La valoración de los activos proporciona una representación de los costes que puede perder la empresa en caso de un compromiso importante.
C. Las pruebas de penetración indican la vulnerabilidad en lugar del valor de lo que puede verse afectado si se explota esa vulnerabilidad.
D. La revisión de la arquitectura puede indicar la vulnerabilidad, pero, al igual que las pruebas de penetración, no revelará el valor de lo que puede verse afectado si se explota esa vulnerabilidad.

155. ¿En qué circunstancias las buenas prácticas de seguridad de la información dictan una reevaluación completa del riesgo?

A. Después de un fallo material en el control
B. Cuando las evaluaciones regulares muestran riesgos que no se han mitigado
C. Después de instalar un sistema operativo actualizado
D. Después de que se hayan iniciado los cambios de emergencia

A es la respuesta correcta.

Justificación:

A. Un fallo significativo en el control indica que el control se ha diseñado mal o que el riesgo no se ha identificado y clasificado de forma correcta.
B. Según la naturaleza y el alcance del riesgo sin solución, se puede justificar la reevaluación; sin embargo, en algunos casos, el proceso de gestión de cambios mientras trata el riesgo habrá provisto un entendimiento adecuado sobre el riesgo y la adecuación del tratamiento.
C. Actualizar un sistema operativo bajo la gestión de cambios incluirá una evaluación incremental de cualquier nuevo riesgo, y es probable que no sea necesaria una reevaluación completa.
D. Los cambios de emergencia, en general, requieren que el proceso de gestión de cambios finalice con posterioridad y que cualquier nuevo riesgo específico se trate, siendo poco probable que se requiera de una reevaluación completa del riesgo.

156. La alta tolerancia al riesgo es útil cuando:

A. la empresa considera aceptable el riesgo alto.
B. la incertidumbre del riesgo mostrada por una evaluación es alta.
C. el impacto del compromiso es muy bajo.
D. indicado por un análisis de impacto en el negocio.

B es la respuesta correcta.

Justificación:

A. La tolerancia al riesgo es la desviación aceptable del riesgo aceptable y no está relacionada con si el riesgo es alto o bajo.
B. La alta tolerancia al riesgo (es decir, un grado alto de variabilidad en el riesgo aceptable) aborda el problema de la incertidumbre en el proceso de evaluación de riesgos en sí mismo.
C. La tolerancia al riesgo no está relacionada con el impacto.
D. El grado de tolerancia al riesgo no es indicado por un análisis del impacto sobre el negocio.

157. Una empresa ha identificado una importante amenaza a la que es vulnerable. ¿Cuál de las siguientes opciones es la **MEJOR** razón por la cual la gerencia de seguridad de la información no se encarga de la corrección preventiva bajo estas circunstancias?
   A. La vulnerabilidad está compartimentada.
   B. Los procedimientos de respuesta a incidentes se han implementado.
   C. Los controles compensatorios existen si hay algún impacto.
   D. La amenaza identificada solo se ha encontrado en otro continente.

A es la respuesta correcta.

Justificación:

A. Si la compartimentación de la vulnerabilidad hace que la empresa no tenga exposición; entonces, no existe riesgo.
B. La prevención es un enfoque más prudente para tratar con amenazas importantes que incluso la respuesta a incidentes más capaz.
C. Los controles compensatorios son un enfoque menos deseado para abordar una amenaza importante que la corrección preventiva de su vulnerabilidad correspondiente.
D. La distancia es una barrera inadecuada para comprometer en el contexto de los sistemas de información.

158. Un gerente de seguridad de la información, que encontró que una falta de cumplimiento adecuado con un conjunto de normas representa un riesgo significativo, **PRIMERO** debe:
   A. revisar y modificar la política para tratar el riesgo.
   B. crear un nuevo conjunto de directrices para reducir el riesgo.
   C. asesorar a la gerencia sobre el riesgo y las posibles consecuencias.
   D. determinar si las normas son coherentes con la política.

C es la respuesta correcta.

Justificación:

A. El alcance de la mitigación de riesgos es una decisión de negocio; por lo tanto, cualquier acción tomada para tratar o reducir el riesgo debe estar basada en información del negocio.
B. El alcance de la mitigación del riesgo se basa en la política, que se define con información obtenida de la empresa.
C. Si la falta de cumplimiento con las normas crea un riesgo significativo, el gerente de seguridad de la información debe evaluar las posibles consecuencias y asesorar a los gerentes adecuados para determinar si es un riesgo aceptable.
D. En general, es útil determinar si las normas reflejan la intención de la política, pero el objetivo principal de las políticas es abordar el riesgo que puede no estar incluido en las normas.

159. ¿Por cuál de las siguientes opciones se puede cuantificar **MEJOR** el nivel del riesgo aceptable?
   A. Encuestar a los propietarios del proceso de negocio y altos directivos
   B. Determinar el porcentaje del presupuesto de TI asignado a la seguridad
   C. Determinar la relación entre el seguro contra la interrupción de negocios y su coste
   D. Determinar la cantidad y la gravedad de incidentes que impactan a la empresa

C es la respuesta correcta.

Justificación:

A. Encuestar a la gerencia suele proporcionar una perspectiva muy diversa sobre el riesgo aceptable.
B. La cantidad dedicada a la seguridad es un indicador, pero no cuantifica niveles de riesgo aceptables.
C. La cantidad cubierta por el seguro contra la interrupción de negocios y el coste especifican un nivel de riesgo directamente cuantificable que la empresa aceptará y a qué coste.
D. El historial de incidentes mostrará qué riesgo no fue abordado y generará comentarios sobre la aceptación, pero no indicará lo que la empresa está dispuesta a gastar en mitigación.

160. ¿En qué punto del proceso de la gestión de riesgos se determina el riesgo residual?

A. Al evaluar los resultados de la aplicación de controles nuevos o existentes o de medidas correctoras
B. Al identificar y clasificar los activos o los recursos de información que necesitan protección
C. Al evaluar las amenazas y las consecuencias de una brecha de seguridad
D. Después de que se han establecido los elementos de riesgo, al combinarlos para formar una visión general del riesgo

A es la respuesta correcta.

Justificación:

A. El objetivo de la gestión de riesgo de la información es llevar el riesgo residual de la seguridad de la información a un nivel aceptable; por lo tanto, el riesgo residual se evalúa primero con base en los controles existentes y, de nuevo, después de que se diseñen o implementen los nuevos controles.
B. La identificación y la clasificación de los activos o los recursos de información que necesitan protección es el primer paso de la gestión de riesgo y se sigue con la evaluación de las amenazas y las vulnerabilidades para determinar la probabilidad. La probabilidad es un dato para calcular el riesgo inicial; por lo tanto, no existe una base para calcular el riesgo residual en esta etapa.
C. El conocimiento del entorno de las amenazas y las consecuencias de un compromiso no es adecuado para determinar el riesgo residual porque no tiene en cuenta la vulnerabilidad y las exposiciones.
D. La visión general del riesgo refleja un nivel de riesgo inicial, que todavía no se ha reducido mediante la aplicación de controles. Después de que se combinan los elementos del riesgo para formar una visión general del mismo, el siguiente paso es identificar los controles existentes y diseñar otros nuevos para llevar al riesgo a un nivel aceptable.

161. ¿Cuál de las siguientes opciones mide **MEJOR** la efectividad de una evaluación de riesgos?

A. El tiempo, la frecuencia y el coste de evaluar el riesgo
B. El alcance y la gravedad del nuevo riesgo descubierto
C. El posible impacto colectivo del riesgo definido
D. El porcentaje de incidentes como consecuencia de riesgos desconocidos

D es la respuesta correcta.

Justificación:

A. El tiempo y el coste de realizar una evaluación de riesgos no es un indicador de su efectividad para descubrir el nuevo riesgo.
B. El alcance y la gravedad del nuevo riesgo descubierto es un indicador útil, pero no es una medida de efectividad tan buena como el riesgo que no es descubierto y conduce a un incidente de seguridad.
C. El posible impacto del riesgo definido es una medida secundaria que puede ser útil para determinar el alcance de las medidas correctoras que deben tenerse en cuenta.
D. Los incidentes provocados por riesgos no identificados son los mejores indicadores de la efectividad de la evaluación de riesgos para descubrir el riesgo e indican, por tanto, la efectividad.

162. Al realizar una evaluación de riesgos, ¿cuál de los siguientes elementos es el **MÁS** importante?

A. Consecuencias
B. Amenaza
C. Vulnerabilidad
D. Probabilidad

A es la respuesta correcta.

Justificación:

A. A menos que la explotación de la vulnerabilidad por parte de una amenaza tenga consecuencias, no existe riesgo para la empresa.
B. Una amenaza no representa riesgo sin la vulnerabilidad correspondiente.
C. La vulnerabilidad no representa riesgo sin una amenaza correspondiente.
D. La probabilidad es una función de la amenaza y la vulnerabilidad, pero incluso un evento garantizado no representa un riesgo para la empresa a menos que existan consecuencias.

163. ¿Cuál de las siguientes actividades es el **PRIMER** paso hacia la implementación de un programa "trae tu propio dispositivo" (BYOD)?

A. Permitir o negar el acceso a dispositivos en función de su estado de aprobación.
B. Realizar un proceso de evaluación estricto antes de aprobar los dispositivos.
C. Implementar un enfoque planificar-hacer-verificar-actuar.
D. Revisar y aprobar las aplicaciones en la tienda de aplicaciones de la empresa.

B es la respuesta correcta.

Justificación:

A. Para que se determine el acceso al dispositivo en función del estado de aprobación, se debe implementar un proceso de evaluación que otorgue la aprobación.
B. Un proceso de evaluación estricto es crítico para cumplir con los requisitos corporativos y regulatorios alrededor de las políticas, el cifrado, la detección de dispositivos alterados a través de jailbreaking o con roots, etc.
C. La implementación de un enfoque planificar-hacer-verificar-actuar es parte del proceso de control y aplicación, pero no es un requisito previo.
D. Tener un proceso de aprobación y revisión para las aplicaciones en la tienda de aplicaciones de la empresa se aplica solo a dispositivos a los que se les ha otorgado aprobación para acceder a la red.

164. La efectividad de gestionar un riesgo de negocio se mide **MEJOR** mediante el número de:

A. incidentes significativos relacionados con TI que no se identificaron durante la evaluación de riesgos,
B. evaluaciones de seguridad que cumplen las normas y pautas de la organización.
C. vulnerabilidades identificadas por la evaluación de riesgos y no mitigadas de manera adecuada
D. incidentes de seguridad que provocan pérdidas económicas significativas o interrupción del negocio.

D es la respuesta correcta.

Justificación:

A. Identificación de incidentes es solo una parte de la gestión de riesgos efectiva. Si no se limita el impacto a unos niveles aceptables, el programa no es efectivo. Solo identificar los incidentes a través de la evaluación de riesgos no es suficiente para limitar el impacto.
B. Aunque el cumplimiento es importante, es solo un aspecto de la gestión de riesgos. Si no se limita el impacto a unos niveles aceptables, el programa no es efectivo. Demostrar el cumplimiento de un programa no es una medida de su efectividad para limitar el impacto.
C. Identificar vulnerabilidades que no se han mitigado no es suficiente sin el conocimiento sobre las amenazas posibles, los impactos y las medidas de control, para determinar la efectividad posible del programa de gestión de riesgos.
D. El objetivo de la gestión de riesgos es limitar el impacto y minimizar las interrupciones del negocio. Cada incidente de seguridad que provoca una pérdida económica significativa o una interrupción del negocio es indicativo de una gestión de riesgos inadecuada.

165. El propósito **PRINCIPAL** de la evaluación de riesgos es:

A. proporcionar una base sobre la que seleccionar la respuesta al riesgo.
B. garantizar que los controles se apliquen para mitigar el riesgo.
C. proporcionar un medio de dirigir las actividades de evaluación.
D. asegurar que la respuesta al riesgo está alineada con los objetivos de control.

A es la respuesta correcta.

Justificación:

A. La evaluación de riesgos indica a la gerencia hasta qué punto el riesgo cumple con los criterios de aceptabilidad y las opciones de respuesta. La respuesta al riesgo puede venir en forma de aceptación, transferencia (compartir), mitigación o evitación.
B. La mitigación es solo una de las respuestas posibles al riesgo.
C. La evaluación de riesgos es la etapa final de la actividad de evaluación.
D. Los objetivos de control se alinean con la estrategia de gestión de riesgos, que determina la respuesta al riesgo.

166. ¿Cuál de las siguientes opciones es la base con **MEJOR** apoyo para priorizar el tratamiento del riesgo?

A. El coste y el valor de los activos
B. Frecuencia e impacto
C. Frecuencia y alcance
D. Coste y esfuerzo

B es la respuesta correcta.

Justificación:

A. El coste de la solución es un factor importante en relación con el valor de los activos aplicables (es decir, ¿es adecuada la solución para este activo frente a otra opción de tratamiento de riesgos?). Es ineficaz como medio de priorización entre diferentes activos, porque no tiene en cuenta su valor comercial.
B. El equilibrio entre impacto y frecuencia capta la probabilidad ajustada de pérdida para la empresa asociada con cada riesgo. Proporciona una base inmediata y relevante para la priorización del tratamiento, en la que el riesgo de alto impacto y la alta frecuencia ocupar el primer lugar de la lista.
C. La amplitud del alcance no es necesariamente equivalente al impacto. Anteponer un riesgo que afecta a varios sistemas relativamente poco importantes a un riesgo que afecta a un solo sistema crítico no sería beneficioso para la empresa.
D. El esfuerzo es un subconjunto del coste general que representa tiempo y experiencia. En sí mismo, el coste no es una base adecuada para la priorización.

167. Cuando se revisó el resultado de la evaluación de riesgos de seguridad, se descubrió que la justificación de la clasificación de riesgos variaba en función del departamento. ¿Cuál de las siguientes opciones es **MEJOR** para que la situación mejore?

A. Aplicar criterios comunes de medición de riesgos a cada departamento
B. Introducir el apetito de riesgo y la tolerancia al riesgo a nivel de política
C. Poner más atención en la evaluación cuantitativa de riesgos
D. Implementar una revisión rutinaria por pares de los resultados de la evaluación de riesgos

A es la respuesta correcta.

Justificación:

A. Si los departamentos están obteniendo clasificaciones de riesgo diferentes para los mismos resultados, es necesario utilizar criterios de medición de riesgo comunes que se puedan usar en toda la empresa.
B. El apetito de riesgo y la tolerancia al riesgo informan sobre la aceptación del riesgo, pero no afectan a su clasificación.
C. Las evaluaciones de riesgo cuantitativas dan resultados numéricos, pero la subjetividad en las aportaciones puede seguir generando clasificaciones de riesgo que varían de un departamento a otro, a menos que se apliquen criterios comunes.
D. La revisión de pares de las evaluaciones de riesgos de cada departamento puede verse obstaculizada por los distintos niveles experiencia de los miembros del personal en diferentes funciones laborales. Además, por lo general, los resultados de las evaluaciones de riesgos no deben compartirse más de lo necesario para cumplir con los objetivos de la empresa.

168. La gestión de riesgos debe abordarse como un programa o actividad regular y continuo sobre todo porque:

A. las personas cometen errores.
B. la tecnología se vuelve obsoleta.
C. el entorno cambia.
D. las normas se actualizan o sustituyen.

C es la respuesta correcta.

Justificación:

A. Las personas cometen errores, pero los errores integrados en un programa de gestión de riesgos bien podrían varias veces en un programa continuo. Por lo tanto, esta no es justificación para gestionar los riesgos como un programa o actividad regular.
B. La tecnología, con el tiempo, está sujeta a la obsolescencia, pero la evaluación periódica probablemente sería adecuada si fuera la razón principal para la gestión de riesgos.
C. Los controles suelen degradarse con el tiempo y están sujetos a fallos, y el escenario de amenazas cambia de manera constante. Por lo tanto, es importante que la gestión de riesgos se realice como un programa o actividad continua, a fin de capturar las implicaciones de estos cambios y garantizar que la empresa siga tomando decisiones de tratamiento de riesgos coherentes con sus objetivos y apetito de riesgo.
D. Las normas cambian, y una empresa que ha identificado que cumple con una norma concreta puede verse obligada a ajustar su tecnología y procesos para seguir cumpliendo con ella. Sin embargo, la gestión de riesgos aborda preocupaciones más amplias que el cumplimiento de las normas.

169. El objetivo **ÚLTIMO** de la respuesta al riesgo es:

A. reducir costes.
B. reducir la vulnerabilidad.
C. minimizar la amenaza.
D. control del impacto.

D es la respuesta correcta.

Justificación:

A. La reducción de los costes a corto plazo rara vez es el propósito de la respuesta al riesgo. Reducir el impacto general de la pérdida asociada con el riesgo es solo uno de los enfoques que puede implementar una empresa; en general, se debe permitir un nivel de riesgo que ya es aceptable, independientemente de si se puede reducir todavía más.
B. Reducir la vulnerabilidad es solo uno de los enfoques que una empresa puede implementar para responder al riesgo.
C. Con la respuesta al riesgo rara vez se pretende reducir la amenaza en conjunto y, por lo general, no puede minimizarla.
D. Las empresas responden al riesgo de formas que controlan el impacto manteniéndolo dentro de niveles aceptables (o tolerables).

170. ¿Por qué podría una empresa optar de manera racional por mitigar un riesgo que se considera que está por encima de su apetito de riesgo declarado, pero dentro de su tolerancia al riesgo declarada?
   A. El consejo de administración podrá insistir en que se mitigue todo el riesgo si supera el apetito.
   B. Los altos directivos pueden optar por transferir el riesgo en lugar de aceptarlo de manera formal.
   C. Las partes interesadas clave pueden presionar para evitar los riesgos que superan el apetito.
   D. A la alta gerencia puede preocuparle que se subestime el impacto declarado.

D es la respuesta correcta.

Justificación:

A. El consejo de administración determina el apetito y la tolerancia al riesgo, por lo que si el consejo adoptase esta postura la tolerancia no superaría al apetito.
B. La finalidad de definir los niveles de apetito y tolerancia al riesgo es tener umbrales claros para aceptar el riesgo sin mitigación o transferencia.
C. La mejor opción para responder a un riesgo es evitarlo, pero solo cuando excede tanto el apetito como la tolerancia, a pesar de todos los esfuerzos de mitigación o transferencia.
D. La empresa no está dispuesta a aceptar un riesgo que supere el apetito de la organización pero que se encuentre dentro de los niveles tolerables. Cuando hay preocupación de que se ha subestimado el impacto, la alta gerencia puede preferir mitigar el riesgo a niveles aceptables en lugar de aceptar involuntariamente el riesgo cuyo impacto termina superando la tolerancia.

171. La volatilidad de alto riesgo serviría de base para que el gerente de seguridad de la información:
   A. basar las medidas de mitigación solo en el impacto evaluado.
   B. elevase el nivel de riesgo evaluado y aumentase la prioridad de la solución.
   C. descartase la volatilidad como irrelevante para el nivel de riesgo evaluado.
   D. realizase otra evaluación de riesgos para validar los resultados

B es la respuesta correcta.

Justificación:

A. La mitigación debe basarse en la probabilidad, el impacto potencial y el costo-beneficio.
B. La volatilidad de alto riesgo significa que el riesgo es mayor durante un período y menor en otro. La respuesta adecuada es evaluar el riesgo durante su pico y, debido a la imprevisibilidad, aumentar la prioridad del tratamiento.
C. La volatilidad debe considerarse en términos de máximo riesgo potencial.
D. Una segunda evaluación del riesgo no resultaría útil para evaluar la volatilidad y sería innecesaria.

172. Una empresa se está planteando comprar una tecnología nueva que facilitará mejores interacciones con los clientes y se integrará en el sistema actual de gestión de relaciones con los clientes. ¿Cuál de las siguientes es el riesgo **PRINCIPAL** que el gerente de seguridad de la información debe considerar en relación esta compra?

A. La posibilidad de que la nueva tecnología no ofrezca la funcionalidad prometida para apoyar las operaciones del negocio
B. La disponibilidad de asistencia continuo para la tecnología y si el personal existente puede proporcionar esta asistencia
C. La posibilidad de que la nueva tecnología afecte la seguridad o el funcionamiento de otros sistemas
D. El tiempo de inactividad necesario para reconfigurar el sistema existente para implementar e integrar la nueva tecnología

C es la respuesta correcta.

Justificación:

A. El riesgo de que la nueva tecnología no responda a las necesidades comerciales es principalmente la responsabilidad del gerente de negocio y no del gerente de seguridad de la información.
B. La disponibilidad de asistencia es una preocupación, pero es principalmente la responsabilidad del gerente de operaciones de TI.
C. El mayor riesgo de seguridad es que la nueva tecnología puede eludir la seguridad existente o afectar el funcionamiento de los sistemas existentes. El gerente de seguridad debe analizar el nuevo sistema y buscar estos problemas.
D. El tiempo de inactividad necesario para implementar la nueva tecnología es principalmente un factor comercial y del departamento de TI.

173. ¿Cuál de las siguientes opciones describe **MEJOR** el resultado de una gestión de riesgos efectiva?

A. Permite que la empresa tenga una visión general continua de las vulnerabilidades
B. Mide la viabilidad del compromiso de los sistemas y evalúa las consecuencias relacionadas
C. Determina las diferencias entre los controles y los objetivos de control
D. Reduce la incidencia de impactos adversos significativos en una empresa

D es la respuesta correcta.

Justificación:

A. La gestión de vulnerabilidades es un componente de la gestión de riesgos. Sin embargo, un programa de gestión de riesgos que no consiga reducir los impactos adversos significativos no es efectivo.
B. La prueba de penetración, que es una técnica para evaluar las vulnerabilidades, mide la viabilidad del compromiso de los sistemas y evalúa las consecuencias relacionadas. Sin embargo, a menos que se reduzca el impacto adverso significativo a la empresa, un programa de gestión de riesgos será inefectivo.
C. El análisis diferencial (gap analysis) determina las deficiencias entre los controles y los objetivos de control. Sin embargo, a menos que las deficiencias identificadas se aborden de manera que el impacto para la empresa sea reducido, el programa de gestión de riesgos será ineficaz.
D. Una gestión de riesgos efectiva sirve para reducir la incidencia de impactos adversos significativos en una empresa al tratar amenazas, mitigar la exposición o reducir la vulnerabilidad o el impacto.

174. ¿Cuál de los siguientes sería el **PRIMER** paso para integrar de manera efectiva la gestión de riesgos en los procesos de negocio?

A. Análisis de flujo de trabajo
B. Análisis del impacto en el negocio
C. Evaluación de amenazas y vulnerabilidades
D. Análisis de la estructura de gobierno

A es la respuesta correcta.

Justificación:

A. Analizar el flujo de trabajo será esencial para entender las vulnerabilidades de los procesos y dónde puede haber algún riesgo cuando se integra la gestión de riesgos en los procesos de negocio.

B. Un análisis de impacto comercial será importante si se entienden el flujo de trabajo y los procesos, para poder comprender las entradas, salidas y dependencias de la unidad y las posibles consecuencias del compromiso.

C. Las evaluaciones de las amenazas y las vulnerabilidades se realizan de manera adecuada después de que se haya determinado la relación entre la gestión de riesgos y los procesos comerciales a través del análisis del flujo de trabajo.

D. La estructura de gobierno puede ser una de las vulnerabilidades que plantea un riesgo potencial, pero debe analizarse después del análisis del flujo de trabajo. Lo ideal es que la estructura de gobierno reflejase el flujo de trabajo.

175. ¿Cuál es la base **PRINCIPAL** de la selección e implementación de los productos para proteger la infraestructura de TI?

A. Requisitos reglamentarios
B. Asesores expertos en tecnología
C. Tecnología punta
D. Una evaluación del riesgo

D es la respuesta correcta.

Justificación:

A. Los requisitos regulatorios impulsan los requisitos del negocio.

B. Un asesor experto tal vez no esté alineado con las necesidades del negocio.

C. Una evaluación del riesgo es el principal motor para seleccionar tecnologías.

D. Una evaluación del riesgo permite identificar las deficiencias de control en la infraestructura de TI y priorizar los planes de mitigación, lo que permitirá impulsar la selección de las soluciones de seguridad.

176. ¿Cuál de las siguientes opciones es la **MEJOR** solución cuando una norma de seguridad está en conflicto con un objetivo de negocio?

A. Cambiar la norma de seguridad
B. Cambiar el objetivo de negocio
C. Realizar un análisis de riesgo
D. Autorizar una aceptación de riesgo

C es la respuesta correcta.

Justificación:

A. La norma de seguridad puede cambiarse cuando se determine tras el análisis que el riesgo de hacerlo es aceptable.

B. Es muy improbable que un objetivo del negocio se pueda cambiar para acomodar una norma de seguridad.

C. Los conflictos entre una norma de seguridad y un objetivo de negocio deben resolverse basándose en un análisis de riesgo de los costes y beneficios de permitir o no permitir una excepción a la norma.

D. La aceptación del riesgo es un proceso que se deriva del análisis del riesgo cuando se determina que este es aceptable.

177. ¿Cuál es la **PRINCIPAL** deficiencia de usar la expectativa de pérdida anual para predecir el alcance anual de las pérdidas?

A. Se basa en al menos alguna información subjetiva.
B. El proceso general y los cómputos requieren mucho tiempo.
C. El uso efectivo del enfoque requiere formación especializada.
D. El enfoque no está reconocido por normas internacionales.

A es la respuesta correcta.

Justificación:

A. Cuando se usa para riesgos de información, la expectativa de pérdida anual se basa en al menos alguna información subjetiva.
B. La seguridad de la información no posee suficientes datos históricos para completar tablas actuariales y proporcionar predicciones muy refinadas de la ocurrencia de eventos (por ejemplo, datos de accidentes para la industria automotriz).
C. Los requisitos de tiempo y de formación son factores menos importantes que la subjetividad inherente a la ALE cuando se evalúa un riesgo de TI.
D. Algunas normas internacionales sí reconocen la ALE, e incluso, si no fuere el caso, no sería una preocupación principal en la mayoría de las instancias.

178. Una vez definido el objetivo de llevar a cabo una revisión de seguridad, el **SIGUIENTE** paso para el gerente de la seguridad de la información es determinar:
A. limitaciones.
B. enfoque.
C. alcance.
D. resultados.

C es la respuesta correcta.

Justificación:

A. Deben determinarse las restricciones para poder comprender los límites de la revisión, pero este no es el siguiente paso.
B. El enfoque debe definirse después del alcance y las limitaciones.
C. El alcance se define después de determinar los objetivos.
D. Los resultados son los últimos después del alcance, las limitaciones y el enfoque.

179. La adquisición de nuevos sistemas de TI críticos para el negocio crucial de la empresa pueden crear un riesgo significativo.
Para gestionar el riesgo de manera efectiva, el gerente de la seguridad de la información debe **PRIMERO**:

A. garantizar que el gerente TI acepte el riesgo de las opciones tecnológicas.
B. solicitar aprobación de los auditores antes del despliegue.
C. obtener aprobación de la alta gerencia para compras de TI.
D. garantizar el uso de procesos de compras apropiados.

D es la respuesta correcta.

Justificación:

A. La aceptación del riesgo identificado asociado con tecnologías particulares es responsabilidad del propietario del proceso de negocios, y posiblemente de la alta gerencia, pero ocurriría después de que el riesgo fuera identificado durante el proceso de compras.
B. Los auditores pueden identificar el riesgo, pero no son responsables de su gestión.
C. La alta gerencia suele participar en adquisiciones de TI solo desde una perspectiva presupuestal.
D. Los procesos de compras apropiados incluirán procesos para identificar inicialmente el riesgo que pueda introducirse mediante el nuevo sistema.

180. El objetivo **PRINCIPAL** de una evaluación de vulnerabilidades es:

A. reducir el riesgo para el negocio.
B. asegurar el cumplimiento de las políticas de seguridad.
C. brindar aseguramiento a la gerencia.
D. medir la eficacia de los servicios proporcionados.

C es la respuesta correcta.

Justificación:

A. Es necesario identificar las vulnerabilidades a fin de mitigarlas. La reducción real del riesgo se logra a través de la implementación de controles y es una decisión de negocios basada en un análisis de rentabilidad.
B. Una política de seguridad puede exigir que se desarrolle un programa de evaluación de las vulnerabilidades, pero dicho programa no se establece primordialmente para cumplir con la política.
C. Una evaluación de vulnerabilidades identifica aquellas que se puedan considerar para su mitigación. Al entregar a la gerencia un panorama completo de las vulnerabilidades existentes, un programa de evaluación de vulnerabilidades permite a la gerencia priorizar aquellas vulnerabilidades que presentan el mayor riesgo.
D. La evaluación de vulnerabilidades no se encarga de la eficacia de los servicios.

181. Un proceso de gestión de cambios de TI de una empresa requiere que el dueño de los activos y el gerente de la seguridad de la información aprueben todas las solicitudes de cambio. El objetivo **PRIMARIO** de la obtención de la aprobación del gerente de seguridad de la información es asegurarse de que:

A. los cambios cumplan con la política de seguridad.
B. se gestione el riesgo de los cambios propuestos.
C. se haya considerado un proceso de vuelta atrás al estado actual.
D. los gerentes de la empresa inicien los cambios.

B es la respuesta correcta.

Justificación:

A. Un cambio que afecta a la política de seguridad no es gestionado por un proceso de cambio de TI.
B. Los cambios en la infraestructura de TI pueden tener un impacto en el riesgo existente. El gerente de seguridad de la información debe asegurarse de que los cambios propuestos no afecten la postura de seguridad de manera adversa.
C. La vuelta atrás al estado actual puede causar un acontecimiento de riesgo en la seguridad y suele ser parte de la gestión de cambios, pero no es la razón primordial por la cual seguridad participa en la revisión.
D. La persona que inicia un cambio no tiene efecto en quien revisa y autoriza un cambio real.

182. Un gerente de seguridad de la información observó un alto grado de incumplimiento de un control específico. El gerente de negocio explicó que ese incumplimiento era necesario para la eficiencia operacional. El gerente de seguridad de la información debería:
A. evaluar el riesgo relativo al incumplimiento y sugerir un control alternativo.
B. ignorar el problema de la eficiencia operacional e insistir en el cumplimiento para su control.
C. cambiar las políticas de seguridad para reducir el grado del riesgo de incumplimiento.
D. realizar una sesión de concienciación con el gerente para enfatizar el cumplimiento.

A es la respuesta correcta.

Justificación:

A. El gerente de seguridad de la información debe considerar los requisitos del negocio del control y evaluar el riesgo de incumplimiento.
B. La seguridad de la información no puede ignorar los problemas relacionados con la eficiencia operacional. El negocio puede decidir aceptar el riesgo.
C. Cambiar las políticas de seguridad de la información puede no reducir el riesgo.
D. Llevar a cabo una sesión de concienciación puede ser una buena idea, pero no puede resolver el problema en esta situación.

183. ¿Cuál de los siguientes es el enfoque **MÁS** rentable para probar la seguridad de una aplicación heredada?
A. Identificar una aplicación similar y consultar sus debilidades de seguridad.
B. Recompilar la aplicación con la última biblioteca y revisar los códigos de error.
C. Usar técnicas de ingeniería inversa para derivar funciones.
D. Evaluar las vulnerabilidades para detectar las debilidades de la aplicación.

D es la respuesta correcta.

Justificación:

A. Muchas aplicaciones que parecen ser funcionalmente similares pueden ser muy diferentes a nivel de implementación del código. Incluso una versión más reciente del mismo software se puede haber rescrito por completo, y cualquier software desarrollado internamente es único para el entorno.
B. Compilar una aplicación heredada es posible solo cuando el código fuente está disponible. Puede que no funcione correctamente si se han cambiado las bibliotecas subyacentes o las normas de codificación.
C. La ingeniería inversa de una aplicación heredada es probable que cueste mucho más que una evaluación de vulnerabilidades, y derivar las funciones de la aplicación no es la meta.
D. La identificación de las vulnerabilidades permitirá a una empresa determinar qué controles de compensación pueden ser necesarios para continuar operando una aplicación heredada cuando remplazarla no es una opción. Las evaluaciones de vulnerabilidades no son necesariamente integrales en todos los casos, pero suelen ser eficaces cuando se planifican de forma adecuada.

184. Los esfuerzos **MÁS** eficaces de un gerente de seguridad para gestionar el riesgo inherente relacionado con un proveedor de servicios externo será el resultado de:

A. la limitación de la exposición organizacional.
B. una evaluación y análisis de riesgos.
C. fuertes acuerdos de niveles de servicio.
D. las auditorías independientes externas.

A es la respuesta correcta.

Justificación:

A. Es probable que sea más eficaz controlar las vulnerabilidades de la empresa a riesgos externos mediante la limitación de la exposición organizacional en lugar de controlar las acciones de terceros.
B. Es fundamental conocer el riesgo, pero no lo gestiona.
C. La definición de responsabilidades contractuales de terceros es importante, pero no gestionará directamente el riesgo.
D. Las auditorías pueden indicar las amenazas expuestas por terceros, pero no asegurarán que se gestione el riesgo.

185. La consideración de escenarios de riesgo en diversas etapas del ciclo de vida de un sistema de la información es una función **PRINCIPAL** de:

A. la gestión de cambios.
B. la gestión de versiones.
C. la gestión de incidentes.
D. la gestión de la configuración.

A es la respuesta correcta.

Justificación:

A. La gestión de cambios es el proceso general para evaluar y controlar los escenarios de riesgo presentados por los cambios.
B. La gestión de versiones es el proceso para gestionar las situaciones de riesgo de la implementación del sistema en producción y es un componente de la gestión de cambios.
C. La gestión de incidentes de seguridad aborda impactos en el momento o después de que se produzcan.
D. La gestión de la configuración es el proceso específico para gestionar las situaciones de riesgo asociados con la configuración de sistemas y es un componente de la gestión de cambios.

186. ¿Cuál de las siguientes es la **PRIMERA** acción a tomar cuando el gerente de seguridad de la información nota que los controles de una aplicación crítica son inadecuados?

A. La realización de una evaluación de riesgos para determinar el nivel de exposición.
B. Clasificar el riesgo como aceptable para la alta gerencia.
C. Implementar medidas correctoras adicionales de inmediato.
D. Transferir el riesgo restante a otra empresa.

A es la respuesta correcta.

Justificación:

A. Es más importante llevar a cabo una evaluación de riesgos para determinar la exposición al riesgo en caso de que no se adopten controles adicionales.
B. El nivel de exposición se debe volver a determinar y comparar con el riesgo residual antes de poder tomar esta decisión.
C. Las medidas correctoras adicionales se pueden poner en marcha después de determinar posibles pérdidas para evitar sobreproteger o subproteger los activos.
D. La transferencia del riesgo es una acción que puede realizarse después de revisar los resultados de la evaluación de riesgo de la situación actual.

187. ¿Cuál de las siguientes es la **MAYOR** preocupación para una empresa donde exista un uso generalizado de dispositivos móviles?
   A. Existe una confianza excesiva en las redes públicas.
   B. Las baterías requieren recargas constantes.
   C. Existe una falta de estandarización del sistema operativo.
   D. Los dispositivos móviles pueden perderse o ser sustraídos con facilidad.

D es la respuesta correcta.

Justificación:

   A. El hecho que los dispositivos móviles se deban conectar a redes públicas crea un riesgo de seguridad que se puede explotar en el espacio público, pero los controles de seguridad apropiados pueden mitigar el riesgo.
   B. La necesidad de recargar las baterías constantemente no presenta un problema de seguridad significativo.
   C. Mientras que la falta de estandarización de un sistema operativo es una preocupación, no es tan grave como la pérdida de dispositivos.
   D. Debido a su tamaño, los dispositivos móviles se pueden perder o sustraer con facilidad y la información confidencial podría divulgarse.

188. ¿Cuál de las siguientes opciones es la **MÁS** apropiada para comunicarse con la alta gerencia y permitirles tomar decisiones continuas y oportunas sobre el riesgo actual de seguridad de la información?
   A. Resultado de la evaluación del riesgo de seguridad de la información
   B. Indicadores clave de riesgo relacionados con los activos críticos de negocio
   C. Datos históricos de perdidas internas y externas
   D. Resultados del análisis de escenarios de riesgo de la seguridad de la información

B es la respuesta correcta.

Justificación:

   A. Las evaluaciones de riesgos de la información se centran principalmente en el riesgo futuro de una empresa. Si bien la evaluación de riesgos compara los controles actuales con los riesgos actuales y futuros, las evaluaciones de riesgos no se pueden realizar de manera continua.
   B. Los indicadores de riesgo clave (KRI) se centran en el riesgo actual y sirven para advertir de un riesgo potencial de manera temprana. Informar sobre los KRI a la alta gerencia les ayudará a tomar decisiones sobre el riesgo actual, como ajustar o reemplazar los controles que los mitigan Los KRI alertan de forma continua a la alta gerencia para que tomen decisiones relacionadas con los riesgos.
   C. Los datos de pérdidas internas y externas muestran el riesgo de información pasado, pero no el riesgo actual.
   D. Los datos del análisis de escenarios de riesgo se basan en posibilidades futuras y no muestran el estado actual del riesgo con precisión.

189. Durante la evaluación de terceros del sistema de seguridad de la información, se notifica al jefe de equipo de evaluación que el equipo de escaneo de vulnerabilidades no ha estado proporcionando información relacionada con todas las vulnerabilidades críticas y altas a las partes interesadas del sistema. ¿Cuál es la **PRIMERA** acción que debe tomar el jefe de equipo de asesores?

A. Informar a la gerencia de los hallazgos
B. Solicitar un informe de análisis completo de vulnerabilidades del equipo de análisis de vulnerabilidades
C. Informar al jefe de equipo de análisis de vulnerabilidades del hallazgo
D. Informar al propietario del sistema del hallazgo

A es la respuesta correcta.

Justificación:

A. Los gerentes (es decir, el gerente de riesgos, el gerente de seguridad de la información) deben estar informados de este hallazgo para poder adoptar medidas correctivas relacionadas con las vulnerabilidades críticas y altas que se han omitido y notificar el riesgo a la alta gerencia.
B. Solicitar un análisis completo de vulnerabilidades del sistema puede destapar los problemas con el software de análisis, las debilidades de los procesos y procedimientos del equipo, así como malentendidos en las funciones y responsabilidades. Sin embargo, la gerencia debe ser consciente del problema y determinar los próximos pasos.
C. Mantener una reunión con el jefe de equipo puede no ser una medida suficiente para abordar el riesgo, ya que el problema puede estar relacionado con el gerente, la formación del personal, los procesos u otras causas.
D. Se debe informar al propietario del sistema, pero este no debería ser el primer paso.

190. ¿Cuál de las siguientes opciones ayuda **MEJOR** a los gerentes de seguridad de la información a notificar los cambios de los niveles de riesgo en función del cumplimiento de los controles implementados para mitigar el riesgo?

A. Indicadores avanzados
B. Análisis predictivos
C. Indicadores atrasados
D. Informes de incidentes

C es la respuesta correcta.

Justificación:

A. Los indicadores avanzados analizan el nivel de cumplimiento existente y predicen los niveles de cumplimiento futuros en función de los hallazgos. Esto ayuda en la toma de decisiones, pero las predicciones pueden cambiar.
B. El análisis predictivo ayuda a determinar los indicadores avanzados.
C. Lo indicadores atrasados proporcionan información sobre el rendimiento de los controles después de que se ejecuten. El incumplimiento de los controles significa un aumento de los niveles de riesgo. Los informes oportunos de los incumplimientos ayudan a los propietarios de riesgos a tomar decisiones.
D. Los informes de incidentes ayudan a informar sobre el incumplimiento, pero solo son útiles una vez que se ha materializado el riesgo.

191. El gerente de seguridad de la información ha descubierto que la adquisición propuesta de una nueva aplicación de TI cambiará los niveles de riesgo de la función de negocio. La **PRIMERA** acción es:
   A. notificar los cambios de los niveles de riesgo al responsable de la función de negocio.
   B. detener la adquisición hasta que se implementen los controles de mitigación.
   C. diseñar e implementar de forma proactiva controles para mitigar el riesgo.
   D. Contratar a un tercero para que vuelva a evaluar el riesgo.

A es la respuesta correcta.
Justificación:

   A. El gerente de seguridad de la información debe notificar el riesgo del nuevo sistema a la unidad de negocios y recomendar controles para mitigar el riesgo. La empresa puede después tomar la decisión adecuada basada en el riesgo.
   B. La decisión de continuar con la adquisición o no podría estar fuera del alcance del gerente de seguridad de la información.
   C. El gerente de seguridad de la información puede diseñar los controles y la propuesta, pero es posible que no pueda hacer cumplir la implementación. Esto suele ser responsabilidad del propietario del sistema o del director de la función de negocio.
   D. El administrador de seguridad puede contratar a un tercero para que vuelva a evaluar el riesgo y así confirmar las evaluaciones anteriores, pero debe informar después de los posibles cambios en los niveles de riesgo a los responsables de la toma de decisiones.

192. ¿A quién debe notificar **PRIMERO** el gerente de seguridad de la información después de descubrir una amenaza a la seguridad de la información que probablemente haya afectado a un servidor sin parches con información crítica?
   A. Administradores de sistemas
   B. El propietario del sistema
   C. El propietario de los datos
   D. Gerente de respuesta a incidentes

B es la respuesta correcta.
Justificación:

   A. Los administradores del sistema pueden estar involucrados, pero actuarán siguiendo las instrucciones del propietario del sistema.
   B. La primera persona a la que se debe notificar cuando se encuentra una explotación debe ser el propietario del sistema, quien decidirá la mejor estrategia de mitigación.
   C. Si la vulnerabilidad puede comprometer los datos, también se puede notificar a los propietarios de los datos en una fase posterior del proceso.
   D. En caso de confirmarse un incidente relacionado con la vulnerabilidad se debe notificar al administrador de respuesta ante incidentes.

193. ¿Cuál de los siguientes es el elemento **MÁS** importante que se debe considerar cuando se planifica lo que se va a incluir en los informes para la alta gerencia en relación con el riesgo de seguridad de la información?
   A. Objetivos de negocio
   B. Métricas del programa
   C. Tolerancia al riesgo
   D. Objetivos de control

A es la respuesta correcta.
Justificación:

   A. El vínculo del riesgo con los objetivos de negocio es el elemento más importante que examinaría la alta gerencia.
   B. Las métricas del programa de seguridad de la información se deben proporcionar en el contexto del impacto a los objetivos comerciales.
   C. La tolerancia al riesgo es la referencia establecida por la alta gerencia, pero los objetivos de negocio proporcionan un margen para las actividades de gestión de riesgos
   D. Los objetivos de control son una entrada para evaluar el riesgo.

194. El gerente de seguridad de la información que analiza el acceso de los usuarios a una aplicación del negocio crítica para garantizar que sus derechos estén alineados con sus responsabilidades laborales observa muchos casos de acceso excesivo. ¿Cuál de las siguientes personas sería el contacto **PRINCIPAL** a quien informar sobre este riesgo?

A. Dueño de la aplicación
B. Administrador de usuarios
C. Gerente de seguridad
D. El administrador de la base de datos

A es la respuesta correcta.

Justificación:

A. El propietario de la aplicación debe estar informado sobre cualquier riesgo potencial para poder así tomar las decisiones adecuadas.
B. El administrador de usuarios es el responsable del acceso a la aplicación; sin embargo, el propietario de la aplicación es la principal persona a la que hay que contactar en este caso.
C. La seguridad de este riesgo no se notificaría de forma inmediata a menos que así lo decidiese el propietario de la aplicación.
D. El administrador de la base de datos es responsable de revocar el acceso si así lo decide el propietario de la aplicación.

195. ¿Cuál de las siguientes opciones sería **MEJOR** para proporcionar conocimientos sobre la posibilidad del acceso no autorizado o de ataques de ciberseguridad en una empresa?

A. Análisis de redes
B. Gestión de contraseñas
C. Hacking ético
D. Monitorización de la base de datos de la aplicación

C es la respuesta correcta.

Justificación:

A. El escaneo de red se dedica solo a buscar puertos abiertos y servicios a nivel de red y no a nivel de sistemas.
B. La gestión de contraseñas se dedica a que la política de contraseñas se cumpla en relación con los criterios mínimos de contraseñas.
C. El hacking ético es un hacking supervisado que se lleva a cabo para identificar amenazas posibles a un sistema o red. Esto ayuda a identificar si los accesos no autorizados o los ataques maliciosos son posibles.
D. El control de la base de datos de la aplicación se centra principalmente en el rendimiento de la aplicación específica y no proporciona información sobre toda la empresa.

196. ¿Cuál de los siguientes métodos de autenticación es el **MÁS** seguro cuando los usuarios necesitan acceder de forma remota a los sistemas de producción?

A. Una contraseña que se usa una vez
B. Una red virtual privada
C. La autenticación de múltiple factor
D. Contraseñas complejas

C es la respuesta correcta.

Justificación:

A. Las contraseñas que se usan una sola vez son más seguras que las estáticas, pero ellas solas no son el método más seguro.
B. Las redes virtuales privadas son una conexión cifrada desde un dispositivo a una red y no son un método de autenticación.
C. La autenticación de múltiple factor es la manera más segura de autenticar a los usuarios cuando es necesario que accedan a un sistema de producción de forma segura. La autenticación de múltiple factor suele usar tres factores comunes: algo que conoce (p. ej., contraseñas), algo que tiene (p. ej., un token o una tarjeta inteligente) y algo que es (p. ej., métodos biométricos, como las huellas digitales o el escaneo de retina). Una contraseña compleja incluye dos de estos tres factores comunes que se usan en la autenticación de múltiple factor.
D. Pedir contraseñas complejas es una buena práctica, pero no es el método más seguro.

197. ¿Cuál de las siguientes opciones es **CLAVE** para seleccionar un proveedor de seguridad de la información externo?

A. Revisión de contratos
B. Revisión de los informes de auditoría
C. Coste proyectado de los servicios
D. Evaluación de riesgos

D es la respuesta correcta.

Justificación:

A. Es importante revisar el contrato, pero la evaluación de riesgos debe proporcionar una guía sobre si la empresa debe comprometerse con el tercero.
B. La revisión de la auditoría es importante después de que se haya hecho la evaluación de riesgos. Algunos elementos identificados en la evaluación determinarán si algunos de los hallazgos son materiales para la empresa.
C. El coste previsto de los servicios es importante, pero la evaluación de riesgos guiará a la empresa sobre si debe comprometerse con el tercero.
D. La evaluación de riesgos es fundamental porque proporciona una guía a la empresa sobre si debe comprometerse con el tercero. La evaluación de riesgos debería abordar los riesgos clave estratégicos, operacionales, de cumplimiento y demás relevantes para la empresa.

198. ¿Cuál de las siguientes situaciones sería la candidata **PRINCIPAL** para una reevaluación de riesgos en una empresa?

A. La consola de gestión antivirus ha señalado dos portátiles de usuario con firmas de antivirus obsoletas
B. Una empresa desconocida ha comprado al proveedor clave de la solución de software.
C. Un empleado ha notificado un incidente de tailgating a las instalaciones.
D. Los filtros de correo electrónico de la empresa están detectando más spam en los últimos meses.

B es la respuesta correcta.
Justificación:

A. El control existente (consola de gestión antivirus) está funcionando de manera efectiva e identifica las deficiencias y alerta a las personas relevantes.
B. Dado que no se sabe mucho acerca de la empresa que adquiere al proveedor, es necesario reevaluar los riesgos a fin de identificar y gestionar cualquier riesgo en la cadena de suministro. La adquisición se considera un cambio importante que requeriría la reevaluación de riesgos.
C. El incidente notificado se habría gestionado de acuerdo con el proceso de gestión de incidentes de seguridad de la empresa.
D. El control existente (filtro de correo electrónico) está funcionando de manera efectiva a la hora de identificar las deficiencias y alertar a las personas pertinentes.

199. Tras analizar de forma exhaustiva un problema de seguridad de bajo impacto, un analista de seguridad ha identificado problemas históricos similares que no se detectaron y que no provocaron interrupciones en las operaciones comerciales. ¿Qué información ayudaría **MEJOR** a documentar los siguientes pasos de manera efectiva para que la alta gerencia tome decisiones de mitigación?

A. El análisis de rentabilidad
B. Métricas de incidentes
C. Análisis de deficiencias
D. Resultados del análisis de vulnerabilidad

A es la respuesta correcta.
Justificación:

A. Un análisis de rentabilidad mostrará si vale la pena el coste que implica implementar un control.
B. Las métricas de incidentes son útiles, pero es poco probable que un evento de bajo impacto ayude en la toma de decisiones.
C. El análisis diferencial (gap analysis) es una parte del proceso de evaluación y análisis de riesgos, no una parte del proceso de tratamiento de riesgos.
D. Los resultados del análisis de vulnerabilidades son una parte del proceso de control de riesgos, no una parte del proceso de tratamiento de riesgos.

200. El gerente de seguridad de la información debe iniciar una evaluación de riesgos sobre los controles centrados en el acceso de los usuarios. ¿Cuál de las siguientes informaciones sería **MÁS** útil para preparase para esta evaluación?

A. Informes de auditorías anteriores
B. Listas de accesos de usuarios actuales
C. Procedimientos de aprobación de acceso
D. Archivos de registro de autenticación

A es la respuesta correcta.
Justificación:

A. Los informes de auditoría anteriores proporcionarán información sobre las tendencias y las vulnerabilidades identificadas que serán de gran ayuda a la hora de evaluar los riesgos.
B. Las listas de acceso de usuarios actuales ayudan a realizar la evaluación, pero el informe de auditoría anterior puede describir las acciones de solución completadas.
C. Los procedimientos de aprobación de acceso ayudan a realizar la evaluación, pero el informe previo de auditoría puede describir las acciones de solución completadas.
D. Los archivos de registro de autenticación ayudan a realizar la evaluación, pero el informe previo de auditoría puede describir las acciones de solución completadas.

201. ¿Cuál de las siguientes será el objetivo de explotación **MÁS** probable cuando se consideran las deficiencias de los controles de las aplicaciones?

A. Opciones de cambio de contraseña en el paso de inicio de sesión
B. Controles débiles de monitorización de transacciones
C. Comprobaciones de validación no adecuadas en los formularios de entrada
D. Puertos abiertos disponibles para el acceso externo

C es la respuesta correcta.

Justificación:

A. El descifrado de contraseñas aprovechando una opción de cambio de contraseña puede no ser fácil a menos que el perpetrador obtenga una contraseña válida antes. Por ello, los atacantes prefieren buscar puntos débiles en las comprobaciones de validación en la capa de control de las aplicaciones.
B. Los controles de supervisión de transacciones débiles o inexistentes pueden ser un objetivo para la explotación; sin embargo, los controles sin comprobaciones de validación o inadecuadas son un objetivo más fácil para los atacantes.
C. Muchos atacantes explotan las debilidades que existen en la capa de las aplicaciones. Una pantalla de comprobación de entrada débil puede ser vulnerable a los ataques de inyección de lenguaje de consulta estructurado (SQL). Por tanto, el control de validación es una característica clave en los controles de las aplicaciones.
D. La administración de la red puede manejar el control de los puertos abiertos, que es independiente de la capa de control de la aplicación. Por ello es poco probable que los atacantes que explotan las debilidades de las aplicaciones busquen puertos abiertos.

202. ¿Cuál de las siguientes será la de **MAYOR** preocupación cuando un empleado conecta un dispositivo personal no autorizado a la red de la empresa?

A. Liberación no intencionada de malware
B. Pérdida inadvertida del dispositivo personal
C. Mensajes no detectados entre el personal
D. Ralentización del rendimiento de la red

A es la respuesta correcta.

Justificación:

A. Un dispositivo técnico no controlado que sea propiedad de un empleado suele tener menos controles y medidas de seguridad protectoras que un dispositivo de empresa y, por lo tanto, puede estar infectado con malware. Conectar este tipo de dispositivo a la red de la empresa supone un gran riesgo, ya que el malware se infiltrará en la empresa, sorteando los cortafuegos. Se tiene que educar a los empleados en el uso correcto de los dispositivos técnicos personales, y se debe haber implementado política sobre el uso aceptable o sobre traiga su propio dispositivo (BYOD).
B. La pérdida del dispositivo supondría un problema; sin embargo, esto sería secundario a una posible infección de malware.
C. Los mensajes entre el personal que usa dispositivos personales no es una preocupación tan importante como la entrada de malware en la red.
D. Es poco probable que el rendimiento de la red se reduzca por conectar dispositivos personales a la red de la empresa.

203. Se ha realizado una evaluación de riesgos de seguridad de la empresa basada en suposiciones sobre el riesgo empresarial. ¿Cuál de los siguientes sería el **MEJOR** curso de acción para mejorar la calidad de la evaluación?

A. Contratar a entrevistadores experimentados para el equipo de evaluación.
B. Revisar las evaluaciones de riesgos pasadas para obtener información previa
C. Solicitar que las unidades de negocio clasifiquen los activos de información
D. Incluir a las partes interesadas relevantes durante las actividades de evaluación

D es la respuesta correcta.

Justificación:

A. Los entrevistadores cualificados pueden ayudar a realizar evaluaciones de riesgos; sin embargo, es posible que las aptitudes para las entrevistas por sí solas no resuelvan este tipo de problema.
B. Las evaluaciones de riesgos anteriores tal vez no sean relevantes para el estado actual de la empresa.
C. La clasificación de los activos de la información forma parte de un programa de seguridad de la información que se realiza en el área comercial. No afecta la forma en que se realiza la evaluación de riesgos de seguridad de la información en la actualidad.
D. Incluir a las partes interesadas relevantes es una forma idónea de ir más allá de la evaluación de riesgos basada en suposiciones, ya que pueden proporcionar información esencial que de otro modo no se obtendría.

204. El departamento de recursos humanos (RR. HH.) tiene pensado introducir un procedimiento para desactivar el registro de un empleado en las 24 horas posteriores al cese de empleo. ¿Cuál de las siguientes opciones sería la **MAYOR** preocupación del gerente de seguridad de la información durante la revisión de este procedimiento?

A. Potencial fraude interno para evitar los controles establecidos
B. Interdependencias entre los sistemas de RR. HH. y los sistemas de negocio
C. Integridad del registro del sistema de RR. HH. para crear un historial de asignación de trabajo
D. Justificación de 24 horas desde la perspectiva de la gestión de riesgos

B es la respuesta correcta.

Justificación:

A. Existe la posibilidad de que un empleado despedido cometa un fraude interno, pero esta es una amenaza menos grave que las interdependencias entre los sistemas de RR. HH. y otras operaciones del negocio.
B. Los sistemas de producción consultarán la base de datos de recursos humanos (RR. HH) para comprobar la identidad de los empleados. Si se pierde la referencia a un empleado durante las transacciones comerciales, puede afectar a los procesos de negocio. (Por ejemplo, el sistema del libro de contabilidad financiera puede rechazar asientos de diario relacionados con eventos posteriores al cese relacionados con un empleado, como la liquidación, los ajustes de impuestos, etc.) Por tanto, antes de implementar este procedimiento se deben analizar las dependencias dentro de los sistemas de producción.
C. No es habitual generar un historial de asignación de trabajo de los empleados después del cese. Por lo tanto, la integridad de un registro no es una prioridad.
D. La gerencia de negocio y seguridad puede evaluar la justificación del plazo (p. ej., 24 horas) de un procedimiento y luego aprobarse mutuamente Si no hay problemas específicos, esto no será la mayor preocupación.

205. Uno de los factores internos MÁS críticos que afecta a la estrategia de seguridad de la información es:

A. una estructura organizacional bien definida.
B. concienciación de seguridad de TI impulsada de forma generalizada.
C. la cultura de seguridad de la organización.
D. los niveles de apetito y tolerancia al riesgo establecidos en la empresa.

D es la respuesta correcta.

Justificación:

A. Una estructura organizativa bien definida podría ser un instrumento para facilitar una estrategia de seguridad eficaz, pero no es el factor más importante.
B. La falta de concienciación interna sobre la seguridad de TI podría formar parte del panorama de amenazas, pero no es tan importante como el apetito y la tolerancia al riesgo.
C. La cultura de seguridad de la empresa puede afectar la estrategia de seguridad de la información; sin embargo, el apetito de riesgo de la empresa sigue teniendo el mayor impacto.
D. La estrategia de seguridad está principalmente dirigida por un apetito y niveles de riesgo de la empresa establecidos.

206. ¿Cuál es la razón **PRINCIPAL** por la que una empresa estudiaría las amenazas de ciberseguridad? Para establecer:

A. una biblioteca de amenazas.
B. una referencia de control.
C. un manual de respuesta a incidentes.
D. un análisis de amenazas.

D es la respuesta correcta.

Justificación:

A. Las bibliotecas de amenazas se pueden preparar durante el análisis de amenazas, pero la actualización de esta biblioteca no es la razón principal para estudiar las amenazas de seguridad cibernética.
B. A pesar de que el estudio de las amenazas de seguridad cibernética puede ayudar a diseñar y fijar los controles básicos, la creación de una referencia de control se basa en el riesgo general (impacto en el negocio), no solo en las amenazas.
C. El manual de respuesta a incidentes constituye una serie de procesos para responder y resolver incidentes. El estudio de las amenazas cibernéticas sin duda se suma a un plan de respuesta a incidentes, pero esa no es la razón para realizar un análisis de amenazas de seguridad cibernética.
D. El principal objetivo del análisis de amenazas es entender cómo se posiciona la empresa en el panorama de amenazas. El análisis de amenazas también respalda las decisiones de dar prioridad a las actividades de control para mitigar el riesgo más crítico. El análisis de amenazas es un factor importante a la hora de calcular el valor del riesgo.

207. ¿Cuál de los siguientes procesos respalda PRINCIPALMENTE la identificación y clasificación de activos de información?

A. Desarrollo de registro de riesgos
B. Evaluación de riesgos
C. Programa de formación de ciberseguridad
D. Requisito de cumplimiento legal

B es la respuesta correcta.

Justificación:

A. El seguimiento del riesgo es importante en un registro, pero no solo se basa en la clasificación del activo.
B. A menos que se identifiquen y clasifiquen los activos, no será posible evaluar el riesgo asociado con cada activo.
C. La formación de ciberseguridad se debería basar en los riesgos. Sin embargo, la formación de los usuarios se suele basar en un escenario, como el phishing.
D. Si bien es válido abordar el riesgo de cumplimiento, el principal beneficio va más allá del cumplimiento porque la clasificación ayuda a la empresa a proteger los activos a través de la respuesta a los incidentes. Si no existe un plan de respuesta a incidentes, la empresa contemplaría declaraciones de política adicionales para proteger los activos de mayor prioridad. Los planes de respuesta a incidentes suelen ser redes de seguridad que limitan la magnitud del daño si un control falla o es inexistente.

208. ¿Cuál de los siguientes elementos debería finalizarse antes de hacer una evaluación de riesgos?

A. Identificación de controles
B. Identificación de activos
C. Identificación de amenazas
D. Identificación del registro de riesgos

B es la respuesta correcta.

Justificación:

A. Los controles se evalúan después de identificar los activos como parte del proceso de evaluación de riesgos.
B. Identificación de activos se debe llevar a cabo antes de la evaluación de riesgos porque es la base de dicha evaluación.
C. Las amenazas se identifican después de identificar los activos como parte del proceso de evaluación de riesgos.
D. El registro de riesgos es un catálogo de categorías de riesgo o un inventario de los riesgos identificados y no forma parte del proceso de evaluación de riesgos.

209. Un riesgo inherente de ciberseguridad se trata mediante:

A. cortafuegos de internet.
B. concienciación sobre seguridad.
C. evaluación de riesgos.
D. controles.

D es la respuesta correcta.

Justificación:

A. Los cortafuegos de Internet son solo un tipo de control y no constituyen un enfoque exhaustivo para reducir el riesgo en la ciberseguridad.
B. Si no hay controles que mitiguen el riesgo, el riesgo de ciberseguridad seguirá siendo el mismo independientemente de los esfuerzos de concienciación.
C. Se pueden utilizar las evaluaciones de riesgos para guiar la respuesta al riesgo, pero por sí solas no tratan el riesgo inherente.
D. **Un riesgo anterior a la mitigación se denomina riesgo inherente. Los riesgos que permanecen después de que se han implementado controles y medidas correctoras son riesgos residuales. Los controles se utilizan con mayor frecuencia para tratar el riesgo después de analizarlo.**

210. Una solución que utiliza una tecnología de seguridad emergente puede permitir que una empresa aumente sus ingresos, pero la tecnología aún no se ha probado. ¿Cuál de las siguientes es el **MEJOR** enfoque cuando se considera el uso de tecnología?

A. Esperar hasta que la competencia introduzca una solución.
B. Llevar a cabo un proyecto piloto para evaluar el riesgo potencial.
C. Crear la solución en un entorno del proveedor.
D. Tener un seguro para cubrir pérdidas inesperadas. No es práctica habitual contratar un seguro en previsión de fallos que puedan deberse a una tecnología que no se ha probado.

B es la respuesta correcta.

Justificación:

A. La gerencia puede aconsejar esperar hasta que un competidor utilice la tecnología; sin embargo, la empresa perdería cualquier ingreso potencial que se derive de la oportunidad. Esta decisión se toma mejor después de evaluar el riesgo potencial.

B. Al plantearse utilizar tecnologías emergentes no probadas, es mejor comenzar poco a poco. Un proyecto piloto será lo más apropiado para este fin porque el riesgo se puede evaluar de manera controlada a medida que la empresa analiza la viabilidad de la tecnología y el posible despliegue adicional a mayor escala.

C. Incluso si la solución se desarrolla en el entorno técnico de un proveedor de servicios, el demandante del servicio debe asumir el riesgo resultante de la solución técnica. Por lo tanto, la empresa querrá evaluar primero el riesgo potencial.

D. No es práctica habitual contratar un seguro en previsión de fallos que puedan deberse a una tecnología que no se ha probado.

DOMINIO 3: DESARROLLO Y GESTIÓN DEL PROGRAMA DE SEGURIDAD DE LA INFORMACIÓN (33%)

1. ¿Cuál de los siguientes es el requisito previo **MÁS** importante para realizar una clasificación de activos?

   A. Análisis de amenazas
   B. Evaluación del impacto
   C. Evaluación de controles
   D. Pruebas de penetración

B es la respuesta correcta.

Justificación:

A. El análisis de amenazas solo identifica aquellas amenazas que existen contra los activos de la empresa. Sin embargo, la amenaza y el impacto se deben tener en cuenta.

B. El nivel de clasificación es un indicador del valor o importancia de los activos para la empresa. Las evaluaciones del impacto se necesitan para determinar la criticalidad y sensibilidad, que son la base para el nivel de clasificación.

C. La evaluación de controles se necesita después de determinar los niveles de clasificación para garantizar que el activo se ha protegido de acuerdo con el nivel de clasificación.

D. Las pruebas de penetración no son uno de los requisitos previos para realizar la clasificación de activos.

2. ¿Cuál de lo siguiente asegura **MEJOR** que la información transmitida a través de la Internet permanecerá confidencial?

   A. Una red virtual privada
   B. Cortafuegos y enrutadores
   C. Autenticación biométrica
   D. Autenticación de dos factores

A es la respuesta correcta.

Justificación:

A. El cifrado de datos en una red virtual privada garantiza que la información transmitida no sea legible, incluso si se intercepta.

B. Cortafuegos y enrutadores protegen el acceso a los recursos de datos dentro de la red, pero no protegen al tráfico en la red pública.

C. La autenticación biométrica por sí sola no impediría que un mensaje se interceptara y se leyera.

D. La autenticación de dos factores por sí sola no impediría que un mensaje se interceptara y se leyera.

3. ¿De qué depende **MÁS** la efectividad del software de detección de virus?

   A. Filtrado de paquetes
   B. La detección de intrusos
   C. Actualizaciones de software
   D. Archivos de definición de virus

D es la respuesta correcta.

Justificación:

A. El filtrado de paquetes no se centra en la detección de virus.

B. La detección de intrusos no aborda la detección de virus.

C. Las mejoras de software se relacionan con la actualización periódica del código del programa, lo cual no sería crítico.

D. La efectividad del software de detección de virus depende de las firmas de virus almacenadas en archivos de definición de los mismos.

4. ¿Cuál de lo siguiente es el tipo **MÁS** rentable de control de acceso?

   A. Centralizado
   B. Basada en roles
   C. Descentralizado
   D. Discrecional

B es la respuesta correcta.

Justificación:

A. El control de acceso centralizado no es un tipo de control de acceso, sino un modo de administración.
B. El control de acceso basado en roles permite que los usuarios se agrupen en categorías relacionadas con el puesto de trabajo, lo cual simplifica de manera significativa el esfuerzo de administración. En la mayoría de las empresas hay menos roles que empleados, y los roles cambian con mucha menos frecuencia.
C. El control de acceso descentralizado no es un tipo de control de acceso, sino un enfoque administrativo.
D. El control de acceso discrecional requeriría un mayor grado de carga administrativa porque se basa en cada persona en lugar de hacerlo en un grupo.

5. ¿Quién debe ser responsable de hacer que se cumplan los permisos de acceso a los datos de aplicación?

   A. Los propietarios de los datos
   B. Los propietarios del proceso de negocio
   C. El comité de dirección de seguridad
   D. Los administradores de seguridad

D es la respuesta correcta.

Justificación:

A. Los propietarios de datos son responsables de aprobar los permisos de acceso.
B. Los propietarios del proceso de negocio son a veces los propietarios de datos, y no serían responsables de hacer que se cumplan.
C. El comité de dirección de seguridad no sería responsable de la ejecución.
D. Como custodios, los administradores de seguridad son responsables de hacer valer los permisos de acceso a los datos.

6. Cuando se diseña un sistema de detección de intrusos, el gerente de seguridad de la información debe recomendar que se coloque:

   A. fuera del cortafuegos.
   B. en el servidor del cortafuegos.
   C. en una subred con filtro.
   D. en el enrutador externo.

C es la respuesta correcta.

Justificación:

A. No se aconseja ubicar el sistema de detección de intrusos (IDS) en el segmento de Internet del cortafuegos debido a que el sistema generará alertas acerca de todo el tráfico malicioso, aunque el 99 por ciento lo detendrá el cortafuegos sin llegar nunca a la red interna.
B. Como los cortafuegos deben instalarse en servidores asegurados con servicios mínimos habilitados, sería inadecuado instalar el IDS sobre el mismo dispositivo físico.
C. Un IDS debe colocarse sobre una subred con filtro, que es una zona desmilitarizada.
D. No se aconseja ubicar el IDS en el servidor externo, incluso si fuera viable, debido a que el sistema generará alertas acerca de todo el tráfico malicioso, aunque el 99 por ciento lo detendrá el cortafuegos sin llegar nunca a la red interna.

7. La **MEJOR** razón para que una empresa implemente dos cortafuegos discretos conectados directamente a Internet y a la misma zona desmilitarizada sería:
   A. proporcionar defensa en profundidad.
   B. separar prueba y producción.
   C. permitir equilibrar la carga del tráfico.
   D. prevenir un ataque de denegación de servicio.

C es la respuesta correcta.

Justificación:

A. Dos cortafuegos en paralelo ofrecen dos caminos simultáneos para el compromiso y, por lo tanto, no ofrecen una defensa exhaustiva. Si estuvieran conectados en serie, uno detrás del otro, ofrecería una defensa exhaustiva.
B. Como ambos puntos de entrada se conectan a Internet y a la misma zona desmilitarizada, dicho arreglo no es práctico para separar los entornos de pruebas y de producción.
C. Tener dos puntos de entrada, cada uno guardado por un cortafuegos separado, es deseable para permitir el equilibrar la carga del tráfico.
D. Los cortafuegos no son efectivos para prevenir los ataques de denegación de servicio.

8. Al designar las normas de seguridad de la información para una empresa, el gerente de seguridad de la información debe requerir que se coloque un servidor de extranet:
   A. fuera del cortafuegos.
   B. en el servidor del cortafuegos.
   C. en una subred con filtro.
   D. en el enrutador externo.

C es la respuesta correcta.

Justificación:

A. Colocar el servidor de extranet en el lado de Internet del cortafuegos lo dejaría indefenso.
B. Como los cortafuegos se deben instalar en servidores fortalecidos con servicios mínimos habilitados, sería inapropiado almacenar la extranet en el mismo dispositivo físico.
C. Un servidor extranet se debe colocar en una subred filtrada, que es una zona desmilitarizada.
D. Poner el servidor extranet en el enrutador externo, aunque esto no sea posible, lo dejaría indefenso.

9. ¿Cuál de las siguientes es la **MEJOR** métrica para evaluar la efectividad de la formación en la concienciación de la seguridad?
   A. La cantidad de restablecimientos de contraseña.
   B. La cantidad de incidentes notificados.
   C. La cantidad de incidentes resueltos.
   D. La cantidad de violaciones de las normas de acceso.

B es la respuesta correcta.

Justificación:

A. El restablecimiento de contraseña puede o no tener que ver con los niveles de concienciación.
B. Los incidentes notificados proporcionarán un indicador del nivel de concienciación del personal. Un incremento en incidentes notificados podría indicar que el personal está prestando más atención a la seguridad.
C. La cantidad de incidentes resueltos puede no correlacionarse con la concienciación del personal; la resolución es responsabilidad del equipo de gestión de incidentes.
D. Las violaciones de las reglas de acceso pueden o no tener relación con los niveles de concienciación.

10. ¿Cuál de los siguientes factores ayuda a determinar **MEJOR** el nivel de protección adecuado para un activo de información?
    A. El coste de adquisición e implementación del activo
    B. Conocimiento de las vulnerabilidades presentes en el activo
    C. El grado de exposición a amenazas conocidas
    D. La criticidad de la función de negocio a la que apoya el activo

D es la respuesta correcta.

Justificación:

A. La criticidad del activo se determina mediante el valor del activo para el negocio, no mediante su coste. El valor lo determina el coste de adquisición e implementación del activo.

B. El conocimiento de las vulnerabilidades ayuda a determinar el método de protección; sin embargo, la protección se implementa según el valor del activo para el negocio comparado con el coste del método de protección.

C. El grado de exposición puede requerir ciertas opciones de tratamiento; sin embargo, el grado y alcance de la protección los determina la criticidad.

D. Aunque todas las opciones pueden ayudar a determinar el nivel de protección del activo, la criticidad de la función de negocio respaldada por el activo es lo más importante, ya que la no disponibilidad puede afectar la prestación de servicios.

11. ¿Cuál de las siguientes es la **MEJOR** métrica para evaluar la eficacia de un mecanismo de detección de intrusos?
    A. Número de ataques detectados
    B. Número de ataques efectivos
    C. Relación de falsos positivos frente a falsos negativos
    D. Relación de ataques efectivos frente a los que no han tenido éxito

C es la respuesta correcta.

Justificación:

A. El número de ataques detectados no indica cuántos ataques no se han detectado; por lo que no es una indicación de efectividad.

B. No se puede utilizar el número de ataques efectivos como métrica para evaluar la eficacia de un mecanismo de detección de intrusos.

C. La relación de falsos positivos frente a falsos negativos indicará la efectividad del sistema de detección de intrusos.

D. Sin saber si se han detectado los ataques, el porcentaje de ataques efectivos frente a fallidos no indica nada sobre la efectividad del IDS.

12. ¿Cuál de lo siguiente es **MÁS** efectivo para prevenir que se introduzcan debilidades en los sistemas de producción existentes?
   A. Gestión de los parches
   B. Gestión de cambios.
   C. Referencias de seguridad
   D. Detección de virus

B es la respuesta correcta.

Justificación:

A. La gestión de parches implica la corrección de debilidades de software y seguiría necesariamente procedimientos de gestión de cambios.
B. La gestión de cambios controla el proceso de introducción de cambios a los sistemas y los cambios no autorizados en producción, que a menudo son los puntos por los que se introducen las vulnerabilidades.
C. Las referencias de seguridad proporcionan los parámetros mínimos recomendados y no previenen la introducción de debilidades de control.
D. La detección del virus es una herramienta efectiva, pero se enfoca principalmente en el código malicioso de fuentes externas. No está relacionado con la introducción de vulnerabilidades.

13. ¿Cuál de los siguientes es **MÁS** efectivo para prevenir vulnerabilidades de seguridad en los sistemas operativos?
   A. Gestión de los parches
   B. Gestión de cambios.
   C. Referencias de seguridad
   D. Gestión de la configuración

A es la respuesta correcta.

Justificación:

A. La gestión de parches corrige las debilidades descubiertas aplicando una corrección (un parche) al código original del programa.
B. La gestión de cambios controla el proceso de introducción de cambios a los sistemas.
C. Las referencias de seguridad proporcionan los parámetros mínimos recomendados.
D. La gestión de la configuración controla las actualizaciones al entorno de producción.

14. ¿Cuál de las siguientes es la solución **MÁS** efectiva para evitar que los usuarios internos modifiquen información clasificada y confidencial?
   A. Normas de seguridad básicas
   B. Registros de violación de acceso al sistema
   C. Controles de acceso basado en roles
   D. Rutinas de salida

C es la respuesta correcta.

Justificación:

A. Las normas básicas de seguridad establecerán controles generales de acceso, pero no autorizaciones concretas.
B. Los registros de violación son de detección y no impiden el acceso no autorizado.
C. Los controles de acceso basado en roles ayudan a asegurar que los usuarios solo tengan acceso a los archivos y sistemas apropiados para la función de su puesto de trabajo.
D. Las rutinas de salida dependen del acceso apropiado basado en el rol.

15. ¿Cuál de las siguientes opciones se usa por lo general para asegurar que la información transmitida a través de Internet es auténtica y realmente transmitida por el remitente nombrado?
    A. Autenticación biométrica
    B. Esteganografía incrustada
    C. Autenticación de dos factores
    D. Firma digital incrustada

D es la respuesta correcta.

Justificación:

A. La autenticación no garantiza la autenticidad de los datos, solo la identidad del emisor.
B. La esteganografía es un método de cifrado que puede garantizar la integridad, pero no la identidad.
C. La autenticación no garantiza la autenticidad de los datos, solo la identidad del emisor.
D. La firma digital garantiza tanto la integridad de los datos como la identidad del emisor.

16. ¿Cuál de lo siguiente es la frecuencia **MÁS** apropiada para actualizar los archivos de firma antivirus para el software antivirus en los servidores de producción?
    A. A diario
    B. Cada semana
    C. Al mismo tiempo que las actualizaciones de parches del sistema operativo
    D. Durante las actualizaciones programadas de control de cambios

A es la respuesta correcta.

Justificación:

A. Nuevos virus se introducen casi a diario. La eficacia de software de detección de virus depende de las actualizaciones frecuentes de las características de los virus, que se almacenan en archivos de firma antivirus de modo que las actualizaciones puedan realizarse varias veces durante el día. Como mínimo, la actualización debería ocurrir a diario.
B. Las actualizaciones semanales pueden permitir que nuevos virus infecten el sistema.
C. Las actualizaciones del sistema operativo son demasiado poco frecuentes para las actualizaciones de virus.
D. Las actualizaciones de control de cambios son esporádicas y no sirven de base para las actualizaciones de virus.

17. ¿Cuál de los siguientes dispositivos se debe instalar dentro de una zona desmilitarizada?
    A. Conmutador de red
    B. Servidor web
    C. Servidor de base de datos
    D. Servidor de archivo/impresión

B es la respuesta correcta.

Justificación:

A. Los conmutadores pueden puentear una zona desmilitarizada con otra interna, pero no residir técnicamente dentro del segmento de red de la DMZ.
B. Un servidor web se debe colocar por lo general dentro de una DMZ para proteger la red interna.
C. Los servidores de base de datos pueden contener datos confidenciales o valiosos y debe siempre colocarse en la red interna, nunca en una DMZ que esté sujeta a compromiso.
D. Los servidores de archivo/impresión pueden contener datos confidenciales o valiosos y debe siempre colocarse en la red interna, nunca en una DMZ que esté sujeta a compromiso.

18. ¿Dónde debe colocarse un cortafuegos?

A. En el servidor web
B. En el servidor del sistema de detección de intrusos
C. En una subred con filtro
D. En la frontera del dominio

D es la respuesta correcta.

Justificación:

A. Colocarlo en un servidor web, que es una zona desmilitarizada (DMZ), no proporciona ninguna protección.
B. Como los cortafuegos se deben instalar en servidores fortalecidos con mínimos servicios habilitados, es inapropiado tener el cortafuegos y el sistema de detección de intrusos en el mismo dispositivo físico.
C. Colocarlo en una subred con filtro, que es una zona desmilitarizada (DMZ), no proporciona ninguna protección.
D. Un cortafuegos se debe colocar en un límite de dominio (asegurado) para que cree una barrera contra las redes que no son de confianza.

19. ¿Dónde se debe colocar generalmente un servidor de intranet?

A. En la red interna
B. En el servidor del cortafuegos
C. En el enrutador externo
D. En el controlador de dominio principal

A es la respuesta correcta.

Justificación:

A. Un servidor de intranet se debe colocar en la red interna. Un servidor de intranet se debe quedar en la red interna porque las personas externas no necesitar acceder a él. Esto reduce el riesgo de accesos no autorizados.
B. Como los cortafuegos se deben instalar en servidores fortalecidos con mínimos servicios habilitados, es inapropiado almacenar el servidor intranet en el mismo dispositivo físico que el cortafuegos.
C. Colocar el servidor de intranet en un enrutador externo lo deja expuesto.
D. El controlador primario de dominios normalmente no debe compartir el mismo dispositivo físico, como el servidor intranet.

20. ¿De qué manera puede implementarse **MEJOR** el control de acceso a una aplicación de intranet sensible para usuarios móviles?

A. A través del cifrado de datos
B. A través de firmas digitales
C. A través de contraseñas seguras
D. A través de autenticación de dos factores

D es la respuesta correcta.

Justificación:

A. El cifrado de datos no proporciona control de acceso.
B. Las firmas digitales proporcionan aseguramiento de la identidad del remitente, pero no controles de acceso.
C. Contraseñas robustas proporcionan una fuerza intermedia de control de acceso, pero no son tan fuertes como la autenticación de dos factores.
D. La autenticación de dos factores a través del uso de contraseñas fuertes combinadas con tokens de seguridad proporciona el nivel más alto de seguridad.

21. ¿Cuál de los siguientes requisitos de implementación es **MÁS** probable que aborde una política de control?

A. Métricas específicas
B. Capacidades operativas
C. Requisitos de formación
D. Modos de fallo

D es la respuesta correcta.

Justificación:

A. Una política de control puede especificar un requisito para el control o la métrica, pero no definirá las métricas específicas.
B. Es probable que las capacidades operativas estén definidas en un requisito específico o documento de diseño en lugar de en la política de control.
C. Puede existir un requisito general para la formación, pero no una formación específica del control, que dependerá del control en particular.
D. Una política de control establecerá los modos de fallos requeridos en términos de si un control falla estando abierto o cerrado, que tiene implicaciones para la seguridad, la confidencialidad y la disponibilidad.

22. ¿Cuál de los siguiente asegura que las debilidades de seguridad recientemente identificadas en un sistema operativo se mitigan de forma oportuna?

A. Gestión de los parches
B. Gestión de cambios.
C. Referencias de seguridad
D. Gestión de adquisiciones

A es la respuesta correcta.

Justificación:

A. La gestión de parches implica la corrección de las debilidades de software y ayuda a asegurar que los casos recientemente identificados se mitiguen de forma oportuna.
B. La gestión de cambios controla el proceso de introducción de cambios a los sistemas.
C. Las referencias de seguridad proporcionan los parámetros mínimos requeridos.
D. La gestión de adquisiciones controla el proceso de compra.

23. ¿Cuál es la ventaja **PRINCIPAL** de implementar la sincronización de contraseña automática?

A. Reduce la carga general de trabajo administrativo.
B. Aumenta la seguridad entre los sistemas de múltiples capas.
C. Permite que las contraseñas se cambien con menos frecuencia.
D. Reduce la necesidad para la autenticación de dos factores.

A es la respuesta correcta.

Justificación:

A. La sincronización automática de contraseñas reduce la carga de trabajo administrativo general para restablecer contraseñas.
B. La sincronización automatizada de contraseñas no aumenta la seguridad entre los sistemas de múltiples capas.
C. La sincronización automatizada de contraseñas no permite que las contraseñas se cambien con menos frecuencia.
D. La sincronización automatizada de contraseñas no reduce la necesidad para la autenticación de dos factores.

24. ¿Cuál de las siguientes vulnerabilidades que permiten a los atacantes acceder a la base de datos de la aplicación es la **MÁS** seria?
   A. Falta de verificaciones de validación en las páginas de introducción de datos.
   B. Las reglas de contraseña no permiten suficiente complejidad.
   C. La gestión del registro de transacciones de la aplicación es débil.
   D. La aplicación y la base de datos comparten un solo ID de acceso.

A es la respuesta correcta.

Justificación:

A. Los atacantes pueden explotar las debilidades que existen en la capa de aplicación. Por ejemplo, pueden enviar una parte de una declaración de lenguaje de consulta estructurado (ataque de inyección de SQL) para recuperar los datos de aplicación. El control de la validación es una medida correctora efectiva.

B. Las contraseñas poco complejas pueden hacer que las cuentas sean vulnerables a ataques de fuerza bruta, pero existen otras maneras de corregirlas, además de la complejidad (por ejemplo, umbrales de bloqueo).

C. Existe la posibilidad de que la información confidencial se escriba por equivocación en el registro de transacciones de la aplicación; por lo tanto, se debe prestar suficiente atención a la gestión de registros. Sin embargo, no es muy común que los atacantes utilicen el servidor de registros para robar información de la base de datos.

D. Aunque los desarrolladores pueden incluir un solo ID en el programa para establecer una conexión de la aplicación a la base de datos, si la cuenta original es lo suficientemente segura, el riesgo general es bajo.

25. El coste de implementar y operar un control de seguridad no debe exceder:
   A. las pérdidas anuales esperadas.
   B. el coste de un incidente.
   C. el valor del activo.
   D. un nivel de pérdida aceptable.

C es la respuesta correcta.

Justificación:

A. La expectativa de pérdida anual es la pérdida monetaria de un activo debido a un riesgo específico durante un período individual de un año.

B. Un mecanismo de seguridad puede costar más que el coste de un solo incidente y todavía ser rentable.

C. El coste de implementar controles de seguridad no debe exceder el valor de negocio del activo.

D. El coste de un control bien puede superar el nivel de pérdida aceptable para alcanzar el objetivo de nivel de pérdida.

26. ¿Cuál es la razón **MÁS** importante para probar periódicamente los controles?
   A. Cumplir los requisitos regulatorios
   B. Probar el diseño del control.
   C. Garantizar que se cumplan los objetivos
   D. Lograr el cumplimiento de la política estándar

C es la respuesta correcta.

Justificación:

A. No se requiere que todas las empresas prueben los controles periódicamente.

B. Probar el diseño de control solo no es suficiente si el diseño no se implementa y supervisa de manera efectiva.

C. Probar periódicamente los controles garantiza que sigan alcanzando los objetivos del control.

D. El cumplimiento de la política no es el factor más importante para probar periódicamente los controles.

27. ¿Cuál de las siguientes es la solución **MÁS** efectiva para prevenir que personas externas a la empresa modifiquen información privada en una base de datos corporativa?
   A. Subredes con filtro
   B. Políticas y procedimientos de clasificación de información
   C. Un control de acceso basado en roles
   D. Sistema de detección de intrusos

A es la respuesta correcta.

Justificación:

   A. Subredes con filtro son zonas desmilitarizadas y están orientadas a prevenir los ataques en una red interna por usuarios externos.
   B. Las políticas y los procedimientos para clasificar información resultarán en última instancia una mejor protección, pero no ayudarán a prevenir la modificación real.
   C. Los controles de acceso basado en roles ayudan a asegurar que los usuarios solo tengan acceso a los archivos y sistemas apropiados para la función de su puesto de trabajo.
   D. Los sistemas de detección de intrusos son útiles para detectar intentos inválidos, pero no evitarán los intentos.

28. ¿Cuál de las siguientes tecnologías es utilizada para asegurar que una persona que se conecte con una red corporativa a través de la Internet no sea un intruso que se enmascara como un usuario autorizado?
   A. Sistema de detección de intrusos
   B. Filtrado de paquetes de dirección de IP
   C. Autenticación de dos factores
   D. Firma digital incrustada

C es la respuesta correcta.

Justificación:

   A. Un sistema de detección de intrusos se puede usar para detectar un ataque externo, pero no ayudaría a autenticar a un usuario que trata de conectarse.
   B. El filtrado de paquetes de dirección IP protegería una dirección interna contra spoofing, pero no proporciona una autenticación fuerte.
   C. La autenticación de dos factores proporciona un mecanismo adicional de seguridad superior al que proporcionan las contraseñas solas. Esto lo usan con frecuencia los usuarios móviles que necesitan establecer conectividad con una red corporativa.
   D. Las firmas digitales aseguran que la información transmitida pueda ser atribuida al remitente nombrado.

29. ¿Cuál es una frecuencia apropiada para actualizar los parches de sistema operativo en los servidores de producción?
   A. Durante las implementaciones programadas de nuevas aplicaciones
   B. De acuerdo con un cronograma fijado de administración de parches de seguridad
   C. De forma simultánea con el mantenimiento trimestral de hardware
   D. Cada vez que se publican parches de seguridad importantes

D es la respuesta correcta.

Justificación:

   A. Los parches no se deben demorar para que coincidan con otras implementaciones o parches de mantenimiento programados.
   B. Los parches no se deben demorar para que coincidan con otros mantenimientos programados.
   C. Debido a la posibilidad de crear una interrupción del sistema, los parches no se deben aplicar durante períodos críticos de actividad de aplicación, como por ejemplo cierres de fin de mes o de fin de trimestre.
   D. Los parches se deben aplicar cada vez que se publican actualizaciones de seguridad importantes después de hacer pruebas para garantizar la compatibilidad.

30. ¿Cuál de las siguientes opciones cumple **MEJOR** con la seguridad requerida para el uso del cliente en una aplicación de comercio electrónico?

A. Cifrado de datos
B. Firmas digitales
C. Contraseñas robustas
D. Autenticación de dos factores

A es la respuesta correcta.

Justificación:

A. El cifrado es el método preferido para garantizar la confidencialidad en las comunicaciones del cliente con una aplicación de comercio electrónico.
B. Una firma digital no es una solución práctica porque por lo general no hay un certificado del lado del cliente y la integridad de la comunicación no se puede garantizar.
C. Las contraseñas fuertes, por sí mismas, no serían suficientes porque los datos aún podrían ser interceptados.
D. La autenticación de dos factores no sería práctica y no ofrecería ninguna garantía de que los datos no han sufrido ninguna modificación a raíz de un ataque de un intermediario.

31. ¿Cuál es la **MEJOR** defensa contra un ataque de inyección de lenguaje de consulta estructurado?

A. Archivos de firma actualizados con regularidad
B. Un cortafuegos configurado de forma correcta
C. Un sistema de detección de intrusos
D. Controles estrictos sobre los campos de entrada

D es la respuesta correcta.

Justificación:

A. Los archivos de firma que se actualizan de forma periódica no están relacionados con un ataque de lenguaje de consulta estructurado (SQL) y no podrían evitarlo.
B. Un cortafuegos configurado de forma correcta no lograría impedir dicho ataque.
C. Un sistema de detección de intrusos no lograría impedir dicho ataque.
D. La inyección SQL implica introducir declaraciones de comandos de programación dentro de un campo de entrada de datos en una página web, por lo general con la intención de engañar la aplicación y hacerle creer que se ha introducido una contraseña válida en el campo de entrada de contraseñas. La mejor defensa contra dicho ataque es tener ediciones estrictas sobre lo que se puede introducir en un campo de introducción de datos para que se rechacen los comandos de programación. Las revisiones de código también se deben efectuar para asegurar que dichas ediciones se instalen y no haya debilidades inherentes en la forma que el código está escrito; hay software disponible para verificar si tiene dichas debilidades.

32. ¿Cuál de las siguientes consideraciones es la **MÁS** importante cuando se implementa un sistema de detección de intrusos?

A. Configuración
B. Aplicación de parches
C. Cifrado
D. Filtrado de paquetes

A es la respuesta correcta.

Justificación:

A. Si un sistema de detección de intrusos no está debidamente configurado, generará un número inaceptable de falsos positivos o/y no podrá hacer sonar una alarma cuando se esté perpetrando un ataque real.
B. La aplicación de parches es más aplicable al refuerzo del sistema operativo.
C. El cifrado no sería tan relevante como la configuración.
D. El filtrado de paquetes no sería tan relevante como la configuración.

33. La salida del proceso de gestión de riesgos es una entrada para:

A. planes de negocios.
B. estatutos de auditoría.
C. decisiones para la política de seguridad.
D. decisiones para el diseño de software.

C es la respuesta correcta.

Justificación:

A. Los planes de negocio son producto de las aspiraciones estratégicas de traducir la gestión en objetivos de negocio alcanzables. Los planes de negocio proporcionan antecedentes, declaraciones de objetivos y planes para lograr esos objetivos.
B. Los estatutos de auditoría son documentos que describen el propósito, los derechos y las responsabilidades de la función de auditoría. No se basan en el proceso de evaluación de riesgos.
C. El proceso de gestión de riesgos detecta cambios en el panorama de riesgos y supone cambios en las decisiones relacionadas con la política de seguridad.
D. Las decisiones sobre el diseño del software se basan en las necesidades de las partes interesadas, no en el proceso de gestión de riesgos.

34. Las empresas implementan entrenamiento sobre ética **PRINCIPALMENTE** para proporcionar una guía para los individuos involucrados en:

A. controlar las actividades del usuario.
B. implementar los controles de seguridad.
C. gestionar la tolerancia al riesgo.
D. asignar el acceso.

A es la respuesta correcta.

Justificación:

A. Controlar las actividades del usuario puede generar acceso a información sensible tanto personal como corporativa. La empresa debe implementar formación que proporcione una guía para el comportamiento legal adecuado con el fin de reducir la responsabilidad corporativa y aumentar la concienciación del usuario y el entendimiento de la privacidad de los datos y el comportamiento ético.
B. Si bien la formación ética es una buena práctica para todos los empleados, aquellos que implementan controles de seguridad no están necesariamente privados de datos confidenciales.
C. Los empleados que gestionan la tolerancia al riesgo pueden tener acceso a información corporativa de alto nivel, pero no necesariamente información privada o confidencial. Aunque la formación sobre ética es una buena práctica, no se requiere para gestionar la tolerancia al riesgo de una empresa.
D. Los empleados que gestionan el acceso de red no necesariamente necesitan formación sobre ética.

35. ¿Cuál de los siguientes elementos es el **MÁS** importante que se debe considerar cuando se evalúan productos para controlar la seguridad en toda la empresa?

A. Facilidad de instalación
B. Documentación de producto
C. Disponibilidad de asistencia
D. Gastos generales del sistema

D es la respuesta correcta.

Justificación:

A. La facilidad de instalación, aunque es importante, serían secundaria.
B. La documentación de producto, aunque es importante, sería secundaria.
C. La disponibilidad de asistencia, aunque es importante, sería secundaria.
D. Controlar productos puede suponer un impacto significativo en los gastos generales del sistema para servidores y redes.

36. ¿Cuál de las siguientes pautas es la **MÁS** importante cuando se usa software para buscar exposiciones de seguridad dentro de una red corporativa?
   A. Nunca usar herramientas de código fuente abierto.
   B. Centrarse solo en los servidores de producción.
   C. Seguir un proceso lineal para los ataques.
   D. No interrumpir los procesos de producción.

D es la respuesta correcta.

Justificación:

A. Las herramientas de código fuente abierto son un excelente recurso para realizar escaneos.
B. Las búsquedas deben concentrarse tanto en la prueba como en los entornos de producción porque, si se comprometieran, el entorno de prueba se podría usar como una plataforma para atacar los servidores de producción.
C. El proceso de búsqueda de vulnerabilidades es más un proceso en espiral que un proceso lineal.
D. La primera regla para buscar exposiciones de seguridad es no afectar nada. Esto incluyó interrumpir los procesos de producción.

37. ¿Cuál de los siguientes garantiza **MEJOR** que las modificaciones hechas a las aplicaciones del negocio desarrolladas localmente no introduzcan nuevas exposiciones de seguridad?
   A. Prueba de estrés
   B. Gestión de los parches
   C. Gestión de cambios.
   D. Referencias de seguridad

C es la respuesta correcta.

Justificación:

A. Las pruebas de estrés garantizan que no existan problemas de escalabilidad.
B. La gestión de parches implica la corrección de las debilidades de software y ayuda a asegurar que los casos recientemente identificados se mitiguen de forma oportuna.
C. La gestión de cambios controla el proceso de introducir cambios a los sistemas para garantizar que no se introducen cambios no intencionados; dentro de la gestión de cambios, la prueba de regresión se ha diseñado de forma específica para evitar la introducción de nuevas exposiciones de seguridad cuando se realizan modificaciones.
D. Las referencias de seguridad proporcionan los parámetros mínimos de seguridad requeridos.

38. ¿Cuál es la ventaja de la tunelización de redes virtuales privadas para los usuarios remotos?
   A. Ayuda a garantizar que las comunicaciones sean seguras.
   B. Aumenta la seguridad entre los sistemas de múltiples capas.
   C. Permite que las contraseñas se cambien con menos frecuencia.
   D. Elimina la necesidad de autenticación secundaria.

A es la respuesta correcta.

Justificación:

A. La tunelización de red privada virtual (VPN) para usuarios remotos proporciona un enlace cifrado que ayuda a garantizar comunicaciones seguras.
B. La tunelización de VPN no afecta a la seguridad dentro de la red interna.
C. La tunelización de VPN no afecta a la frecuencia de cambio de contraseña.
D. La tunelización de VPN no elimina la necesidad de autenticación secundaria.

39. ¿Cuál de lo siguiente es **MÁS** efectivo para asegurar las redes inalámbricas como un punto de entrada a una red corporativa?
    A. Enrutador de frontera
    B. Cifrado fuerte
    C. Cortafuegos frente a Internet
    D. Sistema de detección de intrusos

B es la respuesta correcta.

Justificación:

A. Los enrutadores de frontera no servirían de mucho a la hora de proteger las redes inalámbricas.
B. El cifrado fuerte es el medio más efectivo de proteger las redes inalámbricas.
C. Un cortafuegos frente a Internet no protegería contra un ataque local en una red inalámbrica.
D. Un sistema de detección de intrusos no detectaría el compromiso de un cifrado débil.

40. ¿Cuál de las siguientes opciones es la **MÁS** efectiva para protegerse contra la técnica de ataque conocida como phishing?
    A. Reglas de bloqueo de cortafuegos
    B. Archivos de firma actualizados
    C. Formación en concienciación de la seguridad
    D. Control del sistema de detección de intrusos

C es la respuesta correcta.

Justificación:

A. Las reglas de cortafuegos no son útiles para bloquear este tipo de ataques.
B. Los archivos de firma no están relacionados con este tipo de ataque.
C. Phishing se basa en técnicas de ingeniería social. Proporcionar una buena formación en la concienciación de la seguridad reducirá mejor la probabilidad de que dicho ataque tenga éxito.
D. El del sistema de detección de intrusos no es útil para bloquear este tipo de ataques.

41. ¿Cuál de las siguientes opciones debe ocurrir automáticamente **PRIMERO** cuando un sistema recién instalado para sincronizar contraseñas en múltiples sistemas y plataformas se cierra de manera anómala sin advertencia?

    A. El cortafuegos debe bloquear todo el tráfico entrante durante la interrupción.
    B. Todos los sistemas deben bloquear nuevos inicios de sesión hasta que el problema se solucione.
    C. El control de acceso debe retornar al modo no sincronizado.
    D. Los registros del sistema deben registrar la actividad de todos los usuarios para analizarla después.

C es la respuesta correcta.

Justificación:

A. Bloquear el tráfico sería demasiado restrictivo para la operación del negocio.
B. Bloquear los nuevos inicios de sesión sería demasiado restrictivo para la operación del negocio.
C. El mejor mecanismo es que el sistema regrese al proceso original de iniciar sesión de forma individual en cada sistema.
D. Registrar la actividad de todos los usuarios agregaría poco valor.

42. ¿Cuál de las siguientes opciones ayuda a determinar **MEJOR** los niveles adecuados de protección de los recursos de información?

A. Un caso de negocio
B. Una evaluación de vulnerabilidades
C. Clasificación de activos
D. Valoración de activos

C es la respuesta correcta.

Justificación:

A. Un caso de negocio puede ser útil para respaldar la necesidad para la clasificación de activos, pero por sí mismo no proporciona una base para la asignación a nivel de recurso individual.
B. La evaluación de vulnerabilidades no toma en cuenta la criticidad o sensibilidad, que es la base para asignar los niveles de protección de los recursos de información.
C. La clasificación de activos basada en la criticidad y la sensibilidad proporciona la mejor base para asignar los niveles de protección de los recursos de información.
D. La valoración de los activos no es una base adecuada para determinar el nivel necesario de protección. Por ejemplo, un activo puede ser valioso desde el punto de vista del coste, pero no crítico para las operaciones ni confidencial si se expone.

43. Un proveedor de servicios externalizado debe manejar información confidencial del cliente. ¿Cuál de las siguientes opciones es **MÁS** importante que un gerente de seguridad de la información conozca?

A. Seguridad en almacenamiento y transmisión de datos confidenciales
B. El nivel de cumplimiento del proveedor con las normas de la industria
C. Las tecnologías de seguridad existente en la instalación
D. Resultados de la última revisión independiente de seguridad

A es la respuesta correcta.

Justificación:

A. El conocimiento de cómo el contratista protege el almacenamiento y la transmisión de información confidencial permitirá que el gerente de seguridad de la información entienda cómo se protegerán los datos confidenciales.
B. El nivel de cumplimiento del proveedor con las normas de la industria puede ser importante o no.
C. Las tecnologías de seguridad no son los únicos componentes para proteger la información confidencial del cliente.
D. Una revisión independiente de la seguridad puede no incluir análisis sobre cómo se protegería la información confidencial del cliente.

44. Desde la perspectiva de seguridad de la información, la información que ya no sea relevante para el propósito principal del negocio se debe:
   A. analizar según la política de retención.
   B. proteger según la política de clasificación de la información.
   C. analizar según la política de copias de seguridad.
   D. evaluar mediante un análisis del impacto en el negocio.

A es la respuesta correcta.

Justificación:

   A. La información analizada de acuerdo con la política de retención determinará si se requiere que la empresa mantenga los datos por motivos empresariales, legales o regulatorios. Conservar datos que ya no se requieren representa un consumo innecesario de recursos y, en lo que se refiere a la información personal sensible, puede aumentar el riesgo de comprometer los datos.
   B. Si la información se protege según la política de clasificación de la información es un atributo que se debe considerar en la política de destrucción y retención.
   C. No hay ningún motivo para hacer una copia de seguridad de la información que ha dejado de ser útil para la empresa, y debe considerarse como parte de la política de conservación.
   D. Un análisis de impacto en el negocio podría ayudar a determinar si la información apoya el principal objetivo del negocio, pero no indicaría la medida a adoptar.

45. En el proceso de implementación de un nuevo sistema de correo electrónico, un gerente de seguridad de la información desea garantizar la confidencialidad de los mensajes durante el tránsito. ¿Cuál de las siguientes opciones es el método **MÁS** adecuado para garantizar la confidencialidad de los datos en la implementación de un nuevo sistema de correo electrónico?
   A. Cifrado
   B. Autenticación fuerte
   C. Firma digital
   D. Algoritmos de Hashing

A es la respuesta correcta.

Justificación:

   A. Para mantener confidencialidad de un mensaje mientras está en tránsito, se debe implementar el cifrado.
   B. Una sólida autenticación garantiza la identidad de los participantes, pero no protege el mensaje en tránsito.
   C. Las firmas digitales solo autentican al remitente, al receptor y la integridad del mensaje, pero no evitan la interceptación.
   D. Los algoritmos de Hashing garantizan la integridad.

46. Cuando las normas corporativas cambian debido a la nueva tecnología, ¿cuál de las siguientes opciones es **MÁS** probable que se vea afectada?

A. Las políticas organizacionales
B. El enfoque de evaluación de riesgos
C. Objetivos de control
D. Las referencias de seguridad de los sistemas

D es la respuesta correcta.

Justificación:

A. Es probable que las políticas de la organización adecuadamente desarrolladas no requieran cambios cuando las normas corporativas cambian debido a la nueva tecnología.
B. La evaluación de riesgo es el proceso utilizado para identificar y evaluar los riesgos y sus posibles efectos. Los enfoques para evaluar los riesgos probablemente no deban cambiarse cuando las normas corporativas cambien debido a la nueva tecnología.
C. Un objetivo de control es una declaración del resultado deseado o propósito que se va a lograr mediante la implementación de procedimientos de control en un proceso en particular. Es probable que los objetivos de control desarrollados como es debido no requieran cambios cuando las normas corporativas cambian debido a la nueva tecnología.
D. Debido a que las normas establecen las referencias de seguridad, es más probable que un cambio en algunas normas haga que sea necesario revisar y efectuar posibles cambios en las referencias de seguridad.

47. ¿Cuál es el factor de éxito **MÁS** importante para diseñar un programa efectivo de concienciación de la seguridad de TI?

A. Adaptación de contenido para la audiencia objetivo
B. Representación de la alta gerencia
C. Formación del personal en todos los niveles jerárquicos
D. Reemplazo de jerga técnica con ejemplos concretos

A es la respuesta correcta.

Justificación:

A. La formación en concienciación solo puede ser efectiva si se adapta a las expectativas y necesidades de los asistentes. Las necesidades serán bastante diferentes según la audiencia objetivo y variará entre el gerente de negocios, los usuarios finales y el personal de TI; el contenido de programa y el nivel de detalle comunicado será por lo tanto diferente.
B. La representación de la alta gerencia es también importante; sin embargo, la adaptación del contenido es el factor más importante.
C. La formación del personal en todos los niveles jerárquicos es también importante; sin embargo, la adaptación del contenido es el factor más importante.
D. El reemplazo de jerga técnica con ejemplos concretos es una buena práctica; sin embargo, la adaptación del contenido es el factor más importante.

48. ¿Cuál de las siguientes prácticas impide completamente un ataque de tipo intermediario entre dos anfitriones?

A. Usar tokens de seguridad para la autenticación.
B. Realizar la conexión a través de una red privada virtual IP Security v6.
C. Usar el protocolo seguro de transferencia de hipertexto con un certificado en la parte del servidor.
D. Reforzar las direcciones estáticas de control de acceso.

B es la respuesta correcta.

Justificación:

A. Usar la autenticación basada en token no impide un ataque tipo intermediario; sin embargo, puede ayudar a eliminar la posibilidad de reutilizar credenciales robadas en texto simple.
B. IP Security v6 impide con eficacia los ataques de intermediarios mediante la inclusión de protocolos de Internet fuente y destino dentro de la porción cifrada del paquete. El protocolo es resistente a los ataques de tipo intermediario.
C. Una sesión de protocolo seguro de transferencia de hipertexto se puede interceptar a través de envenenamiento de servidor de nombre de dominio (DNS) o protocolo de resolución de dirección (ARP).
D. El envenenamiento ARP (un tipo específico de ataque de tipo intermediario) puede prevenirse estableciendo direcciones estáticas de control de acceso a los medios. Sin embargo, DNS y la resolución NetBIOS todavía se puede atacar para desviar el tráfico.

49. ¿Cuál es el **MEJOR** protocolo para garantizar la confidencialidad de transmisiones en una aplicación web financiera de negocio a cliente?

A. Capa de conector seguro
B. Secure Shell
C. Seguridad de IP
D. Extensiones seguras/multipropósito de correo de Internet

A es la respuesta correcta.

Justificación:

A. La capa de conector seguro es un protocolo de cifrado que proporciona comunicaciones seguras mediante el suministro de autenticación de punto final y privacidad de comunicaciones a través de Internet. En su uso habitual, el servidor web del negocio cifrará todos los datos transmitidos entre el cliente y el negocio y permanecerán confidenciales.
B. El protocolo de transferencia de archivos Secure Shell (SSH) es un protocolo de red que proporciona transferencia de archivos y funcionalidad de manipulación en cualquier corriente de datos confiables. Se suele usar con el protocolo SSH-2 para proporcionar una transferencia segura de archivos.
C. La Seguridad de IP (IPSec) es un marco estandarizado para asegurar las comunicaciones del Protocolo de Internet (IP) cifrando o autenticando cada paquete IP en una corriente de datos. Hay dos modos de operación IPSec: modo de transporte y modo de túnel.
D. Las extensiones seguras/multipropósito de correo de Internet (S/MIME) es una norma para el cifrado de clave pública y firma de correo electrónico encapsulado en MIME; no es un protocolo de transacciones de la web.

50. Una autoridad certificadora se requiere para una infraestructura de clave pública:

A. en los casos en que la confidencialidad es un tema a abordar.
B. cuando se utiliza la autenticación del desafío/respuesta.
C. excepto donde los usuarios certifican la identidad del otro.
D. el despliegue de un control de acceso basado en roles.

C es la respuesta correcta.

Justificación:

A. El requisito de confidencialidad no es relevante para la autoridad certificadora más que para proporcionar una clave pública de usuario autenticada.
B. La autenticación del desafío/respuesta no es un proceso usado en infraestructura de clave pública.
C. El rol de la CA no se necesita en implementaciones tales como "Pretty Good Privacy" (PGP), donde la autenticidad de las claves públicas de los usuarios es certificada por los otros en un "círculo de confianza".
D. Si el control de acceso basado en roles se basada en PKI, se requiere una CA u otras partes de confianza que tendrán que certificar la validez de los usuarios.

51. ¿Cuando un usuario emplea un certificado digital del lado del cliente para autenticar a un servidor web a través de capa de conector seguro (SSL), la confidencialidad es **MÁS** vulnerable a cuál de los siguientes elementos?

A. Spoofing de Protocolo de Internet
B. Ataque de tipo intermediario
C. Repudio
D. Troyano

D es la respuesta correcta.

Justificación:

A. Spoofing de protocolo de Internet no funcionará porque la IP no se usa como un mecanismo de autenticación.
B. Los ataques de tipo intermediario no son posibles si se usa la capa de conector seguro con certificados del lado del cliente.
C. El repudio es improbable porque los certificados por el lado del cliente autentican el usuario.
D. Un troyano es un programa que puede dar al atacante pleno control sobre el ordenador infectado y permite al atacante secuestrar, copiar o alterar información después de que la autentique el usuario.

52. ¿Cuál de las siguientes es la métrica **MÁS** relevante para incluir en un informe trimestral de seguridad de la información al comité ejecutivo?

A. Informe de tendencia de los servicios que cumplen con la seguridad
B. Porcentaje de servidores que cumplen con la seguridad
C. Número de parches de seguridad aplicados
D. Informe de tendencia de parches de seguridad aplicados

A es la respuesta correcta.

Justificación:

A. La tendencia general de los servidores que cumplen con la seguridad ofrece una métrica de la efectividad del programa de seguridad de TI.
B. El porcentaje de servidores que cumplen será un indicador relevante de la exposición al riesgo de la infraestructura. Sin embargo, el porcentaje es menos relevante que la tendencia general.
C. El número de parches aplicados sería menos relevante, ya que esto dependería del número de vulnerabilidades identificadas y de parches proporcionados por los proveedores.
D. El informe de tendencias de parches de seguridad aplicados es una métrica que sirve para indicar el grado de mejora de los parches, pero ofrece una imagen menos exhaustiva de la eficacia del programa de seguridad.

53. ¿Por qué es importante desarrollar una referencia de seguridad de la información? La referencia de seguridad ayuda a definir:

A. los recursos de información crítica que necesitan protección.
B. una política de seguridad para toda la empresa.
C. la seguridad mínima aceptable que se debe implementar.
D. los controles de acceso físico y lógico necesarios.

C es la respuesta correcta.

Justificación:

A. Antes de determinar la referencia de seguridad, un gerente de seguridad de la información debe identificar los niveles de criticidad de los recursos de información de la empresa.
B. La política de seguridad ayuda a definir una referencia de seguridad.
C. Desarrollar la referencia de la seguridad de información ayuda a definir la seguridad mínima aceptable que se implementará para proteger los recursos de información en conformidad con los respectivos niveles de criticidad y clasificación.
D. La seguridad de referencia define los objetivos de control, pero no los controles específicos necesarios.

54. ¿Cuál de las siguientes opciones es el vínculo **MÁS DÉBIL** en el proceso de registro del usuario autorizado?

A. La clave privada de la autoridad certificadora
B. La clave privada de la autoridad registradora
C. La clave privada de la parte de confianza
D. Una clave privada de comunicación protegida

B es la respuesta correcta.

Justificación:

A. La clave privada de la autoridad de certificación (CA) está profundamente protegida electrónica y físicamente, y es muy difícil el acceso para cualquiera.
B. La clave privada de la autoridad de registro (RA) está en posesión de la RA, a menudo almacenada en una tarjeta inteligente u ordenador portátil, y suele estar protegida por una contraseña, por lo que se podría acceder a ella. Si la clave privada de la RA se compromete, se puede utilizar para registrar a cualquiera para un certificado utilizando cualquier identidad y comprometiendo toda la infraestructura de clave pública para esa CA.
C. La clave privada de la parte de confianza, si se compromete, solo expone a esa parte al riesgo.
D. La clave privada utilizada para la comunicación segura solo representa un riesgo para las partes que se comunican.

55. El departamento a cargo del acceso a las instalaciones de una gran empresa financiera utiliza tarjetas electrónicas para administrar el acceso físico. El gerente de seguridad de la información solicita que las instalaciones proporcionen al gerente acceso de solo lectura a los datos de acceso físico. ¿Cuál es el propósito **MÁS** probable?

A. Controlar que el personal cumpla con las disposiciones contractuales
B. Determinar quién está en el edificio en caso de incendio
C. Comparar el acceso lógico y físico a fin de detectar potenciales anomalías
D. Garantizar que el sistema de control de acceso físico funciona correctamente

C es la respuesta correcta.

Justificación:

A. El control del cumplimiento del contrato por lo general no formará parte del rol de un gerente de seguridad de la información.
B. El personal de respuesta a emergencias y de seguridad física deberá controlar la presencia de personas en el edificio en caso de incendio.
C. Las diferencias entre el acceso físico y lógico pueden indicar uno de los tantos escenarios de riesgo como personal que no pasa la tarjeta y accede en forma no autorizada, uso compartido de contraseña o compromiso del sistema y sirve como un indicador clave de riesgo. Algunas de las mejores métricas de seguridad provienen de actividades no relacionadas con la seguridad.
D. La correcta operación del sistema probablemente es responsabilidad de TI, aunque es prudente realizar una validación periódica por seguridad.

56. Para mejorar al **MÁXIMO** la alineación de los objetivos de seguridad de la información en una empresa, el gerente de seguridad de la información debe:

A. revisar el programa de seguridad de la información.
B. evaluar un cuadro de mando del negocio.
C. realizar sesiones periódicas de concienciación de usuarios.
D. realizar pruebas de penetración.

B es la respuesta correcta.

Justificación:

A. Revisar el programa de seguridad de la información puede ser una solución, pero no es la mejor para mejorar la alineación de los objetivos de seguridad de la información.
B. El cuadro de mando del negocio puede rastrear la efectividad de una empresa para ejecutar la estrategia de seguridad y determinar las áreas de mejora.
C. La concienciación del usuario es tan solo una de las áreas que la empresa debe seguir a través del BS del negocio.
D. Realizar pruebas de penetración no afecta la alineación con los objetivos de seguridad de la información.

57. Suponiendo que el valor de los activos de información sea conocido, ¿cuál de las siguientes opciones le proporciona al gerente de seguridad de la información la base **MÁS** objetiva para determinar que el programa de seguridad de la información esté entregando valor?
   A. El número de controles
   B. El coste de alcanzar objetivos de control
   C. La efectividad de los controles
   D. Los resultados de pruebas de los controles

B es la respuesta correcta.

Justificación:

A. El número de controles no está correlacionado con el valor de los activos, a menos que la efectividad de los controles y su coste también se evalúen.

B. Una comparación del coste de alcanzar los objetivos de control con el valor de los activos correspondientes que se pretende proteger proporcionará una base saludable para que el gerente de seguridad de la información mida la entrega del valor.

C. La efectividad de los controles no está correlacionada con el valor de los activos, a menos que su coste también se evalúe.

D. Los resultados de pruebas de los controles pueden determinar su efectividad, pero no están correlacionados con el valor de los activos.

58. Se prefiere **PRINCIPALMENTE** el uso de cifrado de clave pública con el propósito de brindar claves de cifrado a una gran cantidad de individuos porque:
   A. el cifrado de clave pública es más eficiente en el uso de recursos informáticos.
   B. el escalamiento es menos problemático que utilizar una clave simétrica.
   C. el cifrado de clave pública es menos costoso de mantener que la clave simétrica para grupos pequeños.
   D. el cifrado de clave pública brinda mayor fuerza de cifrado que las opciones de claves secretas.

B es la respuesta correcta.

Justificación:

A. El cifrado de clave pública es intensivo en el uso de recursos informáticos debido a la gran longitud de las claves requerida.

B. El cifrado de claves secretas o simétricas requiere una clave para cada par de individuos que desean tener comunicaciones confidenciales, lo cual resulta en un incremento exponencial en el número de claves y se genera una distribución difícil y problemas de almacenamiento.

C. La infraestructura de clave pública es más costosa para los grupos pequeños, pero, a medida que aumenta el número de participantes se vuelve menos costosa de mantener. Es la única opción gestionable para grupos grandes, por lo que es preferible.

D. El cifrado de claves secretas requiere longitudes de claves mucho más cortas para alcanzar una fortaleza equivalente.

59. Una empresa está implementando un programa de seguridad de la información. ¿Durante qué etapa de la implementación debe establecerse la métrica para evaluar la efectividad del programa con el tiempo?
   A. Las pruebas
   B. La iniciación
   C. El diseño
   D. El desarrollo

C es la respuesta correcta.

Justificación:

A. Es demasiado tarde para la etapa de pruebas ya que el sistema ya se ha desarrollado y se encuentra en pruebas de producción.

B. En la fase de iniciación, el objetivo básico de seguridad del proyecto se confirma.

C. En la etapa de diseño se definen los puntos de verificación de seguridad y se desarrolla un plan de pruebas.

D. El desarrollo es la fase de codificación y es demasiado tarde para considerar planes de prueba.

60. La forma **MÁS** efectiva para asegurar que los proveedores de servicios externalizados cumplan con la política de seguridad de la información de la empresa sería:
   A. control de los niveles de servicio.
   B. prueba de penetración.
   C. auditoría periódica.
   D. formación en la concienciación de la seguridad.

C es la respuesta correcta.

Justificación:

A. El control del nivel de servicio solo puede señalar los problemas operativos en el entorno operativo de la empresa.
B. Las pruebas de penetración pueden identificar las vulnerabilidades de la seguridad, pero no pueden asegurar el cumplimiento de las políticas.
C. El ejercicio regular de auditoría puede descubrir cualquier deficiencia en el cumplimiento de seguridad de la información.
D. La formación puede aumentar la concienciación de los usuarios de la política de seguridad de la información, pero no garantiza el cumplimiento.

61. ¿Cuál de las siguientes opciones debe implementar el gerente de seguridad de la información para proteger una red contra conexiones externas no autorizadas a los sistemas corporativos?
   A. Autenticación fuerte
   B. Filtrado contra el spoofing de protocolo de Internet
   C. Protocolo de cifrado de red
   D. Listas de acceso de dispositivos de confianza

A es la respuesta correcta.

Justificación:

A. Una autenticación fuerte proporcionará un aseguramiento adecuado de las identidades de los usuarios.
B. El filtrado contra el spoofing de protocolo de Internet está dirigido al dispositivo más que al usuario.
C. El protocolo de cifrado asegura la confidencialidad y autenticidad de datos.
D. Las listas de acceso de dispositivos de confianza se pueden explotar con facilidad mediante la suplantación de identidad de los clientes.

62. ¿Cuál es el resultado de segmentar una base de datos muy sensible?
   A. Reduce la amenaza.
   B. Reduce la criticidad.
   C. Reduce la sensibilidad.
   D. Reduce la exposición.

D es la respuesta correcta.

Justificación:

A. La amenaza puede permanecer constante, pero cada segmento puede representar un vector diferente contra el que debe dirigirse.
B. La criticidad de los datos no se ve afectada por la manera en que se segmenta la base de datos.
C. La sensibilidad de los datos no se ve afectada por la manera en que se segmenta la base de datos.
D. La segmentación de datos reduce la cantidad de datos expuesta como resultado de un evento particular.

63. Es esencial determinar las fuerzas que impulsan a la necesidad del negocio para el programa de seguridad de la información. Determinar los impulsores es crítico para:

   A. establecer la base para el desarrollo de las métricas.
   B. establecer la base para los controles de seguridad.
   C. informar sobre los resultados del riesgo a la alta gerencia.
   D. desarrollar los módulos de formación en concienciación de seguridad.

A es la respuesta correcta.

Justificación:

   A. Determinar los impulsores de un programa establece los objetivos y es esencial para desarrollar las métricas relevantes para la empresa.
   B. Determinar los impulsores puede establecer los objetivos de un programa, pero los controles los determinan el riesgo y el impacto.
   C. El informe de riesgos va más allá de los impulsores específicos e incluye todos los riesgos organizacionales.
   D. Los impulsores pueden proporcionar el tema para la formación de un modo indirecto, pero la concienciación de la seguridad va más allá de los impulsores.

64. Una empresa utiliza una aplicación crítica suministrada por un proveedor con una longitud de contraseña máxima que no cumple con las normas de seguridad de la organización. ¿Cuál de los siguientes enfoques ayuda a mitigar **MEJOR** la debilidad?

   A. Acortar el período de validez de la contraseña.
   B. Promover el uso de caracteres especiales.
   C. Fortalecer la segregación de funciones
   D. Introducir controles de compensación.

D es la respuesta correcta.

Justificación:

   A. El cambio periódico de contraseña es un buen control contra el robo de contraseña. Sin embargo, no compensaría la deficiencia en la longitud de la contraseña.
   B. El uso de caracteres especiales mejorará la complejidad de la contraseña. Sin embargo, no reemplazará por completo la deficiencia en la longitud de la contraseña.
   C. La segregación de funciones reforzara el control contra el fraude. Sin embargo, no resolverá el incumplimiento de la contraseña.
   D. Los sistemas de proveedores a veces no pueden proporcionar un control de seguridad que cumpla con la política de la empresa. En esos casos, se deberán buscar controles de compensación, por ejemplo, el bloqueo de contraseña en intentos fallidos.

65. ¿Cuál de las siguientes es la razón **MÁS** importante para definir los objetivos de seguridad de la información?

A. Herramienta para medir la efectividad
B. Comprensión general de las metas
C. Coherencia con las normas aplicables
D. Iniciativas de aprobación y apoyo de la gerencia

A es la respuesta correcta.

Justificación:

A. La creación de objetivos se puede utilizar en parte como una fuente de medición de la efectividad de la gestión de seguridad de la información a través del grado de consecución de los objetivos, lo cual forma parte del estado de gobierno general.
B. La comprensión general de las metas es útil, pero no es la razón principal para tener objetivos claramente definidos.
C. Las normas deben ser coherentes con los objetivos, no al contrario.
D. Conseguir la aprobación u el apoyo de la gerencia es importante, pero no proporcionarán por sí solas la estructura para el gobierno.

66. ¿Cuál es la **MEJOR** política para proteger datos en unidades de almacenamiento de tipo USB?

A. Autenticación
B. Cifrado
C. Prohibir a los empleados copiar datos en dispositivos USB
D. Limitar el uso de dispositivos USB

B es la respuesta correcta.

Justificación:

A. La autenticación protege contra el acceso a los datos, pero no protege los datos si la autenticación se ve comprometida.
B. El cifrado proporciona la protección de datos más efectiva en dispositivos portátiles.
C. Prohibir a los empleados copiar datos a dispositivos de bus serial universal (USB) no evita que copien datos y ofrece una protección mínima.
D. Limitar el uso de dispositivos USB no asegura los datos que contienen.

67. ¿En qué se debe centrar un gerente de seguridad de la información cuando habla con el departamento de recursos humanos de una empresa sobre la seguridad de la información?

A. Un presupuesto adecuado para el programa de seguridad
B. Contratación de empleados con formación técnica en TI
C. Evaluaciones periódicas de riesgos
D. Formación en la concienciación de la seguridad para empleados

D es la respuesta correcta.

Justificación:

A. Las consideraciones del presupuesto suelen estar relacionadas con una función de contabilidad.
B. Contratar personal experto en TI puede incluir a nuevos empleados con mayor conciencia sobre la seguridad de la información, pero no reemplaza los requisitos de formación de los otros empleados.
C. Las evaluaciones de riesgos periódicas podrían o no necesitar la participación de la función del departamento de recursos humanos.
D. Un gerente de seguridad de la información tiene que inculcar en el departamento de recursos humanos la necesidad de la formación en la concienciación de la seguridad para todos los empleados. El departamento de recursos humanos participará una vez que estén convencidos de la necesidad de formación en la concienciación de la seguridad.

68. ¿Cuál es la razón **MÁS** importante para realizar programas de concienciación de la seguridad en una empresa?

A. Reducir el riesgo humano
B. Mantener pruebas de registros de formación para asegurar el cumplimiento
C. Informar a las unidades de negocio acerca de la estrategia de seguridad
D. Formar al personal en respuesta a incidentes de seguridad

A es la respuesta correcta.

Justificación:

A. Las personas son el eslabón más débil en la implementación de seguridad, y la concienciación reduciría el riesgo.
B. Mantener las pruebas de registros de formación es útil, pero dista mucho de ser la razón más importante para impartir una formación de concienciación.
C. La mejor manera de informar a las unidades de negocio acerca de la estrategia de seguridad es a través de reuniones del comité directivo y otros foros.
D. La formación en la concienciación de la seguridad no suele ser para la respuesta a incidentes de seguridad.

69. ¿Cuál es la **MEJOR** respuesta al riesgo para los escenarios de riesgo donde la probabilidad de un evento perjudicial es muy baja, pero el impacto financiero potencial es muy alto?

A. Aceptar el alto coste de protección.
B. Implementar controles de detección.
C. Garantizar que la exposición del activo sea baja.
D. Transferir el riesgo a un tercero.

D es la respuesta correcta.

Justificación:

A. No es aconsejable invertir en una protección de alto coste si la probabilidad de que se produzca el evento es baja. La empresa puede optar por abordar el problema de otra forma.
B. Un control de detección por sí solo no hace nada para limitar el impacto.
C. El hecho de que la probabilidad sea baja sugiere que la exposición ya es mínima. Las reducciones adicionales a la exposición no harían nada para limitar el impacto.
D. Las situaciones de alto impacto y baja probabilidad por lo general se cubren de manera más rentable al transferir el riesgo a un tercero (por ejemplo, el seguro).

70. ¿Cuál es la configuración de sensibilidad conveniente para un sistema de control de acceso biométrico que proteja un centro de datos de alta seguridad?

A. Una tasa de falso rechazo alta
B. Una tasa de aceptación falsa alta
C. Menor que la tasa de error cruzado
D. La tasa de error cruzado exacta

A es la respuesta correcta.

Justificación:

A. Los sistemas de control de acceso biométrico no son infalibles. Al definir la solución, se debe ajustar el nivel de sensibilidad para dar preferencia a la tasa de falso rechazo (FRR) (tasa de error de tipo I) para que el sistema tenga una mayor tendencia a negar el acceso a un usuario válido o en el otorgamiento de acceso a un usuario no válido. La configuración preferible estará en la región de sensibilidad FRR.

B. Una tasa de aceptación falsa (FAR) alta marginará la seguridad al permitir demasiados accesos no autorizados. En sistemas en los que la posibilidad de falsos rechazos es un problema, puede ser necesario reducir la rigurosidad y de ese modo aumentar el número de falsas aceptaciones.

C. A medida que la sensibilidad del sistema biométrico se ajusta, los valores de FRR y FAR cambian de forma inversa. En cierto punto, los dos valores se cruzan y se igualan. Esta condición crea la tasa de error cruzado, que es una medida de exactitud del sistema. Una tasa de error menor que la tasa de error cruzado creará una FAR demasiado alta para un centro de datos de alta seguridad.

D. A veces, se hace referencia a la tasa de error cruzado como tasa de error igual. En un sistema muy riguroso, puede ser conveniente minimizar el número de falsas aceptaciones (el número de personas no autorizadas a quienes se autoriza el acceso). Para esto, el sistema se ajusta a fin de hacerlo más riguroso con una FAR inferior, lo cual causa que aumenten la FRR (el número de personas autorizadas a las que se prohíbe el acceso).

71. ¿En cuál de las siguientes opciones debe basarse **PRINCIPALMENTE** el nivel de clasificación de un activo?

A. Criticidad y sensibilidad
B. Posibilidad e impacto
C. Coste de valoración y reemplazo
D. Vector de amenazas y exposición

A es la respuesta correcta.

Justificación:

A. El alcance hasta el cual un activo es crítico para las operaciones de negocio o puede dañar a la empresa si se revela es la consideración principal para el nivel de protección requerido.

B. La clasificación de activos se impulsa por la criticidad y sensibilidad, no por la probabilidad de compromiso.

C. Probabilidad y frecuencia son consideraciones de riesgo y no la consideración principal de la clasificación de activos.

D. El vector de amenazas y la exposición juntos no proporcionan la información sobre el impacto necesaria para la clasificación.

72. ¿Cuál de las siguientes razones es la **MÁS** importante para realizar una revisión de seguridad de la información de los contratos?

A. Para ayudar a garantizar a las partes del acuerdo lo que cada uno pueda llevar a cabo
B. Para ayudar a que los datos confidenciales no se incluyan en el acuerdo
C. Para ayudar a garantizar que los controles adecuados se incluyan
D. Para ayudar a garantizar que el derecho a una auditoría sea un requisito

C es la respuesta correcta.

Justificación:

A. La capacidad de las partes para actuar suele ser la responsabilidad de las operaciones legales y de negocio afectadas.
B. Es posible que la información confidencial se incluya en el acuerdo por necesidad y, si bien el gerente de seguridad de la información puede prestar asesoría y proporcionar enfoques para proteger la información, la responsabilidad recae sobre la parte de negocios y el departamento legal.
C. Los acuerdos con partes externas pueden exponer una empresa a riesgos de seguridad de la información que se deben evaluar y mitigar con los controles adecuados.
D. Los derechos de auditoría pudieran ser uno de los muchos controles que se pueden incluir en un acuerdo con terceros, pero no es absolutamente necesario, ya que su consideración depende de la naturaleza del acuerdo.

73. Para que la red privada virtual tenga acceso a la red corporativa el gerente de seguridad de la información requerirá una autenticación robusta. ¿Cuál de los siguientes es el método más robusto para garantizar un acceso seguro a la red?
A. Biometría
B. Claves de cifrado simétrico
C. Autenticación basada en capa de conectores seguros
D. Autenticación de dos factores

D es la respuesta correcta.

Justificación:

A. Pese a que la biométrica proporciona una autenticación única, no es bastante fuerte por sí misma, a menos que se utilice junto con un número de identificación persona (PIN) u otro factor de autenticación. La autenticación biométrica por sí misma también está sujeta a ataques de repetición.
B. Un método de cifrado simétrico que utiliza la misma clave secreta para cifrar y descifrar datos no es un mecanismo de autenticación habitual para usuarios finales. Incluso la clave privada podría estar comprometida.
C. La capa de conector seguro (SSL) es una tecnología de seguridad estándar para establecer un enlace cifrado entre un servidor web y un navegador. Utilizar SSL con un certificado de cliente y una contraseña es una autenticación de dos factores.
D. Una autenticación de dos factores requiere más de un tipo de autenticación de usuario, suele ser algo que conoce y algo que tiene, como un PIN o una tarjeta inteligente.

74. Un gerente de seguridad de la información determina que la gestión de riesgos no es coherente en una empresa considerada madura, y esto crea un eslabón débil en la protección general. La respuesta inicial **MÁS** adecuada para el gerente de seguridad de la información es:
   A. escalar al comité de dirección.
   B. revisar el cumplimiento de las normas.
   C. escribir políticas más rigurosas.
   D. aumentar la aplicación.

B es la respuesta correcta.

Justificación:

A. El comité de dirección puede ayudar a lograr un mejor cumplimiento después de que se haya establecido a través de una auditoría. Un comité de dirección es un comité a nivel gerencial que asiste a los ejecutivos en la preparación de la estrategia de seguridad, supervisa la gestión diaria de la prestación de servicios y los proyectos de TI y se centra en la implementación.
B. Una empresa madura cuenta con un conjunto completo de políticas y normas, y es más probable que el tratamiento incoherente de los riesgos implique un cumplimiento incoherente de las normas.
C. Las políticas se deben revisar para determinar si son adecuadas. El problema puede ser la aplicación.
D. El refuerzo de la aplicación solo puede ser tan efectivo como las políticas que respalda. Reforzar la aplicación antes de determinar los problemas no es la mejor respuesta inicial.

75. ¿Cuál de las siguientes medidas de seguridad es la **MÁS** efectiva para proteger datos almacenados en dispositivos informáticos móviles?
   A. Control de acceso biométrico.
   B. Cifrado de los datos almacenados.
   C. Contraseñas de inicio.
   D. Protección de los datos que se transmiten.

B es la respuesta correcta.

Justificación:

A. El control de acceso biométrico limita el acceso, pero no protege los datos almacenados después de que se viole el acceso.
B. El cifrado de los datos almacenados ayudará a garantizar que los datos reales no se puedan recuperar sin la clave de cifrado.
C. Las contraseñas de inicio no protegen los datos de manera efectiva.
D. La protección de datos almacenados en dispositivos informáticos móviles no se relaciona con la protección de datos en transmisión.

76. Al realizar una revisión de las opciones de tratamientos de riesgos, el beneficio **MÁS** importante que debe considerarse es:

A. la máxima mitigación del riesgo.
B. ahorrar en las opciones de control.
C. la alineación con los requisitos regulatorios.
D. alcanzar los objetivos de control.

D es la respuesta correcta.

Justificación:

A. Los objetivos de control se establecen en función del apetito del riesgo organizacional; por lo tanto, maximizar la mitigación más allá de los objetivos de control significa incurrir en costes innecesarios.
B. El coste es siempre una consideración, pero no puede considerarse que haya ahorrado dinero a menos que también cumpla con un objetivo.
C. Los requisitos regulatorios no se consideran de manera diferente a cualquier otro aspecto en el proceso de la evaluación de riesgos. Los objetivos de control se establecen en función del apetito del riesgo, que puede o no incluir aceptar el riesgo de no cumplir con una regulación.
D. Los controles se diseñan e implementan para mitigar el riesgo. Por tanto, lograr el objetivo del control es el beneficio más importante. Ningún otro beneficio puede compensar el no cumplir con los objetivos de control.

77. Una empresa está implementando protección contra intrusos en su zona desmilitarizada (DMZ). ¿Cuál de los siguientes pasos es necesario para garantizar que el sistema de prevención de intrusos (IPS) pueda visualizar todo el tráfico en DMZ?

A. Garantizar que la prevención de intrusos se encuentre antes que el cortafuegos.
B. Garantizar que todos los dispositivos conectados puedan visualizar fácilmente el IPS en la red.
C. Garantizar que todo el tráfico cifrado se descifre antes de que el IPS lo procese.
D. Garantizar que el IPS duplique el tráfico de todos los dispositivos.

C es la respuesta correcta.

Justificación:

A. Un sistema de prevención de intrusos (IPS) colocado frente al firewall detectará casi con toda seguridad y de forma continua lo ataques potenciales, creando un sinfín de falsos positivos y ordenando al firewall que bloquee muchos sitios de manera innecesaria. La mayoría de los ataques reales serían interceptados por el cortafuegos en cualquier caso.
B. No es necesario que todos los dispositivos conectados vean el IPS.
C. Para que el IPS detecte ataques, los datos no se pueden cifrar; por tanto, se debe finalizar todo el cifrado para permitir que el IPS visualice todo el tráfico. El cifrado debe finalizar en un acelerador de capa de conector seguro o una red privada virtual a fin de permitir el control de todo el tráfico.
D. El tráfico de todos los dispositivos no se duplica en el IPS.

78. ¿Cuál de las siguientes acciones garantiza que los datos en un archivo no se hayan modificado?

A. Analizar la fecha en que se modificó el archivo
B. Cifrar el archivo mediante el cifrado simétrico
C. Utilizar un control de acceso estricto para evitar accesos no autorizados
D. Crear un hash del archivo para luego comparar los hashes del archivo

D es la respuesta correcta.

Justificación:

A. La fecha modificada se puede modificar para que indique cualquier fecha.
B. Cifrar el archivo dificultará su modificación, pero no garantiza que no se haya dañado.
C. El control de acceso no puede garantizar que los datos del archivo no hayan sufrido modificaciones.
D Un algoritmo generador de hashes se puede utilizar para asegurar matemáticamente que no se han modificado los datos creando un hash de un archivo y comparando los hashes después de que se sospeche un cambio.

79. ¿Cuál de los siguientes mecanismos es la forma **MÁS** segura de implementar una red inalámbrica segura?
   A. Filtrar las direcciones estáticas de control de acceso.
   B. Usar un protocolo de acceso Wi-Fi protegido.
   C. Usar una clave de privacidad equivalente al cableado.
   D. Usar una autenticación basada en web.

B es la respuesta correcta.
Justificación:

A. Un filtro de direcciones de control de acceso al medio (MAC) por sí solo no es un mecanismo de seguridad efectivo porque las direcciones MAC aceptadas se pueden buscar (sniffing) fácilmente y después suplantar (spoofing) para obtener acceso a la red.

B. El protocolo de acceso Wi-Fi protegido (WPA2) es uno de los protocolos de autenticación y cifrado más seguros que existen en la actualidad para productos inalámbricos comunes.

C. La privacidad equivalente al cableado (WEP) ya no es un mecanismo de cifrado seguro para las comunicaciones inalámbricas. La clave WEP se puede descifrar de forma sencilla en tan solo minutos con un software que se consigue con facilidad. Después de obtener la clave WEP, quedan expuestas todas las comunicaciones del resto de los clientes inalámbricos.

D. Un mecanismo de autenticación basado en web se puede utilizar para prevenir el acceso a la red por parte de usuarios no autorizados, pero no resolverá los principales problemas de seguridad de la red inalámbrica, tal como la prevención de búsquedas (sniffing).

80. ¿Cuál de los siguientes dispositivos podría detener un ataque de inyección de lenguaje de consulta estructurado?
   A. Un sistema de prevención de intrusos
   B. Un sistema de detección de intrusos
   C. Un sistema de detección de intrusos basado en el anfitrión
   D. Un cortafuegos basado en el anfitrión

A es la respuesta correcta.

Justificación:

A. Un ataque de inyección de lenguaje de consulta estructurado (SQL) tiene lugar en la capa de aplicación. La mayoría de los proveedores de sistemas de prevención de intrusos detectará por lo menos conjuntos básicos de SQL Injection y podrá detenerlos.

B. Un sistema de detección de intrusos detectará, pero no prevendrá.

C. Un sistema de detección de intrusos no sabrá los problemas de SQL Injection.

D. Un cortafuegos basado en el anfitrión, ya sea en el servidor web o en el servidor de la base de datos, permitirá la conexión debido a que los cortafuegos no verifican paquetes en la capa de aplicación.

81. ¿Cuál de las siguientes opciones garantiza **MEJOR** el no repudio?
   A. contraseñas robustas
   B. Un hash digital
   C. Cifrado simétrico
   D. Firmas digitales

D es la respuesta correcta.

Justificación:

A. Las contraseñas fuertes solo garantizan la autenticación al sistema y no pueden utilizarse para no repudio que implique a dos o más partes.

B. Un hash digital por sí mismo ayuda a garantizar la integridad del contenido, pero no el no repudio.

C. El cifrado simétrico no es útil a efectos de no repudio puesto que las partes implicadas siempre comparten las claves.

D. Las firmas digitales utilizan un par de claves, una privada y una pública, para autenticar a las dos partes. La integridad del contenido que se intercambia se controla mediante el mecanismo de hashing, el cual se firma con la clave privada del usuario que participa en el intercambio.

82. ¿Cuál de los siguientes pasos es el **MÁS** importante a seguir antes de implementar una política de seguridad?

A. Comunicarse con los empleados
B. Formar al personal de TI
C. Identificar tecnologías relevantes para la automatización
D. Obtener la aprobación de las partes interesadas

D es la respuesta correcta.

Justificación:

A. Solo después de que se obtenga una aprobación, puede comenzar la comunicación a los empleados.
B. Solo después de que se obtenga una aprobación, puede comenzar la formación del personal de TI.
C. Solo después de que se obtenga una aprobación, puede comenzar la identificación de tecnologías relevantes para la automatización.
D. **Debe obtenerse la aprobación de todas las partes interesadas, porque esto supondría que se han aceptado formalmente todos los objetivos de la política y las expectativas de negocios con todos los riesgos residuales.**

83. ¿En cuál de los siguientes aspectos debería enfocarse un programa de concienciación sobre la seguridad de una empresa?

A. Establecer métricas para copias de seguridad de la red
B. Instalar un software de formación que simule incidentes en la seguridad
C. Informar lo que los empleados deberían hacer o no dentro del contexto de sus responsabilidades de trabajo
D. Niveles de acceso en la empresa para aplicaciones e Internet

C es la respuesta correcta.

Justificación:

A. Las métricas para las copias de seguridad de la red no es un problema de concienciación.
B. El software de formación que simula incidentes de seguridad es adecuado para los equipos de respuesta a incidentes, pero no para la formación de concienciación general.
C. **El programa de concienciación de la seguridad de una empresa debe centrarse en el comportamiento de los empleados y en las consecuencias del cumplimiento y del incumplimiento de la política de seguridad.**
D. Los niveles de acceso son problemas específicos, pero no suelen ser el contenido de la formación en concienciación.

84. La **MEJOR** defensa contra ataques de phishing efectivos es:

A. aplicaciones más estrictas.
B. filtros para envío fraudulento de correo (spam).
C. un sistema de detección de intrusos.
D. concienciación del usuario final.

D es la respuesta correcta.

Justificación:

A. Hacer las aplicaciones más estrictas no tiene ningún efecto en los ataques de phishing.
B. Los filtros de spam pueden detectar algunos ataques de phishing poco sofisticados.
C. Un sistema de detección de intrusos no detectará los ataques de phishing.
D. **Los ataques de phishing son ataques de ingeniería social y la mejor defensa es la formación de concienciación de los usuarios finales.**

85. ¿Cuál de los siguientes sería el **MAYOR** reto al desarrollar un programa de formación de concienciación estándar para una empresa global?

A. Los requisitos técnicos de entrada de datos para el personal de seguridad de TI
B. La evaluación de la efectividad de los programas de formación
C. La diferencia de conocimientos generales y habilidades técnicas de los usuarios finales
D. La disponibilidad de los usuarios durante los fines de semana o después del horario de trabajo

C es la respuesta correcta.

Justificación:

A. El personal de seguridad de TI requiere conocimientos técnicos y tener un programa de formación aparte no se consideraría un reto.
B. Evaluar la efectividad del programa de formación no representa problema alguno cuando se desarrolla un programa de formación estándar. De hecho, la evaluación de la efectividad del programa de formación es más fácil cuando se imparte un programa de formación estándar en toda la empresa.
C. **La diversidad de conocimientos generales y las diferencias en los niveles de conocimientos de TI y de exposición de la TI constituyen los mayores desafíos al desarrollar un programa de formación estándar porque las necesidades de aprendizaje de los empleados varían.**
D. La disponibilidad de los usuarios durante los fines de semana o fuera del horario regular de trabajo no tiene ningún efecto en el desarrollo de un programa de formación estándar.

86. Al contratar servicios de proveedores externos para garantizar que estos cumplan con la política de seguridad de la empresa, ¿qué se debería llevar a cabo?

A. Un programa de reuniones predefinido
B. Una auditoría de seguridad periódica
C. Incluir en el contrato una lista de personas a las que se puede acudir en caso de un incidente (cadena de llamadas)
D. Incluir en el contrato una cláusula de confidencialidad

B es la respuesta correcta.

Justificación:

A. Un programa de reuniones predefinido contribuiría, pero no garantizaría, el cumplimiento.
B. **Una auditoria de seguridad periódica es la manera formal y documentada de determinar el grado de cumplimiento.**
C. Una cadena de llamadas es útil para abordar incidentes, pero no lo es para garantizar el cumplimiento.
D. La inclusión de una cláusula de confidencialidad no garantiza el cumplimiento.

87. ¿Cuál de las siguientes medidas de control aborda de forma **MÁS** efectiva la integridad?

A. La ausencia de repudio
B. Marcas de tiempo
C. Escaneos biométricos
D. Cifrado

A es la respuesta correcta.

Justificación:

A. **El no repudio es una técnica de control relacionada con la integridad de la información que garantiza que el originador de un mensaje o transacción no pueda repudiar (denegar o rechazar) el mensaje, de manera que el mensaje o la transacción se pueda considerar como autorizada, auténtica y válida.**
B. El uso de sellos de tiempo es un control que se relaciona con un solo componente de la integridad del mensaje.
C. El escaneo biométrico es un control que se relaciona con el acceso.
D. El cifrado es un control relativo a la confidencialidad que, si bien puede formar parte de un esquema de integridad de los datos, no es suficiente para alcanzar el mismo nivel de integridad que el conjunto de medidas que se utilizan para garantizar el no repudio.

88. ¿Cuál de los siguientes controles de seguridad aborda la disponibilidad?

A. El mínimo nivel de privilegios
B. Infraestructura de clave pública
C. Acceso basado en roles
D. Planificación de contingencia.

D es la respuesta correcta.

Justificación:

A. El mínimo nivel de privilegios es un control de acceso relacionado con la confidencialidad.
B. La infraestructura de clave pública se preocupa por la confidencialidad y la integridad.
C. El acceso basado en roles limita el acceso, pero no aborda la disponibilidad de forma directa.
D La planificación de contingencias garantiza la disponibilidad del sistema y de los datos en caso de que surja un problema.

89. ¿Cuál es la **MEJOR** manera para garantizar que las configuraciones de seguridad en cada plataforma cumplan con los procedimientos y las políticas de seguridad de la información?

A. Realizar pruebas de penetración.
B. Establecer las referencias de seguridad.
C. Implementar las configuraciones por defecto del proveedor.
D. Vincular las políticas a una norma independiente.

B es la respuesta correcta.

Justificación:

A. La prueba de penetración no será tan efectiva y solo se podrá efectuar periódicamente.
B. Las referencias de seguridad proporcionarán la mejor garantía de que cada plataforma cumpla con los criterios mínimos de seguridad.
C. Los parámetros por defecto del proveedor no necesariamente satisfacen los criterios fijados por las políticas de seguridad.
D. Vincular las políticas con una norma independiente no garantizará que las plataformas satisfagan los niveles pertinentes de seguridad.

90. Una aplicación de negocio en la web se está migrando desde prueba a producción. ¿Cuál de lo siguiente es la aprobación **MÁS** importante de gerencia para esta migración?

A. Usuario
B. Red
C. Operaciones
D. Base de datos

A es la respuesta correcta.

Justificación:

A. Como dueños del sistema, la aprobación de la gerencia de usuario es lo más importante. Si un sistema no satisface las necesidades del negocio, entonces no ha cumplido su objetivo principal.
B. Las necesidades de la red son secundarias a las necesidades del negocio.
C. Las necesidades de las operaciones son secundarias a las necesidades del negocio.
C. Las necesidades de la base de datos son secundarias a las necesidades del negocio.

91. ¿Cuál es la **MEJOR** manera de garantizar que se respeten las políticas de seguridad de la información?

A. Distribuir copias impresas para todos los empleados.
B. Realizar revisiones periódicas para comprobar el cumplimiento.
C. Incluir el aumento de sanciones por incumplimiento.
D. Establecer una línea directa anónima para informar sobre abusos de la política.

B es la respuesta correcta.

Justificación:

A. Distribuir copias impresas no motivará a las personas tanto como las consecuencias del incumplimiento.
B. La mejor forma de asegurar que las políticas de seguridad de información se respeten es revisar periódicamente los niveles de cumplimiento.
C. el aumento de las sanciones requerirá primero una revisión de cumplimiento.
D. Establecer una línea directa para los abusos no motivará a las personas tanto como las consecuencias del incumplimiento.

92. Los factores **MÁS** importantes que se deben considerar cuando se prioriza el desarrollo del control son:

A. amenaza y vulnerabilidad.
B. coste y frecuencia.
C. apetito y tolerancia al riesgo.
D. probabilidad e impacto.

D es la respuesta correcta.

Justificación:

A. La amenaza y la vulnerabilidad son factores para determinar la probabilidad, pero sin saber la magnitud de pérdida (o impacto) asociada con un evento específico, sabiendo su probabilidad, no es una base adecuada para priorizar el desarrollo del control.
EB. El coste es siempre una consideración, y las limitaciones en los recursos pueden llevar a que ciertos controles se demoren, pero la priorización ocurre incluso entre los controles de coste comparable.
C. Estas son consideraciones cuando se desarrollan los objetivos de control, pero no tienen en cuenta la priorización de los controles.
D. La probabilidad de que ocurra un acontecimiento adverso y el impacto posterior brindan una base cuantitativa efectiva para priorizar el desarrollo de los controles.

93. ¿Cuál de lo siguiente es **MÁS** probable que reduzca las probabilidades de que una persona no autorizada acceda a los recursos informáticos pretendiendo ser una persona autorizada que necesita que le reactiven su contraseña?

A. Revisar los establecimientos de nuevas contraseñas
B. Llevar a cabo programas de concienciación de la seguridad
C. Aumentar la frecuencia de los cambios de contraseña
D. Implementarla verificación automática de sintaxis de contraseña

B es la respuesta correcta.

Justificación:

A. Revisar los restablecimientos de nuevas contraseñas puede ser deseable, pero no será tan efectivo para reducir la probabilidad de un ataque de ingeniería social.
B. La ingeniería social se puede mitigar mejor a través de la formación periódica sobre la concienciación de la seguridad para los miembros del personal a cargo de esa función.
C. Cambiar con frecuencia la periodicidad de los cambios de contraseña puede ser deseable, pero no reducirá la probabilidad de un ataque de ingeniería social.
D. Se aconseja reforzar las contraseñas, pero esto no reducirá las probabilidades de sufrir un ataque de ingeniería social.

94. ¿Cuál de las siguientes actividades es la manera **MÁS** directa de determinar con precisión los niveles mínimos de control en un sistema de TI?

A. Revisar las normas y el cumplimiento del sistema.
B. Probar las configuraciones de hardware y software.
C. Revisar los registros del servidor y sistema en busca de anomalías.
D. Realizar las pruebas de penetración internas y externas.

A es la respuesta correcta.

Justificación:

A. Una referencia de control se obtiene revisando los estándares para determinar si dicha referencia queda dentro de los límites establecidos por las normas.
B. Probar las configuraciones del hardware sin conocer los requisitos de control reflejados en las normas brinda información sobre el estado actual pero no sobre cómo ese estado se relaciona con el estado esperado.
C. Las anomalías en los registros del sistema no indican necesariamente que la seguridad de referencia sea incorrecta, ni una ausencia de anomalías significa que la referencia sea correcta.
D. Las pruebas de penetración que revelan vulnerabilidades se deben evaluar en el contexto de los requisitos de control establecidos por la norma.

95. ¿Cuál es la **MEJOR** manera de garantizar que un proveedor externo de servicios cumple con las políticas de seguridad de la organización?

A. Incluir explícitamente al proveedor de servicio en las políticas de seguridad
B. Recibir confirmación por escrito para establecer que el proveedor ha leído todas las políticas
C. Referencia cruzada con las políticas en el acuerdo de nivel de servicio
D. Realizar revisiones periódicas del proveedor del servicio

D es la respuesta correcta.

Justificación:

A. Las referencias a las políticas no serán tan efectivas porque no generarán la detección del incumplimiento.
B. El aseguramiento de que el proveedor ha leído las políticas no facilita en absoluto el cumplimiento.
C. Los documentos escritos por sí mismos ofrecen poca seguridad sin confirmar la supervisión.
D. Las revisiones periódicas serán la manera más efectiva de asegurar el cumplimiento del proveedor externo de servicio.

96. ¿Qué práctica debe aplicarse **PRIMERO** a un parche de seguridad de emergencia que se ha recibido por correo electrónico? El parche se debe:

A. cargar en una máquina de prueba aislada.
B. descompilar para verificar el código malicioso.
C. validar para garantizar su autenticidad.
D. copiar en medios de escritura de una sola vez para evitar la manipulación.

C es la respuesta correcta.

Justificación:

A. El parche se debe validar para garantizar su autenticidad antes de que se haga cualquier otra acción.
B. Descompilar el parche no es práctico y es poco probable que exponga código malicioso.
C. Es esencial validar primero que el parche sea auténtico.
D. Copiar a medios de escritura de una sola vez no suele ser una medida útil.

97. En un entorno bien controlado, ¿cuál de las siguientes actividades es **MÁS** probable que conduzca a la introducción de debilidades en el software de seguridad?

A. Aplicar parches
B. Cambiar las reglas de acceso
C. Ampliar la capacidad del hardware
D. Hacer copias de seguridad de los archivos

B es la respuesta correcta.

Justificación:

A. El software de seguridad tendrá generalmente un proceso bien controlado para aplicar parches.
B. El mayor riesgo ocurre cuando se cambian las reglas de acceso porque estas son susceptibles a volverse permisivas, lo cual puede tener como consecuencia la creación de una exposición de seguridad.
C. Ampliar la capacidad del hardware no afectará a las vulnerabilidades del software.
D. Los procesos de copias de seguridad ofrecen pocas oportunidades para que se introduzcan vulnerabilidades.

98. ¿Cuál de los siguientes es el **MEJOR** indicador de que los programas de concienciación de seguridad han sido efectivos?

A. Los empleados firman para confirmar la política de seguridad.
B. Se están notificando más incidentes.
C. Una mayoría de los empleados han completado la formación.
D. No se han notificado incidentes en tres meses.

B es la respuesta correcta.

Justificación:

A. El reconocimiento de la política de seguridad no es una indicación de la concienciación.
B. Que se estén notificando más incidentes podría ser un indicador de que el personal está prestando más atención a la seguridad.
C. El número de empleados formados no es un indicador sobre la efectividad de la formación en concienciación.
D. Ningún incidente de seguridad reciente notificado refleja los niveles de concienciación, pero puede sugerir más investigación para confirmar.

99. ¿Cuál de las siguientes es la **MAYOR** preocupación de seguridad cuando se almacena registro de incidentes en el servidor de la base de datos de producción?

A. Se puede perder información del registro cuando se bloquea el servidor de la base de datos.
B. El administrador de la base de datos puede manipular la información del registro.
C. La capacidad de manejar grandes transacciones se puede comprometer.
D. La información confidencial puede inadvertidamente escribirse en el archivo del registro.

B es la respuesta correcta.

Justificación:

A. Los datos de producción y los datos del registro probablemente se copian al mismo tiempo. Por lo tanto, es posible restaurar los datos de producción y los datos del registro con base en el mismo punto de recuperación.
B. **Existe la posibilidad de que el fraude se pueda llevar a cabo porque el administrador puede manipular el servidor de la base de datos. El administrador puede alterar las transacciones de la base de datos y, a continuación, borrar el registro. Es mejor que el registro se maneje en un entorno separado de la base de datos de producción.**
C. La capacidad de procesamiento de la transacción puede o no puede degradarse como resultado de la activación del registro. No se proporciona suficiente información para confirmar la degradación del proceso.
D. Puede haber un caso cuando la información confidencial inadvertidamente se escribe en registro. Esto proviene de un fallo de diseño en la aplicación o el sistema de bases de datos en lugar del hecho de que la base de datos de producción y el registro estén ubicados en el mismo servidor.

100. La consideración **MÁS** importante al determinar cómo se implementa una política de control es:

A. el riesgo de compromiso.
B. la seguridad del personal.
C. el tiempo medio entre fallos.
D. la naturaleza de una amenaza.

B es la respuesta correcta.

Justificación:

A. El riesgo de compromiso es una consideración importante en el nivel de protección requerida, pero no a costa de la seguridad. Solo en muy raras circunstancias el riesgo de compromiso supera la seguridad humana, e incluso entonces existe el riesgo para una población más grande que justifica una configuración segura contra fallos.
B. **La seguridad del personal es siempre la primera consideración. Por ejemplo, incluso si un centro de datos contiene información muy confidencial, el fallo de los controles de acceso físico no debe cerrar el acceso y evitar la salida de emergencia. Solo en muy raras circunstancias el riesgo de compromiso supera la seguridad humana, e incluso entonces existe el riesgo para una población más grande que justifica una configuración segura contra fallos.**
C. El tiempo medio entre fallos es una consideración para los controles mecánicos o técnicos y debe considerarse desde una perspectiva de seguridad.
D. La naturaleza de una amenaza es una consideración para el tipo y la fortaleza de los controles.

101. Si se debe tratar una amenaza definida y no es factible un control preventivo, ¿cuál de las siguientes actividades es la siguiente **MEJOR** opción?

A. Utilizar un control disuasivo.
B. Reducir la exposición.
C. Utilizar un control de compensación.
D. Reevaluar el riesgo.

B es la respuesta correcta.

Justificación:

A. Utilizar un control disuasivo solo tendrá un efecto limitado en la posibilidad de compromiso.
B. Reducir la exposición disminuye la probabilidad de que un riesgo se pueda explotar.
C. Utilizar un control de compensación servirá para limitar el impacto, pero no hará nada para evitar la explotación.
D. Reevaluar el riesgo puede proporcionar una fotografía más clara del riesgo, pero no hace nada para reducir la explotación.

102. Un gerente de seguridad de la información tiene dos servidores idénticos en la red sujetos a una amenaza viable, pero decide endurecer solo uno de ellos. La razón **MÁS** probable para esta elección es que el segundo servidor:

A. maneja solo información poco importante.
B. no podrá realizar las tareas requeridas.
C. está ubicado de manera tal que no tiene exposición.
D. tiene un control constante que evita los ataques.

C es la respuesta correcta.

Justificación:

A. La información poco importante puede requerir menos protección, pero es poco probable que deba estar totalmente desprotegida porque puede ofrecer una vía de acceso al resto de la red.
B. Es poco probable que reforzar la seguridad de un servidor lo haga incapaz de realizar las tareas requeridas.
C. Si el segundo servidor no tiene exposición, no existe probabilidad de que pueda ocurrir un compromiso.
D. El control puede indicar cuándo ocurre un ataque, pero no lo evita.

103. ¿Cuál de las siguientes opciones está **MÁS** fuertemente respaldada por la gestión efectiva de activos de información?

A. Un diccionario de información/datos
B. Un programa de clasificación de datos
C. Una cultura de seguridad basada en la información
D. Una política de riesgo orientada al negocio

D es la respuesta correcta.

Justificación:

A. Un diccionario de información/datos es una herramienta de gestión útil, pero solo es un aspecto la gestión holística de activos de información.
B. Un programa de clasificación de datos ayuda a priorizar la protección de los activos en función del valor del negocio, pero la gestión de activos de información va más allá de la protección de los activos.
C. La cultura de seguridad de una empresa no impulsa la efectividad o eficiencia de los activos de información.
D. Una política de riesgo que está orientada hacia las necesidades del negocio promueve el logro de los objetivos organizacionales. El enfoque holístico basado en el riesgo a la gestión de activos de información incluye y aborda una amplia variedad de factores como los enlaces de datos, la privacidad, la orientación del negocio y la relevancia del riesgo, que a su vez ayuda a que los activos se gestionen de manera efectiva y eficaz.

104. ¿Cuál de las siguientes consideraciones es la **MÁS** importante para el uso de una herramienta de escaneo de vulnerabilidades?

A. Funciones múltiples
B. Actualizaciones regulares
C. Interfaz gráfica de usuarios
D. Borrado de virus en tiempo real

B es la respuesta correcta.

Justificación:

A. Las múltiples funciones no pueden reemplazar la importancia de un escáner que se mantiene actualizado para detectar las vulnerabilidades más recientes.
B. Un escáner de vulnerabilidades tiene el valor de su última actualización.
C. La interfaz gráfica de usuario aborda la facilidad de uso en lugar de la efectividad del escáner.
D. Un escáner de vulnerabilidades no necesita tener la capacidad de borrar los virus.

105. ¿Cuál de los siguientes elementos es la **MEJOR** base para determinar el valor de los activos intangibles?

A. Contribución a la generación de ganancias
B. Un análisis de impacto en el negocio
C. Evaluación de amenazas
D. Costes de reemplazo

A es la respuesta correcta.

Justificación:

A. El valor de cualquier activo del negocio por lo general se basa en la contribución a generar ganancias para la empresa, tanto en el presente como en el futuro.
B. Un análisis del impacto en el negocio (BIA) es un proceso para determinar el impacto de perder el apoyo de cualquier recurso. El BIA establecerá la distribución de esas pérdidas a lo largo del tiempo. Se basa en el hecho de que la alta gerencia, cuando se le proporcionan datos fiables para documentar el impacto potencial de la pérdida de un recurso, puede adoptar la decisión correcta. Es posible que no tenga en cuenta el impacto a largo plazo en los ingresos perdidos de los activos intangibles.
C. El análisis de amenazas es una evaluación del tipo, alcance y naturaleza de los incidentes o acciones que pueden resultar en consecuencias adversas; proporciona una identificación de las amenazas que existen contra los activos empresariales. El análisis de amenazas normalmente define el nivel de amenaza y la probabilidad de que esta se materialice. La evaluación de las amenazas no se encarga del valor de los activos, sino de la probabilidad de compromiso.
D. El coste de reemplazo de los activos intangibles como secretos comerciales por lo general no se puede calcular porque dicho reemplazo es imposible.

106. ¿Cuál de las siguientes opciones es el **MEJOR** método para garantizar que los empleados temporales no reciban derechos de acceso excesivos?

A. Controles de acceso obligatorio
B. Controles de acceso discrecional
C. Controles de acceso basado en estructura.
D. Controles de acceso basado en roles

D es la respuesta correcta.

Justificación:

A. Los controles de acceso obligatorios exigen que los usuarios dispongan de una autorización igual o superior al nivel de clasificación de activos, pero conceder autorizaciones a empleados temporales lleva mucho tiempo y es costoso.
B. El control de acceso discrecional permite la delegación basada en la persona, pero requiere una acción administrativa para conceder y eliminar el acceso.
C. El control de acceso basado en estructura es un modelo de acceso obligatorio basado en la interacción entre cualquier combinación de objetos (como recursos, ordenadores y aplicaciones) y sujetos.
D. Los controles de acceso basado en roles otorgarán al empleado temporal acceso de acuerdo con la función del puesto de trabajo que desempeña. Esto asegura que el acceso no sea ni más ni menos que el que se requiere, y retirarlo requerirá menos esfuerzo.

107. En lo que respecta a la implementación de los programas de concienciación de la seguridad en una empresa, es **MÁS** relevante entender que uno de los siguientes aspectos puede cambiar:
   - A. La cultura de seguridad
   - B. La tecnología de información
   - C. Los requisitos de cumplimiento
   - D. Las amenazas y vulnerabilidades

D es la respuesta correcta.

Justificación:

- A. La cultura de seguridad cambia con el tiempo en parte debido a un programa efectivo de formación entrenamiento en la concienciación de la seguridad. No es necesario que se informe a la plantilla de que la cultura cambiará.
- B. Los cambios en la tecnología solo son una parte de la concienciación de la seguridad.
- C. Los cambios en los requisitos de cumplimiento no son un impulsor principal de la formación en la concienciación de la seguridad.
- D. **Las personas tienden a pensar que en algún momento la formación en la concienciación de la seguridad puede terminar y que será buena para siempre. Es importante para todos, incluida a la gerencia y la plantilla en general, es entender que las amenazas y las vulnerabilidades cambian constantemente, y que la formación de actualización regular es una parte importante de la concienciación de la seguridad.**

108. ¿Con cuál de las siguientes opciones necesitan estar **MÁS** estrechamente alineadas las políticas de seguridad?
   - A. Buenas prácticas de la industria
   - B. Necesidades de la organización
   - C. Normas generalmente aceptadas
   - D. Leyes y regulaciones locales

B es la respuesta correcta.

Justificación:

- A. Las buenas prácticas suelen ser un sustituto de una comprensión clara de lo que una empresa concreta necesita exactamente y puede ser demasiado o demasiado poco.
- **B. Las políticas deben respaldar las necesidades de la empresa.**
- C. No existen normas generalmente aceptadas; siempre se adaptan a los requisitos de la empresa.
- D. El cumplimiento de las leyes y normativas locales puede identificarse en las políticas, pero solo una pequeña parte de las políticas generales deben respaldar las necesidades de la empresa.

109. ¿Cuál es la **MEJOR** manera de determinar si un sistema de detección de intrusos (IDS) basado en anomalías se ha instalado de forma correcta?
   - A. Simular un ataque y revisar el desempeño del IDS.
   - B. Utilizar un señuelo para verificar la actividad inusual.
   - C. Auditar la configuración del IDS.
   - D. Realizar un estudio comparativo del IDS con un sitio similar.

A es la respuesta correcta.

Justificación:

- A. **Simular un ataque en la red demuestra si el sistema de detección de intrusos (IDS) se ha ajustado de forma correcta.**
- B. Un señuelo no sería una buena prueba para ver si el IDS funciona correctamente ya que atacarlo es discrecional y no es representativo de todos los ataques.
- C. Revisar la configuración puede o no revelar debilidades porque un sistema basado en anomalías usa tendencias para identificar ataques potenciales.
- D. Realizar un estudio comparativo con un sitio similar no sería práctico o útil.

110. ¿Cuándo es el **MEJOR** momento para realizar una prueba de penetración?

A. Después de que se haya producido un intento de penetración
B. Después de que una auditoría haya informado sobre debilidades en los controles de seguridad
C. Después de que se realizan varios cambios en la infraestructura
D. Después de una gran rotación en el personal de los sistemas

C es la respuesta correcta.

Justificación:

A. Esperar a realizar una prueba después de un intento de intrusión no es muy productivo, ya que una organización no debe esperar hasta sufrir un ataque para probar sus defensas.
B. Cualquier exposición identificada por una auditoría se debe corregir antes de que sea apropiado hacer pruebas.
C. Es más probable que los cambios en la infraestructura de sistemas introduzcan nuevas exposiciones de manera inadvertida.
D. Una rotación en el personal administrativo no garantiza una adecuada prueba de penetración, a pesar que puede garantizar una revisión de las prácticas de cambio de contraseña y de administración de configuraciones.

111. ¿Cuál de las siguientes actividades del proyecto es la actividad **PRINCIPAL** para desarrollar un programa de seguridad de la información?

A. Desarrollo de la organización de seguridad
B. Diseños de la arquitectura lógica y conceptual
C. Desarrollo de los objetivos de gestión de riesgos
D. Diseño y despliegue del control

D es la respuesta correcta.

Justificación:

A. La organización de seguridad se desarrolla para satisfacer las necesidades del programa de seguridad, y puede evolucionar con el tiempo, en función de los requisitos cambiantes.
B. Los diseños de la arquitectura lógica y conceptual deben finalizarse como parte del desarrollo de la directriz y la estrategia.
C. Los objetivos de la gestión de riesgos son parte del desarrollo de la estrategia.
D. La mayoría de las actividades de desarrollo del programa implicará diseñar, probar e implementar los controles que permitan alcanzar los objetivos de gestión de riesgos.

112. ¿Cuál de las siguientes es la **MEJOR** manera de detectar un intruso que penetró en una red antes de que cause un daño significativo?

A. Realizar pruebas periódicas de penetración
B. Establecer referencias mínimas de seguridad
C. Implementar parámetros del proveedor por defecto
D. Instalar un señuelo en la red

D es la respuesta correcta.

Justificación:

A. Las pruebas de penetración no detectarán al intruso.
B. La seguridad de las referencias establece niveles mínimos de seguridad, pero no están relacionados con la detección de intrusos.
C. La implementación de las configuraciones predeterminadas del proveedor no detecta intrusos y este enfoque no es la mejor alternativa.
D. Los señuelos atraen a los hackers y los apartan de los sistemas y archivos sensitivos. Como se controlan con atención, es más probable que la intrusión se detecte antes que se provoque un daño significativo.

113. Si un incidente de seguridad no es el resultado de un fallo de un control, ¿entonces es **MÁS** probable que sea el resultado de cuál de las siguientes opciones?

A. Un análisis de riesgos incompleto
B. La ausencia de un control
C. Un ataque de día cero
D. Un error de usuario

B es la respuesta correcta.

Justificación:

A. Un análisis de riesgos incompleto puede tener el efecto de un control adecuado que no se ha implementado, pero no es la razón de que ocurra un compromiso.

B. Un incidente de seguridad es inevitablemente el resultado de la falta de un control o de la falta de control adecuado.

C. Un ataque de día cero es difícil de predecir, pero solo tendrá éxito si un control falla o no existe.

D. Un error de usuario solo dará como resultado un incidente de seguridad debido a un fallo o a una ausencia del control.

114. En un escenario de ingeniería social, ¿cuál de lo siguiente probablemente reducirá **MÁS** la probabilidad de que una persona no autorizada logre acceso a los recursos informáticos?

A. Implementar enmascaramiento de contraseñas en pantalla
B. Realizar programas periódicos de concienciación de la seguridad
C. Aumentar la frecuencia de cambios de contraseña
D. Requerir que las contraseñas se guarden en estricta confidencialidad

B es la respuesta correcta.

Justificación:

A. Implementar enmascaramiento de contraseñas en pantalla es deseable, pero no será efectivo para reducir la probabilidad de un ataque de ingeniería social.

B. La ingeniería social se puede mitigar mejor a través de formación periódica en la concienciación de la seguridad para los usuarios que puedan ser el objetivo de dicho intento.

C. Aumentar la frecuencia de cambios de contraseña es deseable, pero no será efectivo para reducir la probabilidad de un ataque de ingeniería social.

D. Requerir que las contraseñas se mantengan en secreto en las políticas de seguridad es un buen control, pero no es tan efectivo como los programas periódicos de concienciación de la seguridad que alertarán a los usuarios sobre los peligros planteados por la ingeniería social.

115. Suponiendo que todas las opciones sean técnicamente factibles, ¿cuál de los siguientes enfoques sería el **MÁS** efectivo para que el gerente de seguridad de la información aborde la exposición excesiva de un servidor crítico orientado al cliente?
   A. Desarrollar un plan de respuesta a incidentes
   B. Reducir los vectores de ataque
   C. Iniciar la compartimentación
   D. Implementar controles de compensación

B es la respuesta correcta.

Justificación:

A. Es poco probable que incluso el plan de respuesta a incidentes más eficaz pueda reducir la exposición con la misma eficacia que la superficie de ataque.
B. Los vectores de ataque determinan la magnitud de la exposición. Reducir los vectores de ataque limitando los puntos de entrada, los puertos y los protocolos y adoptar otras precauciones reduce la exposición.
C. La compartimentación puede limitar el grado en que el impacto que sufre un cliente resulta en una mayor vulnerabilidad o impacto para otro cliente, pero la exposición por cliente no se vería afectada.
D. Los controles de compensación son adecuados si con los controles actuales no se puede reducir el riesgo a niveles aceptables.

116. ¿Cuál de las siguientes es la persona **MÁS** apropiada para implementar y mantener el nivel de seguridad de información que se necesita para una aplicación de negocio específica?
   A. Analista de sistema
   B. Gerente de control de calidad
   C. Propietario del proceso
   D. Gerente de seguridad de la información

C es la respuesta correcta.

Justificación:

A. El analista de sistemas no posee los conocimientos ni la autoridad necesaria para implementar y mantener el nivel apropiado de seguridad del negocio.
B. Los gerentes de control de calidad no implementan la seguridad.
C. Los propietarios del proceso implementan los controles de protección de información que determinan las necesidades del negocio. Los propietarios del proceso tienen el mayor conocimiento sobre los requisitos de seguridad para la aplicación de negocio de la que son responsables.
D. El gerente de seguridad de la información implementará el marco de seguridad de la información y desarrollará normas y controles, pero el propietario del proceso es en encargado de determinar el nivel de seguridad que debe tener una aplicación comercial específica.

117. Los objetivos de los controles preventivos deben desarrollarse **PRINCIPALMENTE** en base a:

A. los niveles de riesgo alineados con el apetito de riesgo de la empresa.
B. requisitos técnicos dirigidos por las normas de la industria.
C. los niveles de amenaza establecidos por las herramientas de control.
D. los objetivos de tiempo de disponibilidad del sistema especificadas en los acuerdos de nivel de servicio.

A es la respuesta correcta.

Justificación:

A. **Los controles se han diseñado e implementado para producir niveles de riesgo alineados con el apetito de riesgo de la empresa.**
B. Las normas de la industria sirven de guía para los gerentes e ingenieros para saber cómo se pueden alcanzar los objetivos deseados, pero las empresas los adoptan solo si al hacerlo se alinea con los objetivos comerciales y el apetito de riesgo de la empresa.
C. Los niveles de amenaza supervisados no aportan una base exhaustiva para el diseño e implementación de los controles preventivos.
D. La necesidad de cumplir con los objetivos de tiempo de actividad especificados en los acuerdos de nivel de servicio es solo una de las muchas consideraciones que se tienen en cuenta a la hora de desarrollar controles preventivos.

118. ¿Cuándo debe proporcionarse la formación en la concienciación de la seguridad a los nuevos empleados?

A. Según sea necesario
B. Durante la formación sobre el sistema de los usuarios
C. Antes de que tengan acceso a los datos
D. Junto con el personal del departamento

C es la respuesta correcta.

Justificación:

A. Proporcionar formación según sea necesario implica que la formación en la concienciación de la seguridad se ofrece después de que se otorgue acceso al sistema, y esto puede mostrar la seguridad como un paso secundario.
B. Proporcionar formación en la concienciación durante la formación sobre el sistema de los usuarios implica que la formación en la concienciación de la seguridad se ofrece después de que se otorgue acceso al sistema, y esto puede mostrar la seguridad como un paso secundario.
C. **La formación en la concienciación de la seguridad debe ocurrir antes que se otorgue acceso para asegurar que el nuevo empleado entiende que la seguridad es parte del sistema y del proceso de negocio.**
D. Proporcionar formación junto con el personal del departamento implica que la formación en la concienciación de la seguridad se ofrece después de que se otorgue acceso al sistema.

119. ¿Cuál es el **MEJOR** método para verificar que todos los parches de seguridad aplicados a servidores se habían documentado debidamente?

A. Rastrear las solicitudes de control de cambio con los registros de parches del sistema operativo (SO)
B. Rastrear los registros de parches del SO con la documentación de actualización del proveedor del SO
C. Rastrear los registros de parches del SO con las solicitudes de control de cambio
D. Revisar documentación de control de cambios para servidores clave

C es la respuesta correcta.

Justificación:

A. Revisar los documentos de control de cambios para servidores clave no confirma que estos parches de seguridad se hayan aprobado y documentado debidamente.
B. Rastrear desde la documentación hasta el registro de parches no indicará si algunos parches se aplicaron sin estar documentados.
C. **Para asegurar que todos los parches aplicados pasaron por el proceso de control de cambios, es necesario usar los registros de parches del sistema operativo (SO) como un punto inicial y luego verificar si los documentos de control de cambios se han archivado para cada uno de estos cambios.**
D. Comparar los parches aplicados a los recomendados por el sitio web del proveedor no confirma que los parches de seguridad se hayan aprobado y documentado debidamente.

120 ¿Cuál es el objetivo **PRINCIPAL** de la concienciación de seguridad?

A. Garantizar que se comprendan las políticas de seguridad.
B. Influir en el comportamiento de los empleados.
C. Garantizar el cumplimiento regulatorio y legal.
D. Notificar las acciones para identificar el incumplimiento.

B es la respuesta correcta.

Justificación:

A. Asegurar que las políticas se leen y comprenden es importante pero secundario.
B. **Es muy importante alentar el comportamiento consciente de la seguridad entre los empleados mediante una formación que influya en las respuestas esperadas a los incidentes de seguridad.**
C. El cumplimiento de los requisitos legales y regulatorios es importante pero secundario.
D. Proporcionar a los empleados una advertencia razonable sobre la potencial acción disciplinaria es importante pero secundario.

121. ¿Cuál de lo siguiente protegerá **MEJOR** contra la actividad maliciosa de un ex empleado?

A. Investigación de antecedentes previos al empleo
B. Control riguroso de los usuarios
C. Formación periódica en concienciación
D. Procedimientos efectivos de despido

D es la respuesta correcta.

Justificación:

A. La investigación de antecedentes previos al empleo es importante, pero no es efectiva para prevenir este tipo de situaciones.
B. El control es importante, pero no es efectivo para prevenir este tipo de situaciones.
C. La formación en la concienciación de la seguridad es importante, pero no es efectiva para prevenir este tipo de situaciones.
D. **Cuando un empleado se va de una empresa, el exempleado puede intentar usar sus credenciales personales para realizar alguna actividad no autorizada o maliciosa. En consecuencia, es importante asegurar la revocación oportuna de todos los accesos en el momento que una persona es despedida.**

122. ¿Cuál de lo siguiente representa un área **PRIORITARIA** de interés cuando se lleva a cabo una prueba de penetración?

A. Minería de datos
B. Asignación de red
C. Sistema de detección de intrusos
D. Datos del cliente

B es la respuesta correcta.

Justificación:

A. La minería de datos se asocia con los informes ad hoc y es un objetivo posible después que se penetre en la red.
B. La asignación de red es el proceso de determinar la topología de la red que uno desea penetrar. Es uno de los primeros pasos para determinar los puntos de ataque en una red.
C. El mecanismo de detección de intrusos existente no es un área de foco porque uno de los objetivos es determinar si protege de forma eficaz la red o si es fácil de evadir.
D. Los datos del cliente junto con la minería de datos es un objetivo posible después que se penetre en la red.

123. Una empresa está considerando un acuerdo recíproco con una empresa similar como opción de recuperación. ¿Cuál de los siguientes es el **MAYOR** riesgo asociado con los acuerdos recíprocos?

A. Las variaciones entre las evaluaciones del riesgo y el impacto
B. Frecuencia de las pruebas de los planes de recuperación y continuidad
C. Similitudes en la infraestructura y la capacidad
D. Diferencias en las políticas y los procedimientos de seguridad

C es la respuesta correcta.

Justificación:

A. Los análisis son predictivos, por lo que las diferencias entre las empresas no afectarán la adecuación en caso de recuperación.
B. Las empresas deben colaborar en relación a la frecuencia de las pruebas a fin de garantizar que todas cubran sus necesidades. Sin embargo, estos acuerdos se suelen establecer al planificar la reciprocidad y no constituyen un riesgo continuo.
C. Si las empresas tienen una infraestructura diferente o carecen de capacidad, puede ser difícil implementar la recuperación.
D. Las diferencias en las políticas y procedimientos de seguridad se suelen abordar abordan al fijar la reciprocidad y se pueden gestionar con el tiempo mediante la supervisión y la elaboración de informes.

124. ¿Qué actividad ayuda **MEJOR** a garantizar que el personal eventual no obtenga acceso no autorizado a información confidencial?

A. Configurar las cuentas para que expiren.
B. Evitar el otorgamiento de funciones de administración del sistema.
C. Garantizar que pasen con éxito las verificaciones de antecedentes.
D. Garantizar que el propietario de los datos apruebe su acceso.

B es la respuesta correcta.

Justificación:

A. Fijar una fecha de vencimiento es un elemento positivo, pero no impedirá que el personal eventual obtenga acceso a información confidencial.
B. Al personal eventual no se le debe dar tareas de trabajo que les den funciones de usuario u otras funciones administrativas que ellos podrían luego usar para otorgarse acceso a archivos confidenciales.
C. Verificar los antecedentes es un elemento positivo, pero no impedirá que el personal eventual obtenga acceso a información confidencial.
D. Conseguir que el propietario de los datos autorice el acceso es un enfoque efectivo desde el punto de vista marginal a la hora de limitar el acceso a información confidencial.

125. ¿Cuál es factor de éxito **MÁS** importante para lanzar un programa de concienciación de la seguridad de información corporativa?
   A. Apoyo presupuestario adecuado
   B. Administración centralizada de programas
   C. Una estrategia que se enfoque primero en lo más general hasta llegar a lo más específico
   D. Experiencia de los entrenadores

C es la respuesta correcta.

Justificación:

A. El financiamiento no es una preocupación principal.
B. La administración centralizada no proporciona suficiente apoyo.
C. El apoyo de la alta gerencia proporcionará suficientes recursos y centrará la atención en el programa; la formación debería comenzar en los niveles superiores para lograr el apoyo y el patrocinio.
D. La experiencia del formador, aunque importante, no es el factor principal del éxito.

126. ¿Cuál de lo siguiente es el método **MÁS** apropiado para proteger la entrega de una contraseña que abre un archivo confidencial?
   A. Rastreo de la ruta de entrega
   B. Traducción de la búsqueda inversa
   C. Canales fuera de banda
   D. Firmas digitales

C es la respuesta correcta.

Justificación:

A. El rastreo de ruta de entrega muestra la ruta, pero no confirma la identidad del remitente.
B. La traducción de la búsqueda inversa implica convertir una dirección de protocolo de Internet en un nombre de usuario.
C. Es arriesgado enviar la contraseña de un archivo utilizando el mismo método en el que se envió el archivo. Un canal fuera de banda como el teléfono reduce el riesgo de intercepción.
D. Las firmas digitales verifican la identidad del remitente de un mensaje y garantizan la integridad.

127. ¿Cuál es el método de control de acceso **MÁS** efectivo para impedir que los usuarios compartan archivos con usuarios no autorizados?
   A. Obligatorio
   B. Discrecional
   C. Jardín amurallado
   D. Basada en roles

A es la respuesta correcta.

Justificación:

A. Los controles de acceso obligatorios restringen el acceso a los archivos basados en la clasificación de seguridad del archivo. Esto impide que los usuarios compartan archivos con usuarios no autorizados.
B. Los controles de acceso discrecionales no son tan efectivos como los controles de acceso obligatorios para impedir que se compartan archivos.
C. Un jardín amurallado es un ambiente que controla el acceso al contenido y los servicios de la web de un usuario. En efecto, el jardín amurallado dirige la navegación del usuario dentro de áreas particulares, y no necesariamente impide que se compartan otros materiales.
D. Los controles de acceso basados en roles otorgan acceso de acuerdo con la función asignada a un usuario, pero no prohíben que se compartan los archivos con usuarios no autorizados.

128. ¿Cuál de las siguientes es una debilidad inherente de sistema de detección de intrusos basado en firma?

A. Un número más elevado de falsos positivos
B. Nuevos métodos de ataque pasarán desapercibidos
C. No se detectará un sondeo a largo plazo
D. Los perfiles de ataque se pueden ver afectados por spoofing con facilidad

B es la respuesta correcta.

Justificación:

A. Los falsos positivos suelen ser más bajos en sistemas de detección de intrusos basados en firmas (IDS).
B. Los IDS basados en firmas no detectan nuevos métodos de ataque para los cuales las firmas aún no se han desarrollado.
C. El sondeo a largo plazo es probable que engañe a los sistemas débiles (la técnica del sapo en la olla con agua hirviendo).
D. El spoofing no es relevante en este caso.

129. ¿Cuál de las opciones que se indican a continuación es la **MEJOR** forma de garantizar que una red corporativa esté adecuadamente protegida contra ataques externos?

A. Usar un sistema de detección de intrusos.
B. Establecer referencias mínimas de seguridad.
C. Implementar parámetros recomendados por el proveedor.
D. Realizar pruebas de penetración periódicas.

D es la respuesta correcta.

Justificación:

A. Un sistema de detección de intrusos puede detectar un intento de ataque, pero no confirmará si el perímetro es seguro.
B. Las referencias mínimas de seguridad son beneficiosas, pero no proporcionarán el nivel de seguridad que aportan las pruebas de intrusión.
C. Los parámetros recomendados por el proveedor se pueden usar para reforzar los sistemas, pero ofrecen pocas garantías de que no existan otras vulnerabilidades, y esto se puede detectar mediante las pruebas de penetración.
D. Las pruebas de penetración son la mejor forma de asegurar que la seguridad del perímetro es adecuada.

130. ¿Cuál de lo siguiente presenta la **MAYOR** exposición a un ataque interno en una red?

A. Las contraseñas de usuario no vencen de forma automática.
B. Todo el tráfico de red va a través de un solo conmutador.
C. Las contraseñas de usuario se codifican, pero no se cifran.
D. Todos los usuarios residen en una sola subred interna.

C es la respuesta correcta.

Justificación:

A. No configurar las contraseñas para que venzan de forma automática crea una exposición, pero no tan grande como tener contraseñas no cifradas.
B. Usar un solo conmutador no presenta un riesgo significativo.
C. Cuando las contraseñas se envían a través de la red interna en un formato codificado, se pueden convertir con facilidad en texto simple. Las contraseñas sin fecha de vencimiento se deben cifrar para suministrar una seguridad adecuada.
D. Usar una subred no presenta un riesgo significativo.

131. Externalización combinada con indemnización:

A. reduce la responsabilidad jurídica, pero deja el riesgo financiero relativamente igual.
B. es más rentable como medio de transferencia de riesgos que contratar un seguro.
C. elimina el riesgo reputacional presente cuando las operaciones son internas.
D. reduce el riesgo financiero, pero la responsabilidad jurídica no suele sufrir cambios.

D es la respuesta correcta.

Justificación:

A. Aunque la finalidad de las cláusulas de indemnización es desviar la responsabilidad, las consecuencias jurídicas asociadas con los compromisos de la seguridad de la información no pueden transferirse en su totalidad.
B. La rentabilidad de las distintas formas de transferencia de riesgos depende de varios factores, como, por ejemplo, el alcance de las operaciones, los límites de la responsabilidad, los conocimientos especializados que pueden necesitarse para la implementación y los criterios de indemnización.
C. Los clientes tratan directamente con la empresa, no con su cadena de suministro. La subcontratación no suele tener ningún efecto sobre el riesgo reputacional, que permanece asociado con la propia marca de la empresa, independientemente de los acuerdos de subcontratación o las cláusulas de indemnización.
D. Las cláusulas de indemnización pueden transferir los riesgos operativos y los impactos financieros relacionados con ese riesgo; sin embargo, la responsabilidad legal por las consecuencias de alguna inestabilidad sigue correspondiendo a la entidad original.

132. Los controles son efectivos cuando:

A. el riesgo residual está a un nivel aceptable para la empresa.
B. existen programas de control continuos.
C. el riesgo inherente está dentro de la tolerancia al riesgo de la organización.
D. se han identificado los indicadores clave de desempeño.

A es la respuesta correcta.

Justificación:

A. El objetivo de los controles es reducir el riesgo residual a niveles aceptables. Cuando los controles consiguen este resultado, son efectivos por definición.
B. La supervisión continua ofrece un medio para supervisar la efectividad de los controles, pero que haya un programa de supervisión no hace que los controles sean efectivos.
C. El riesgo inherente no tiene en cuenta los controles.
D. La identificación de los indicadores de rendimiento clave ofrece un medio para medir el rendimiento, pero no hace que los controles sean efectivos.

133. Una empresa ha implementado varias estrategias de mitigación de riesgos para reducir un riesgo identificado. Las medidas de control de riesgos son suficientes cuando:
   A. el nivel de aceptación del riesgo es menor o igual que el nivel de riesgo total.
   B. el riesgo residual es menor o igual al nivel de aceptación del riesgo.
   C. la evasión del riesgo se justifica mediante un análisis de coste-beneficio.
   D. la mitigación del riesgo es igual a las pérdidas anuales esperadas.

B es la respuesta correcta.

Justificación:

A. El nivel de riesgo aceptable es el nivel de riesgo que la empresa está dispuesta a aceptar. Esto no mide la eficacia de los controles.
B. Los controles de riesgo son adecuados cuando el riesgo residual es menor o igual al riesgo aceptable.
C. La evasión del riesgo es la supresión de la actividad asociada con el riesgo, no la implementación de controles.
D. La expectativa de la pérdida anual justifica la cantidad que se puede gastar en la mitigación del riesgo, pero no indica si los controles son adecuados.

134. ¿Cuál de los siguientes es el **MEJOR** método para determinar la clasificación de los datos?
   A. Evaluación del impacto asociado con el compromiso de los datos por parte del propietario de los datos
   B. Los requisitos de cumplimiento definidos en la política de seguridad de información
   C. Requisitos basados en el nivel de protección implementado para diferentes conjuntos de datos
   D. Evaluación del riesgo de pérdida de datos por parte del gerente de seguridad de la información.

A es la respuesta correcta.

Justificación:

A. La clasificación de datos se basa en el impacto posible de la pérdida o daño de los datos.
B. Los requisitos de cumplimiento se utilizan como datos a la hora de evaluar los riesgos al tener en cuenta el riesgo asociado con el incumplimiento.
C. El nivel de protección se determina de acuerdo con la clasificación de datos y no al revés.
D. La clasificación no se basa en el riesgo, sino que en el impacto (criticidad, sensibilidad o valor de negocio). El propietario de los datos determina el nivel de clasificación.

135. ¿Cuál es la **MEJOR** forma de asegurar que los usuarios cumplan con los requisitos de seguridad de la organización con respecto a la complejidad de la contraseña?
   A. Incluir requisitos de construcción de contraseñas en las normas de seguridad.
   B. Requerir que cada usuario confirme los requisitos de contraseñas.
   C. Implementar penalizaciones estrictas por incumplimiento de los usuarios.
   D. Habilitar la configuración de contraseña ejecutada por el sistema.

D es la respuesta correcta.

Justificación:

A. Las normas disuaden, pero no son tan efectivos como los controles automáticos.
B. Exigir el reconocimiento del usuario puede ayudar, pero menos que la aplicación automática del sistema.
C. Las sanciones por incumplimiento pueden ser bastante efectivas, pero no conseguirán el nivel de seguridad que ofrece la aplicación del sistema automatizado.
D. La construcción de contraseñas mediante sistemas automatizados forzosos proporciona el nivel más alto de aseguramiento del cumplimiento.

136. ¿Cuál de las siguientes opciones es el punto único de fallo **MÁS** significativo en una infraestructura de clave pública?

A. Una clave pública de la autoridad de certificación (CA)
B. Una clave privada de un tercero de confianza
C. Una clave privada de CA
D. Una clave pública de un tercero de confianza

C es la respuesta correcta.

Justificación:

A. La clave pública de la autoridad de certificación (CA) se publica y no representa riesgo.
B. La clave privada de cualquier parte de confianza, si se destruye, pierde o compromete, afecta solo a esa parte.
C. La clave privada de la autoridad de certificación (CA) es el punto único de fallo para toda la infraestructura de clave pública (PKI) porque no se publica y el sistema no puede funcionar si se destruye, se pierde o se compromete la clave.
D. La clave pública se publica y no representa riesgo.

137. ¿Cuál es la razón **PRINCIPAL** de utilizar métricas para evaluar la seguridad de la información?

A. Identificar las debilidades de seguridad
B. Justificar los gastos presupuestarios
C. Permitir la mejora continua
D. Incrementar la concienciación sobre los asuntos de seguridad

C es la respuesta correcta.

Justificación:

A. Es posible que las métricas no identifiquen vulnerabilidades.
B. Las métricas se pueden usar para justificar el gasto presupuestario, pero ese no es su propósito principal.
C. El propósito principal de una métrica es facilitar y hacer un seguimiento de la mejora continua en seguridad.
D. Las métricas pueden servir para crear concienciación sobre los problemas de seguridad, pero sería con la finalidad de mejorar la seguridad.

138. ¿Cuál es el **MEJOR** método para confirmar que todas las reglas de cortafuegos y parámetros de configuración del enrutador son adecuadas?

A. Revisión periódica de la configuración de la red
B. Revisar los registros del sistema de detección de intrusos en busca de pruebas de ataques
C. Realizar periódicamente pruebas de penetración
D. Revisión diaria de los registros del servidor en busca de pruebas de actividad de hackers

C es la respuesta correcta.

Justificación:

A. Debido a la complejidad de las reglas de cortafuegos y tablas de enrutadores, más el tamaño del sistema de detección de intrusos (Is) y los registros del servidor, una revisión física sería compleja, requeriría mucho tiempo y sería probablemente insuficiente.
B. Revisar los registros del IDS en busca de pruebas de ataques no indicaría si la configuración es adecuada.
C. El mejor método para confirmar la adecuación de estos parámetros de configuración es realizar periódicamente pruebas de ataque y de penetración.
D. La evidencia de la actividad de los hackers tiene poco que ver con que la configuración sea adecuada.

139. ¿Cuál de las opciones que se indican a continuación es la **MÁS** importante para medir la efectividad de un programa de concienciación sobre la seguridad?

A. Número reducido de informes de violación de la seguridad
B. Una evaluación cuantitativa para garantizar la comprensión de los usuarios
C. Un aumento del interés en grupos de discusión sobre cuestiones de seguridad
D. Mayor número de informes de violación de la seguridad

B es la respuesta correcta.

Justificación:

A. Una reducción en el número de informes de violación puede no ser indicativo de un alto nivel de concienciación sobre la seguridad.
B. Para juzgar verdaderamente la eficacia de la formación en la concienciación de la seguridad, es necesario algún medio de prueba mensurable para confirmar la comprensión del usuario.
C. Los grupos de discusión pueden o no proporcionar información significativa, pero no proporcionan métricas en sí mismos.
D. El aumento del número de informes de violaciones constituye una posible indicación de una mayor concienciación, pero no es tan útil como la prueba directa de los niveles de conciencia.

140. ¿Cuál de lo siguiente es la acción **MÁS** importante que se debe emprender cuando se contrata a consultores externos para que lleven a cabo una prueba de ataque y penetración?

A. Solicitar una lista del software que se va a usar.
B. Dar instrucciones claras al personal de TI.
C. Controlar de forma estricta el sistema de detección de intrusos y los registros del cortafuegos.
D. Establecer reglas claras de contratación.

D es la respuesta correcta.

Justificación:

A. No tan importante, pero aún útil, es solicitar una lista de qué software se usará.
B. No se debe alertar al personal de TI para maximizar la efectividad de la prueba de penetración.
C. No se debe alertar al personal de supervisión para probar sus actividades de manera eficaz.
D. Es crítico establecer un claro entendimiento de lo que es permisible durante el contrato. De otro modo, el que prueba puede inadvertidamente provocar una interrupción del sistema o dañar los archivos.

141. ¿Cuál de lo siguiente impedirá **MEJOR** que un empleado use un dispositivo de memoria de USB (bus universal en serie) para copiar archivos de los ordenadores de escritorio?

A. Restringir la asignación de dispositivos disponibles en todos los ordenadores personales.
B. Deshabilitar los puertos de USB en todos los dispositivos de escritorio.
C. Realizar formación frecuente en concienciación que incluya sanciones por incumplimiento.
D. Establecer controles de acceso estrictos a información confidencial.

A es la respuesta correcta.

Justificación:

A. Restringir la capacidad de ordenador personal para asignar nuevas letras de dispositivos asegura que los dispositivos de bus universal en serie (USB) o incluso quemadores de CD no se pueden conectar porque el sistema operativo no los reconocería.
B. Deshabilitar los puertos de USB en todas las máquinas no es práctico porque los ratones y otros dispositivos periféricos dependen de estas conexiones.
C. La formación en concienciación no impide que se copie información.
D. Los controles de acceso no impiden el copiado.

142. El análisis periódico de deficiencias entre los controles y sus objetivos es necesario para:

A. evitar el aumento de hallazgos en las auditorías.
B. abordar los cambios en la exposición.
C. evitar un aumento sustancial en el coste.
D. mantener la alineación con los requisitos regulatorios.

B es la respuesta correcta.

Justificación:

A. Aunque el análisis de deficiencias puede identificar los fallos antes de que se detecten mediante una auditoría, corregir las deficiencias es distinto del análisis de deficiencias.
B. Pueden producirse cambios en la exposición, los objetivos de negocio o las normativas en cualquier momento y tener implicaciones sobre qué controles son necesarios como parte de un programa general de gestión de riesgos.
C. El análisis de deficiencias no necesariamente evita los aumentos de los costes.
D. Mantener la alineación con los requisitos regulatorios es un componente del análisis de deficiencias mencionado. Es solo una de las posibles exposiciones a tener en cuenta.

143. Un importante socio de negocio con acceso a la red interna no está dispuesto o no puede remediar serias exposiciones de seguridad de información dentro de su entorno. ¿Cuál de las siguientes es la **MEJOR** recomendación?

A. Firmar un acuerdo legal asignándoles toda la responsabilidad por cualquier violación
B. Eliminar todos los accesos del socio de negocio hasta que mejore la situación.
C. Establecer reglas de cortafuegos que restrinjan el tráfico de red desde ese lugar.
D. Enviar recordatorios periódicos avisándoles sobre su incumplimiento.

C es la respuesta correcta.

Justificación:

A. Los acuerdos no protegen la integridad de la red.
B. Eliminar todos los accesos probablemente tendrá como consecuencia la pérdida del negocio y será una solución que finaliza la colaboración.
C. Le corresponde a un gerente de seguridad de información vigilar la protección de la red de su empresa, pero hacerlo en una forma que no afecte de forma adversa la conducción del negocio. Esto se puede lograr agregando restricciones específicas de tráfico para ese lugar en particular.
D. Los recordatorios no protegen la integridad de la red.

144. ¿Qué deben lograr los procedimientos/normas documentados para el uso de la criptografía en toda la empresa?

A. Deben definir las circunstancias en las que debe utilizarse la criptografía.
B. Deben definir los algoritmos criptográficos y la longitud de las claves.
C. Deben describir los procedimientos de manejo de las claves criptográficas.
D. Deben establecer el uso de soluciones criptográficas.

A es la respuesta correcta.

Justificación:

A. Debería haber normas procedimientos documentados para el uso de criptografía en toda la empresa; deberían definir las circunstancias en las que se debe usar criptografía.
B. Los procedimientos deben abarcar la selección de algoritmos criptográficos y longitudes de clave, pero no definirlos con precisión.
C. Los procedimientos deben abordar el manejo de las claves criptográficas. Sin embargo, esto es secundario a cómo y cuándo se debe usar la criptografía.
D. Se debe resolver el uso de soluciones criptográficas, pero esta es una consideración secundaria.

145. ¿Cuál de lo siguiente es la consecuencia **MÁS** inmediata de no ajustar un sistema de detección de intrusos recién instalado con el umbral fijado a un valor bajo?

A. El número de falsos positivos aumenta
B. El número de falsos negativos aumenta
C. Falta de sondeo activo
D. Se ignoran los perfiles de ataque

A es la respuesta correcta.

Justificación:

A. No afinar un sistema de detección de intrusos tendrá como consecuencia muchos falsos positivos, en especial cuando el umbral se fija en un valor bajo.
B. Un aumento de falsos negativos es menos probable, ya que el umbral para activar una alarma se ha puesto en un valor bajo.
C. La falta de sondeo activo es menos probable, ya que el umbral para activar una alarma se ha establecido en un valor bajo.
D. Los perfiles de ataque ignorados son menos probables, ya que el umbral para activar una alarma se ha puesto en un valor bajo.

146. ¿Cuál es el procedimiento de gestión de cambios **MÁS** apropiado para lidiar con cambios de programas de emergencia?

A. La documentación formal no necesita completarse.
B. La aprobación de la gerencia del negocio debe obtenerse antes del cambio.
C. La documentación se completa con la aprobación poco después del cambio.
D. Los cambios de emergencia eliminan algunos requisitos de documentación.

C es la respuesta correcta.

Justificación:

A. Tras la implementación de los cambios de emergencia se sigue necesitando documentación formal lo antes posible.
B. Obtener la aprobación del negocio antes del cambio es ideal pero no siempre posible.
C. Incluso en el caso de un cambio de emergencia, todos los pasos del procedimiento de administración de cambios se deben efectuar como en el caso de cambios normales. La diferencia está en el tiempo de ciertos acontecimientos. Con un cambio de emergencia, es permisible obtener ciertas aprobaciones y otra documentación después de que la emergencia se haya resuelto de manera satisfactoria.
D. El proceso de los cambios de emergencia debe ser el mismo que el de los cambios regulares, pero puede demorarse hasta que la emergencia se resuelva.

147. ¿Cuál de las opciones que se indica a continuación conlleva el **MAYOR** desafío para una empresa que busca priorizar las actividades de gestión de riesgos?

A. Un catálogo incompleto de los activos de información
B. Una evaluación de las amenazas que no es completa
C. Una evaluación de vulnerabilidades que no está actualizada
D. Una valoración de los activos de información que no es precisa

D es la respuesta correcta.

Justificación:

A. Las empresas solo pueden priorizar los elementos que saben que existen. Un catálogo de activos de información incompleto genera la posibilidad de que la priorización esté pasando por alto activos que pueden tener un valor sustancial, lo que de manera involuntaria resulta en la aceptación implícita de un riesgo que puede exceder el apetito y la tolerancia al riesgo. No obstante, la valoración inexacta de los activos conocidos tiene un mayor efecto negativo en la priorización que la posibilidad de que ciertos activos de alto valor no se tengan debidamente en cuenta.
B. Evaluar el entorno de amenazas es el aspecto más difícil de la evaluación de riesgos, y ocurre casi siempre que una evaluación de amenazas excluye una o más amenazas. Como consecuencia, cualquier esfuerzo de priorización debe asumir que la evaluación de amenazas no es exhaustiva.
C. Es habitual que al inicio de cada ciclo del programa de gestión de riesgos una evaluación de vulnerabilidad esté obsoleta antes de que se inicien las actividades de gestión de riesgos, pero la influencia de la información de vulnerabilidad obsoleta es menos preocupante que la valoración inexacta de los activos.
D. Aunque la priorización sobre la base del riesgo requiere conocer la amenaza, la vulnerabilidad y las posibles consecuencias, es este último factor expresado en términos de valor el que más influye a la hora de dar prioridad a las actividades de gestión de riesgos. Si los activos no se valoran bien, las decisiones justificables sobre cómo priorizar las actividades pueden ser incorrectas.

148. La mayoría de los marcos de referencia estándar para la seguridad de la información muestran el desarrollo de un programa de seguridad de la información que comienza por:

A. el desarrollo de la política y la implementación del proceso.
B. una auditoría interna y corrección de los hallazgos.
C. una evaluación de riesgos y los objetivos de control.
D. la identificación de los recursos y los requisitos presupuestarios.

C es la respuesta correcta.

Justificación:

A. Las políticas se escriben para apoyar a los objetivos, determinan los requisitos del negocio.
B. Las auditorías se realizan para determinar el cumplimiento de los objetivos de control.
C. Un programa de seguridad de la información se establece para cerrar la brecha entre el estado existente de los controles (según lo identifica una evaluación de riesgo) y el estado deseado sobre la base de los requisitos del negocio, que se obtendrán a través del cumplimiento de los objetivos de control.
D. Un programa debe tener objetivos antes de que puedan asignarse recursos para alcanzar esos objetivos.

149. ¿Cuál de las siguientes consideraciones es la **MÁS** importante cuando se elige un sistema contra incendios?

A. Probabilidad de incendio
B. El coste de mantenimiento
C. Daño a los recursos
D. Propiedad del nuevo sistema

C es la respuesta correcta.

Justificación:

A. La probabilidad forma parte de la justificación para adoptar un sistema automatizado de extinción de incendios, pero el sistema más apropiado depende de otros factores.

B. El coste del mantenimiento es una consideración importante, pero dado que es posible que el daño sea mucho más costoso que el mantenimiento, se considera en una fase posterior.

C. Los sistemas de extinción de incendios pueden ser nocivos para los recursos; de modo que los sistemas automatizados que liberan gas o agua de forma automática tienen sus pros y sus contras. Los sistemas que liberan gas son perjudiciales para la salud, mientras que los que liberan agua pueden dañar los recursos de TI. Por tanto, en la selección e implementación se deben considerar estos aspectos.

D. Es necesario poseer los activos, incluido el nuevo sistema a adquirir, para poder determinar los niveles de protección de los recursos. Sin embargo, se basará en las definiciones de roles y responsabilidades de la empresa. En cualquier caso, la protección de los recursos tendrá prioridad a la hora de considerar la selección de soluciones.

150. Un dispositivo crítico se entrega con un solo ID de usuario y contraseña que deben compartir varios usuarios para acceder al dispositivo. A un gerente de seguridad de información se le ha encargado asegurar que todos los accesos al dispositivo estén autorizados. ¿Cuál de lo siguiente sería el medio **MÁS** eficiente para lograr esto?

A. Habilitar el acceso a través de un dispositivo aparte que requiera una autenticación adecuada.
B. Implementar procedimientos manuales que requieran un cambio de contraseña después de cada uso.
C. Solicitar al proveedor que agregue múltiples ID de usuario.
D. Analizar los registros para detectar los accesos no autorizados.

A es la respuesta correcta.

Justificación:

A. Habilitar el acceso a través de un dispositivo separado que requiere una autenticación adecuada permite que se proporcionen códigos de autenticación para las personas y también introduce la posibilidad de registrar la actividad por persona.

B. Implementar procedimientos manuales que requieran un cambio de contraseña después de cada uso no es efectivo porque los usuarios pueden eludir los procedimientos manuales.

C. Las mejoras de los fabricantes pueden llevar tiempo y requerir de desarrollos, y este es un dispositivo crítico.

D. Analizar los registros para detectar los accesos no autorizados podría, en algunos casos, ser un control complementario efectivo, pero, como en este caso es detectivo, este tipo de control no sería el más efectivo en este caso.

151. Las políticas relacionadas con la posibilidad de usar su propio dispositivo, en inglés *Bring Your Own Device* (BYOD), deberían incluir:
   A. la necesidad de devolver el dispositivo al dejar la empresa.
   B. el requisito de proteger los datos confidenciales en el dispositivo.
   C. limitaciones sobre qué aplicaciones se pueden instalar en el dispositivo.
   D. la capacidad del equipo de seguridad de confiscar el dispositivo como parte de una investigación.

B es la respuesta correcta.

Justificación:

A. Debido a que se trata de un dispositivo personal, es poco probable que la empresa pueda exigir su devolución.
B. La empresa debe garantizar de forma proactiva la protección de los datos de los dispositivos personales.
C. La empresa puede requerir que el dispositivo personal utilice un entorno virtual para tener aislamiento, pero la empresa no puede controlar las aplicaciones personales que se cargan en el dispositivo.
D. Si se pone en marcha una investigación, las autoridades pueden incautar el dispositivo, pero no se espera que equipo de seguridad tenga la autoridad para incautar el dispositivo. Las diferentes normas de privacidad y demás formas de protección legal en todo el mundo dificultan la aplicación de normas comunes a la incautación privada de dispositivos personales, incluso aunque se justifique una investigación interna.

152. ¿Cuál de los siguientes es el proceso **MÁS** importante que un gerente de seguridad de información necesita negociar con un proveedor de servicios externalizado?

   A. El derecho a realizar revisiones de seguridad independientes
   B. Un contrato legalmente vinculante de protección de datos
   C. Cifrado entre la empresa y el proveedor
   D. Una determinación conjunta del riesgo del sistema

A es la respuesta correcta.

Justificación:

A. Un requisito clave de un contrato externalizado que implique sistemas críticos para el negocio es el establecimiento del derecho de la empresa a realizar revisiones de seguridad independientes de los controles de seguridad del proveedor.
B. Un contrato de protección de datos legalmente vinculante es crítico, pero secundario a realizar revisiones de seguridad independientes que permiten el examen de los controles de seguridad reales que prevalecen sobre el sistema, es la herramienta más efectiva de gestión de riesgos.
C. El cifrado de red del enlace entre la empresa y el proveedor bien puede ser un requisito, pero por sí mismo no proporcionará el nivel de confianza de las revisiones de seguridad independientes.
D. Una evaluación conjunta con el proveedor de servicios externalizados, del riesgo del sistema puede ser una solución de compromiso, sin ser la mejor opción, si el derecho a llevar a cabo revisiones de seguridad independientes de los controles del sistema demuestra ser difícil desde el punto de vista contractual.

153. ¿Qué recurso es **MÁS** efectivo para prevenir el acceso físico mediante las técnicas de tailgating/piggybacking?
   A. Bloqueo de puertas mediante uso de tarjetas
   B. Identificación por foto
   C. Formación en concienciación
   D. Escáneres biométricos

C es la respuesta correcta.

Justificación:

A. El bloqueo de puertas mediante uso de tarjetas es un control físico que por sí mismo podría no ser tan efectivo contra el acceso fraudulento mediante tailgating.
B. La identificación por foto por sí misma no es efectiva contra el acceso fraudulento mediante tailgating.
C. Lo más probable es que la formación en concienciación resulte en que el empleado autorizado haga frente a cualquier intento del acceso fraudulento mediante tailgating.
D. Los escáneres biométricos son controles físicos que por sí mismos no podrían no ser tan efectivos contra el acceso fraudulento mediante tailgating.

154. ¿Cuál es el **MEJOR** enfoque para implementar una adecuada segregación de funciones en aplicaciones críticas para el negocio, si es necesario compartir el acceso con privilegios elevados a un pequeño grupo?

A. Garantizar que el acceso a funciones individuales se pueda otorgar a usuarios individuales solo.
B. Implementar el control de acceso basado en roles en la aplicación.
C. Hacer cumplir los procedimientos manuales que garantizan la separación de funciones conflictivas.
D. Crear cuentas de servicio que solo puedan utilizar miembros del equipo autorizado.

B es la respuesta correcta.

Justificación:

A. El acceso a funciones individuales no asegurará la segregación apropiada de tareas.
B. El control de acceso basado en roles es la mejor forma de implementar una SoD apropiada. Los roles se deberán definir una vez y luego el usuario se puede cambiar de un rol a otro sin redefinir el contenido del rol cada vez.
C. Dar a un usuario acceso a todas las funciones e implementar, en paralelo, un procedimiento manual que asegure la SoD no es un método efectivo, y sería difícil de ejecutar y controlar.
D. Crear cuentas de servicio que puedan usar los miembros autorizados del equipo no proporcionaría ninguna ayuda a menos que sus funciones se segreguen de forma adecuada.

155. ¿Cuál de las siguientes opciones indica el impulsor **PRINCIPAL** de la implementación inicial de un programa de seguridad de la información basado en el riesgo?

A. Priorización
B. Motivación
C. Optimización
D. Normalización

A es la respuesta correcta.

Justificación:

A. Puesto que las empresas rara vez disponen de los recursos adecuados para abordar todos los problemas, se suele implementar un programa de seguridad de la información basado en el riesgo para ofrecer una base para la asignación eficiente de recursos limitados.
B. La motivación es una manera útil de hacer que se complete el trabajo, pero no es necesariamente un resultado de implementar un programa de seguridad de la información basado en el riesgo.
C. La optimización es un beneficio a largo plazo asociado con un programa maduro basado en el riesgo. No se presenta durante la implementación inicial.
D. La normalización es una técnica que ofrece muchos beneficios y que apoya a las actividades de gestión de riesgos. No es el resultado de centrarse en el riesgo.

156. ¿Cuál es el factor de éxito **MÁS** crítico del procedimiento de gestión de parches en una empresa donde la disponibilidad es una de las preocupaciones principales?
   A. Probar el parche antes de la implementación
   B. Las habilidades técnicas del equipo responsable
   C. La certificación de la validez para su implementación
   D. La implementación automatizada de todos los servidores

A es la respuesta correcta.

Justificación:

- **A. Haber probado el parche antes de la implementación en los sistemas críticos es un prerrequisito absoluto si la disponibilidad es una preocupación primaria porque aplicar los parches que podrían causar que un sistema falle podría ser peor que la vulnerabilidad corregida por el parche.**
- B. No se requiere un alto nivel de habilidades técnicas porque los parches se suelen aplicar a través de herramientas automatizadas.
- C. La validación del parche es fundamental, pero no está relacionada con las pruebas, que es el principal motivo de preocupación.
- D. No tiene sentido aplicar parches en cada sistema. Los sistemas vulnerables deben ser los únicos candidatos para la aplicación de parches.

157. ¿Quién debe participar en el diseño de los procedimientos de seguridad de la información para garantizar que sean funcionales y precisos?
   A. Usuarios finales
   B. Asesor legal
   C. Unidades operacionales
   D. Gestión de auditoría

C es la respuesta correcta.

Justificación:

- A. Los usuarios finales no suelen participar en el desarrollo de procedimientos diferentes a los de pruebas.
- B. El asesor legal no suele participar en el desarrollo de procedimientos.
- **C. Los procedimientos a el nivel operacional se deben desarrollarán con la participación de las unidades operacionales que los usarán. Esto asegurará que sean funcionales y precisos.**
- D. La gerencia de auditoría por lo general supervisa las operaciones de seguridad de información, pero no participa a el nivel de procedimiento.

158. Un gerente de la seguridad de información revisó las listas de control de acceso y observó que se otorgó acceso privilegiado a todo un departamento. ¿Cuál de las siguientes opciones debería hacer **PRIMERO** el gerente de seguridad de información?
   A. Revisar los procedimientos para otorgar acceso.
   B. Establecer procedimientos para otorgar acceso de emergencia.
   C. Reunirse con los propietarios de los datos para entender las necesidades del negocio.
   D. Redefinir e implementar los permisos de acceso apropiados.

C es la respuesta correcta.

Justificación:

- A. Revisar los procedimientos para otorgar acceso podría ser correcto según las prioridades establecidas por la unidad de negocio, pero debería ser después de comprender las necesidades del negocio.
- B. Los procedimientos para otorgar acceso de emergencia requieren que primero se comprendan las necesidades del negocio.
- **C. Un gerente de seguridad de la información debe entender las necesidades del negocio que motivaron el cambio antes de emprender cualquier acción unilateral.**
- D. Redefinir e implementar los permisos de acceso apropiados ocurrirá después de comprender las necesidades del negocio

159. ¿Cuál de las opciones que se indican a continuación debe darse antes que comience una prueba de intrusión de caja negra?

A. La aprobación de la gerencia de TI
B. Una formación adecuada de comunicación y concienciación
C. Una definición clara del alcance
D. Un plan de respuesta a incidentes

C es la respuesta correcta.

Justificación:

A. La aprobación de la gerencia de TI puede no ser solicitada, en base a decisiones de la alta gerencia.
B. La comunicación, el conocimiento y un plan de respuesta a incidentes no son requisitos necesarios.
C. **Tener una definición del alcance es más importante para asegurar un correcto entendimiento del riesgo y los criterios de éxito.**
D. Una prueba de intrusión podría ayudar a promover la creación y la ejecución del plan de respuesta a incidentes.

160. ¿En cuál de los siguientes tipos de controles la notificación de una intrusión verificada en la red indica que el control funciona correctamente

A. Preventivo
B. Correctivo
C. Detectivo
D. Disuasorio

C es la respuesta correcta.

Justificación:

A. Los controles preventivos, como los mecanismos de autenticación y el cifrado, están destinados a detener las intrusiones, por lo que una intrusión verificada indica que los controles preventivos no han sido eficaces.
B. Los controles correctivos, como las copias de seguridad y las conexiones de apoyo, están destinados a compensar el impacto derivado de los ataques efectivos dirigidos contra los sistemas de información. Es posible que las intrusiones no tengan ningún impacto cuando se detectan, por lo que una intrusión en sí misma no ofrece ninguna indicación sobre el funcionamiento de los controles correctivos.
C. **Los controles de detección, como los sistemas de detección de intrusos, se han diseñado para alertar al personal de las intrusiones cuando estas se producen. La notificación de una intrusión verificada en la red indica que el control funciona correctamente.**
D. Los controles disuasivos, como los banners de advertencia, están destinados a reducir el nivel de amenaza al crear elementos disuasivos para los eventos de amenaza. Una intrusión verificada en la red indica que el elemento disuasivo no ha sido el adecuado para amenazador responsable.

161. La manera **MÁS** efectiva para limitar los impactos reales y potenciales de un análisis forense en el caso de un litigio es:

A. implementar el cifrado de toda la documentación confidencial.
B. garantizar la segregación de deberes y el acceso limitado a los datos confidenciales.
C. aplicar una política de no escritura o almacenamiento de información potencialmente confidencial.
D. desarrollar y aplicar políticas de retención integrales de datos.

D es la respuesta correcta.

Justificación:

A. El cifrado no evitará los requisitos legales de proporcionar documentos en caso de conflictos legales.
B. Limitar el acceso a la información confidencial basada en la necesidad de conocer puede limitar que el personal pueda testificar durante los procedimientos jurídicos, pero no limitará el requisito de proporcionar los documentos existentes.
C. Si bien algunas empresas han practicado una política de no comprometerse a no dejar por escrito temas de dudosa legalidad, esto no es una buena práctica y puede violar varias leyes.
D. El cumplimiento de las políticas de retención definidas aceptables legalmente limitará la exposición a estas exigencias de documentos, a menudo difíciles y costosas, durante los procedimientos judiciales tales como demandas.

162. ¿Cuál de las siguientes opciones es la que **MEJOR** protege la confidencialidad de la información?

A. Clasificación de la información
B. Segregación de funciones
C. El mínimo nivel de privilegios
D. Control de sistemas

C es la respuesta correcta.

Justificación:

A. Si bien la clasificación de la información puede ayudar a centrar la asignación de privilegios, la clasificación en sí misma no proporciona el cumplimiento.
B. Solo en situaciones muy específicas la segregación de funciones protege la confidencialidad de la información.
C. Restringir el acceso a la información a aquellos que necesitan tener acceso es la manera más efectiva de proteger de la confidencialidad.
D. Los sistemas de control son un control de detección en vez de un control preventivo.

163. ¿Quién debe determinar la clasificación apropiada de los datos del libro mayor de contabilidad ubicados en un servidor de base de datos y mantenido por un administrador de base de datos en el departamento de TI?

A. El administrador de la base de datos
B. Gerencia del departamento de finanzas
C. Gerente de seguridad de la información
D. Gerencia del departamento de TI

B es la respuesta correcta.

Justificación:

A. El administrador de la base de datos es el custodio de los datos que aplicaría los niveles de seguridad apropiados para la clasificación.
B. Los propietarios de los datos son responsables de determinar la clasificación de los datos; en este caso, la gerencia del departamento de finanzas será la propietaria de los datos del libro mayor contable.
C. El gerente de seguridad actuaría como un asesor y agente de cumplimiento.
D. La gerencia de TI son los custodios de los datos que aplicarían los niveles de seguridad apropiados para la clasificación.

164. Una empresa utiliza un solo empleado para actualizar los servidores, revisar los registros de auditoría y mantener los controles de acceso. ¿Cuál de las siguientes opciones es el **MEJOR** control de compensación?

A. Verificar que solo se realicen cambios aprobados.
B. Realizar pruebas de penetración trimestrales.
C. Realizar exploraciones para detectar vulnerabilidades mensualmente.
D. Implementar la revisión de archivos de registro por parte de un supervisor.

A es la respuesta correcta.

Justificación:

A. Donde no es posible la segregación de funciones, se necesitan procedimientos adicionales para garantizar que una sola persona con acceso no pueda abusar de ese acceso.
B. Las pruebas de penetración no abordan una amenaza de alguien en el interior de la compañía.
C. Las exploraciones para detectar vulnerabilidades solo verifican cambios en el hardware y software según los requisitos establecidos. No hay correlación con actividades no autorizadas.
D. Es posible que un administrador con suficiente conocimiento pueda manipular los archivos de registro y ocultar sus actividades al supervisor.

165. ¿Cuál de los siguientes pasos debe ser el **PRIMERO** para desarrollar un plan de seguridad de la información?

A. Realizar una evaluación técnica de vulnerabilidades.
B. Analizar la estrategia actual del negocio.
C. Llevar a cabo un análisis del impacto en el negocio.
D. Evaluar los niveles actuales de concienciación sobre seguridad.

B es la respuesta correcta.

Justificación:

A. Las vulnerabilidades técnicas como componente del riesgo serán más relevantes en el contexto de las amenazas a la hora de alcanzar los objetivos comerciales definidos en la estrategia del negocio.
B. Un gerente de seguridad de la información primero necesita entender la actual estrategia y dirección del negocio para comprender los objetivos del negocio y el impacto de las otras respuestas sobre la consecución de esos objetivos.
C. Se debe realizar un análisis de impacto del negocio antes de desarrollar un plan de continuidad de negocio, pero no sería un primer paso adecuado para desarrollar un plan de seguridad de la información porque se centra en el impacto debido a la falta de disponibilidad, que también es relevante en términos de objetivos de negocio que forman la base de la estrategia.
D. La evaluación del nivel actual de concienciación no es el planteamiento adecuado a la hora de desarrollar un plan de seguridad de la información porque la concienciación es un componente del plan en sí mismo.

166. Determinar qué elemento de la triada confidencialidad, integridad y disponibilidad (CIA) es el **MÁS** importante en una tarea necesaria en el momento de:

A. evaluar el riesgo general del sistema.
B. desarrollar una política de controles.
C. determinar las opciones de tratamiento.
D. desarrollar un esquema de clasificación.

B es la respuesta correcta.

Justificación:

A. El riesgo general no se ve afectado por determinar qué elemento de la triada es de mayor importancia, ya que el riesgo general se construye a partir de todos los riesgos conocidos, independientemente de los componentes de la triada a la que cada riesgo se aplica.
B. Debido a que los controles preventivos deben necesariamente estar en un estado abierto o cerrado (es decir, resistencia o seguridad), y estar abierto favorece la disponibilidad mientras estar cerrado favorece la confidencialidad, uno a costa del otro, es necesaria una clara priorización de los componentes de la triada para desarrollar una política de controles.
C. Si bien es factible que establecer un control que refuerce un componente de la triada puede disminuir otro, se pueden determinar las opciones de tratamiento sin una clara priorización de la triada.
D. La clasificación se basa en el posible impacto del compromiso y no es una función de priorización dentro de la triada confidencialidad, integridad y disponibilidad (CIA).

167. ¿Cuál de los siguientes atributos sería el **MÁS** esencial para desarrollar unas métricas efectivas?

A. Facilidad de implementación
B. Significativo para el receptor
C. Posibilidad de representarse de forma cuantificable
D. Cumplimiento de los requisitos regulatorios

B es la respuesta correcta.

Justificación:

A. La facilidad de implementación es útil a la hora de desarrollar las métricas, pero no es esencial. Las métricas son más efectivas cuando son significativas para la persona que va a recibir la información.
B. Las métricas solo serán efectivas si el destinatario puede adoptar las medidas adecuadas en función de los resultados; dicho de otro modo, las métricas deben ser significativas para el destinatario y proporcionar valor de negocio.
C. Las representaciones cuantificables pueden ser útiles, pero las medidas cualitativas a menudo son igual de útiles.
D. Cumplir con los requisitos legales y normativos puede ser importante, pero no siempre es esencial a la hora de desarrollar las métricas para cumplir con los objetivos comerciales.

168. La efectividad de la segregación de funciones puede estar **MÁS** seriamente comprometida cuando:

A. los ID de usuario de ex trabajadores permanecen activos en los sistemas de aplicación.
B. los privilegios de acceso se acumulan basándose en las funciones laborales previas.
C. el acceso basado en roles de aplicación se desvía de las jerarquías organizacionales.
D. las herramientas de construcción de roles basados en accesos de usuarios a recursos se utilizan en la revisión de accesos a privilegios.

B es la respuesta correcta.

Justificación:

A. No es deseable dejar activos en los sistemas de información los ID de ex empleados o ex proveedores, ya que incrementan el potencial de acceso no autorizado. Sin embargo, el riesgo relacionado de no gestionar de forma efectiva a los ex usuarios es un problema de administración de accesos, no de segregación de funciones.
B. Cuando no se administra adecuadamente el cambio de roles de usuarios, los privilegios de acceso pueden cruzar los límites de segregación de funciones. Esto sucede a menudo cuando el rol de un usuario cambia debido a una promoción o transferencia y se les asigna un nuevo sistema de privilegios para cumplir con el nuevo rol, pero los privilegios del rol anterior no se eliminan.
C. El acceso basado en roles se construye sobre la premisa que a los usuarios se les otorga los privilegios que necesitan para llevar a cabo su trabajo diario (roles). No es necesario que estas se alineen con las jerarquías organizacionales.
D. El uso de las herramientas de construcción de roles basados en accesos de usuarios a recursos en la revisión del derecho al acceso puede mejorar la eficiencia y efectividad del proceso, en particular en entornos grandes y complejos.

169. ¿Cuál de las siguientes opciones mitiga **MEJOR** una situación en la que el programador de una aplicación requiere acceso a los datos de producción?

A. Crear una cuenta diferente para el programador como un usuario avanzado.
B. Registrar todas las actividades de los programadores para que las revise el supervisor.
C. Hacer que el programador firme una carta donde acepte la total responsabilidad.
D. Llevar a cabo auditorías periódicas de la aplicación.

B es la respuesta correcta.

Justificación:

A. Crear una cuenta diferente para el programador como un usuario avanzado no resuelve el problema.
B. No siempre es posible proporcionar una segregación adecuada de funciones entre programación y operaciones para cumplir con ciertos requisitos del negocio. Un control de mitigación es registrar todas las acciones de los programadores para la posterior revisión por parte de su supervisor para detectar cualquier acción inapropiada por parte del programador.
C. Hacer que el programador firme una carta donde acepte la total responsabilidad no es un control efectivo.
D. Llevar a cabo auditorías periódicas de la aplicación no es relevante para determinar si las actividades del programador son apropiadas.

170. ¿Qué acción debe tomarse con respecto a los requisitos de clasificación de datos antes de involucrar a proveedores de un servicio externalizado? Garantizar que los requisitos de clasificación de datos:

A. sean compatibles con la clasificación del proveedor.
B. se comuniquen al proveedor.
C. excedan los del contratista.
D. se establezcan en el contrato.

D es la respuesta correcta.

Justificación:

A. Garantizar que los requisitos de clasificación de datos sean compatibles con la clasificación del proveedor es una opción aceptable, pero no proporciona un requisito para manipular los datos clasificados.
B. Garantizar que los requisitos de la clasificación de datos se comunican al proveedor no proporciona un requisito para manejar los datos clasificados de forma adecuada.
C. Garantizar que los requisitos de la clasificación de datos exceden a los del contratista es una opción aceptable, pero no tan completa ni tan vinculante como un contrato legal.
D. El mecanismo más efectivo para asegurar un tercero cumple las normas de seguridad de la empresa sería un contrato legal en el que se indique los requisitos de manejo de los datos clasificados y en el que se incluya el derecho a hacer inspecciones y auditorías.

171. ¿Cuál es el **MAYOR** riesgo cuando hay un número excesivo de reglas de cortafuegos?

A. Una regla puede contravenir otra regla en la cadena y crear una brecha de seguridad.
B. Se puede producir la degradación del rendimiento de toda la red.
C. El cortafuegos puede no soportar el creciente número de reglas debido a las limitaciones.
D. El cortafuegos puede mostrar un comportamiento anómalo y dañarse o cerrarse de forma automática.

A es la respuesta correcta.

Justificación:

A. Si hay muchas reglas de cortafuegos, existe la posibilidad de que una en particular pueda permitir una conexión externa a pesar de que otras reglas asociadas se pasen por alto. Debido al creciente número de reglas, se vuelve complejo probarlas y con el tiempo, puede crearse una brecha de seguridad.
B. El número excesivo de reglas de cortafuegos puede afectar al rendimiento de la red, pero esto es una preocupación secundaria.
C. Es poco probable que la capacidad de cumplir las normas supere la capacidad y no constituye un riesgo significativo.
D. Existe un pequeño riesgo de que el cortafuegos se comporte de forma errática, pero ese no es el mayor riesgo.

172. ¿Cuál de lo siguiente es **MÁS** probable que sea discrecional?

A. Políticas
B. Procedimientos
C. Directrices
D. Normas

C es la respuesta correcta.

Justificación:

A. Las políticas definen las metas y las expectativas de seguridad de la gerencia para una empresa. Estas se definen en términos más específicos dentro de las normas y los procedimientos y no pueden ser discrecionales.
B. Los procedimientos describen cómo se debe realizar el trabajo y, dado que son un conjunto definido de acciones, no pueden ser discrecionales.
C. Las directrices proporcionan recomendaciones que la gerencia del negocio debe considerar para desarrollar prácticas dentro de sus áreas de control, por lo tanto, es muy probable que sean discrecionales.
D. Las normas fijan los límites operativos permitidos para las personas, los procesos y la tecnología y no pueden ser discrecionales.

173. ¿Cuál de los siguientes rara vez cambian en respuesta a los cambios tecnológicos?

A. Normas
B. Procedimientos
C. Políticas
D. Directrices

C es la respuesta correcta.

Justificación:

A. Las normas se deben revisar y actualizar sobre la base del impacto de los cambios tecnológicos.
B. Los procedimientos se deben revisar y actualizar sobre la base del impacto de los cambios tecnológicos o de normas.
C. Las políticas son declaraciones de alto nivel sobre la intención y la dirección de la gerencia, por lo que no es probable que se vean afectadas por cambios tecnológicos.
D. Las directrices se deben revisar y actualizar sobre la base del impacto de los cambios tecnológicos.

174. ¿Cuál es la **MEJOR** forma para asegurar la protección de datos tras un despido?

A. Recuperar la identificación y las claves de la tarjeta.
B. Recuperar todos los equipos informáticos personales.
C. Borrar todas las carpetas del empleado.
D. Asegurar que se elimine todo acceso lógico.

D es la respuesta correcta.

Justificación:

A. Recuperar la identificación y las claves de la tarjeta solamente reduciría la capacidad de entrar al edificio.
B. Recuperar el equipo informático personal es una tarea necesaria pero no impide el acceso a los recursos.
C. Borrar las carpetas de los empleados no es razonable porque pueden contener información importante para la empresa.
D. Asegurar que todos los accesos lógicos se eliminen garantizará que el antiguo empleado no pueda tener acceso a datos de la empresa y que las credenciales del empleado no se usen de forma indebida.

175. ¿Cuál es la razón **MÁS** importante para documentar formalmente los procedimientos de seguridad?

A. Garantizar que los procesos sean repetibles y sustentables.
B. Garantizar la alineación con los objetivos del negocio.
C. Garantizar la auditabilidad por parte de agencias reguladoras.
D. Garantizar los criterios objetivos para la aplicación de la métrica.

A es la respuesta correcta.

Justificación:

A. Sin una documentación formal sería difícil asegurar que los procesos de seguridad se efectúen en la forma correcta y coherente.
B. La alineación con los objetivos del negocio no es una función de documentar formalmente procedimientos de seguridad.
C. Los procesos no se deben documentar formalmente solo para satisfacer un requisito de auditoría.
D. A pesar de que puede ser útil en el desarrollo de métricas, crear una documentación formal para asistir en la creación de métricas es un objetivo secundario.

176. ¿Cuál de los siguientes es el **MEJOR** método para una empresa que desee proteger su propiedad intelectual?

A. Llevar a cabo sesiones de concienciación sobre la política de propiedad intelectual.
B. Exigir que todos los empleados firmen un contrato de no revelación.
C. Eliminar con rapidez todos los accesos cuando un empleado deja la empresa.
D. Restringir el acceso conforme a lo que necesita conocerse.

D es la respuesta correcta.

Justificación:

A. La concienciación en seguridad respecto a la política de propiedad intelectual no impedirá violaciones de esta política.
B. Exigir que todos los empleados firmen un contrato de no revelación es un buen control, pero no tan efectivo como restringir el acceso sobre la base de la necesidad de saber.
C. Eliminar todo el acceso tras el despido no protege la propiedad intelectual antes de que un empleado se vaya.
D. Restringir el acceso conforme a lo que necesita conocerse es el enfoque más efectivo para proteger la propiedad intelectual.

177. A la hora de desarrollar una estrategia efectiva de protección de datos, el gerente de seguridad de la información debe comprender el flujo de datos y su protección en varias etapas. Esto se consigue **MEJOR** con:

A. una evaluación externa de vulnerabilidades.
B. una metodología hecha a medida y basada en la exposición.
C. una póliza de seguros para pérdidas accidentales de datos.
D. un sistema de tokenización montado en un entorno de red seguro.

B es la respuesta correcta.

Justificación:

A. Las evaluaciones de vulnerabilidad, de terceros o de otro tipo, no aportan información sobre el flujo de datos, el riesgo o las amenazas que se necesitan para desarrollar una estrategia de protección de datos.
B. Las empresas clasifican los datos según el valor de negocio y la exposición al riesgo. La empresa puede después desarrollar un plan razonable para invertir presupuesto y esfuerzo para elaborar una estrategia de protección de datos basada en la información recopilada sobre los activos de datos.
C. Una póliza de seguro es una opción de tratamiento del riesgo para la transferencia/uso compartido del riesgo y no proporciona la información necesaria para desarrollar una estrategia de protección de datos.
D. La tokenización es una técnica que se utiliza para proteger los datos, y no un método para determinar el flujo de datos u otros atributos relevantes y necesarios para elaborar la estrategia de protección de datos.

178. Una cuenta con todos los privilegios administrativos sobre un archivo de producción se encuentra accesible para un miembro del equipo de desarrollo de software. Esta cuenta se creó para permitir al desarrollador descargar datos de producción no confidenciales para fines de pruebas de software. Asumiendo que todas las opciones son posibles, ¿cuáles de las siguientes debería recomendar el gerente de seguridad de información?

A. Restringir el acceso de las cuentas a solo lectura.
B. Registrar todos los usos de esta cuenta.
C. Suspender la cuenta y activarla solo cuando se necesite.
D. Requerir que se presente una solicitud de cambio para cada descarga.

A es la respuesta correcta.

Justificación:

A. **Las cuentas administrativas tienen permiso para cambiar datos. Esto no es necesario para que los desarrolladores realicen sus tareas. Un cambio no autorizado dañará la integridad de los datos. Restringir la cuenta acceso de solo lectura garantizará que se mantenga la integridad de los archivos mientras se permite el acceso.**
B. Registrar todos los usos de la cuenta es un control de detección y no reducirá la exposición creada por este nivel excesivo de acceso.
C. Suspender la cuenta y activarla solo cuando se necesite no reducirá la exposición creada por este nivel excesivo de acceso.
D. Exigir que se presente una solicitud de cambio para cada descarga sería una carga excesiva y no reducirá la exposición creada por este nivel excesivo de acceso.

179. ¿Cuál de los siguientes es el **MEJOR** indicador de que los controles de seguridad están funcionando de manera efectiva?

A. Las estadísticas mensuales de nivel de servicio indican un impacto mínimo proveniente de los problemas de seguridad.
B. El coste de implementar un control de seguridad es menor que el valor de los activos.
C. El porcentaje de sistemas que cumplen con las normas de seguridad es satisfactorio.
D. Los informes de auditoría no reflejan ningún hallazgo significativo en relación con la seguridad.

A es la respuesta correcta.

Justificación:

A. **El mejor indicador de control de seguridad efectivo son las pruebas de interrupción aceptable de las operaciones de negocio.**
B. El coste relacionado con la implementación de los controles no está relacionado con su efectividad.
C. El porcentaje de sistemas que cumplen con las normas de seguridad no es un indicador de su efectividad.
D. Los informes de auditoría que no reflejan hallazgos significativos sobre la seguridad pueden respaldar estas pruebas, pero no suele ser lo suficientemente frecuente como para convertirse en una herramienta de gestión útil y solo es un complemento de las estadísticas mensuales de nivel de servicio.

180. Se ha diseñado e introducido la segregación de funciones (SoD) en un sistema de cuentas pendientes. ¿Cuál de las opciones siguientes se debe implementar para mantener **MEJOR** la efectividad de la SoD?

A. Se asigna una norma de contraseña segura al personal de desembolsos.
B. La concienciación de seguridad la difunde el departamento de cumplimiento.
C. Una matriz de roles operativos que esté alineada con el organigrama.
D. El privilegio de acceso se revisa cuando cambia la función de un operador.

D es la respuesta correcta.

Justificación:

A. Es importante que todos los miembros del personal tengan una contraseña segura, pero la complejidad de las contraseñas no garantiza la eficacia de la segregación de funciones (SoD).
B. La SoD eficaz no se basa en la autogestión, por lo que la concienciación en seguridad es un control inadecuado de la misma.
C. No es extraño que el personal desempeñe funciones adicionales más allá de las que se muestran en el organigrama, por lo que alinear una matriz de funciones con el organigrama no es lo suficientemente granular para mantener la eficacia de SoD.
D. Para mantener la efectividad de la SoD establecida en un sistema de aplicación, se debe analizar el privilegio de acceso del usuario siempre que cambie la función de un operador. Si no se sigue este proceso, existe el riesgo de que un solo miembro del personal adquiera capacidades operativas excesivas. Por ejemplo, si un miembro del personal de desembolso de efectivo consigue casualmente un puesto de entrada comercial, esta persona es técnicamente capaz de realizar una operación de pago ilegal.

181. Varias unidades de negocios informaron sobre problemas con sus sistemas después de la implementación de varios parches de seguridad. ¿Cuál es el **PRIMER** paso para abordar este problema?

A. Evaluar los problemas e iniciar los procedimientos de restauración, de ser necesario.
B. Desconectar los sistemas de la red hasta que se corrijan los problemas.
C. Desinstalar los parches de estos sistemas.
D. Comunicarse con el proveedor en relación con los problemas que han ocurrido.

A es la respuesta correcta.

Justificación:

A. Evaluar los problemas e iniciar procedimientos de restauración según sea necesario sería el mejor procedimiento que se puede seguir.
B. Desconectar los sistemas de la red no identificaría dónde está el problema y podrían empeorarlo.
C. Si se desinstalan los parches no se identificará dónde estaba el problema y recreará el riesgo que debían abordar los parches.
D. Comunicarse con el proveedor en relación con los problemas que han ocurrido es parte de la evaluación.

182. Los marcos de seguridad de la información pueden ser los **MÁS** útiles para el gerente de seguridad de la información porque:

A. brindan métodos y procesos detallados.
B. se han diseñado para alcanzar resultados específicos.
C. proporcionan estructura y orientación.
D. proporcionan políticas y procedimientos.

C es la respuesta correcta.

Justificación:

A. Los marcos son estructuras generales y no proporcionan procesos y métodos detallados.
B. Los marcos no especifican resultados particulares, pero pueden brindar la estructura para evaluar los resultados en comparación con los requisitos.
C. Los marcos son como un esqueleto; proporcionan los esquemas y la estructura básica pero no los detalles del proceso y los resultados.
D. Los marcos no especifican ni proporcionan políticas y procedimientos. La creación de documentos de política/procedimiento se deja al implementador que puede seguir un marco de documentación.

183. ¿En cuál de las siguientes situaciones es el control continuo la **MEJOR** opción?

A. Cuando los incidentes pueden tener un alto impacto y ocurren con frecuencia
B. Cuando la legislación requiere estrictos controles de seguridad de la información
C. Cuando los incidentes pueden tener un alto impacto, pero ocurren con poca frecuencia
D. Cuando el comercio electrónico es uno de los principales impulsadores del negocio

A es la respuesta correcta.

Justificación:

A. Las iniciativas de control continuo son costosas, de modo que se deben utilizar en áreas en las que el riesgo alcanza su máximo nivel. Estas áreas son aquellas con un gran impacto y ocurren con mayor frecuencia.
B. Las regulaciones y legislaciones que requieren medidas estrictas de seguridad de TI se concentran en exigir a las empresas que establezcan una estructura de gobierno de seguridad de TI que gestione la seguridad de TI con una estrategia basada en el riesgo, por lo cual cada empresa decide los tipos de controles que se implementan. El control continuo no es necesariamente un requisito.
C. Medidas como la planificación de contingencias o los seguros se suelen utilizar cuando los incidentes no son frecuentes, pero tienen un gran impacto cada vez que ocurren. El control continuo casi nunca es necesario.
D. Las iniciativas de control continuo de los controles no son necesarias en todos los entornos de comercio electrónico. Existen algunos entornos de comercio electrónico donde el impacto de los incidentes no es lo suficientemente alto como para que se requiera la implementación de este tipo de iniciativas.

184. Un gerente de seguridad de la información que asigna una descripción de puestos de trabajo para los tipos de acceso a datos es **MÁS** probable que se adhiera a ¿cuál de los siguientes principios de seguridad de la información?

A. Ética
B. Proporcionalidad
C. Integración
D. Rendición de cuentas

B es la respuesta correcta.

Justificación:

A. Se espera que los principios de ética formes parte de todos los roles, pero no se relaciona con los tipos de accesos a datos. Los principios de ética no tienen relevancia en la asignación de descripciones de puestos de trabajo a los tipos de acceso a los datos.

B. Los controles de seguridad de la información, incluido el acceso, deben ser proporcionales a la criticidad o sensibilidad del activo (por ejemplo, el potencial impacto de compromiso). Esto se denomina principio de proporcionalidad.

C. Los principios de integración no son relevantes en la asignación de descripciones de puestos de trabajo a los tipos de acceso a los datos.

D. El principio de rendición de cuentas sería el segundo principio con mayor adherencia porque las personas con acceso a los datos pueden no siempre ser quienes deben rendir cuentas.

185. ¿Cuál es la **MAYOR** preocupación para un gerente de seguridad de la información que revisa las reglas del cortafuegos?

A. El cortafuegos permite el enrutamiento por origen.
B. El cortafuegos permite la propagación por difusión.
C. El cortafuegos permite puertos no registrados.
D. El cortafuegos permite protocolos no normalizados.

A es la respuesta correcta.

Justificación:

A. Si el cortafuegos permite enrutar por origen, cualquier intruso puede llevar a cabo ataques de suplantación al robar las direcciones de protocolo de Internet (privadas) internas de la empresa.

B. La propagación por difusión no crea un riesgo de seguridad significativo.

C. Los puertos no registrados son una práctica deficiente, pero no necesariamente crean un riesgo de seguridad significativo.

D. Los protocolos no normalizados se pueden filtrar y no necesariamente crean un riesgo de seguridad significativo.

186. ¿Cuál es el medio **MÁS** rentable para mejorar la concienciación del personal en lo que respecta a la seguridad?

A. Incentivos monetarios a los empleados
B. Educación y formación de los usuarios
C. Una política de seguridad de tolerancia cero
D. Informar sobre las infracciones de seguridad

B es la respuesta correcta.

Justificación:

A. Los incentivos no producen los resultados esperados si no existe educación y formación de los usuarios.

B. La educación y la formación de los usuarios es el medio más rentable para lograr que el personal mejore la seguridad porque son el eslabón más débil de la cadena de seguridad.

C. Si los usuarios no son conscientes de los requisitos de seguridad, una política de seguridad de tolerancia cero no será tan efectiva como la educación y la formación.

D. Los usuarios no tendrán el conocimiento para interpretar y notificar correctamente violaciones de seguridad si no existe educación y formación para ellos.

187. ¿Cuál de los siguientes recursos es el **MÁS** efectivo para impedir que un individuo no autorizado siga a una persona autorizada a través de una entrada protegida (seguir muy de cerca o entrar inmediatamente después)?

A. Bloqueo de puertas mediante uso de tarjetas
B. Identificación por foto
C. Escáneres biométricos
D. Formación en concienciación

D es la respuesta correcta.

Justificación:

A. El bloqueo de puertas mediante uso de tarjetas es un control físico que por sí mismo podría no ser tan efectivo contra el acceso fraudulento mediante tailgating.
B. La identificación por foto es un control de detección que por sí mismo no sería efectivo para evitar el acceso fraudulento mediante tailgating.
C. Los escáneres biométricos no son efectivos para evitar el acceso fraudulento mediante tailgating.
D. Lo más probable es que la formación en concienciación resulte en que el empleado autorizado haga frente a cualquier intento del acceso fraudulento mediante tailgating.

188. ¿De qué manera los propietarios de los datos determinarán el acceso y las autorizaciones que tendrán los usuarios?

A. Delegar la autoridad al custodio de los datos
B. Clonar las cuentas de los usuarios existentes
C. Determinar las preferencias jerárquicas
D. Relacionar con las necesidades del negocio

D es la respuesta correcta.

Justificación:

A. Los custodios de datos implementan las decisiones que toman los propietarios de los datos.
B. El acceso y las autorizaciones no se deben asignar mediante la clonación de cuentas de usuario existentes. Mediante la clonación, los usuarios podrían obtener más derechos de acceso y privilegios que los requeridos para hacer su trabajo.
C. El acceso y las autorizaciones se deben basar en lo que necesita conocerse. Las preferencias jerárquicas pueden estar basadas en preferencias individuales y no en las necesidades del negocio.
D. El acceso y las autorizaciones se deben basar en las necesidades del negocio.

189. ¿Cuál de los siguientes es el resultado **MÁS** probable de un curso de concienciación sobre seguridad de la información bien diseñado?

A. Incremento de informes de los incidentes de seguridad a la función de respuesta a incidentes
B. Reducción de informes de los incidentes de seguridad a la función de respuesta a incidentes
C. Reducción del número de restablecimientos de contraseña
D. Aumento del número de vulnerabilidades del sistema identificadas

A es la respuesta correcta.

Justificación:

A. Un curso de concienciación sobre seguridad de la información bien organizado informa a todos los empleados de las políticas de seguridad existentes, la importancia de seguir prácticas seguras para la seguridad de los datos y la necesidad de notificar cualquier incidente de seguridad posible a las personas apropiadas dentro de la empresa.
B. La disminución de las notificaciones de incidentes de seguridad no es un resultado probable.
C. La reducción del número de restablecimientos de contraseña no es un resultado probable.
D. Un aumento del número de vulnerabilidades del sistema identificadas no es un resultado probable.

190. ¿Cuál de los siguientes sería el **MEJOR** elemento para incluir en el programa de formación entrenamiento en la concienciación de la seguridad de la información para los nuevos empleados del personal general?

A. Revisión de diversos modelos de seguridad
B. Conversación sobre cómo construir contraseñas fuertes
C. Revisión de los roles que tienen accesos privilegiados
D. Discusión de los resultados de la evaluación de vulnerabilidad

B es la respuesta correcta.

Justificación:

A. Una revisión de diversos modelos de seguridad no sería aplicable a los empleados del personal general.
B. Todos los empleados nuevos deben entender las técnicas para construir contraseñas fuertes.
C. Una revisión de roles que tienen acceso privilegiado no sería aplicable a los empleados del personal general.
D. Una discusión de los resultados de la evaluación de vulnerabilidad no sería aplicable a los empleados del personal general.

191. ¿Cuál es un componente crítico del programa de mejora continua para la seguridad de la información?

A. Métricas del programa
B. Desarrollar un acuerdo de nivel de servicio para la seguridad.
C. Vincular las normas de seguridad de la empresa con una norma internacional reconocida
D. Garantizar el cumplimiento regulatorio

A es la respuesta correcta.

Justificación:

A. Si una empresa es incapaz de tomar medidas a lo largo del tiempo, que proporcionen datos en relación con aspectos clave de su programa de seguridad, no es posible la mejora continua.
B. Aunque son medidas recomendables, el desarrollar un acuerdo de nivel de servicio para la seguridad no es un componente crítico de un programa de mejora continua.
C. Vincular las normas de seguridad de la empresa con una norma internacional reconocida no es un componente crítico de un programa de mejora continua.
D. Garantizar el cumplimiento normativo es un tema distinto y no es un componente crítico para un programa de mejora continua.

192. Una empresa ha implementado un sistema de planificación de los recursos de la empresa que utilizan 500 empleados de diferentes departamentos. ¿Cuál de los siguientes enfoques de control de acceso es el **MÁS** apropiado?

A. Basado en reglas
B. Obligatorio
C. Discrecional
D. Basada en roles

D es la respuesta correcta.

Justificación:

A. El control de acceso basado en reglas debe definir las reglas de acceso individual, lo que resulta problemático y susceptible de errores en grandes empresas.
B. En el control de acceso obligatorio, el acceso del individuo a los recursos de información se basa en un nivel de autorización que se debe definir, lo cual es problemático en empresas grandes.
C. En el control de acceso discrecional, alguien con la autoridad adecuada concede acceso a los usuarios tienen en función de la delegación de derechos, lo que precisa una enorme cantidad de gestión y gastos generales.
D. El control de acceso basado en roles es efectivo y eficiente en grandes comunidades de usuarios porque controla el acceso al sistema de acuerdo con los roles definidos para grupos de usuarios. A los usuarios se les asignan los diferentes roles y el sistema controla el acceso basándose en esos roles.

193. Una empresa planea contratar a un proveedor de servicio externo para que hospede el sitio web de la empresa. Para el gerente de seguridad de la información, lo **MÁS** importante es asegurarse de que:
A. una auditoría del proveedor de servicio revele debilidades no significativas.
B. el contrato incluya un acuerdo de no divulgación para proteger la propiedad intelectual de la empresa.
C. el contrato obligue al proveedor de servicio a cumplir con las políticas de seguridad.
D. el proveedor de servicio externo realice pruebas de penetración con regularidad.

C es la respuesta correcta.

Justificación:

A. La auditoría suele ser un esfuerzo que se realiza una sola vez y no puede garantizar la seguridad continuamente.
B. Un acuerdo de no divulgación debe formar parte del contrato y estaría incluido en los requisitos de cumplimiento de las políticas.
C. Es esencial incluir los requisitos de seguridad en el contrato conforme a la política de seguridad de la empresa para asegurarse de que el proveedor de servicio implemente los controles de seguridad necesarios.
D. Las pruebas de penetración por sí solas no proporcionarían seguridad total al sitio web; existen muchos controles que no se pueden evaluar con pruebas de penetración.

194. ¿Cuál de los siguientes es el **PRINCIPAL** objetivo al contratar a una empresa externa para que realice pruebas de penetración?
A. Mitigar los riesgos técnicos
B. Tener una certificación independiente de la seguridad de la red
C. Recibir una opinión independiente sobre los riesgos de seguridad
D. Identificar una lista de todas las vulnerabilidades

C es la respuesta correcta.

Justificación:

A. La mitigación de riesgos técnicos no es un resultado directo de una prueba de penetración.
B. Una prueba de penetración no certificaría la seguridad de la red.
C. Aunque la empresa pueda tener la capacidad de realizar pruebas de penetración con los recursos internos, es recomendable que estas pruebas las lleve a cabo una compañía externa para tener una opinión independiente de los riesgos de seguridad.
D. Una prueba de penetración no proporcionaría una lista de todas las vulnerabilidades.

195. La característica **MÁS** importante de las políticas de seguridad apropiadas es que:
A. establecen expectativas de gestión de TI.
B. establecen solo una exigencia de cumplimiento de seguridad general.
C. concuerdan con las metas de la organización.
D. rigen la creación de procedimientos y directrices.

C es la respuesta correcta.

Justificación:

A. El establecimiento de expectativas de la gestión de TI omite la superación de metas y objetivos generales de la organización.
B. El establecimiento de solo una orden general de seguridad es la mejor opción siguiente, porque las políticas deberían ser claras; de lo contrario, las políticas podrían ser confusas y difíciles de comprender y aplicar.
C. La característica más importante de las políticas de seguridad apropiadas es que estén alineadas con los objetivos de la organización. Si no se alinean las políticas y los objetivos, se vuelven ineficaces y potencialmente engañosos a la hora de regir la creación de normas y procedimientos.
D. Las políticas se crean con el objetivo de gobernar la creación de procedimientos y directrices por diseño.

196. ¿Cuál de las siguientes prácticas aumentaría la concienciación sobre seguridad entre los empleados de una empresa?

A. Distribuir las estadísticas de la industria sobre incidentes de seguridad
B. Controlar la magnitud de los incidentes
C. Animar a los empleados a comportarse de una manera más consciente
D. Reforzar continuamente la política de seguridad

D es la respuesta correcta.

Justificación:

A. Distribuir las estadísticas de la industria sobre incidentes de seguridad tendría poco impacto en el comportamiento de los empleados.
B. Controlar la magnitud de los incidentes no implica la participación de los empleados.
C. Animar a los empleados a comportarse de una manera más consciente podría ser un aspecto del refuerzo continuo de la política de seguridad.
D. Se debe concienciar continuamente a los empleados en lo que respecta a la política y las expectativas de su comportamiento.

197. ¿Cuál de los siguientes es el método **MÁS** apropiado para asegurar la fortaleza de las contraseñas en una empresa grande?

A. Intentar restablecer varias contraseñas en valores más débiles
B. Instalar código de captura de contraseñas para auditorías periódicas
C. Seleccionar un subconjunto de usuarios y solicitar sus contraseñas para revisarlas
D. Determinación automática de la fortaleza de las contraseñas para cada plataforma

D es la respuesta correcta.

Justificación:

A. Intentar restablecer varias contraseñas en valores más débiles no garantizará que as contraseñas sean bastante fuertes.
B. Instalar código de captura de contraseñas para auditorías periódicas crea un riesgo innecesario.
C. Seleccionar un subconjunto de usuarios a fin de solicitarles sus contraseñas para revisarlas comprometería la integridad de dichas contraseñas.
D. La prueba automática de la seguridad de la contraseña y la aplicación de la generación adecuada es la forma más efectiva de garantizar la creación de una contraseña segura.

198. ¿Cuál de los siguientes es el **MEJOR** enfoque para mejorar los procesos de gestión de seguridad de la información?

A. Realizar auditorías de seguridad periódicas.
B. Realizar pruebas de penetración periódicas.
C. Definir y controlar las mediciones de seguridad.
D. Sondear a las unidades de negocio para conocer su opinión.

C es la respuesta correcta.

Justificación:

A. Las auditorías identificarán deficiencias en los controles establecidos; sin embargo, no son efectivas para evaluar el rendimiento general a fin de mejorarlo de manera continua.
B. Las pruebas de penetración solo detectarán vulnerabilidades técnicas y no pueden proporcionar una visión integral de la gestión de seguridad de la información.
C. Definir y controlar medidas de seguridad es un buen enfoque para analizar el rendimiento del proceso de gestión de la seguridad porque determina el valor de referencia y evalúa el rendimiento en comparación con ese valor para identificar oportunidades de mejora. Es un enfoque sistemático y estructurado de la mejora del proceso.
D. Las opiniones y comentarios son subjetivos y no necesariamente reflejan el rendimiento real.

199. ¿En qué se deben basar las métricas cuando miden y controlan los programas de seguridad de la información?

A. Riesgo residual
B. Niveles de seguridad
C. Objetivos de seguridad
D. Estadísticas sobre incidentes de seguridad

C es la respuesta correcta.

Justificación:

A. Las métricas no solo se utilizan para medir los resultados de los controles de seguridad (riesgos residuales), sino también los atributos de la implementación de controles.
B. Los niveles de seguridad solo son relevantes en relación con los objetivos de seguridad.
C. Las métricas se deben desarrollar basándose en los objetivos de seguridad, para que puedan medir la efectividad y la eficiencia de los controles de seguridad de la información en relación con los objetivos definidos.
D. Las estadísticas de incidentes de seguridad ofrecen una base general a la hora de determinar si los resultados generales cumplen con las expectativas, pero no ofrecen una base para la consecución de objetivos individuales.

200. ¿Cuál es la **MEJOR** justificación para convencer a la gerencia para que invierta en un programa de seguridad de la información?

A. Reducción de costes
B. Cumplimiento de las políticas de la empresa
C. Protección de los activos del negocio
D. Aumento del valor del negocio

D es la respuesta correcta.

Justificación:

A. La reducción de costes por sí sola rara vez es el incentivo para implementar un programa de seguridad de la información.
B. El cumplimiento es secundario al valor de negocio y no puede ser la mejor justificación, puesto que es posible que la empresa ya cumpla con la gestión del equipo legal.
C. La protección de los activos comerciales no es la mejor justificación, puesto que la gerencia puede contrarrestarla afirmando que puede garantizar la protección de los activos.
D. Invertir en un programa de seguridad de la información aumentaría el valor de negocio al haber menos interrupciones del negocio, menos pérdidas, mayor productividad y una reputación de marca más sólida.

201. Una empresa está llegando a un acuerdo con un nuevo socio de negocios para gestionar los correos de los clientes. ¿Cuál es la acción **MÁS** importante que debe ejecutar el gerente de seguridad de la información?

A. Realizar una revisión de seguridad de diligencia debida de los controles de seguridad del socio de negocios
B. Asegurarse que el socio de negocios cuente con un programa de continuidad del negocio eficaz
C. Asegurarse que el contrato obligue a los proveedores externos a cumplir con todos los requisitos de seguridad pertinentes
D. Pedir a otros clientes del socio de negocios que verifiquen referencias para comprobar el rendimiento

C es la respuesta correcta.

Justificación:

A. Una revisión de la seguridad de diligencia debida contribuye al acuerdo contractual, pero no es clave.
B. Asegurarse que el socio de negocios cuente con un programa de continuidad del negocio eficaz contribuye al acuerdo contractual, pero no es clave.
C. El requisito clave es que el gerente de seguridad de la información se asegure de que la empresa contratada esté obligada, por contrato, a cumplir los requisitos de seguridad adecuados al proceso para el cual se ha contratado su servicio. Esto protege a ambas empresas.
D. Hablar con otros clientes del socio de negocios contribuye al acuerdo contractual, pero no es clave.

202. Una empresa que contrató servicios de terceros para el procesamiento de nóminas necesita realizar evaluaciones independientes de los controles de seguridad de los proveedores externos, según los requisitos establecidos por las políticas. ¿Cuál de los siguientes requisitos es el **MÁS** importante al hacer un contrato?

A. Derecho de auditoría
B. Acuerdo de no divulgación
C. Implementación de cortafuegos adecuado
D. Gerente de seguridad dedicado al control del cumplimiento

A es la respuesta correcta.

Justificación:

A. El derecho a la auditoría sería el requisito más útil porque esto permitiría a la empresa realizar una auditoría/evaluación de seguridad a una necesidad del negocio de examinar si los controles están funcionando efectivamente en el proveedor de servicio externo.
B. Un acuerdo de confidencialidad es un requisito importante y se puede examinar durante la auditoria.
C. La implementación adecuada del firewall no sería un requisito específico en el contrato, sino parte de los requisitos generales de control.
D. Un gerente de seguridad a tiempo completo sería una solución costosa y no viable para la mayoría de las situaciones.

203. ¿Cuál de las siguientes actividades es la **MÁS** importante para garantizar la constante seguridad de los servicios de TI externalizados?

A. Ofrecer formación en la concienciación de la seguridad a los empleados de proveedores externos.
B. Llevar a cabo revisiones de seguridad regulares de los proveedores externos.
C. Incluir requisitos de seguridad en el contrato de servicio.
D. Solicitar que el proveedor externo cumpla con la política de seguridad de la información de la empresa.

B es la respuesta correcta.

Justificación:

A. Dependiendo del tipo de servicio contratado, podría ocurrir que no se necesitara una formación en la concienciación de la seguridad o que no fuera relevante.
B. Las auditorías de seguridad periódicas y las revisiones de los métodos utilizados por el proveedor para evitar los posibles daños a la seguridad de la información contribuirán a verificar la seguridad de los servicios externos contratados.
C. Los requisitos de seguridad deberían incluirse en el contrato, pero lo más importante es verificar que el proveedor cumpla con los requisitos.
D. No es necesario exigir al proveedor que cumpla con todos los requisitos de la política si solo parte de esta es pertinente y aplicable.

204. Una infraestructura de escritorio virtual permite el acceso remoto. El beneficio de este enfoque desde una perspectiva de seguridad es:
   A. optimizar el presupuesto de recursos de TI reduciendo el mantenimiento físico por remoto en los ordenadores personales (PC).
   B. establecer la segregación de datos personales y organizacionales mientras se usa un PC en remoto.
   C. permitir la ejecución de las operaciones para borrar datos en un entorno de PC remoto.
   D. terminar la actualización de la lista de software antivirus aprobada para PC remotos.

B es la respuesta correcta.

Justificación:

A. El mantenimiento físico se reduce en un entorno de infraestructura de escritorio virtual (VDI), pero la reducción en el coste no es el beneficio de la VDI desde una perspectiva de seguridad.
B. El mayor beneficio de introducir una VDI es establecer el alojamiento de escritorio remoto conservando las áreas personales en un ordenador personal (PC) diferente del cliente. Esto actúa como un control contra las copias no autorizadas de los datos del negocio en un PC del usuario.
C. Borrar los datos de manera remota no es posible en una VDI.
D. La finalización de las actualizaciones de antivirus puede representar un ahorro en los costes para la empresa, pero la presencia o ausencia del software antivirus en una PC remota no es relevante en un contexto de VDI.

205. ¿Cuál de los siguientes procesos es la **MEJOR** manera de garantizar que los riegos de seguridad se revaluarán cuando se efectúen modificaciones en los desarrollos de las aplicaciones?
   A. Un proceso de gestión de problemas
   B. El análisis de antecedentes
   C. Un proceso de control de cambios
   D. Análisis del impacto en el negocio

C es la respuesta correcta.

Justificación:

A. La gestión de problemas es el proceso general concebido para gestionar todos los problemas, no solo los problemas específicos de seguridad.
B. El análisis de antecedentes es el proceso que se utiliza para evaluar las referencias de los empleados cuando se contratan.
C. Un proceso de control de cambios es la metodología que garantiza que se revaluará cualquier cosa que se pueda ver afectada por un cambio de desarrollo.
D. El análisis de impacto en el negocio es la metodología que se utiliza para evaluar los impactos y el coste de perder una función en particular.

206. ¿En cuál de las siguientes fases del ciclo de vida del desarrollo de sistemas se debe elegir el control de acceso y los algoritmos de cifrado?
   A. Diseño de procedimientos
   B. Diseño arquitectónico
   C. Especificaciones para el diseño del sistema
   D. Desarrollo del software

C es la respuesta correcta.

Justificación:

A. El diseño de procedimientos convierte los componentes estructurales en una descripción de procedimientos del software.
B. El diseño arquitectónico es la fase que identifica el diseño general del sistema, pero no los puntos específicos.
C. La fase de especificaciones para el diseño del sistema que identifica las especificaciones de seguridad.
D. El desarrollo de software es una etapa muy tardía porque sucede cuando ya se está codificando el sistema.

207. ¿Cuál de las siguientes opciones es generalmente un componente fundamental en un programa de seguridad de la información?

A. Sistemas de control de acceso basado en roles
B. Provisión de acceso automatizado
C. Formación en concienciación de la seguridad
D. Sistemas de prevención de intrusos

C es la respuesta correcta.

Justificación:

A. Es posible que los sistemas de control de acceso basado en roles no sean necesarios, son discrecionales.
B. Es posible que la provisión de acceso automatizado no sea necesaria, es discrecional.
C. Si no se realiza una formación en la concienciación de la seguridad, podría suceder que no se implementaran de forma efectiva muchos componentes del programa de seguridad.
D. Es posible que los sistemas de prevención de intrusos no sean necesarios, son discrecionales.

208. ¿Cómo puede saber una empresa si su nuevo programa de seguridad de la información está cumpliendo con sus objetivos?

A. Las métricas claves indican una reducción en los efectos de incidencia.
B. La alta gerencia ha autorizado y apoya el programa.
C. Los empleados son receptivos ante los cambios implementados.
D. Hay una reducción inmediata de incidentes notificados.

A es la respuesta correcta.

Justificación:

A. Un programa efectivo de seguridad mostrará una tendencia en la reducción del impacto.
B. El apoyo de la alta gerencia puede derivarse de un programa de rendimiento, pero no es una métrica clave que indique una reducción en los efectos de incidencia.
C. Que los empleados estén receptivos puede derivarse de un programa de rendimiento, pero no es una métrica clave que indique una reducción en los efectos de incidencia.
D. Es probable que la reducción inmediata de los incidentes notificados se deba a otras causas y no constituya un buen indicador de que el programa alcance sus objetivos.

209. Una ventaja de utilizar un método de divulgación completa (caja blanca) en lugar de un método ciego (caja negra) para la realización de pruebas de penetración, es que:

A. simula la situación real de un ataque externo a la seguridad.
B. no se requiere de la intervención humana para este tipo de prueba.
C. se requiere menos tiempo para el reconocimiento y la recogida de la información.
D. no se revela la información importante de infraestructura al examinador.

C es la respuesta correcta.

Justificación:

A. Las pruebas de penetración ciega (de caja negra) se asemejan más a la vida real que las pruebas de divulgación completa (caja blanca).
B. No hay pruebas que indiquen que no se necesita la intervención humana para este tipo de prueba.
C. Los datos y la información que se requieren para la penetración se comparten entre los realizadores de la prueba, lo que ahorra tiempo que, de no ser así, tendría que haberse empleado en el reconocimiento y la recogida de información.
D. La metodología de divulgación completa (caja blanca) requiere el conocimiento de la materia que se está sometiendo a prueba.

210. Es **MÁS** probable que una empresa incluya una cláusula de indemnización en un acuerdo de nivel de servicio porque una cláusula de indemnización:

A. reduce la probabilidad de un incidente.
B. limita el impacto en la empresa.
C. es un requisito regulatorio.
D. garantiza el rendimiento.

B es la respuesta correcta.

Justificación:

A. La cláusula de indemnización no reduciría la probabilidad de un incidente.
B. Una cláusula de indemnización es un control de compensación que sirve para reducir el impacto si el proveedor causa una pérdida financiera.
C. Una cláusula de indemnización por lo general no es un requisito regulatorio.
D. Una cláusula de indemnización puede proporcionar un incentivo para cumplir, pero no lo garantizará.

211. ¿Cuál de los siguientes es el **MEJOR** método para disminuir los ataques de fuerza bruta en línea a las cuentas del usuario?

A. Contraseñas almacenadas de forma cifrada
B. Concienciación del usuario
C. Cambio periódico de contraseñas fuertes
D. Implementación de políticas de bloqueo

D es la respuesta correcta.

Justificación:

A. El almacenamiento de contraseñas cifradas no puede combatir los ataques de fuerza bruta si la contraseña se puede descubrir con facilidad.
B. La concienciación del usuario ayudaría a informar a los usuarios a que utilicen contraseñas seguras, pero no mitigaría un ataque de fuerza bruta en línea.
C. En los casos en los que no es posible aplicar la implementación de políticas de bloqueo, el cambio periódico de contraseñas fuertes sería una opción adecuada.
D. La implementación de políticas de bloqueo de cuenta reduce significativamente los ataques de fuerza bruta.

212. ¿Cuál de las siguientes medidas es la **MÁS** efectiva contra empleados descontentos que abusan de sus privilegios?

A. Estrategia de defensa en capas
B. Control de los registros de auditoría del sistema
C. Políticas aprobadas de uso aceptable
D. Sistemas de alta disponibilidad

C es la respuesta correcta.

Justificación:

A. Una estrategia de defensa en capas solo evitaría las actividades que escapan a los privilegios del usuario.
B. El control del registro de auditoría del sistema es una acción posterior al hecho y podría no ser efectivo.
C. Una política aprobada de uso aceptable suele ser un método disuasivo efectivo contra las actividades dolosas porque contempla la posibilidad declarada de despido o de acciones legales contra la persona involucrada.
D. Los sistemas de alta disponibilidad no evitan que el personal abuse de sus privilegios.

213. ¿Cuál es una ventaja de enviar mensajes utilizando técnicas esteganográficas en lugar del cifrado?

A. Se desconoce la existencia de los mensajes.
B. Los tamaños de las claves que se requieren son más pequeños.
C. No se puede analizar el tráfico.
D. La fiabilidad de los datos es mayor cuando están en tránsito.

A es la respuesta correcta.

Justificación:

A. La existencia de los mensajes se oculta en otros archivos, como una imagen JPEG, cuando se utilizan técnicas esteganográficas.
B. Algunas implementaciones disponen de seguridad por oscuridad y otras requieren claves, que pueden o no ser más pequeñas.
C. Se puede analizar el tráfico esteganográfico.
D. La fiabilidad de los datos no es relevante.

214. Existen razones para pensar que una aplicación web modificada recientemente permitió un acceso no autorizado. ¿Cuál es la **MEJOR** manera de identificar una puerta trasera en la aplicación?

A. Una prueba de penetración de caja negra
B. Auditoría de seguridad
C. Revisión del código fuente
D. Escaneo de vulnerabilidades

C es la respuesta correcta.

Justificación:

A. Las puertas traseras de las aplicaciones son casi imposibles de identificar con una prueba de penetración de caja negra.
B. Las auditorías de seguridad no detectarán una puerta trasera de aplicación.
C. La revisión del código fuente suele ser la mejor forma de hallar y eliminar una puerta trasera en una aplicación.
D. Un escaneo de vulnerabilidad solo puede encontrar patrones de vulnerabilidad conocidos y, por lo tanto, no puede encontrar una puerta trasera del programador en la aplicación.

215. ¿Cuál de las siguientes vulnerabilidades se suele introducir cuando se usa el protocolo simple de administración de red v2 (SNMP v2) para controlar las redes?

A. Desbordamiento de la memoria intermedia remota
B. Secuencia de comandos entre sitios
C. Autenticación de texto plano
D. Ataque de tipo intermediario

C es la respuesta correcta.

Justificación:

A. Se han presentado algunos casos aislados de desbordamiento de la memoria intermedia remota contra aplicaciones tipo daemon de protocolo simple de administración de redes (SNMP), pero esto no suele causar problemas.
B. Las secuencias de comandos entre sitios es una vulnerabilidad de las aplicaciones de web que no se relaciona con el SNMP.
C. Uno de los problemas principales del uso de SNMP v1 y v2 es la cadena de comunidad de texto plano que se utiliza para la autenticación. Es fácil de detectar y de reutilizar. La mayoría de las veces, la cadena de comunidad SNMP se comparte entre los servidores y enrutadores de toda la empresa, lo que hace que este problema de autenticación sea una seria amenaza para la seguridad.
D. Los ataques procedentes de intermediarios contra un protocolo de datagrama de usuario no tienen sentido ya que no hay sesión activa; cada solicitud lleva la cadena de comunidad y se responde de manera independiente.

216. De las siguientes opciones, ¿cuál es la **PRIMERA** fase en la que se debería abordar la seguridad durante el ciclo de desarrollo de un proyecto?

A. El diseño
B. Implementación
C. Pruebas de seguridad de las aplicaciones
D. Viabilidad

D es la respuesta correcta.

Justificación:

A. Los requisitos de seguridad deben definirse antes de que se haga el diseño, aun cuando los cambios de diseño puedan alterar estos requisitos después.
B. Por lo general, los requisitos que se definen durante la etapa de implementación del sistema suelen ser adiciones costosas que con frecuencia resultan poco efectivas.
C. Las pruebas de seguridad de las aplicaciones ocurren después de que se ha implementado la seguridad.
D. La seguridad de la información debe considerarse lo más temprano posible porque puede afectar a la viabilidad del proyecto.

217. La compañía instaló escáneres biométricos de huella digital en todas las entradas como respuesta al requisito de gestión para un mejor control de acceso. Debido a la gran cantidad de empleados, combinado con una respuesta lenta del sistema, lleva una cantidad sustancial de tiempo que todos los trabajadores obtengan acceso a las instalaciones, y los trabajadores cada vez más pasan sin autenticarse. ¿Cuál es la **MEJOR** medida para que el gerente de seguridad de la información aborde este problema?

A. Reemplazar el sistema para obtener un mejor tiempo de respuesta.
B. Elevar el asunto a la gerencia.
C. Regresar a procedimientos de control de entrada manual.
D. Incrementar la exigencia de cumplimiento.

B es la respuesta correcta.

Justificación:

A. La actualización del sistema probablemente sea una opción costosa y es un problema de la gerencia.
B. Es una decisión empresarial sobre cómo desea tratar el problema la gerencia, no directamente un problema de seguridad. Los conflictos de esta naturaleza los aborda mejor la gerencia.
C. Dado que la gerencia estableció el requisito, es poco probable que se acepte volver a un sistema de control de entrada manual.
D. El aumento de los esfuerzos de cumplimiento no aborda el problema subyacente. No obstante, dicha elección debe hacerla la gerencia.

218. ¿Cuál de las siguientes métricas es la **MÁS** útil para medir la efectividad de un programa de supervisión de controles?

A. El porcentaje de controles clave que se supervisan
B. El tiempo entre la detección y la corrección inicial
C. El coste de la supervisión en comparación con los incidentes detectados
D. El tiempo entre un incidente y la detección

D es la respuesta correcta.

Justificación:

A. Si bien el porcentaje de los controles clave que se supervisan es una métrica importante, no es un indicador de efectividad.
B. El tiempo entre la detección y la corrección es un indicador de efectividad de la actividad de respuesta a incidentes.
C. El coste de la supervisión por incidente es un indicador de eficiencia y no de efectividad.
D. El tiempo que lleva detectar un incidente después de que ha ocurrido es un buen indicador de efectividad del esfuerzo de la supervisión del control.

219. Conseguir que se cumpla un proceso particular de una norma de seguridad de la información elegida por la gerencia se demostraría **MEJOR** a través de:

A. indicadores clave de objetivos.
B. factores críticos para el éxito.
C. indicadores clave de desempeño.
D. análisis del impacto en el negocio.

C es la respuesta correcta.

Justificación:

A. A indicador clave de objetivo es un objetivo claro que persigue la empresa. Un indicador clave de objetivos se define como una medida que comunica a la gerencia, después de los hechos, si un proceso de TI ha alcanzado las exigencias del negocio; por lo general, se expresa en términos de criterios de información.
B. Los factores críticos de éxito son pasos que se deben dar para alcanzar objetivos de alto nivel. Un factor crítico de éxito se define como la acción o tema más importante para que la gerencia logre el control de sus procesos de TI.
C. Un indicador clave de desempeño (KPI) indica lo bien que está progresando un proceso de acuerdo con las expectativas. Un indicador clave de desempeño es una medida que determina la efectividad del proceso para hacer posible el logro del objetivo.
D. Un análisis del impacto en el negocio define el impacto del riesgo; su finalidad principal no es conseguir el cumplimiento. Se define como un ejercicio que determina el impacto que tendría en una empresa la pérdida de disponibilidad de cualquier recurso. Establece el escalamiento de esa pérdida con el tiempo, identifica los recursos mínimos necesarios que se deben recuperar y prioriza la recuperación de los procesos y el sistema de apoyo.

220. ¿Cuál sería el riesgo de seguridad **MÁS** significativo al utilizar tecnología de redes inalámbricas de área local?

A. Ataque de tipo intermediario
B. Spoofing de paquetes de datos
C. Punto de acceso no autorizado
D. Secuestro de sesión

C es la respuesta correcta.

Justificación:

A. Los ataques de intermediarios se pueden producir en cualquier medio y no dependen del uso de una tecnología inalámbrica de red de área local (WLAN).
B. El spoofing de paquetes de datos no depende del uso de una tecnología WLAN.
C. Un punto de acceso no autorizado se enmascara como un punto de acceso legítimo. El riesgo es que los usuarios legítimos pueden conectarse a través de este punto de acceso y controlar su tráfico.
D. El secuestro de sesión no depende del uso de una tecnología WLAN.

221. ¿Cuál de las opciones que se indican a continuación evitará **MEJOR** ataques de seguridad externos?

A. Direccionamiento estático de IP
B. Traducción de direcciones de red
C. Verificación de antecedentes para los empleados temporales
D. Asegurar y analizar los registros de acceso al sistema

B es la respuesta correcta.

Justificación:

A. Abordar el direccionamiento estático de IP es útil para un atacante.
B. La traducción de la dirección de red es útil teniendo direcciones internas que no son enrutables.
C. La verificación de antecedentes de los empleados temporales es más probable que prevenga un ataque si se lanza desde dentro de la empresa.
D. Escribir todos los registros de computadora en medios removibles no previene un ataque.

222. ¿Cómo debe determinar un gerente de seguridad de la información la selección de controles requeridos para satisfacer los objetivos del negocio?

A. Priorizar el uso de controles de acceso por rol.
B. Centrarse en controles clave.
C. Restringir controles solo a aplicaciones críticas.
D. Centrarse en controles automatizados.

B es la respuesta correcta.

Justificación:

A. Priorizar el uso de los controles de acceso basados en roles sería un ejemplo de controles clave posibles, pero solo uno de los controles clave habituales.
B. Los controles clave son esenciales para reducir el riesgo y son más efectivos para proteger activos de información.
C. Los controles no se pueden restringir a aplicaciones críticas porque, en muchos casos, las aplicaciones no críticas pueden facilitar el acceso a las críticas.
D. Centrarse en los controles automatizados eliminaría muchos controles clave esenciales no automatizados, como políticas, normas, procedimientos y controles físicos necesarios

223. ¿Cuál es el propósito de un control correctivo?

A. Reducir acontecimientos adversos
B. Identificar un compromiso
C. Mitigar el impacto
D. Garantizar el cumplimiento

C es la respuesta correcta.
Justificación:

A. Los controles preventivos, tales como cortafuegos, reducen el número de acontecimientos adversos.
B. Se puede detectar que un sitio puede estar comprometido mediante controles de detección, tales como sistemas de detección de intrusos.
C. Los controles correctivos sirven para reducir o mitigar impactos, tales como proporcionar capacidades de recuperación.
D. El cumplimiento se puede asegurar a través de controles preventivos, tales como los controles de acceso.

224. La publicación de políticas y procedimientos para evitar la intrusión de hackers es un ejemplo de una actividad que pertenece a:

A. gestión de riesgos.
B. cumplimiento.
C. gerencia de TI.
D. gobierno.

D es la respuesta correcta.
Justificación:

A. La gestión de riesgos consiste en identificar el riesgo y las medidas correctoras adecuadas y se ocupa de si dichas políticas y procedimientos eran necesarios en función de un análisis de riesgos. Sin embargo, la publicación no pertenece al área de gestión de riesgos.
B. El cumplimiento se ocupa de la adecuación de las políticas y los procedimientos para alcanzar los objetivos de control y si los empleados actúan según las políticas y los procedimientos.
C. La gerencia de TI se encarga de implementar las políticas (por ej. proporcionar formación y recursos).
D. El gobierno se encarga de implementar los mecanismos adecuados para garantizar que se alcancen las metas y los objetivos de la organización. Las políticas y los procedimientos son mecanismos comunes de gobierno.

225. ¿Cuál es el **MEJOR** método para detectar y vigilar las actividades de un hacker sin exponer los activos de información a un riesgo innecesario?
A. Cortafuegos
B. Servidores expuestos
C. Archivos señuelo
D. Subredes con filtro

C es la respuesta correcta.

Justificación:

A. Los cortafuegos tratan de bloquear a los hackers.
B. Los servidores expuestos tratan de bloquear a los hackers.
C. Los archivos señuelos, a menudo llamados honeypots, son la mejor opción para distraer un hacker de los archivos críticos y alertar a seguridad de la presencia del hacker.
D. Las subredes con filtro o zonas desmilitarizadas proporcionan un terreno intermedio entre la red interna en la que se confía y la externa, internet, en la que no se confía, pero no ayudan a detectar la actividad de los hackers.

226. ¿Cuál de las siguientes sería la **MEJOR** manera de mejorar la actitud y el compromiso de los empleados con respecto a la seguridad de la información?

A. Implementar controles restrictivos.
B. Personalizar métodos para formar al público.
C. Aplicar sanciones administrativas.
D. Iniciar una supervisión más rigurosa.

B es la respuesta correcta.
Justificación:

A. La implementación de controles restrictivos puede mejorar el cumplimiento, pero no es probable que mejore la actitud.
B. Las diferencias culturales indicarán las mejores técnicas de modificación de las conductas para personalizar la formación. Por ejemplo, algunas culturas valoran las relaciones por encima de las recompensas monetarias.
C. La aplicación de sanciones administrativas puede aumentar el cumplimiento, pero es probable que tenga un efecto negativo en las actitudes.
D. Iniciar una supervisión más rigurosa puede mejorar las actitudes en ciertas circunstancias, empresas y ámbitos geográficos, pero no en otras.

227. Cuando se considera usar servicios externalizados, ¿en qué punto del proceso de gestión con el proveedor se debería incluir la seguridad de la información?

A. Durante la negociación del contrato
B. Cuando la unidad de negocios solicite asistencia
C. Cuando se estén estableciendo los requisitos
D. Cuando ocurra un incidente de seguridad

C es la respuesta correcta.
Justificación:

A. Esperar hasta después en el proceso puede hacer que los contratistas tengan que volver a presentar sus ofertas y puedan interrumpir las negociaciones.
B. Puede haber situaciones en las que no se requiera la participación de la seguridad de la información, pero esas situaciones se establecerían mediante una evaluación del riesgo inicial.
C. La seguridad de la información debería ser parte del proceso de gestión del contratista o de terceros, desde el comienzo del proceso de selección, cuando el negocio está definiendo cuáles son sus necesidades. De esta manera se garantizará que todas las ofertas para el servicio tomen en consideración los requisitos de seguridad y los reflejen en los precios de la oferta.
D. Esperar hasta después de que se firme el contrato cuando se produce un incidente puede exponer la empresa a riesgos de seguridad significativos, con pocas posibilidades de corrección, porque el contrato ya se ejecutó.

228. Un gerente de seguridad de la información decidió implementar un sistema de seguridad para supervisar el acceso a Internet y prevenir el acceso a diversos sitios. Inmediatamente después de la instalación, los empleados inundan la línea de asistencia técnica de TI con quejas de no poder ejecutar funciones del negocio en algunos sitios de Internet. Esto es un ejemplo de:

A. conflictos entre los controles de seguridad y las necesidades de la organización.
B. protección fuerte de los recursos de información.
C. implementación de controles apropiados para reducir riesgos.
D. pruebas de las capacidades de protección de la seguridad de la información.

A es la respuesta correcta.
Justificación:

A. Las necesidades de la empresa no se tuvieron en cuenta, por lo que existe un conflicto.
B. Este no es un ejemplo de una protección fuerte, ya que habilita restricciones en lugar de protecciones.
C. Un control que restrinja de manera significativa la capacidad de los usuarios para hacer su trabajo no es apropiado.
D. Probar capacidades de protección que supongan un coste o rendimiento inaceptable es una estrategia deficiente. Este control no prueba la capacidad de protección, sino la capacidad para interferir con el negocio.

229. ¿Cuál de las siguientes opciones representa el factor **MÁS** crítico de éxito de un programa de seguridad de la información?

A. Desarrollar políticas y procedimientos de seguridad de la información
B. Compromiso de la alta gerencia
C. Realizar formación y concienciación en seguridad para todos los usuarios
D. Establecer un sistema de gestión de seguridad de la información

B es la respuesta correcta.

Justificación:

A. El desarrollo de políticas y procedimientos es importante, pero sin el compromiso de la alta gerencia, la implementación será difícil.
B. Sin el compromiso de la alta gerencia sería difícil implementar un programa de seguridad de la información efectivo.
C. Realizar ejercicios de formación y concienciación no es el factor de éxito más crítico.
D. Es fundamental fijar un sistema de gestión de la seguridad de la información, pero sin el apoyo y el compromiso de la gerencia, es poco probable que tenga éxito.

230. ¿De qué manera comienza el desarrollo de un programa de seguridad de la información?

A. El riesgo se evalúa y analiza.
B. La arquitectura de seguridad se desarrolla.
C. El enunciado de control de aplicabilidad se finaliza.
D. Los resultados requeridos se definen.

D es la respuesta correcta.

Justificación:

A. La evaluación y el análisis de riesgo son necesarios para desarrollar una estrategia y proporcionarán información necesaria para dicho fin que conseguirá el resultado deseado, pero no definirán el alcance y el estatuto del programa de seguridad.
B. Una arquitectura de seguridad es una parte de la implementación después de desarrollar la estrategia.
C. La declaración de aplicabilidad es una parte de la implementación de la estrategia que utiliza ISO 27001 o 27002 después de determinar el alcance y las responsabilidades del programa.
D. Después de que la gerencia determine los resultados deseados del programa de seguridad de la información, puede comenzar el desarrollo de una estrategia y al mismo tiempo se puede iniciar el proceso de desarrollo de las estructuras de gestión de seguridad de la información, el logro de su adopción dentro de la organización y el desarrollo de una estrategia de implementación que definirán el alcance y las responsabilidades del programa de seguridad.

231. ¿Cuál de las siguientes constituye la **PRINCIPAL** actividad del proyecto ejecutada para desarrollar un programa de seguridad de la información?

A. Diseño e implementación de controles
B. Desarrollo de la empresa de seguridad
C. Diseño de una arquitectura lógica y conceptual
D. Desarrollo de los objetivos de gestión de riesgos

A es la respuesta correcta.

Justificación:

A. La mayoría de las actividades de desarrollo del programa implicará diseñar, probar e implementar los controles que permitan alcanzar los objetivos de gestión de riesgos.
B. La empresa de seguridad debe estar bastante bien desarrollada antes de intentar implementar un programa de seguridad.
C. Los diseños de la arquitectura lógica y conceptual deben finalizarse como parte del desarrollo de la directriz y la estrategia.
D. Los objetivos de gestión de riesgos son parte de la estrategia de desarrollo.

232. ¿Quién debe rendir cuentas con el fin de garantizar que se categorice la información y se tomen medidas de protección específicas?

A. El director de seguridad
B. La alta gerencia
C. El usuario final
D. El custodio

B es la respuesta correcta.

Justificación:

A. El director de seguridad asume la responsabilidad de este rol, respalda e implementa la seguridad de la información para conseguir los objetivos de la alta gerencia.
B. Aunque se puede delegar la administración rutinaria y las operaciones de todos los aspectos de seguridad, la rendición de cuentas general debe recaer sobre la alta gerencia.
C. El usuario final no es responsable de asegurar que se categorice la información y se tomen medidas de protección específicas.
D. El custodio respalda e implementa las medidas de seguridad de la información que se le asignen y no es responsable de asegurar que se categorice la información y se tomen medidas de protección específicas.

233. La seguridad de la información debe:

A. centrarse en la eliminación de todos los riesgos.
B. equilibrar los requisitos técnicos y los del negocio.
C. guiarse por los requisitos de las regulaciones.
D. definirla el consejo de directores.

B es la respuesta correcta.

Justificación:

A. No es práctico ni factible eliminar todos los riesgos.
B. La seguridad de la información debería garantizar el cumplimiento de los objetivos de negocio teniendo en cuenta las capacidades técnicas disponibles, las limitaciones de recursos y los requisitos de cumplimiento.
C. El alcance del cumplimiento de los requisitos regulatorios es una decisión del negocio y la debe definir la alta gerencia.
D. Definir la seguridad de la información es una función ejecutiva y operativa, no una función de la junta.

234. ¿Qué es lo **PRIMERO** que debe determinar el gerente de seguridad de la información durante el desarrollo de un programa de seguridad de la información?

   A. Los objetivos de control
   B. Los objetivos estratégicos
   C. Los resultados deseados
   D. La arquitectura lógica

C es la respuesta correcta.

Justificación:

   A. No se pueden fijar los objetivos de control hasta que se hayan determinado los resultados deseados y se hayan definido los sucesivos objetivos específicos.
   B. Sin fijar los resultados deseados del programa de seguridad, no se pueden determinar los objetivos estratégicos que llevarían a los resultados deseados.
   C. Sin determinar los resultados esperados del programa de seguridad, será difícil o imposible determinar una estrategia viable, los objetivos de control y la arquitectura lógica.
   D. La arquitectura es la manifestación física de la política que se desarrolla después y en apoyo del desarrollo de la estrategia.

235. ¿Cuál de las siguientes es la **MEJOR** manera de mitigar el riesgo de que el administrador de la base de datos lea datos confidenciales?

   A. Registrar todos los accesos a datos confidenciales.
   B. Emplear el cifrado a nivel de aplicación.
   C. Instalar una solución de control de la base de datos.
   D. Desarrollar una política de seguridad de datos.

B es la respuesta correcta.

Justificación:

   A. El administrador de la base de datos puede desactivar con facilidad el registro de acceso.
   B. Los datos cifrados a nivel de aplicación que se almacenan en una base de datos no se pueden ver en texto plano, ni siquiera por el administrador de la base de datos.
   C. El administrador de la base de datos puede evitar el control de bases de datos.
   D. Una política de seguridad solo será eficaz si el administrador de la base de datos opta por adherirse a la política.

236. En una empresa grande, ¿qué hace que un programa de concienciación de seguridad de la información sea **MÁS** efectivo?

   A. El programa lo desarrolla una empresa de formación profesional.
   B. El programa se integra en el proceso de orientación.
   C. El programa se adapta al público mediante el canal de entrega adecuado.
   D. El programa es necesario de acuerdo con la política de seguridad de la información.

C es la respuesta correcta.

Justificación:

   A. No es necesario que los desarrolle una empresa de capacitación profesional para garantizar su eficacia.
   B. El programa de concienciación se debe incluir en el proceso de orientación para nuevos empleados, pero eso no indica necesariamente su eficacia.
   C. Un programa de concienciación se debe adaptar específicamente para los diferentes tipos de públicos, por ejemplo, para los nuevos empleados, la administración de sistemas, ventas y canales de distribución, como carteles o e-learning.
   D. El hecho de que sea requisito de la política no hace que el programa sea más eficaz.

237. ¿Cuál es la base **PRINCIPAL** para la priorización del presupuesto y los gastos de seguridad?

A. Los niveles del riesgo identificados
B. Tendencias de la industria
C. El incremento en los costes de servicio
D. El ingreso asignado de la empresa

A es la respuesta correcta.
Justificación:

A. La primera acción necesaria es llevar a cabo una evaluación del riesgo de los procesos clave de la empresa para determinar las deficiencias de control y determinar dónde se debe invertir más para mitigar los riesgos y para determinar el orden de prioridades. Esto debe llevarse a cabo teniendo en consideración los objetivos y la estrategia de la empresa.
B. La priorización no debe basarse en las tendencias de otras empresas porque cada una tiene requisitos y objetivos de negocio únicos.
C. La priorización solo en base en los costes no está alineada con un enfoque basado en riesgos.
D. Aunque los ingresos pueden aumentar, no es prudente vincular el presupuesto de TI a un porcentaje fijo de los ingresos, porque esto podría llevar a gastar más o menos de lo necesario para abordar con eficacia los riesgos.

238. ¿Cuál de las siguientes opciones contendrá la política de copias de seguridad de datos?

A. Criterios para crear copias de seguridad de datos
B. Personal responsable de las copias de seguridad
C. Un programa de creación de copias de seguridad de datos
D. Una lista de los sistemas de los que se hará una copia de seguridad

A es la respuesta correcta.
Justificación:

A. Una política es una declaración de la intención de la alta gerencia y contendrá básicamente los criterios que deben seguirse para realizar copias de seguridad de los datos, tales como datos críticos, datos confidenciales y datos de proyectos, así como la frecuencia de dichas copias.
B. Una lista de personal responsable de las copias de seguridad de datos es un detalle de procedimiento y no se incluirá en la política de copia de seguridad de datos.
C. Un programa de creación de copias de seguridad de datos es un detalle de procedimiento y no se incluirá en la política de copia de seguridad de datos.
D. Una lista de los sistemas de los que se hará una copia de seguridad es un detalle de procedimiento y no se incluirá en la política de copia de seguridad de datos.

239. ¿Cuál de los siguientes roles es el responsable **MÁS** apropiado para asegurar que el material de concienciación y formación sobre seguridad se implemente de forma efectiva para llegar al público que se quiere alcanzar?

A. El departamento de recursos humanos
B. El gerente de negocio
C. Los expertos en la materia
D. El departamento de seguridad de la información

D es la respuesta correcta.
Justificación:

A. El departamento de recursos humanos puede ayudar en la difusión de material de concienciación en materia de seguridad, pero la responsabilidad principal recae en el departamento de seguridad de la información.
B. El gerente comercial también puede ayudar en la difusión de información, pero no es el principal responsable.
C. Los expertos en la materia no suelen participar en actividades de concienciación sobre seguridad.
D. El departamento de seguridad de la información supervisa el programa de seguridad de la información. Esto incluye asegurar que la formación llegue al público que se quiere alcanzar.

240. ¿Cuál de las siguientes opciones se debería realizar **PRIMERO** cuando se decide otorgar acceso al centro de procesamiento de la información de una empresa a una nueva parte ajena a la misma?
   A. Una revisión del contenido del contrato
   B. Una evaluación del riesgo
   C. El factor de exposición
   D. Diligencia debida del proveedor

B es la respuesta correcta.
Justificación:
   A. Una revisión del contenido del contrato forma parte de la evaluación de riesgos.
   B. Una evaluación del riesgo identifica los riesgos de permitir el acceso a un tercero ajeno a la empresa, y los controles requeridos.
   C. El factor de exposición forma parte de la evaluación de riesgos.
   D. La diligencia debida del proveedor forma parte de la evaluación de riesgos.

241. Una empresa posee una red de proveedores a los que se les permite acceder de forma remota a una importante base de datos que contiene datos críticos sobre la cadena de suministros. ¿Cuál es el **MEJOR** control para asegurar que los usuarios individuales de cada proveedor con acceso al sistema no accedan de forma indebida o modifiquen información dentro del sistema?
   A. Derechos de acceso de usuario
   B. Controles de acceso biométrico
   C. Autenticación de contraseña
   D. Autenticación de dos factores

A es la respuesta correcta.
Justificación:
   A. Los derechos de acceso de usuario limitan el acceso y los derechos que los usuarios tienen en una red, sistema de archivos o base de datos una vez que se han autenticado.
   B. Los controles de acceso biométrico son métodos de control de acceso de usuarios que gestionan el acceso a un sistema general, y normalmente no a un conjunto específico de archivos o registros.
   C. La autenticación mediante contraseña controla el acceso, pero no los derechos una vez que se ha accedido al sistema.
   D. La autenticación de doble factor controla el acceso, pero no los derechos una vez que se ha accedido al sistema.

242. ¿Cuál de los siguientes aspectos es **MÁS** importante incluir en el acuerdo de nivel de servicio para promover la resolución de problemas operativos con un proveedor de computación en la nube?

   A. El tribunal competente
   B. Una descripción del proceso
   C. Los requisitos de auditoría
   D. Las responsabilidades definidas

D es la respuesta correcta.

Justificación:

   A. El lugar de jurisdicción puede definirse en el acuerdo y, de hecho, puede ser un beneficio o un perjuicio para una solución satisfactoria de problemas operativos, pero buscar recursos judiciales es, en general, costoso y toma tiempo, y no es la mejor manera de resolver problemas operativos con un proveedor.
   B. Una descripción del proceso tiene un impacto mínimo sobre la resolución del problema.
   C. Las auditorías pueden ayudar a identificar y determinar la naturaleza de los problemas, pero, por sí solas, no ayudarán a resolverlos.
   D. Cuando surgen problemas con los proveedores de nube, lo más importante es identificar la propiedad de la responsabilidad. Esto determinará rápidamente cuál es la próxima acción que se debe tomar para el seguimiento.

243. Cuando se aseguran puntos de acceso inalámbricos, ¿cuál de los siguientes controles garantizaría **MEJOR** la confidencialidad?

A. Implementar sistemas de prevención de intrusiones inalámbricas
B. No difundir el identificador del conjunto de servicios
C. Implementar la autenticación de privacidad equivalente en el cableado
D. Implementar una red privada virtual inalámbrica

D es la respuesta correcta.

Justificación:

A. Los sistemas de prevención de intrusiones inalámbricas son sistemas de detección y no evitan intrusiones inalámbricas.
B. No difundir el identificador del conjunto de servicios no reduce el riesgo de captura de paquetes inalámbricos.
C. Se sabe que la autenticación de privacidad equivalente al cableado es débil y no protege la confidencialidad individual.
D. Implementar una red virtual privada inalámbrica es la mejor opción para lograr una autenticación y cifrado solidos de las sesiones.

244. La alta gerencia es reticente a presupuestar para la adquisición de un sistema de prevención de intrusos. ¿Cuál de las siguientes actividades debe llevar a cabo el director general de seguridad de la información?

A. Desarrollar y presentar un caso de negocio para el proyecto.
B. Buscar el apoyo de usuarios y custodios de los activos de información.
C. Invitar al proveedor a una demostración de prueba de concepto.
D. Organizar formación en la concienciación de la seguridad.

A es la respuesta correcta.

Justificación:

A. La alta gerencia debe entender el vínculo entre la adquisición de un sistema de prevención de intrusos (IPS) y los objetivos de negocio de la empresa. Un caso de negocio es la mejor manera de presentar esta información.
B. La participación de las partes interesadas es importante para la adquisición y el proceso de implementación, pero, primero que todo, la alta gerencia debe ver el valor del presupuesto para la compra antes de seguir y hacer las aprobaciones.
C. La alta gerencia probablemente crea que el IPS hará lo que promete, pero ellos no suelen tener muchos conocimientos técnicos. Una prueba de concepto demostrará las características funcionales, pero es posible que no pueda proporcionar la comprensión para que la alta gerencia apruebe la compra.
D. La formación en la concienciación de la seguridad puede brindar algo de información al valor de las herramientas de seguridad en general, pero la decisión de asignar fondos para un IPS se tomará solo en función del valor específico que proporcione el IPS.

245. ¿Cuál de las siguientes opciones ofrecería **MAYOR** probabilidad de que los usuarios evadan un mecanismo de autenticación basado en formularios en una aplicación con una base de datos de procesamiento?
   A. Una contraseña débil de seis caracteres
   B. Una inyección de lenguaje de consulta estructurado (SQL Injection)
   C. Un tiempo de espera largo para finalizar sesión
   D. Ausencia de un sistema de bloqueo de cuentas después de múltiples intentos fallidos

B es la respuesta correcta.

Justificación:

A. Las contraseñas débiles pueden facilitar el acceso a la aplicación, pero no hay evasión en la autenticación.
B. Aunque la inyección de lenguaje de consulta estructurado se comprenda bien y se pueda evitar, sigue siendo un riesgo de seguridad importante para muchas empresas que escriben código. Con la inyección de SQL, se pueden pasar instrucciones SQL de una manera que se evite la página de inicio de sesión y permita el acceso a la aplicación.
C. Un tiempo de espera largo para finalizar la sesión no es relevante para el mecanismo de autenticación.
Debido a que se omite el mecanismo de autenticación, no se inicia el bloqueo de la cuenta.

246. Desde un punto de vista de seguridad, ¿Cuál de los siguientes es el paso **MÁS** importante cuando se transfiere un empleado a una función diferente?
   A. Revisar y modificar los derechos de acceso
   B. Asignar nuevas responsabilidades de seguridad
   C. Ofrecer formación específica para el nuevo rol
   D. Conocimiento de las debilidades de seguridad en el departamento anterior

A es la respuesta correcta.

Justificación:

A. Cuando un empleado se transfiere de una función a otra, es muy importante revisar y actualizar los derechos de acceso lógico para garantizar que se elimina todo acceso que ya no sea necesario y que se concedan los accesos adecuados para la nueva posición.
B. Asignar nuevas responsabilidades de seguridad puede no ser necesario.
C. La formación para un rol nuevo no tiene implicaciones directas de seguridad.
D. Tener conocimiento de las debilidades de seguridad en el departamento anterior no es relevante.

247. ¿Cuál de las siguientes opciones es la **MEJOR** manera de borrar información confidencial almacenada en cintas magnéticas?

   A. Realizar un formateo de bajo nivel
   B. Reescribir con ceros
   C. Quemarlas
   D. Desmagnetizarlas

D es la respuesta correcta.

Justificación:

A. Realizar un formateo de bajo nivel puede ser adecuado, pero es un proceso lento y con las herramientas adecuadas, los datos aún se pueden recuperar.
B. Reescribir con ceros no sobrescribe la información ubicada en el espacio libre del disco.
C. Al quemar las cintas se destruyen, y esto impide su reutilización.
D. Desmagnetizar las cintas magnéticas eliminaría con rapidez toda la información porque los dominios magnéticos están completamente revueltos y no permitirían su reutilización.

248. ¿Para cuál de los siguientes propósitos es **MÁS** probable que se utilice el hacking ético?

A. una prueba de resiliencia del proceso en un sitio alternativo.
B. un sustituto para las pruebas sustantivas.
C. una evaluación de control de aplicaciones existentes.
D. una verificación final en un proceso de recuperación de ataques cibernéticos.

C es la respuesta correcta.
Justificación:

A. No es común realizar un hacking ético como parte de una prueba de recuperación de desastres en un sitio alternativo.
B. Las pruebas sustantivas involucran la obtención de pruebas de auditoría sobre integridad, precisión o existencia de actividades o transacciones realizadas durante el período de la auditoría. El hacking ético no se utiliza como un sustituto para las pruebas sustantivas.
C. El problema con las aplicaciones existentes es que no suele haber suficiente documentación para estudiar sus funcionalidades, que incluyen los controles de seguridad. Para evaluar la efectividad del control, el hacking ético podría ser una manera muy eficaz de descubrir las debilidades en lugar de revisar el código del programa.
D. Participar en un hacking ético en la última fase de un proceso de recuperación del sistema después de un ataque cibernético no es una práctica necesariamente recomendada.

249. Se acaba de firmar un contrato con un nuevo proveedor para gestionar los servicios de asistencia de TI. ¿De cuál de las siguientes tareas se debería asegurar el gerente de seguridad de la información que se realice **A CONTINUACIÓN**?

A. Establecer el control del proveedor.
B. Definir relaciones de subordinación.
C. Crear un acuerdo de nivel de servicio.
D. Solicitar al proveedor que firme un contrato de confidencialidad.

A es la respuesta correcta.

Justificación:

A. Una vez firmado el contrato, el gerente de seguridad debe garantizar que la monitorización del proveedor está activa y funcionando. Este control ayudará a identificar y alertar sobre eventos de seguridad y minimizar las pérdidas potenciales.
B. Las relaciones de notificación se definen antes de la firma del contrato.
C. El acuerdo de nivel de servicio es parte del contrato.
D. Los acuerdos de no divulgación se firman antes de iniciar las discusiones del contrato.

250. ¿Cuál de las siguientes opciones será **MÁS** importante para calcular un retorno de la inversión preciso de la seguridad de la información?

A. Excluir los riesgos cualitativos para obtener exactitud en las cifras calculadas
B. Establecer procesos para asegurar reducciones de costes
C. Medir valores monetarios de manera coherente
D. Tratar la inversión en seguridad como un centro de beneficios

C es la respuesta correcta.

Justificación:

A. Si algo constituye un factor de riesgo importante, se debe intentar cuantificarlo, aunque pudiera no ser muy preciso.
B. Establecer procesos para asegurar reducciones de costes no es relevante para calcular el retorno sobre la inversión (ROI).
C. Debe haber coherencia en las métricas para tener resultados razonablemente precisos y coherentes. Al evaluar riesgos de seguridad, no es una buena idea excluir solo los riesgos cualitativos debido a las dificultades que conlleva la medición.
D. Tratar la inversión en seguridad como un centro de beneficios no afecta a los cálculos de ROI.

251. El director de auditoría recomendó una solución de control específica de seguridad de la información al gerente de esta área. ¿Qué es lo **PRIMERO** que debería hacer el gerente de seguridad de la información?

A. Obtener ofertas de precios comparativas y completar la transacción con el proveedor que presenta la mejor oferta.
B. Agregar la compra al presupuesto durante el siguiente ciclo de preparación de presupuesto para contabilizar los costes.
C. Realizar una evaluación para determinar la correlación con las metas y los objetivos de negocio.
D. Formar un equipo de proyectos para planificar la implementación.

C es la respuesta correcta.

Justificación:

A. Comparar las ofertas de precios y completar la transacción con el proveedor que presente la mejor oferta no es necesaria hasta que se haya determinado si los productos se ajustan a las metas y objetivos del negocio.
B. Agregar la compra al presupuesto no es necesario hasta que se haya determinado si los productos se ajustan a las metas y objetivos del negocio.
C. Antes se debe realizar una evaluación para determinar que la solución propuesta esté alineada con las metas y objetivos del negocio.
D. Formar un equipo de proyectos para planificar la implementación no es necesario hasta que se haya determinado si los productos se ajustan a las metas y objetivos del negocio.

252. A la hora de fijar un esquema de clasificación de información, la función del propietario de la información es:

A. garantizar que todos los datos de un sistema de información estén protegidos de acuerdo con la política de clasificación.
B. determina la clasificación de la información en el ámbito de responsabilidad del propietario d la información.
C. identificar toda la información que requiere una copia de seguridad según su criticidad y clasificación.
D. delegar la clasificación de la información al custodio de la información que sean responsables.

B es la respuesta correcta.

Justificación:

A. El propietario del sistema de información es responsable de proteger los datos del sistema de información de acuerdo con la política de seguridad y el mandato y clasificación de la información. La clasificación se habría establecido antes.
B. El propietario de la información debe determinar la clasificación de la información en el ámbito de responsabilidad de la función y asegurarse de que la información se clasifique de forma coherente.
C. La identificación de toda la información que requiere una copia de seguridad según la clasificación se realizará después de que se haya configurado el esquema de clasificación de la información. Garantizar la copia de seguridad de los datos es la función del custodio de la información y del grupo de operaciones.
D. El propietario de la información puede delegar la clasificación a otro gerente responsable; sin embargo, esta no es la función recomendada a la hora de establecer el esquema de clasificación.

253. La declaración formal de los objetivos y las metas de seguridad de la información organizacional debe encontrarse en:

A. los procedimientos de seguridad de la información.
B. los principios de seguridad de la información.
C. el código de conducta del empleado.
D. la política de seguridad de la información.

D es la respuesta correcta.
Justificación:

A. Los procedimientos de seguridad por lo general se detallan como acciones paso por paso para garantizar que las actividades satisfagan una norma determinada y no se pueden considerar una declaración formal de los objetivos de seguridad de la información de la organización.
B. Los principios de seguridad no siempre son específicos de la empresa y no pueden considerarse una declaración formal de los objetivos de seguridad de la información de la organización.
C. El código de conducta de los empleados es una declaración de los requisitos de procedimiento que puede abarcar más orientación que la seguridad de la información.
D. La política de seguridad de la información es la declaración formal de la gerencia de los objetivos y las metas de seguridad.

254. ¿Cuál de los siguientes es el enfoque **MÁS** efectivo para identificar eventos que pueden afectar la seguridad de la información en una empresa multinacional grande?

A. Realizar auditorías internas y externas para indicar anomalías.
B. Asegurarse de que los sensores para la detección de intrusiones estén desplegados de modo generalizado.
C. Desarrollar canales de comunicación a través de la empresa.
D. Llevar a cabo revisiones regulares de seguridad en toda la empresa.

C es la respuesta correcta.
Justificación:

A. Las auditorías se realizan de forma periódica y se pueden producir una serie de eventos entre una auditoría y otra que podrían no detectarse y responderse de manera oportuna.
B. Los sensores de detección de intrusiones son útiles al detectar eventos de intrusión, pero no otro tipo de eventos.
C. Los canales de comunicación óptimos pueden proporcionar informes oportunos de eventos dentro de una gran empresa y ofrecer canales para difundir información de seguridad.
D. Las revisiones de seguridad de toda la empresa son una tarea inmensa y se realizarán, en el mejor de los casos, de manera periódica; por lo que son un enfoque ineficaz a la hora de proporcionar información oportuna sobre eventos.

255. Durante una auditoría, un gerente de seguridad de la información descubrió que los representantes de ventas estaban enviando información confidencial sobre clientes a través de mensajes de correo electrónico. ¿Cuál de las siguientes es la **MEJOR** estrategia para abordar el problema?

A. Revisar el hallazgo con el gerente de ventas para evaluar el riesgo y el impacto.
B. Notificar el problema a la alta gerencia de inmediato.
C. Solicitar a los representantes de ventas que cesen de enviar información confidencial por correo electrónico.
D. Proporcionar formación en la concienciación de la seguridad a los representantes de ventas.

A es la respuesta correcta.
Justificación:

A. Siempre es una buena práctica comunicarse con la dirección de la unidad de negocios al momento de abordar las amenazas y riesgos de seguridad. La información que se obtiene de la dirección de la unidad de negocios es clave para formular el siguiente paso.
B. No se debe escalar el problema hasta que el gerente de la unidad de negocios entienda los riesgos y los problemas del negocio.
C. Pedir a los representantes que dejen de enviar información confidencial puede ser una solución temporal, pero no resuelve el problema subyacente.
D. La formación de concienciación puede ayudar, pero no resuelve el problema.

256. ¿Cuál de las siguientes opciones es **MÁS** útil para definir los requisitos mínimos para las configuraciones de seguridad de la base de datos?

A. Procedimientos
B. Directrices
C. Referencias
D. Políticas

C es la respuesta correcta.

Justificación:

A. Los procedimientos determinan los pasos, no los requisitos de configuración.
B. Las directrices no son aplicables.
C. Las líneas base definen los controles de seguridad mínimos necesarios para proteger un sistema de TI según las necesidades definidas de confidencialidad, integridad y protección de disponibilidad.
D. Las políticas determinan la dirección, pero no las configuraciones detalladas.

257. ¿Quién sería el usuario **PRINCIPAL** de métricas con respecto a la cantidad de mensajes de correo electrónico colocados en cuarentena debido a una infección de virus en comparación con la cantidad de mensajes de correo electrónico infectados que no fueron detectados?

A. El comité de dirección de seguridad
B. La junta directiva
C. Gerentes de TI
D. El gerente de seguridad de la información

D es la respuesta correcta.

Justificación:

A. Las métricas respaldan las decisiones. Saber el número de mensajes de correo electrónico bloqueados debido a virus no sería por si sola una información determinante para el comité de dirección.
B. La junta directiva no podría usar esta información para nada.
C. Los gerentes de TI estarían interesados, pero no recaería dentro de su competencia abordar el problema.
D. La información sobre la efectividad del actual control antivirus para correo electrónico es más útil para el gerente y el personal de seguridad de la información, porque ellos pueden usar la información para iniciar una investigación a fin de determinar por qué el control no está funcionando como se esperaba y determinar si existen otros factores que estén contribuyendo al fallo del control. Cuando se haya determinado esto, el gerente de seguridad de la información puede usar estas métricas, junto con los datos recogidos durante la investigación, para respaldar las decisiones de modificar procesos o agregar controles (o cambiar los controles actuales).

258. ¿Cuál es el punto **MÁS** importante que se debe incluir en una política de seguridad de la información?

A. La definición de funciones y responsabilidades
B. El alcance del programa de seguridad
C. Los objetivos clave del programa de seguridad
D. La referencia a procedimientos y normas del programa de seguridad

C es la respuesta correcta.

Justificación:

A. La definición de funciones y responsabilidades es parte de la implementación de un marco de referencia de gobierno de la seguridad de la información.
B. El alcance del programa de seguridad se debería definir en el estatuto del programa de seguridad de la información.
C. Establecer el propósito de la política de seguridad es el elemento más importante para asegurar el alineamiento con las metas del negocio.
D. Se pueden incluir referencias a las normas que interpreten la política, pero por lo general no se hará referencia a la multitud de procedimientos que estas normas controlan.

259. La política corporativa de seguridad de la información debe:

A. resolver las vulnerabilidades de la red corporativa.
B. ocuparse del proceso para comunicar una violación.
C. ser directa y fácil de entender.
D. adaptarse al público objetivo específico.

C es la respuesta correcta.
Justificación:

A. Las políticas de seguridad de la información son documentos de alto nivel y no abordarán de manera directa las vulnerabilidades de la red ni los problemas funcionales.
B. Las políticas de seguridad de la información son documentos a alto nivel y no se ocupan del proceso para informar de una violación.
C. Como declaraciones de alto nivel, las políticas de seguridad de información deben ser directas y fáciles de entender.
D. Como políticas, las políticas de seguridad de la información deben suministrar un mensaje uniforme para todas las funciones de grupos y de usuarios.

260. Todos los empleados y contratistas deben cumplir los requisitos de seguridad de acuerdo con el grado de confidencialidad de su posición y estar sujetos al filtrado de personal es un ejemplo de:

A. política.
B. estrategia.
C. directriz.
D. referencia.

A es la respuesta correcta.
Justificación:

A. Una política de seguridad es una declaración general para definir los objetivos de administración con respecto a seguridad.
B. La estrategia de seguridad es el plan para alcanzar los objetivos de seguridad y no aporta orientación a nivel de empleado/contratista.
C. Las directrices son acciones opcionales y una narrativa útil y no aportan orientación a nivel de empleado/contratista.
D. Una línea base de seguridad es un conjunto de requisitos mínimos de seguridad que es aceptable para una empresa y que no proporciona directrices a nivel de empleado o contratista.

261. El aspecto **MÁS** importante en el establecimiento de buenas políticas de seguridad de la información es garantizar que:

A. tengan el consenso de todos los grupos relacionados.
B. sean de fácil acceso para todos los empleados.
C. capturan la intención de la dirección.
D. las haya aprobado el departamento de auditoría interna.

C es la respuesta correcta.
Justificación:

A. Es conveniente contar con el consenso de todos los grupos interesados, pero no es el factor más importante de las buenas políticas, que expresan la intención y la dirección de la alta gerencia.
B. Que la disponibilidad de políticas sea fácil es importante, pero no es un indicador de buen contenido y directrices de seguridad de la información.
C. Las políticas deben reflejar la intención y la dirección de la alta gerencia, que es el aspecto más importante a la hora de fijar buenas políticas de seguridad de la información.
D. El departamento de auditoría interna prueba el cumplimiento de las políticas, pero no las redacta.

262. ¿Cuál de las siguientes opciones ofrece el **MEJOR** indicador de efectividad de la estrategia de seguridad?

A. Minimización del riesgo en toda la empresa
B. La existencia de medidas correctoras para todas las amenazas conocidas
C. Pérdidas que coinciden con las expectativas de pérdidas anuales
D. El alcance del cumplimiento de los objetivos de control

D es la respuesta correcta.

Justificación:

A. Minimizar el riesgo no es el objetivo. El objetivo es alcanzar los objetivos de control y, de ese modo, alcanzar niveles de riesgo aceptables. Es probable que reducir los riesgos más allá del nivel aceptable no sea rentable y que sea una pérdida de recursos.
B. Para algunas amenazas no existen medidas correctoras (por ej. la caída de cometas).
C. El alcance de las pérdidas no es un indicador fiable de la efectividad de la estrategia. Las pérdidas pueden o no exceder las expectativas por muchas razones y estar relacionadas con los impactos y no con los niveles de riesgo.
D. Los objetivos de control se desarrollan para alcanzar niveles de riesgo aceptables. La medida en que se alcancen es un buen indicador de la efectividad de la estrategia.

263. "Los datos confidenciales deben protegerse para prevenir pérdidas, hurto, acceso o revelación no autorizada" es una afirmación que se encontraría con **MAYOR** probabilidad en:

A. directriz.
B. política.
C. procedimiento.
D. norma.

B es la respuesta correcta.

Justificación:

A. Una directriz es una acción sugerida pero no obligatoria.
B. Una política es un principio utilizado para establecer dirección en una empresa. Por supuesto, puede ser un curso de acción para dirigir e influir sobre las decisiones. La redacción de la política debe hacer que el curso de acción sea obligatorio y debe establecer la dirección.
C. Un procedimiento es una forma particular de llevar a cabo algo.
D. Una norma fija los límites permitidos para las personas, los procesos y las tecnologías que deben cumplirse para respetar la intención de la política.

264. ¿Cuál de lo siguiente es probable que sea actualizado con **MAYOR** frecuencia?

A. Procedimientos para asegurar servidores de la base de datos
B. Normas para la longitud y complejidad de las contraseñas
C. Políticas que traten el gobierno de la seguridad de la información
D. Normas para la retención y destrucción de documentos

A es la respuesta correcta.

Justificación:

A. Los procedimientos, en especial con respecto al aseguramiento de los sistemas operativos, estarán sujetos a cambio constante; a medida que los sistemas operativos cambian y evolucionan, los procedimientos para asegurarlos tendrán que ir a la par.
B. Las políticas y normas por lo general deben ser más estáticas y menos sujetas a cambio frecuente.
C. Las políticas maduras y bien diseñadas rara vez necesitarán cambios.
D. Rara vez será necesario cambiar las normas relacionadas con la conservación y destrucción de documentos.

265. ¿Cuál de las siguientes es la información **MÁS** importante que se debe incluir en una norma de seguridad de la información?

A. Fecha de creación
B. Nombre del autor
C. Fecha de aprobación del borrador inicial
D. Fecha de la última revisión

D es la respuesta correcta.

Justificación:

A. La fecha de creación no es tan importante.
B. El nombre del autor no es tan importante.
C. La fecha del borrador inicial no es tan importante.
D. La fecha de la última revisión confirma la actualización de la norma, afirmando que la gerencia la ha revisado para asegurar que nada en el entorno ha cambiado que necesite una actualización de la norma.

266. Para mejorar la seguridad del sistema de recursos humanos de una empresa, se dio al gerente de la seguridad de la información la opción de implementar un cortafuegos que filtre los paquetes **O** un sistema de detección de intrusos basado en heurística. ¿Cómo elegiría entre las dos tecnologías el gerente de seguridad con un presupuesto limitado?

A. Análisis de riesgos
B. Análisis del impacto en el negocio
C. Análisis del retorno de la inversión
D. El análisis de rentabilidad

D es la respuesta correcta.

Justificación:

A. El análisis de riesgo identifica el riesgo y las opciones de tratamiento.
B. Un análisis del impacto en el negocio identifica el impacto derivado de la pérdida de sistemas o funciones de la empresa.
C. El análisis del retorno de la inversión compara la magnitud y oportunidad de las ganancias de la inversión directamente con la magnitud y oportunidad de los costes de la inversión.
D. El análisis de rentabilidad mide el coste de una protección frente al beneficio que ofrece, e incluye evaluación del riesgo. El coste de un control no debería exceder el beneficio que se derivará de este. El grado de control empleado es un asunto de buen juicio comercial.

267. ¿Cuál de las siguientes es la razón **PRINCIPAL** para cambiar las políticas durante el desarrollo de un programa?

A. Las políticas deben cumplir con los nuevos mandatos regulatorios y legales.
B. Las referencias de seguridad apropiadas ya no se establecen en las políticas.
C. Las políticas ya no reflejan la intención y dirección de la gerencia.
D. Los empleados ignoran constantemente las políticas.

C es la respuesta correcta.

Justificación:

A. Los requisitos regulatorios se suelen abordar mejor con normas y procedimientos que con políticas de alto nivel.
B. Las normas establecen las referencias de la seguridad, no las políticas.
C. Las políticas deben reflejar la intención y dirección de la gerencia. Las políticas deben cambiarse solo cuando la gerencia determina que es necesario abordar nuevos requisitos del negocio.
D. El hecho de que los empleados no se adhieran a las políticas es un asunto de cumplimiento y de hacerlas cumplir, más que una razón para cambiar dichas políticas.

268. ¿Cuál de las siguientes opciones se debe incluir en una buena declaración de privacidad?

A. Una notificación de responsabilidad sobre la precisión de la información
B. Una notificación de que la información se cifrará
C. Una declaración sobre lo que hará la empresa con la información que recoge
D. Una descripción del proceso de clasificación de la información

C es la respuesta correcta.

Justificación:

A. Una notificación de responsabilidad sobre la precisión de la información se debe colocar en el descargo de responsabilidad del sitio web.
B. A pesar de que se puede aplicar el cifrado, por lo general esto no se manifiesta.
C. La mayoría de las leyes y normativas sobre privacidad requieren que se revele cómo se utilizará la información.
D. La clasificación de la información no está relacionada con las declaraciones de privacidad y se incluiría en una política aparta.

269. ¿Cuál de los siguientes requerirá el **MAYOR** esfuerzo cuando se apoya un programa de seguridad de la información operacional?

A. Revisión y modificación de los procedimientos
B. Modificación de las políticas para adecuarse a los cambios tecnológicos
C. Establecimiento de políticas adicionales para adecuarse a las nuevas regulaciones
D. Redacción de normas para abordar las diferencias regionales

A es la respuesta correcta.

Justificación:

A. Cuando un programa de seguridad de la información está en funcionamiento, se necesitarán pocos cambios a las políticas o normas. Los procedimientos, sin embargo, se han diseñado a un nivel más detallado y requerirán frecuentes modificaciones de forma razonable. Debido a que los procedimientos son más detallados y pueden estar ligados a una tecnología específica, por lo general son muchos más numerosos que las normas o políticas. En consecuencia, la revisión y modificación de los procedimientos consumirá la mayor parte del esfuerzo.
B. Aunque la tecnología cambia, es relativamente poco común que un cambio de tecnología sea tan radical como para requerir una modificación de la política. La mayoría de los cambios tecnológicos debe abordarse en niveles inferiores (por ejemplo, en las normas o procedimientos).
C. Las nuevas normas pueden requerir la creación de una nueva política, pero esto no sucede muy a menudo o no consumen tanto tiempo en un programa operacional como la revisión y la modificación de los procedimientos.
D. Las empresas globales pueden necesitar personalizar la política mediante el uso de normas regionales, pero un programa operacional ya tendrá la mayoría de estas normas incorporadas. Aún donde se necesiten redactar, el nivel de esfuerzo requerido para personalizar la política de la región es inferior al que se necesitará para revisar y modificar el vasto cuerpo de procedimientos que cambian con mayor frecuencia.

270. Cuando una empresa establece una relación con un proveedor de servicio de TI externo, ¿cuál de las opciones siguientes es uno de los temas **MÁS** importantes que se deben incluir en el contrato desde el punto de vista de la seguridad?

B. Cumplimiento de las normas de seguridad internacionales.
C. Uso de un sistema de autenticación de dos factores
D. Existencia de un sitio de respaldo alternativo completamente equipado en caso de interrupción de las operaciones del negocio.
E. Cumplimiento de los requisitos de seguridad de la información de la organización.

D es la respuesta correcta.

Justificación:

A. Exigir el cumplimiento solo de esta norma de seguridad no garantiza que un proveedor de servicio cumpla con los requisitos de seguridad de la empresa.
B. El requisito para utilizar un tipo específico de metodología de control por lo general no se establece en el contrato con proveedores de servicio externos.
C. El requisito para utilizar un sitio de respaldo alternativo completamente equipado por lo general no se establece en el contrato con proveedores de servicio externos.
D. **Desde el punto de vista de la seguridad, el cumplimiento de los requisitos de seguridad de la información de la empresa es uno de los temas más importantes que se deberían incluir en el contrato con un proveedor de servicio externo.**

271. Un gerente de seguridad de la información recién contratado señala que los procedimientos y prácticas de seguridad de información existentes se encuentran en un estado ad hoc. Con base en esta observación, la siguiente acción debe ser:

A. evaluar el compromiso del personal directivo con el programa.
B. evaluar el nivel de madurez de la organización.
C. revisar las normas corporativas.
D. revisar las prácticas de gestión de riesgos corporativos.

C es la respuesta correcta.

Justificación:

A. Si bien la administración no ha ejercido un debido cuidado, está lo suficientemente comprometida al contratar un nuevo gerente de seguridad de la información. Evaluar el compromiso del personal directivo no resolverá la preocupación inmediata sobre las prácticas y procedimientos ad hoc.
B. Es evidente desde la revisión inicial que la madurez es muy baja y los esfuerzos necesarios para una evaluación completa no se han garantizado. Sería mejor abordar el problema inmediato de las prácticas y procedimientos en estado ad hoc.
C. **La ausencia de normas vigentes y eficaces es una preocupación que debe abordarse con prontitud.**
D. Aparentemente la gestión de riesgos no se está practicando; establecer un programa efectivo tomará tiempo. Una actividad inicial más prudente es implementar controles básicos.

272. ¿Cuál de las siguientes opciones es una ventaja de una estructura organizacional de seguridad de la información centralizada?

A. Permite promover con mayor facilidad la concienciación de la seguridad.
B. Es más fácil de gestionar y controlar.
C. Responde mejor a las necesidades de las unidades de negocio.
D. Reduce el tiempo de respuesta a las solicitudes de seguridad.

B es la respuesta correcta.

Justificación:

A. La descentralización permite utilizar al personal de seguridad de campo como misionarios o embajadores de la seguridad para que transmitan el mensaje de concienciación de la seguridad.
B. Es más fácil gestionar y controlar una estructura centralizada. Promover la concienciación de la seguridad es una ventaja de la descentralización.
C. Las operaciones descentralizadas permiten que los administradores de seguridad respondan mejor a las necesidades.
D. El hecho de estar cerca del negocio permite que los administradores de seguridad descentralizados logren un cambio más rápido que el alcanzado en una operación centralizada.

273. La alta gerencia ha expresado su preocupación por la eficacia del programa de seguridad de la información. ¿Qué puede hacer el gerente de seguridad de la información para obtener el apoyo de la alta gerencia para el programa?

A. Rediseñar el programa en base a una norma reconocida y auditable.
B. Calcular el análisis de coste-beneficio de los controles existentes implementados.
C. Entrevistar a los gerentes senior para abordar sus inquietudes relacionadas con el programa.
D. Presentar un informe del comité directivo que respalde el programa.

C es la respuesta correcta.

Justificación:

A. La clave para obtener el apoyo de la alta gerencia es comprender sus inquietudes y asegurarse de que se aborden. Reemplazar el programa completo como respuesta a inquietudes generales no sería apropiado sin disponer de más información.
B. Un análisis de rentabilidad de los controles demuestra que se preferían los controles implementados frente a los métodos alternativos de tratamiento de riesgos, pero estas pruebas no abordan la cuestión de la eficacia general del programa.
C. No es infrecuente que la alta gerencia se preocupe. Un gerente de seguridad de la información eficaz analizará estas preocupaciones y realizará los cambios necesarios para abordarlas.
D. El comité directivo suele informar a la alta gerencia, por lo que, si la alta gerencia expresa inquietudes con respecto a la efectividad del programa, estas pueden dirigirse en parte al comité directivo.

274. ¿Cuál es el propósito **PRINCIPAL** de instalar un sistema de detección de intrusos?

A. Identificar las debilidades en la seguridad de la red
B. Identificar los patrones de acceso sospechoso
C. Identificar cómo se lanzó un ataque en la red
D. Identificar ataques potenciales en la red interna

D es la respuesta correcta.

Justificación:

A. Un sistema de detección de intrusos no se ha diseñado para identificar las debilidades en la seguridad de la red.
B. Un sistema de detección de intrusos no se ha diseñado para identificar patrones sospechosos de intentos sospechosos de acceso.
C. Identificar cómo se lanzó un ataque es secundario.
D. La función más importante de un sistema de detección de intrusos es identificar los ataques potenciales en la red.

275. ¿Cuál es el **MAYOR** beneficio de la gestión de seguridad descentralizada?

A. Reducción del coste total de propiedad
B. Mejora en el cumplimiento de políticas y normas de la organización
C. Mejor alineación de la seguridad con las necesidades del negocio
D. Más fácil administración

C es la respuesta correcta.

Justificación:

A. La reducción del coste total de propiedad es un beneficio de gestión centralizada de la seguridad.
B. La mejora en el cumplimiento es un beneficio de gestión centralizada de la seguridad.
C. Una mejor alineación de la seguridad con las necesidades del negocio es la única respuesta adecuada, porque las otras opciones son beneficios de la gerencia de seguridad centralizada.
D. La facilidad de administración es un beneficio de gestión centralizada de la seguridad.

276. ¿Cuál de las siguientes opciones es una de las **MEJORES** métricas que un gerente de seguridad de la información puede utilizar para evaluar de manera efectiva los resultados de un programa de seguridad?

A. El número de controles implementados
B. El porcentaje de los objetivos de control alcanzados
C. El porcentaje de cumplimiento con las políticas de seguridad
D. La reducción del número de incidentes de seguridad notificados

B es la respuesta correcta.

Justificación:

A. El número de controles implementados no tiene una relación directa con los resultados de un programa de seguridad.
B. Los objetivos de control están directamente relacionados con los objetivos del negocio, por lo tanto, serían la mejor medida.
C. El porcentaje de cumplimiento de la política de seguridad es una métrica útil, pero aporta ninguna información sobre la consecución de los objetivos de control.
D. Reducir el número de incidentes de seguridad no tiene una relación directa con la consecución de los objetivos de control.

277. ¿Cuál de los siguientes indicadores es el **MÁS** probable que sea de valor estratégico?

A. Número de usuarios con acceso privilegiado
B. Tendencias en la frecuencia de incidentes
C. Tiempo al año en que la red no estuvo disponible
D. Resultados del análisis de vulnerabilidad

B es la respuesta correcta.

Justificación:

A. El número de usuarios con acceso privilegiado, si es excesivo, puede tener un riesgo innecesario, pero es más bien una métrica operacional.
B. Las tendencias en la frecuencia de los incidentes mostrarán si el programa de seguridad de la información está mejorando y si está en la dirección correcta.
C. El tiempo que la red no estuvo disponible es una métrica operacional relevante en términos de los acuerdos de nivel de servicio, pero sin tendencias en el tiempo, no es un indicador estratégico útil.
D. El análisis de vulnerabilidad es una métrica operacional.

278. ¿Para iniciar cuál de las siguientes alternativas se requiere obtener la clave pública de la otra parte?

A. Autorización
B. Firma digital
C. Autenticación
D. La ausencia de repudio

C es la respuesta correcta.
Justificación:

A. La autorización no es una función de la infraestructura de clave pública.
B. Una clave privada se utiliza para firmar.
C. **La clave pública de la contraparte se utiliza para la autenticación.**
D. La clave privada se utiliza para la ausencia de repudio.

279. ¿Cuál de las siguientes combinaciones ofrece el cifrado y el método de autenticación **MÁS FUERTES** para redes inalámbricas 802.11?

A. Privacidad equivalente a cableado con clave de autenticación precompartida de 128 bit
B. Protocolo de integridad de clave temporal-verificación de integridad del mensaje con cifrado RC4
C. Acceso protegido con Wi-FI 2 (WPA2) y autenticación de clave precompartida
D. Autenticación WPA2 y 802.1x

D es la respuesta correcta.
Justificación:

A. El protocolo de equivalencia con cable (WEP) con autenticación de clave precompartida de 128 bits se puede descifrar con facilidad con herramientas de código abierto. El WEP se compromete con facilidad y ya no se recomienda para redes inalámbricas seguras.
B. El protocolo de integridad de clave temporal-verificación de integridad del mensaje (TKIP-MIC) con cifrado RC4 no es tan fuerte como la autenticación WPA2 con 802.1x.
C. El acceso Wi-Fi protegido 2 (WPA2) con claves precompartidas utiliza el nivel más fuerte de cifrado, pero la autenticación se ve comprometida más fácilmente.
D. La autenticación WPA2 y 802.1x es la forma más fuerte de autenticación inalámbrica actualmente disponible. WPA2 combinado con 802.1x fuerzan al usuario a autenticarse empleando el cifrado fuerte de la norma de cifrado avanzada.

280. ¿Cuál de los tipos de detección es NECESARIO para mitigar un ataque de denegación de servicio o de denegación distribuida de servicio?

A. Detección basada en firma
B. Inspección profunda de paquetes
C. Detección de virus
D. Detección basada en anomalías

D es la respuesta correcta.

Justificación:

A. La detección basada en firma no puede reaccionar ante un ataque de denegación de servicio (DoS) distribuido porque no considera los aumentos en los niveles de tráfico.
B. La inspección profunda de paquetes permite inspeccionar un protocolo, y no está relacionada con ataques de denegación de servicio (DoS).
C. La detección de virus no tendría ningún efecto sobre la detección o mitigación de DDoS.
D. La detección basada en anomalías establece patrones de tráfico normales y luego detecta cualquier desviación respecto de esa referencia. Las referencias de tráfico se exceden ampliamente cuando se encuentran bajo un ataque de DDoS y se identifican con rapidez mediante detección basada en anomalías.

281. El enfoque técnico **MÁS** efectivo para mitigar el riesgo de que se revele información confidencial en documentos adjuntos a correos electrónicos salientes es implementar:
   A. filtrado de contenidos.
   B. clasificación de los datos.
   C. concienciación de la seguridad de la información.
   D. cifrado para todos los documentos adjuntos.

A es la respuesta correcta.

Justificación:

A. **El filtrado de contenidos proporciona la capacidad de examinar el contenido de documentos adjuntos y evitar que se envíe fuera de la empresa información que contenga ciertas palabras o frases, así como ciertas clasificaciones identificables de datos o información.**
B. La clasificación de datos ayuda a identificar el material que no debería transmitirse a través de documentos adjuntos a correos electrónicos, pero por sí misma no puede prevenir la exposición.
C. La formación en concienciación de la seguridad de la información también ayuda a limitar el material confidencial revelado en correos electrónicos siempre y cuando el personal sea consciente de qué información no debe exponerse y esté dispuesto a cumplir con los requisitos, pero no es tan efectiva como el filtrado de contenidos salientes.
D. Cifrar todos los documentos adjuntos no es efectivo ya que no limita el contenido y puede esconder información confidencial contenida en el correo electrónico.

282. Una empresa está planificando entregar servicios educativos basados en suscripción a clientes en línea que requerirá que los clientes ingresen con su identidad de usuario y su contraseña. ¿Cuál de los siguientes es el **MEJOR** método para validar contraseñas introducidas por un cliente antes de conceder el acceso a recursos educativos?
   A. Cifrado
   B. Filtrado de contenido
   C. Fortalecimiento de la seguridad de la base de datos
   D. Hashing

D es la respuesta correcta.

Justificación:

A. El cifrado es la aplicación de un algoritmo que convierte la contraseña en texto plano a forma cifrada, pero el uso de contraseñas cifradas requiere que estas sean de cifradas para la autenticación, lo que expone a las contraseñas reales. Además, el mecanismo de autenticación necesitaría tener acceso a la clave de cifrado para descifrar la contraseña para su autenticación. Esto permitiría a cualquiera con el acceso apropiado al servidor descifrar contraseñas de usuarios, lo que no suele ser aceptable ni es una práctica segura.
B. El filtrado de contenidos no es un componente de la validación de contraseñas.
C. Fortalecer la seguridad de la base de datos ayuda a mejorar la seguridad de una base de datos, pero no ayuda con la validación de contraseñas.
D. **La función de hashing se refiere a un algoritmo de una vía que siempre crea el mismo resultado si se le aplica la misma entrada. Cuando se hace hashing a las contraseñas, solo se almacena el valor hash de la contraseña (salida), y no la contraseña real (entrada). Cuando un usuario se registra e introduce la contraseña, se aplica el hash a la contraseña mediante el mecanismo de autenticación y se compara con el hash almacenado. Si el hash corresponde, se otorga el acceso. No puede derivarse la contraseña real a partir del hash (porque es un algoritmo de una sola vía), por lo tanto, no hay posibilidad de que se vea comprometida la contraseña a partir de los valores hash almacenados en el servidor.**

283. ¿Cuál de las siguientes alternativas desarrolla **MEJOR** la integración de diferentes actividades en el desarrollo de una infraestructura de la seguridad de la información?

A. un plan de negocios.
B. una arquitectura.
C. requisitos.
D. especificaciones.

B es la respuesta correcta.

Justificación:

A. Un plan de negocios puede abordar algunos problemas de la integración de actividades, pero este no es su principal propósito.
B. Una arquitectura permite integrar diferentes actividades bajo una autoridad de diseño.
C. Los requisitos por lo general no abordan la integración.
D. Las especificaciones no abordan la integración.

284. Después de decidir que se debe adquirir un sistema de gestión de la seguridad de la información y acontecimientos, lo **MÁS** importante que debe hacer el gerente de la seguridad de la información es:

A. llevar a cabo un análisis comparativo de los sistemas disponibles.
B. desarrollar un caso de negocios exhaustivo para el sistema.
C. utilizar el proceso de adquisición existente de la empresa.
D. garantizar que haya una capacidad de red adecuada para el sistema.

C es la respuesta correcta.

Justificación:

A. El análisis comparativo debe llevarse a cabo antes de tomar la decisión de compra.
B. El desarrollo de un caso de negocio debe llevarse a cabo antes de tomar la decisión de compra.
C. El gerente de la seguridad de la información debe utilizar prácticas y procesos de la empresa siempre que sea posible para minimizar potenciales problemas con otros departamentos.
D. Garantizar que haya una capacidad adecuada debe llevarse a cabo antes de tomar la decisión de compra.

285. ¿Cuáles de las siguientes es **MÁS** importante en el desarrollo de las políticas de la seguridad de la información?

A. Adoptar un marco establecido
B. Utilizar un diseño modular para un fácil mantenimiento
C. Utilizar las normas prevalecientes de la industria
D. Recoger los requisitos de las partes interesadas

D es la respuesta correcta.

Justificación:

A. Un marco no será efectivo sin incluir la intención de gestión y la dirección proporcionada por las políticas.
B. Si bien utilizar un diseño modular debería ser una consideración fundamental, no es tan importante como contar con las consideraciones de las partes interesadas. Contar con dichas observaciones no solo promueve la integridad del de la política, también facilita que las partes interesadas se comprometan con ella.
C. Las normas prevalecientes de la industria son importantes, pero pueden no ser apropiados o adecuadas para abordar asuntos únicos o específicos en una empresa.
D. La principal parte interesada en las políticas es la gerencia, y las políticas son la principal herramienta de gobierno que utiliza una empresa; por lo que las políticas deben reflejar la intención y dirección de la gerencia.

286. Una empresa ha encargado a un experto en la seguridad de la información que lleve a cabo pruebas de penetración de red y se le ha suministrado información acerca de la infraestructura que es necesario probar. El beneficio de este enfoque es:
   A. se dedica más tiempo en explotar que en técnicas que permitan conocer y descubrir la red.
   B. esto simula de manera exacta un intento externo de descifrado.
   C. la capacidad de explotar vulnerabilidades a nivel de protocolo de control de transmisión/protocolo de Internet.
   D. la eliminación de la necesidad de herramientas de pruebas de penetración.

A es la respuesta correcta.

Justificación:

   A. Cuando se proporciona información al probador de penetración (pruebas de caja blanca), se gasta menos tiempo descubriendo y entendiendo el objetivo que se desea penetrar.
   B. Un enfoque de caja negra, donde no se proporciona información, simula mejor un intento real de descifrado.
   C. Tanto el enfoque de caja blanca como el enfoque de caja negra pueden explotar vulnerabilidades de protocolo de control de transmisión/protocolo de Internet.
   D. Tanto el enfoque de caja blanca como el enfoque de caja negra requerirían el uso de herramientas de prueba de penetración.

287. ¿Cuál de las siguientes es la **MEJOR** forma de verificar que todos los servidores de producción críticos utilicen archivos actualizados de firmas de virus?
   A. Verificar la fecha en la que los archivos de firmas se lanzaron por última vez.
   B. Usar un virus benigno recientemente identificado para probar si está en cuarentena
   C. Investigar el archivo más reciente de firma y comparar con la consola
   D. Verificar una muestra de los servidores que los archivos de firma están actualizados

D es la respuesta correcta.

Justificación:

   A. El hecho de que se lanzara una actualización para un servidor no garantiza que se haya cargado correctamente en dicho servidor.
   B. El personal nunca debe liberar un virus, independientemente de si es benigno.
   C. Verificar la información del proveedor a la consola de gerencia todavía no indicaría si el archivo se cargó de forma correcta en el servidor.
   D. La única forma correcta de verificar los archivos de firma es mirar una muestra de los servidores.

288. Una empresa ha desarrollado y aprobado recientemente una política de control de acceso. ¿Cuál de las siguientes opciones será la **MÁS** efectiva en la comunicación de la política de control de acceso a los empleados?

   A. Requiriendo que los empleados acusen formalmente el recibo de la política
   B. La integración de los requisitos de seguridad en sus descripciones de trabajo
   C. Hacer que la política esté disponible en la intranet
   D. Implementar una formación anual para los empleados de seguridad de la información

A es la respuesta correcta.

Justificación:

   A. Requerir a los empleados que acusen recibo de la política formalmente no garantiza que la política se haya leído o entendido, pero establece que el empleado reconoce la existencia de la política nueva. Cada comunicación debe identificar un punto de contacto para preguntas de seguimiento.
   B. Los empleados actuales no necesariamente releen las descripciones de trabajo que contendrían la política nueva.
   C. Hacer que la política esté disponible en la intranet no garantiza que el documento se lea, ni crea una pista de auditoría que establece que los empleados conozcan la política.
   D. Una formación anual puede no ser oportuno y puede no rectificar importantes deficiencias de conocimiento.

289. Una referencia de seguridad puede utilizarse **MEJOR** para:

A. asegurar ambientes inestables.
B. establecer un fortalecimiento uniforme de la seguridad de sistemas de información.
C. priorizar los objetivos de seguridad.
D. establecer una política corporativa de seguridad.

B es la respuesta correcta.

Justificación:

A. La estabilidad de un ambiente no se relaciona necesariamente con la referencia; la aplicación de una referencia de seguridad puede algunas veces llegar incluso a desestabilizar un ambiente al entrar en conflicto con software existente.
B. **Una referencia de seguridad establece una norma uniforme de seguridad que se debe aplicar en sistemas similares.**
C. Una referencia no prioriza los objetivos de seguridad.
D. La referencia se establece como resultado de la política; no es parte del desarrollo de la política.

290. Al recientemente nombrado gerente de seguridad de la información (CISO) de una farmacéutica se le ha encomendado la tarea de crear procedimientos de la seguridad de la información para todos los departamentos en la empresa. ¿A cuál de los siguientes grupos se debiera acercar el CISO para redactar los procedimientos?

A. Departamento legal
B. Usuarios finales
C. La alta gerencia
D. Departamento de operaciones

D es la respuesta correcta.

Justificación:

A. El departamento legal no suele participar en la redacción de los procedimientos, excepto por los suyos propios.
B. Los usuarios finales no suelen participar en la redacción de los procedimientos.
C. La alta gerencia no participaría de manera directa en la redacción de procedimientos de seguridad.
D El grupo de operaciones tiene conocimiento de primera mano acerca de los procesos y responsabilidades organizacionales y debe garantizar que todos los procedimientos que se redacten sean funcionalmente adecuados.

291. ¿Cuál de los siguientes es el control **MÁS** adecuado para abordar el cumplimiento con requisitos regulatorios específicos?

A. Políticas
B. Normas
C. Procedimientos
D. Directrices

B es la respuesta correcta.

Justificación:

A. Las políticas son declaraciones de la intención, expectativa y dirección de la gerencia y no abordan temas específicos de cumplimiento regulatorio.
B. **Las normas establecen las fronteras permitidas para tecnologías, procedimientos y prácticas y son por lo tanto la documentación apropiada para definir los requisitos de cumplimiento.**
C. Los procedimientos se desarrollan para proporcionar instrucciones para cumplir las normas, pero no pueden desarrollarse sin normas establecidas.
D. Las directrices no son obligatorias y normalmente no abordan asuntos de cumplimiento regulatorio.

292. ¿Cuál de los siguientes es el método **MÁS** efectivo para mejorar la concienciación en la seguridad de la información?

A. Correos electrónicos oportunos que aborden amenazas de seguridad reales
B. Formación de seguridad por parte de expertos especializados externos para el personal clave de TI
C. Formación en concienciación específica para el cargo
D. Formación en la concienciación de la seguridad general en línea para todo el personal

C es la respuesta correcta.

Justificación:

A. El correo electrónico no es un medio de comunicación robusto para mejorar la concienciación de la seguridad de la información.
B. La formación para el personal TI es importante, pero debe proporcionarse formación en la concienciación de la seguridad a todos los empleados.
C. La formación basada en el puesto que incluye simulación de incidentes de información reales es el método más efectivo para enseñar a los empleados como sus funciones específicas pueden tener un impacto sobre la seguridad de la información.
D. La formación en concienciación general bien desarrollada puede ser un método aceptable para mejorar la concienciación de la seguridad de la información, si no hay recursos disponibles para la formación específica para el puesto, pero esta no suele ser igual de efectiva.

293. En una empresa considerada madura, ¿por cuál de las opciones que se indican a continuación se esperaría poder aproximar a la referencia de seguridad?

A. Se implementan las políticas organizacionales.
B. Se documenta la arquitectura empresarial.
C. Se consiguen los objetivos de control.
D. Se abordan los requisitos de cumplimiento.

C es la respuesta correcta. Justificación:

A. Las políticas, como declaración de alto nivel sobre la intención y la dirección de la gerencia, solo indican una referencia de seguridad en el sentido general.
B. La arquitectura de la empresa puede o no proporcionar una indicación de algunos de los controles implementados.
C. Los objetivos de control, cuando se consiguen, establecen las referencias de seguridad.
D. Los requisitos de cumplimiento señalarán algunos de los controles necesarios indicativos sobre cuál debería ser la línea de base, pero solo en las áreas relacionadas con normativas específicas.

294. ¿Cuál de las siguientes fases del ciclo de vida de desarrollo de aplicaciones, para desarrollos internos, representa la **MEJOR** oportunidad para que un gerente de seguridad de la información tenga influencia sobre el resultado del esfuerzo de desarrollo?
A. Diseño del sistema para una nueva aplicación
B. Pruebas de aceptación del usuario y aprobación
C. Recolección y análisis de requisitos
D. Implementación

C es la respuesta correcta.

Justificación:

A. La fase de diseño ayuda a determinar cómo se implementarán los requisitos; sin embargo, si un gerente de seguridad de la información participa en el inicio de la fase de diseño, el gerente probablemente encontrará que es más difícil tener influencia sobre el resultado del esfuerzo de desarrollo.
B. La fase de pruebas de aceptación del usuario y aprobación se encuentra demasiado tarde en el ciclo de vida para tener una influencia efectiva sobre el resultado.
C. **Un gerente de seguridad de la información debería participar en la fase más temprana del ciclo de vida del desarrollo de la aplicación para tener una influencia efectiva sobre el resultado del esfuerzo de desarrollo. De las opciones enumeradas, la fase de recogida y análisis de requisitos representa la oportunidad más temprana para que un gerente de seguridad de la información tenga dicha influencia. Durante esta fase, deben considerarse tanto los requisitos funcionales como los no funcionales, incluida la seguridad.**
D. La fase de implementación se encuentra demasiado tarde en el ciclo de vida para tener una influencia efectiva sobre el resultado.

295. Un gerente de seguridad de la información ha dado instrucciones a un administrador de base de datos del sistema para implementar una auditoría nativa de bases de datos de manera que se cumplan los requisitos regulatorios para el control de usuarios privilegiados. ¿Cuál de las siguientes es la razón **PRINCIPAL** por la que debería preocuparse el administrador de la base de datos? La auditoría de bases de datos nativas:
A. interfiere con el registro de eventos dirigidos por políticas.
B. afecta el rendimiento de las bases de datos de producción.
C. requiere el desarrollo de herramientas suplementarias.
D. perjudica la flexibilidad en la gestión de configuración.

B es la respuesta correcta.

Justificación:

A. La interferencia con el registro de eventos dirigidos por políticas es una preocupación posible pero secundario al impacto en el rendimiento.
B. **Muchos productos de base de datos vienen con la función de registro de auditoría nativa. Aunque puede activarse con facilidad, existe el riesgo de que pudiera impactar de manera negativa sobre el rendimiento de la base de datos.**
C. La necesidad de desarrollar herramientas complementarias es una inquietud potencial pero secundaria al impacto en el rendimiento.
D. Reducir la flexibilidad en la gestión de configuración no es un problema.

296. Los controles que cierran una conexión (por motivos de seguridad) representarán un riesgo para:

A. la confidencialidad
B. la integridad.
C. la autenticidad
D. la disponibilidad.

D es la respuesta correcta.

Justificación:

A. El acceso bloqueado generalmente no tendrá un impacto sobre la confidencialidad.
B. El acceso bloqueado generalmente no tendrá un impacto sobre la integridad.
C. El acceso bloqueado generalmente no tendrá un impacto sobre la autenticidad.
D. Un control (como un cortafuegos) que cierre cuando se produzca un error típicamente evitará el acceso a los recursos que protege y afectará de esta forma a la disponibilidad.

297. ¿Cuál de los siguientes es el aspecto **MÁS** importante que debe considerarse desde una perspectiva de la seguridad cuando se contrata un proceso de cálculo y pago de remuneraciones con un proveedor de servicios externo?

A. Se ha hecho un análisis de rentabilidad.
B. Se cumplen los requisitos de privacidad.
C. El proveedor de servicios garantiza una transferencia de datos segura.
D. No se ha presentado ningún incidente de seguridad significativo con el proveedor del servicio.

B es la respuesta correcta.

Justificación:

A. Debe emprenderse un análisis de rentabilidad desde una perspectiva de negocios y no desde una perspectiva de seguridad.
B. Los requisitos de privacidad aplicables pueden ser un asunto legal o de política y requerirán consideración al contratar procesos en los que se use información personal.
C. Cuando se transfieren datos, puede ser necesario asegurar la protección de los mismos, pero hay muchos otros aspectos de seguridad y privacidad que se deben considerar.
D. Los incidentes pasados pueden no reflejar la actual postura de seguridad del proveedor de servicios, ni reflejar los requisitos de seguridad aplicables.

298. Al establecer inicialmente un programa de seguridad de la información, es **MÁS** importante que los gerentes:

A. examinen y entiendan la cultura dentro de la empresa.
B. analicen y entiendan el sistema de control de la empresa.
C. identifiquen y evalúen la exposición al riesgo global de la empresa.
D. examinen y evalúen los recursos de seguridad de la empresa.

C es la respuesta correcta.

Justificación:

A. Examinar y entender la cultura dentro de la empresa es un paso importante en el proceso de evaluación general.
B. Analizar y entender el sistema de control es un paso esencial para determinar qué riesgo se aborda y qué objetivos de control se han implementado en la actualidad.
C. Identificar y evaluar el riesgo general es más importante porque incluye los otros tres elementos, además de otros.
D. Examinar y evaluar los recursos de seguridad es información importante para determinar y evaluar el riesgo general y la exposición de una empresa.

299. ¿El requisito de diligencia debida está **MÁS** estrechamente asociado con cuál de los siguientes?

A. El derecho a auditar
B. Acuerdos de nivel de servicio
C. Norma apropiada de cuidado
D. Revisiones periódicas de seguridad

C es la respuesta correcta.

Justificación:

A. El derecho a auditar es una consideración importante cuando se evalúa a una empresa, pero no se relaciona de manera tan estrecha al concepto de la diligencia debida.
B. Los acuerdos de nivel de servicio son una consideración importante cuando se evalúa a una empresa, pero no se relacionan de manera tan estrecha al concepto de la diligencia debida.
C. La norma de cuidado está relacionada de manera más estrecha con la diligencia debida. Se basa en la noción legal de los pasos que tomaría una persona de competencia similar en circunstancias similares.
D. Las revisiones periódicas de seguridad no están tan estrechamente relacionadas con la debida diligencia.

300. ¿Cuál de los siguientes factores afecta el alcance hasta el cual deben estratificarse los controles?

A. Impacto sobre la productividad
B. Modos habituales de fallo
C. Coste de mantenimiento de los controles
D. Controles que cierran ante un error

B es la respuesta correcta.

Justificación:

A. Un impacto negativo sobre la productividad podría indicar que los controles pudieran ser demasiado restrictivos, pero no es necesariamente una consideración para la estratificación.
B. Los modos de fallo habituales en controles existentes deben abordarse mediante la adición o modificación de controles de manera que fallen bajo condiciones diferentes. Esto se lleva a cabo para gestionar el riesgo agregado de un fallo total de control.
C. Los costes de mantenimiento excesivos probablemente aumenten y no se aborden mediante la estratificación de controles adicionales.
D. Los costes de mantenimiento excesivos probablemente aumenten y no se aborden mediante la estratificación de controles adicionales.

301. Al recomendar un control para proteger aplicaciones de la empresa en contra de una inyección de lenguaje de consultas estructuradas, el gerente de seguridad de la información **MUY** probablemente sugeriría:

A. fortalecer la seguridad de los servidores web.
B. consolidar múltiples sitios en un portal único.
C. codificar normas y códigos de revisión.
D. usar el protocolo seguro de transferencia de hipertexto (HTTPS) en lugar de HTTP.

C es la respuesta correcta.

Justificación:

A. Fortalecer los servidores web no reduce este tipo de vulnerabilidad.
B. Consolidar múltiples sitios en un portal único no reduce este tipo de vulnerabilidad.
C. Implementar normas de codificación de la seguridad y revisión de pares, como parte del ciclo de vida de desarrollo de los sistemas de la empresa (SDLC) son controles que abordan la inyección de lenguaje de consulta estructurado.
D. Usar el protocolo seguro de transferencia de hipertexto (HTTPS) en lugar de HTTP no reduce este tipo de vulnerabilidad.

302. ¿Cuál es el atributo más significativo de una buena métrica de seguridad de la información?

A. Es significativa para el receptor.
B. Es confiable y precisa.
C. Impacta la productividad.
D. Es escalable y rentable.

A es la respuesta correcta.

Justificación:

A. La información proporcionada por las métricas que no son significativas para el receptor tiene poco valor.
B. La confiabilidad y la precisión son criterios importantes para seleccionar métricas de seguridad de la información, pero primero se debe determinar que la información proporcionada ayuda a los receptores a cumplir con sus tareas.
C. El impacto en la productividad se debe equilibrar con la utilidad de la métrica; sin embargo, es una consideración válida.
D. La rentabilidad se debe equilibrar con la utilidad de la métrica; sin embargo, es una consideración válida. La escalabilidad de las métricas, en la mayor parte de las situaciones, es un criterio más deseable que un criterio de selección.

303. ¿Por qué una autoridad de certificación es necesaria en una infraestructura de clave pública?

A. Proporciona una prueba de la integridad de los datos.
B. Previene la negación de transacciones específicas.
C. Certifica la validez de la clave pública de un usuario.
D. Guarda la clave privada de un usuario.

C es la respuesta correcta.

Justificación:

A. La autoridad de certificación (CA) no proporciona pruebas de integridad del mensaje.
B. El no repudio previene que una persona niegue que haya originado una transacción específica, y la proporciona una clave privada de usuario firmando la comunicación.
C. La CA es un tercero que certifica la autenticidad de una clave pública de un usuario mediante su firma digital con una clave privada de CA.
D. Un CA convencional no almacena una clave privada de un usuario.

304. ¿En qué circunstancias deben utilizarse los controles de acceso obligatorio?

A. Cuando la empresa tiene una alta tolerancia al riesgo
B. Cuando la delegación de derechos es contraria a la política
C. Cuando la política de control especifica supervisión continua
D. Cuando el acceso está permitido, a menos que se niegue de forma explícita

B es la respuesta correcta.

Justificación:

A. Los controles de acceso obligatorios (MAC) son un control restrictivo empleado en situaciones de tolerancia al riesgo baja.
B. Con MAC, la política de seguridad un gerente de política de seguridad controla la política de una forma centralizada, y los usuarios no tienen la capacidad de delegar derechos.
C. Una solicitud de supervisión continua no está relacionada con los MAC.
D. Los MAC no permiten el acceso como una condición predeterminada.

305. El desarrollo de la política de seguridad de la información se debe basar **PRINCIPALMENTE** en:

A. las vulnerabilidades.
B. las exposiciones.
C. las amenazas.
D. los impactos.

C es la respuesta correcta.

Justificación:

A. Ante la ausencia de amenazas, las vulnerabilidades no representan un riesgo. Vulnerabilidad se define como una debilidad en el diseño, implementación, operación o control interno de un proceso que podría exponer el sistema a impactos adversos de eventos de amenaza.
B. La exposición solo es importante si existe una amenaza. La exposición se define como una pérdida potencial para un área debido a la ocurrencia de un evento adverso.
C. Las políticas se desarrollan en respuesta a las amenazas percibidas. Si no hay amenaza percibida, no es necesaria una política. Una amenaza se define como cualquier cosa (por ejemplo, un objeto, una sustancia o un ser humano) que es capaz de actuar contra un activo de una manera que pueda dañarlo.
D. El impacto no es un problema si no existe amenaza. El impacto generalmente se cuantifica como la pérdida financiera directa a corto plazo, o como pérdida financiera final (indirecta) a largo plazo.

306. ¿Cuál es la razón **MÁS** probable por la que se puede eliminar una política organizacional?

A. No hay amenaza creíble.
B. El personal ignora la política.
C. Las normas subyacentes son obsoletas.
D. Los requisitos regulatorios no requieren la política.

A es la respuesta correcta.

Justificación:

A. Si es verdad que no hay amenaza, entonces no hay riesgo y no se necesita una política para abordarlo.
B. El incumplimiento no es una buena razón para eliminar una política.
C. Si las normas son obsoletas, deberían actualizarse, pero esa no es una razón para eliminar la política.
D. Si hay un riesgo potencial, entonces existe una razón para tener la política, independientemente de si la norma exige ese control en particular.

307. Al departamento de TI se le encomienda el desarrollo de un nuevo sistema de procesamiento de transacciones para la administración en línea de cuentas. ¿En qué etapa se debería haber involucrado al departamento de seguridad de la información?

A. Viabilidad
B. Requisitos
C. El diseño
D. Pruebas de aceptación del usuario

A es la respuesta correcta.

Justificación:

A. Se debe involucrar al departamento de seguridad lo antes posible. Las consideraciones de seguridad afectarán a la viabilidad. La seguridad que se agrega más tarde en el proceso a menudo no es tan efectiva como la seguridad que se considera de principio a fin.
B. La etapa de los requisitos es muy tardía en el proceso y la introducción de requisitos de seguridad puede causar demoras o incurrir en otros costes que no son ni presupuestados ni anticipados por las partes interesadas.
C. La etapa de diseño es muy tardía en el proceso y la introducción de requisitos de seguridad puede causar demoras o incurrir en otros costes que no son ni presupuestados ni anticipados por las partes interesadas.
D. La etapa de pruebas de aceptación del usuario es muy tardía en el proceso y la introducción de requisitos de seguridad puede causar demoras o incurrir en otros costes que no son ni presupuestados ni anticipados por las partes interesadas.

308. ¿Cuál de los siguientes es un ejemplo de control correctivo?

A. Desviar el tráfico entrante como respuesta a un ataque de denegación de servicio
B. Filtrar el tráfico de red antes de entrar a una red interna desde afuera
C. Examinar el tráfico de red entrante en busca de virus
D. Registrar el tráfico entrante de red

A es la respuesta correcta.

Justificación:

A. Desviar el tráfico entrante ayuda a corregir la situación y, por lo tanto, es un control correctivo.
B. Filtrar el tráfico de red es un control preventivo.
C. Examinar el tráfico de red entrante en busca de virus es un control de detección.
D. Registrar el tráfico entrante de red es un control de detección.

309. ¿Cuál es el objetivo **PRINCIPAL** de la integración del proceso de seguridad de la información en el ciclo de vida del desarrollo de sistemas?
A. Garantiza el cumplimiento con la auditoría.
B. Garantiza que se implementen los controles apropiados.
C. Define roles y responsabilidades.
D. Establece la base para el desarrollo o la adquisición.

B es la respuesta correcta.

Justificación:

A. Simplemente integrar los procesos de seguridad de la información en el sistema del ciclo de vida del desarrollo de sistemas (SDLC) no asegurará el éxito en la auditoría; es meramente una pieza del rompecabezas del cumplimiento que debe revisar el auditor.
B. El establecimiento de procesos de seguridad de la información al frente de cualquier proyecto de desarrollo y usar el proceso en cada etapa del SDLC asegura que los controles de seguridad apropiados se implementen basándose en la revisión y la evaluación hechos por el personal de seguridad.
C. El propósito de la integración de los procesos de seguridad de la información al frente de cualquier proyecto de SDLC es reducir el riesgo de demoras o de retrabajo y no de identificar los roles y responsabilidades de la seguridad de la información en el proyecto.
D. El proceso de seguridad de la información debe llevarse a cabo en cada fase del SDLC para asegurarse que los controles apropiados están en su lugar. Sin embargo, la integración de la seguridad de la información no establece las bases para la decisión hacer frente a comprar.

310. ¿Cuál de las siguientes es la **PRINCIPAL** razón para la implementación de un programa de educación y concienciación en seguridad de la información corporativa?

A. Para alcanzar un compromiso por parte de la junta y de la alta gerencia
B. Para asignar roles y responsabilidad para la seguridad de la información
C. Para establecer una cultura que conduzca a la seguridad efectiva
D. Para cumplir con la política de seguridad de la información y con los requisitos normativos

C es la respuesta correcta.

Justificación:

A. La implementación de tal programa es un proceso continuo que apoya el compromiso de la alta gerencia con la seguridad de la información.
B. La asignación de roles y responsabilidades para la seguridad de la información se logra en gran medida mediante la implementación de políticas de seguridad de la información. Sin embargo, para ser efectivas, es importante que la política se apoye en un programa de educación y concienciación en seguridad de la información corporativa.
C. La educación, la formación y la concienciación ayudan a diseminar la información acerca de la seguridad de la información y en la construcción de un entorno que favorezca las operaciones comerciales seguras y fiables.
D. La política de seguridad de la información y los requisitos normativos aportan contenidos a un programa de educación y concienciación.

311. ¿Cuál de las siguientes opciones sería la **MEJOR** solución?

A. Evaluaciones de riesgos
B. Nivel de madurez
C. Informes de auditoría
D. Historial de pérdidas

B es la respuesta correcta.

Justificación:

A. Si bien es probable que los buenos resultados de las evaluaciones de riesgos se alineen con el buen gobierno, solo se correlacionan con este de manera indirecta, y participan muchos otros factores, como el sector industrial, la exposición, etc.
B. Una puntuación alta en la escala del modelo de madurez de capacidad (CMM) es un buen indicador de buen gobierno.
C. Los informes de auditoría suelen implicar aspectos concretos del cumplimiento y el riesgo específico en lugar del gobierno general.
D. La finalidad de los controles disuasivos es disuadir a las personas de violar deliberadamente la política o los procedimientos de seguridad de la información.

312. ¿Cuál de las siguientes actividades es la **MÁS** efectiva para desarrollar un esquema de clasificación de datos?

A. Clasificar los datos críticos con base en los niveles de protección
B. Clasificar los datos en función de la posibilidad de fuga
C. Alinear el esquema con las herramientas de prevención de fugas de datos
D. Crear conciencia del beneficio de la clasificación de datos

D es la respuesta correcta.

Justificación:

A. Los niveles de protección de datos se deciden en función de la clasificación o el valor del negocio.
B. Los datos se clasifican según el valor del negocio y no según la posibilidad de fugas. La protección de los datos puede estar basada en la posibilidad de fugas.
C. Alinear el esquema con las herramientas de prevención de fugas de datos (DLP) puede ayudar mientras se automatiza la protección, pero el esquema de clasificación de datos ya tiene que existir para que esté alineado con la DLP.
D. Al desarrollar un esquema de clasificación de datos, lo más importante es informar a todos los usuarios sobre la necesidad de la clasificación de datos precisa para reducir el coste de la sobreprotección y el riesgo de protección insuficiente de los activos de información.

313. ¿Cuál de las siguientes opciones es una preocupación **PRINCIPAL** con respecto al uso de la funcionalidad DataBase Snapshot del registro de auditoría?

A. Degradación del rendimiento
B. Pérdida de la integridad de los datos
C. Dificultad en mantener la coherencia
D. Cambio de configuración inflexible

A es la respuesta correcta.

Justificación:

A. La capacidad probada aumenta si los datos se toman desde una ubicación cercana al punto de origen. Para la auditoría de base de datos, la activación de un registro integrado puede ser ideal. Sin embargo, existe un intercambio. Cuanto más elaborado se vuelva el registro, más lento es el rendimiento. Es importante lograr un equilibrio.
B. Si el registro de la recuperación de la base de datos se deteriora, existe una posibilidad de que se pierda la integridad de los datos. Sin embargo, es poco probable que los registros de auditoría afecten la integridad de la base de datos.
C. La funcionalidad de replicación de la base de datos controlará la coherencia entre los casos de las bases de datos.
D. Es difícil juzgar si el cambio en la configuración se vuelve complejo como resultado de la activación del registro de auditoría. Depende de muchos factores. Por lo tanto, esta no es la mejor opción.

314. ¿Cuál es la meta **PRINCIPAL** del desarrollo de un programa de seguridad de la información?

A. Implementar la estrategia
B. Optimizar los recursos
C. Entregar según las métricas
D. Lograr el aseguramiento

A es la respuesta correcta.

Justificación:

A. El desarrollo de un programa de seguridad de la información se suele ver como una manifestación de la estrategia de seguridad de la información. Por lo tanto, el objetivo del desarrollo del programa de seguridad de la información es la implementación de la estrategia.
B. La optimización de recursos puede alcanzarse en un programa de seguridad de la información una vez que el programa se haya alineado con la estrategia.
C. La entrega según las métricas es un subconjunto de alineación estratégico con el programa de seguridad de la información en una empresa.
D. El aseguramiento de la seguridad de la información ocurre con el alineamiento estratégico del programa de seguridad de la información.

315. Una empresa decidió implementar la política de "trae tu propio dispositivo" (BYOD) para ordenadores portátiles y teléfonos móviles. ¿En qué debería centrarse **PRIMERO** el gerente de seguridad de la información?

A. Asesorar sobre la implementación de BYOD debido a un riesgo de seguridad.
B. Preparar un caso de negocio para las nuevas herramientas de seguridad para BYOD.
C. Actualizar un programa de concienciación de la seguridad para incluir BYOD.
D. Determinar una estrategia de seguridad de la información para BYOD.

D es la respuesta correcta.

Justificación:

A. La empresa ya ha tomado la decisión de implementar "trae tu propio dispositivo" (BYOD). La función del gerente de seguridad es identificar y comunicar el riesgo y determinar cómo implementar esta decisión de la manera más segura.
B. Se puede preparar un caso de negocio si se requieren nuevas herramientas para implementar BYOD; sin embargo, este requisito se basará en la estrategia de seguridad.
C. La estrategia de seguridad debe tener en cuenta BYOD antes de que el programa de concienciación de la seguridad se actualice para incluirlo.
D. El gerente de seguridad de la información debe determinar si la estrategia existente puede incluir BYOD y, de lo contrario, qué cambios se necesitan. Una evaluación de riesgo y otras herramientas pueden formar parte de este proceso.

316. Las decisiones sobre la seguridad de la información están **MEJOR** respaldadas por:

A. un análisis estadístico.
B. la asesoría de expertos.
C. los estudios comparativos.
D. las métricas efectivas.

D es la respuesta correcta.

Justificación:

A. Un análisis estadístico de las métricas puede resultar útil, pero solo si las métricas subyacentes son correctas.
B. La asesoría de expertos puede resultar útil, pero las métricas efectivas son una mejor indicación.
C. Otras empresas por lo general proporcionarían alguna orientación solamente, pero las decisiones deberían basarse en métricas efectivas.
D. Las métricas efectivas son esenciales para brindar información necesaria para tomar decisiones. Las métricas son una entidad cuantificable que permite la medición del logro de la meta de un proceso.

317. ¿Cuál de las siguientes es el método **MÁS** efectivo para asegurar que las operaciones externalizadas cumplan con la postura de seguridad de la información de la empresa?

A. Se proporciona documentación de auditoría al proveedor.
B. Se redacta un contrato completo con métricas de nivel del servicio y penalizaciones.
C. Se realizan visitas periódicas a las instalaciones del proveedor.
D. Se realiza una auditoría y una revisión del cumplimiento en el sitio.

D es la respuesta correcta.

Justificación:

A. La documentación de auditoría puede no mostrar si el proveedor cumple con las necesidades de la compañía; la compañía necesita conocer los procedimientos de pruebas.
B. Aunque los contratos completos establecen niveles de servicio mínimos, los contratos no aseguran que los proveedores cumplirán sin confirmar la supervisión.
C. Las visitas al centro del proveedor no son suficientes en sí mismas; deberán acompañarse de un método de auditoría para medir el cumplimiento de la seguridad de la información.
D. Las auditorías y las revisiones de cumplimiento son la forma más eficaz de garantizar el cumplimiento.

318. ¿Por qué la infraestructura de clave pública es el modelo preferido al proporcionar claves de cifrado a una gran cantidad de individuos?

A. Es más eficiente a nivel informático.
B. Es más escalable que una clave simétrica.
C. Es menos costosa de mantener que un método de clave simétrica.
D. Proporciona una mayor fortaleza de cifrado que un modelo de claves secretas.

B es la respuesta correcta.

Justificación:

A. La criptografía de clave pública es intensiva en el uso de recursos informáticos debido a la gran longitud de las claves requerida.
B. El cifrado de claves secretas o simétricas requiere una clave aparte para cada par de individuos que desean tener comunicaciones confidenciales, lo cual resulta en un incremento exponencial en el número de claves y se genera una distribución difícil y problemas de almacenamiento. Las claves de infraestructura de clave pública aumentan de forma aritmética, lo que lo hace más práctico desde el punto de vista de la escalabilidad.
C. La criptografía de clave pública suele requerir más mantenimiento y es más costosa que un método de claves simétrico en implementaciones pequeñas.
D. El cifrado de claves secretas requiere longitudes de claves más cortas para alcanzar una fortaleza equivalente.

319. La implementación de un proceso de gestión de cambios efectivo es un ejemplo de:

A. control correctivo.
B. control disuasivo.
C. control preventivo.
D. control compensatorio.

C es la respuesta correcta.

Justificación:

A. Un control correctivo se ha diseñado para corregir errores, omisiones y usos e intrusiones no autorizados una vez que se detectan.
B. La finalidad de los controles disuasivos es disuadir a las personas de violar deliberadamente la política o los procedimientos de seguridad de la información. La finalidad de la gestión de cambios es reducir la introducción de vulnerabilidades mediante cambios no autorizados.
C. Un proceso de gestión de cambios efectivo puede prevenir (y detectar) cambios no autorizados. Requiere una autorización formal, documentación y prueba de todos los cambios mediante un proceso de supervisión.
D. La finalidad de los controles de compensación es mitigar el impacto si los controles existentes fallan. La gestión de los cambios es el principal control para prevenir o detectar cambios no autorizados. No compensa a otro control cuya función es precisamente esa.

320. ¿En cuál de las siguientes opciones deben basarse **PRINCIPALMENTE** los requisitos para un programa de seguridad de la información?

A. Políticas de gobierno
B. Resultados deseados
C. Objetivos específicos
D. Estrategia de seguridad

B es la respuesta correcta.

Justificación:

A. Las políticas son uno de los recursos utilizados para desarrollar la estrategia, que se basa en los objetivos específicos que cumplen con los requisitos.
B. Los resultados deseados para el programa de seguridad serán los logros de alto nivel relacionados con el riesgo aceptable en toda la empresa y determinarán los requisitos que se deben cumplir para alcanzar esos resultados.
C. Los objetivos son los pasos requeridos para alcanzar los resultados deseados.
D. La estrategia de seguridad es la directriz para alcanzar los objetivos que producen los resultados deseados.

321. Un gerente de seguridad de la información ha recibido quejas de la alta gerencia sobre el nivel de seguridad suministrado por un proveedor de servicios externo. El proveedor de servicios es un proveedor antiguo que brinda servicios en función de un acuerdo de servicio que se ha renovado regularmente sin demasiado cambio durante los últimos cuatro años. ¿Cuál de las siguientes acciones es la **PRIMERA** que debe tomar un gerente de seguridad de la información en esta situación?

A. Asegurar que los requisitos de seguridad en el acuerdo de servicio cumplan con los requisitos actuales del negocio.
B. Revisar las métricas de seguridad para determinar si el proveedor cumple con los términos del acuerdo de servicio.
C. Realizar una evaluación formal sobre la capacidad del proveedor de prestar los servicios de seguridad.
D. Automatizar el proceso de informe de incidentes para asegurar el control y la presentación de informes oportuna.

A es la respuesta correcta.

Justificación:

A. Debido a que el acuerdo de servicio no se ha revisado de forma significativa en cuatros años, es muy probable que el proveedor esté entregando exactamente lo que se compró y que la decepción mostrada por la alta gerencia sea el resultado de que el acuerdo no refleja los requisitos actuales del negocio.
B. Saber si el proveedor cumple con los términos del acuerdo es representativo solo después de que el gerente de seguridad de la información esté seguro de que los términos del acuerdo se alinean con los requisitos del negocio de la compañía.
C. Si el proveedor se ha comprometido a un nivel de servicio de seguridad y las métricas indican que no se está cumpliendo de manera regular, quizás valga la pena realizar una evaluación formal sobre las capacidades del proveedor para determinar si se necesita un nuevo proveedor. Sin embargo, saber que lo contratado se alinea con los requisitos del negocio debe ser el primer paso.
D. La automatización del proceso de informe de incidentes para garantizar el control y la presentación de informes de manera oportuna es solo un mecanismo de informes y no resuelve los problemas a los que se hace frente.

322. ¿De qué manera debe proceder un gerente de seguridad de la información cuando selecciona un proveedor de nube pública para proporcionar infraestructura y software a través de un servicio de externalización?

A. Insistir en estrictos acuerdos de nivel de servicio para garantizar la disponibilidad de la aplicación.
B. Verificar que la postura de seguridad del proveedor cumple con los requisitos de la empresa.
C. Actualizar las políticas de seguridad de la empresa para reflejar el acuerdo con el proveedor.
D. Consultar a un tercero para proporcionar un informe de auditoría que evalúe el programa de seguridad del proveedor.

B es la respuesta correcta.

Justificación:

A. Los acuerdos que abordan la disponibilidad no se ocupan de otros aspectos de la política de seguridad de la empresa.
B. Cuando se considera una implementación en nube, un gerente de seguridad de la información debe verificar que un proveedor elegido cumplirá con los requisitos de seguridad de la empresa.
C. Una empresa define sus políticas de seguridad con su riesgo de negocio en mente. Cambiar los requisitos de la política interna para reflejar qué puede entregar un proveedor puede no ser suficiente y representa un riesgo para la empresa, por lo que es un enfoque inapropiado.
D. Los informes de auditoría de terceros indican el estado en un momento puntual, nos dicen qué era verdadero en ese momento particular y aborda solo aquellos elementos que estaban dentro del alcance de la auditoría. Cada empresa tiene sus propias consideraciones de la política de seguridad, y la verificación con el proveedor debe alcanzarse con las consideraciones y requisitos específicos de la empresa en mente.

323. ¿Cuál de los siguientes enfoques es el **MEJOR** para diseñar controles de acceso basados en los roles?

A. Crear una matriz de funciones de trabajo.
B. Aplicar etiquetas de datos persistentes.
C. Activar la autenticación de múltiples factores.
D. Usar cadenas de comandos de inicio de sesión individuales.

A es la respuesta correcta.

Justificación:

A. Una matriz que documente las funciones asociadas con clases de trabajo particulares, a la que se suele referir como matriz de segregación de funciones, muestra cuáles son los roles que se requieren o necesitan determinados permisos.
B. Las etiquetas de datos persistentes se aplican en ambientes de control de acceso obligatorio donde los permisos se negocian por los niveles de clasificación de los objetos mismos. Estos no tienen en cuenta los controles de acceso basados en los roles.
C. La autenticación de múltiples factores se ocupa de cómo los usuarios autentican sus identidades, qué es lo que ayuda a garantizar que las personas son quien dicen ser. No determina los permisos asignados, en particular en el modelo de control de acceso basado en los roles, donde los permisos se asignan a los roles en lugar de los usuarios individuales.
D. Usar cadenas de comandos de inicio de sesión automatizados es práctico en algunos ambientes, pero asignar permisos a cuentas individuales es contrario al intento de controles de acceso basados en los roles.

324. ¿Cuál de los siguientes pasos del proceso de gestión de cambios puede ser pasado por alto para implementar un cambio de emergencia?

A. Documentación
B. Autorización
C. Programación
D. Las pruebas

C es la respuesta correcta.

Justificación:

A. Los cambios de emergencia requieren documentación, aunque pueden ocurrir después de la implementación.
B. Los cambios de emergencia requieren autorización formal, aunque pueden ocurrir después de la implementación.
C. Cuando se hace un cambio sobre una base de emergencia, en general, se implementa fuera del cronograma normal. Sin embargo, no se deben pasar por alto otros aspectos del proceso de gestión de cambios.
D. Los cambios de emergencia requieren pruebas.

325. ¿Cuál de los siguientes criterios es el **MÁS** esencial para las métricas operacionales?

A. La puntualidad de los informes
B. La relevancia para el destinatario
C. La precisión de la medición
D. El coste de obtener la métrica

B es la respuesta correcta.

Justificación:

A. La puntualidad del informe es importante, pero secundaria a la relevancia.
B. Si la métrica no es relevante para el destinatario y este entiende qué significa dicha métrica y qué medida adoptar, si fuera necesario, el resto de criterios tienen poca importancia.
C. Un alto grado de precisión no es esencial en tanto la métrica sea fiable y las indicaciones estén dentro de un intervalo aceptable.
D. El coste siempre es una consideración, pero secundaria a las demás.

326. ¿Cuál de las siguientes opciones es el **MEJOR** indicador de que el gerente de seguridad de la información está alcanzando el objetivo de la entrega de valor?
   A. Tener un alto uso de los recursos
   B. Reducir los requisitos del presupuesto
   C. Utilizar los proveedores de más bajo coste
   D. Minimizar el coste del personal relacionado con las tareas

A es la respuesta correcta.

Justificación:

   A. La entrega de valor significa que se logran buenas tasas de retorno y un alto uso de los recursos.
   B. El nivel de presupuesto no es un indicador de entrega de valor.
   C. Los proveedores de más bajo coste pueden no presentar el mejor valor.
   D. Los costes generales relacionados con el personal por sí solos no son un indicador de entrega de valor.

327. ¿Cuál es la razón **MÁS** importante por la que un gerente de seguridad de la información deba comprender la tecnología de la información?
   A. Garantizar la configuración adecuada de los dispositivos que almacenan y procesan información.
   B. Entender el riesgo de la tecnología y su contribución a los objetivos de seguridad.
   C. Ayudar y asesorar sobre la adquisición e implementación de tecnología de la información.
   D. Mejorar la comunicación entre la seguridad de la información y las funciones del negocio.

B es la respuesta correcta.

Justificación:

   A. La configuración de los dispositivos no es la responsabilidad principal del gerente de seguridad de la información. El gerente de seguridad trabajará a través de su personal técnico para garantizar que las configuraciones sean las apropiadas.
   B. El conocimiento sobre tecnología de la información ayuda al gerente de seguridad de la información a entender de qué manera los cambios en el ambiente técnico afectan la postura de seguridad.
   C. Asesorar sobre la adquisición e implementación respecto de las cuestiones de seguridad es una función secundaria del gerente de seguridad de la información.
   D. Las decisiones sobre seguridad de la información pueden tomarse de manera más efectiva cuando las entienden personas en funciones del negocio, pero es secundario a entender la relación entre tecnología y seguridad de la información.

328. ¿Cuál de las siguientes condiciones es la **MÁS** probable que requiera que una norma corporativa se modifique?
   A. La norma no está en conformidad con los procedimientos.
   B. El personal de TI no entiende la norma.
   C. La norma no es coherente con las directrices.
   D. Los objetivos de control no se están cumpliendo.

D es la respuesta correcta.

Justificación:

   A. Si un procedimiento no cumple con la norma, se debe modificar el procedimiento, no la norma.
   B. El personal de TI que no entiende la norma puede necesitar aclaración o capacitación.
   C. Las incoherencias con las directrices requieren que las directrices se modifiquen para cumplir con la norma.
   D. Si el cumplimiento con la norma no logra los objetivos de control, será necesario modificarla.

329. La protección de los datos confidenciales almacenados en la ubicación de un tercero requiere:

A. garantías de que el tercero cumplirá con los requisitos del contrato.
B. compromisos para completar auditorías de seguridad independientes periódicas.
C. formación en la concienciación de la seguridad y comprobación de antecedentes de todos los empleados de terceros.
D. revisión periódica de contratos y políticas de terceros para garantizar su cumplimiento.

A es la respuesta correcta.

Justificación:

A. Al almacenar los datos con un tercero, la propiedad y la responsabilidad de la protección adecuada de los datos sigue recayendo en la empresa subcontratada. La empresa subcontratada debe disponer de medidas para garantizar el cumplimiento de los términos del contrato, que debe redactarse en base al apetito de riesgo de la organización.
B. Las auditorías de seguridad independientes son un mecanismo de garantía que la empresa puede utilizar para comprobar el cumplimiento de los requisitos contractuales, pero si son apropiadas o no es algo circunstancial y se basan en el apetito de riesgo de la organización.
C. La formación de concienciación y la verificación de antecedentes son mecanismos de garantía, pero pueden o pueden no ser adecuados o importantes en todos los casos.
D. La revisión de contratos y políticas es importante, pero no garantiza el cumplimiento.

330. Una nueva aplicación de negocios requiere que no se cumpla con la configuración estándar del sistema operativo (OS).¿Cuál de los siguientes pasos debe tomar **PRIMERO** el gerente de seguridad?

A. Comunicarse con el proveedor para modificar la aplicación.
B. Evaluar el riesgo e identificar los controles compensatorios.
C. Aprobar una excepción a la política para satisfacer las necesidades del negocio.
D. Revisar y actualizar la configuración de referencia del sistema operativo.

B es la respuesta correcta.

Justificación:

A. El gerente de seguridad debería comunicarse con el proveedor para modificar la aplicación solo después de evaluar el riesgo e identificar los controles compensatorios.
B. Antes de aprobar cualquier excepción, el gerente de seguridad debe verificar primero los controles compensatorios y evaluar el riesgo debido a un incumplimiento de la norma.
C. El gerente de seguridad puede justificar la desviación de la política, pero esto debería basarse en una evaluación de riesgo y controles compensatorios. La desviación en sí se debe aprobar de acuerdo con un proceso definido.
D. Actualizar los niveles mínimos de configuración no está asociado con las solicitudes para las desviaciones.

331. ¿Cuál de los siguientes mecanismos de capacitación es el medio **MÁS** efectivo de promover una cultura de seguridad organizacional?

A. Escoger un subconjunto de personas influyentes para promover los beneficios del programa de seguridad.
B. Mantener una formación estructurada anual en pequeños grupos.
C. Solicitarle a cada empleado que complete un módulo de formación autodidacta una vez por año.
D. Ofrecer formación a todos los empleados de toda la organización a través de transmisión de video.

A es la respuesta correcta.

Justificación:

A. **Ciertas personas tienen la inclinación individual, o tienen un puesto que así lo exige, de tener mayor interés para promover la seguridad que otras. Seleccionar a estas personas y ofrecerles oportunidades diversas y amplias para la educación sobre seguridad, les permite actuar como embajadores en sus respectivos equipos y departamentos, impartiendo un cambio gradual y significativo en una cultura organizacional hacia la seguridad.**
B. La capacitación estructurada raramente se alinea con los intereses de los empleados individuales cuando se seleccionan al azar para completar un grupo pequeño.
C. La capacitación basada en ordenador es un enfoque común a la concienciación anual sobre la información, pero hay pruebas limitadas de que los empleados retienen la información o la adoptan en sus actividades regulares.
D. Los webinars con transmisión de video son uno de los medios menos efectivos de presentar información, ya que requieren muy poca interacción por parte de los usuarios finales.

332. ¿Cuál de los siguientes desafíos asociados con la documentación de la seguridad de la información es **MÁS** probable que afecte a una empresa grande establecida?

A. Las normas cambian más lentamente que el entorno.
B. Las políticas cambian más rápido de lo que pueden distribuirse.
C. Los procedimientos se ignoran para cumplir con los requisitos operativos.
D. Las políticas no se cambian durante largos períodos de tiempo.

A es la respuesta correcta.

Justificación:

A. **Las empresas grandes y consolidadas tienden a tener varios niveles de revisión y autorización asociados con los cambios en las normas. Es probable que estos mecanismos de revisión se vean superados por los cambios en la tecnología y el entorno de riesgo.**
B. Las políticas se han pensado para reflejar las metas y objetivos estratégicos. En empresas pequeñas o jóvenes, el modelo de política puede implementarse de forma deficiente, lo que resulta en cambios rápidos en las políticas que se tratan más como normas, pero es poco probable que esta situación se dé en una empresa grande y establecida.
C. Las empresas grandes y establecidas suelen contar con programas formales de formación y controles internos que mantienen las actividades sustancialmente en línea con los procedimientos publicados.
D. Si bien las políticas deben estar sujetas a una revisión periódica y no considerarse estáticas, las políticas debidamente redactadas deben requerir cambios significativos solo cuando hay cambios sustanciales en las metas y objetivos estratégicos. Es razonable que una empresa grande y consolidada experimente cambios de política solo en contadas ocasiones.

333. En una institución financiera, ¿bajo cuál de las siguientes circunstancias las políticas necesitarán con **MAYOR** probabilidad alguna modificación?

A. Los controles de acceso actuales han sido insuficientes para prevenir una serie de brechas graves en la red.
B. El gerente de seguridad de la información ha determinado que el cumplimiento con las normas de configuración es inadecuado.
C. Los resultados de una auditoría han identificado un problema que afecta la viabilidad de la empresa.
D. La gerencia ha exigido el cumplimiento de un conjunto de requisitos de seguridad de información recientemente establecidos.

D es la respuesta correcta.

Justificación:

A. Las modificaciones necesarias a los controles de acceso se reflejarán con mayor probabilidad en las normas, no en las políticas.
B. El cumplimiento con las normas existentes probablemente no requerirá de un cambio en la política; más bien se necesitará un refuerzo en el cumplimiento.
C. Si la viabilidad de la empresa está en duda (empresa activa), no es probable que un cambio en la política solucione el problema.
D. Un nuevo conjunto de regulaciones que requiera cambios significativos al programa de seguridad de la información es más probable que se refleje en las modificaciones de la política.

334. ¿Cuál de las siguientes herramientas debe revisar un gerente de seguridad de la información recién contratado para poder entender la efectividad con que se administra la cartera actual de proyectos de seguridad de información?

A. Una base de datos del proyecto
B. Una base de datos de la cartera de proyectos
C. Documentos de la política
D. Una oficina de administración del programa

B es la respuesta correcta.

Justificación:

A. Una base de datos del proyecto puede contener información para un proyecto específico y actualizaciones para varios parámetros relacionados con el estado actual de ese proyecto en particular.
B. La base de datos de la cartera de proyectos es la base para la gestión de dicha cartera. Incluye los datos del proyecto, como propietario, horarios, objetivos, tipo de proyecto, el estado y el coste. Su gestión requiere informes específicos.
C. Los documentos de las políticas en la gestión de proyectos establecen la dirección para el diseño, el desarrollo, la implementación y la supervisión del proyecto.
D. Una oficina de administración del programa es el equipo que supervisa la entrega de la cartera de proyectos. La revisión de la oficina puede proporcionar información significativa en el conjunto de habilidades y estructura organizacional, pero no sobre la efectividad con que se administra el conjunto de proyectos de seguridad de la información actual.

335. ¿Cuál es el objetivo **PRINCIPAL** de desarrollar un programa de seguridad de la información?

A. Crear la política de seguridad de la información
B. Maximizar el tiempo de actividad del sistema
C. Desarrollar controles sólidos
D. Implementar la estrategia

D es la respuesta correcta.

Justificación:

A. La política no debe escribirse para su propio fin. Para que sea efectiva, debe abordar el panorama de riesgos y amenazas que suele ser la base para el desarrollo de estrategias.
B. El tiempo de actividad requerido se definirá como parte del desarrollo de la estrategia equilibrado con los costos.
C. No es necesario que todos los controles sean sólidos, y el nivel de control lo debe determinar la rentabilidad, el impacto en la productividad y otros factores.
D. La estrategia de seguridad de la información ofrece una hoja de ruta del desarrollo según el cual se construye el programa.

336. Un gerente de seguridad de la información ha implementado un proceso automatizado para comparar el acceso físico usando tarjetas operadas por el departamento de seguridad física con el acceso lógico en el sistema de inicio único de sesión (SSO). ¿Cuál es el uso **MÁS** probable para esta información?

A. Control de un indicador clave de riesgo
B. Determinar si el personal ingresa a las dependencias aprovechando que otras personas sí se autenticaron
C. Supervisión del departamento de seguridad física
D. Evaluación del proceso (SSO)

A es la respuesta correcta.

Justificación:

A. Las discrepancias entre el acceso físico y el acceso lógico pueden ocurrir por varios motivos, pero todos son indicios de que algo anda mal y de que el riesgo es elevado. Las discrepancias podrían indicar que los empleados entran sin identificarse aprovechando que otros sí lo hacen, contraseñas compartidas o intentos de accesos no autorizados y, por lo tanto, este control puede servir como un indicador clave de riesgo (KRI).
B. El posible ingreso sin autenticar aprovechando que otros sí se autentican se puede identificar si más individuos inician sesión desde adentro de la red de los que entran físicamente a la instalación; sin embargo, esto es solo un KRI.
C. Si bien esta información podría indicar que el control de acceso físico no está funcionando de manera adecuada, la responsabilidad de la supervisión del departamento de seguridad física no suele ser una función del gerente de seguridad de la información.
D. Comparar el acceso físico con el acceso lógico no es una manera efectiva de controlar el sistema de inicio único de sesión (SSO), y existen otros métodos más específicos y útiles para este propósito.

337. ¿Cuál de los siguientes protegerá **MEJOR** a una empresa de los ataques internos de seguridad?

A. Direccionamiento estático de IP
B. Traducir la dirección interna
C. Verificaciones de antecedentes de los candidatos para empleados
D. Programa de certificación de la concienciación del empleado

C es la respuesta correcta.

Justificación:

A. El direccionamiento estático de IP hace poco para evitar un ataque interno.
B. Traducir direcciones internas usando direcciones no enrutables es útil contra los ataques externos, pero no contra los ataques internos.
C. Como el rendimiento pasado es un fuerte predictor del rendimiento futuro, las verificaciones de los antecedentes de los candidatos para empleados evitan mejor que se originen ataques dentro de una empresa.
D. Los empleados que certifican que han leído las políticas de seguridad son deseables, pero esto no garantiza que se comporten con honestidad.

338. ¿Cuál es el **PRINCIPAL** beneficio de clasificar los activos de información?

A. Une los requisitos de seguridad con los objetivos del negocio.
B. Identifica los controles acordes al riesgo.
C. Define los derechos de acceso.
D. Establece la propiedad de los activos.

B es la respuesta correcta.

Justificación:

A. La clasificación de activos vincula de forma indirecta la seguridad con los objetivos del negocio partiendo del valor de negocio de los activos.
B. Los niveles de clasificación se basan en el valor de negocio (o impacto potencial) de los activos y los controles más estrictos necesarios para una clasificación más alta.
C. La clasificación no define los derechos de acceso.
D. La clasificación no establece la propiedad.

339. ¿La relación entre las políticas y las normas corporativas puede describirse **MEJOR** por cuál de las siguientes asociaciones?

A. Las normas y políticas solo tienen una relación indirecta.
B. Las normas proporcionan una descripción detallada del significado de la política.
C. Las normas proporcionan instrucciones para lograr el cumplimiento con la intención de la política.
D. Las normas pueden existir sin una relación con alguna política en particular.

C es la respuesta correcta.

Justificación:

A. En la mayoría de los casos, existe una relación directa entre la política y las normas corporativas.
B. Las normas corporativas en general no proporcionan detalles sobre el significado de la política, salvo sobre los límites aceptables necesarios para cumplir con la intención de la política.
C. Las normas corporativas establecen los límites y fronteras aceptables para las personas, los procesos y la tecnología como una expresión de la intención de la política y, por lo tanto, proporcionan instrucciones sobre el cumplimiento de la política.
D. Sería una práctica deficiente contar con normas corporativas que expresen directamente la intención de una política en particular. En la medida en que existen, deben basarse en una política implícita.

340. Una persona que trabaja en un banco recibe una llamada en una línea de protocolo de Internet en forma de locución de una persona que dice ser empleado del banco en otra sucursal. Está solicitando información del cliente. La **PRIMERA** acción a tomar cuando se recibe este tipo de llamada es:

A. conseguir la dirección de correo electrónico de la persona que llama y hacer que el destinatario transmita la información mediante el cifrado de mensajes.
B. aconsejar al empleado que ha recibido la llamada que cuelgue y devuelva la llamada a la otra sucursal usando el número del directorio telefónico de la oficina.
C. hacer preguntas relacionadas con la empresa a la persona que llama y, si la respuesta es correcta, el destinatario puede reenviar la información a la persona que llama.
D. pedirle a la persona que vuelva a llamar más tarde e informar a los agentes responsables sobre un posible intento de fraude.

B es la respuesta correcta.

Justificación:

A. La información confidencial no debe enviarse a un tercero no autorizado, aunque se cifre, porque la empresa no puede garantizar que el destinatario no pueda descifrar la información en un período de tiempo durante el cual la información se pueda usar.
B. Si el destinatario de la llamada sospecha de alguna posible ingeniería social por teléfono, la devolución de la llamada es una posibilidad bastante efectiva. El mejor planteamiento para confirmar la identidad de la persona que llama es devolver la llamada utilizando el número de teléfono legítimo que figura en el directorio telefónico de la oficina. El destinatario no debe llamar al número de teléfono ni escribir a la dirección de correo electrónico proporcionados por la persona que llama. Una vez que se haya comprobado la legitimidad de la llamada, se podrá transmitir la información utilizando el cifrado de mensajes. Incluso después de verificar la voz, es fundamental utilizar el cifrado porque la verificación de voz puede estar sujeta a ataques adicionales (p. ej., MitM).
C. Incluso cuando exista una firme sospecha de fraude, el destinatario no deberá hacérselo saber a la persona que llama por teléfono. En cambio, el destinatario deberá colgar y devolver la llamada utilizando el número de teléfono del directorio telefónico de la oficina.
D. La persona que intenta la ingeniería social tratará de hacer preguntas relacionadas con la empresa (u otro tipo de preguntas) a la persona que llama. Si se obtienen las respuestas adecuadas, el destinatario continuará la conversación. Una persona que llama que se sienta incómoda podrá para finalizar la conversación. Puesto que esta técnica da al atacante el control de la conversación, no es la mejor respuesta.

341. ¿Cuál de los siguientes ataques se mitiga **MEJOR** con contraseñas fuertes?

A. Un ataque de intermediario
B. Un ataque de fuerza bruta
C. Un desbordamiento de la memoria intermedia remota
D. Un ataque "Root-kit"

B es la respuesta correcta.

Justificación:

A. Los ataques MitM interceptan el tráfico de la red y deben estar protegidos mediante cifrado.
B. Las contraseñas robustas mitigan los ataques de fuerza bruta.
C. Los ataques de desbordamiento del buffer pueden no estar protegidos por contraseñas.
D. Los root kits se enganchan en el núcleo del sistema operativo y, por lo tanto, operan por debajo de cualquier mecanismo de autenticación.

342. ¿Cuál de los siguientes es el motivo **MÁS** probable por el cual una empresa decide externalizar los servicios de detección de intrusos?

A. Como respuesta a recomendaciones de auditoría
B. Debido a la complejidad de la interpretación de ataques
C. Como resultado de un análisis de rentabilidad
D. Debido a la escasez de personal competente

C es la respuesta correcta.

Justificación:

A. Las recomendaciones de la auditoría puede llevar a un análisis de rentabilidad, pero en general no dictan un enfoque particular para resolver un problema identificado.
B. Se dispone de la tecnología para detección de intrusos que reduce la complejidad para gestionar los niveles, pero puede no ser rentable.
C. Un análisis de rentabilidad aborda las ventajas y desventajas entre los servicios internos y externalizados. Si se escoge la externalización, se hace en general sobre la base de la rentabilidad.
D. Contratar personal con las habilidades adecuadas para la detección de intrusos en general es posible, pero puede no ser rentable.

343. ¿Con cuál de las siguientes opciones se mitiga **MEJOR** el phishing?

A. Software de control de seguridad
B. Cifrado
C. Autenticación de dos factores
D. Concienciación del usuario

D es la respuesta correcta.

Justificación:

A. El software de control de seguridad por lo general no puede detectar un ataque de phishing.
B. El cifrado no mitigaría un ataque de phishing.
C. La autenticación de dos factores no mitigaría esta amenaza.
D. El phishing es un tipo de ataque vía correo electrónico que intenta convencer a un usuario de que el emisor es genuino, pero con la intención de obtener información para su uso en ingeniería social. Se puede mitigar mejor mediante una concienciación adecuada del usuario.

344. ¿Qué paso inicial daría un gerente de seguridad de la información durante la fase de recopilación de requisitos de un proyecto de TI para evitar el fracaso del proyecto?

A. Desarrollar una metodología exhaustiva que defina y documente las necesidades del proyecto.
B. Incorporar requisitos de seguridad en el diseño del sistema teniendo en cuenta las necesidades de seguridad de la empresa.
C. Garantizar que el problema de la empresa se entienda a la perfección antes de trabajar en la solución.
D. Desarrollar un plan de proyecto basado en los principios de la metodología de desarrollo ágil.

C es la respuesta correcta.

Justificación:

A. Desarrollar una metodología es un paso independiente de la definición de requisitos.
B. La pregunta está relacionada con la fase de recopilación de requisitos del proyecto, no con la fase de diseño. Por lo tanto, sería demasiado pronto empezar a incorporar el requisito en el diseño.
C. La clave para recopilar los requisitos correctamente es centrarse inicialmente en el problema de la empresa antes de intentar desarrollar una solución. De lo contrario, la solución puede abordar el problema equivocado.
D. Una metodología de desarrollo ágil requiere primero decidir los requisitos de la empresa.

345. ¿Cuál es el beneficio **PRINCIPAL** de un programa de entrenamiento de concienciación de la seguridad?

A. Reducir la probabilidad de un evento de seguridad de la información

B. Alentar el cumplimiento de la política de seguridad de la información

C. Cumplir con la legislación y las regulaciones específicas de la industria y locales

D. Ofrecer a los empleados expectativas para la seguridad de la información

A es la respuesta correcta.

Justificación:

A. Los empleados deben saber cómo se relaciona la seguridad de la información con sus funciones laborales y cómo realizar las tareas laborales de manera adecuada para proteger la empresa y sus activos.

B. Si bien el cumplimiento con la política de seguridad de la información es importante, la formación en la concienciación de la seguridad va más allá para incluir los elementos conductuales y culturales de la seguridad de la información.

C. La legislación y las regulaciones específicas de la industria no son los principales impulsores de los programas de formación en la concienciación de la seguridad.

D. Las expectativas de los empleados no necesariamente garantizan el entendimiento de la seguridad de la información o influyen directamente sobre las actitudes conductuales y culturales.

346. ¿Quién tiene la autoridad inherente de permitir una excepción a la política de seguridad de la información?

A. El propietario del proceso de negocio

B. El gerente del departamento

C. El aprobador de políticas

D. El gerente de seguridad de la información

C es la respuesta correcta.

Justificación:

A. El propietario del proceso de negocio suele ser necesario para hacer cumplir la política y por lo general no tendría la autoridad para aprobar una excepción.

B El gerente del departamento no puede aprobar una excepción a una política porque no es responsable de que la política de los resultados prometidos.

C. La persona o el organismo con la facultad para aprobar una política tiene el poder de autorizar excepciones a ella porque al aprobarla, asumió la responsabilidad de los resultados que promete dar.

D. El gerente de seguridad de la información no puede aprobar una excepción a una política porque no es responsable de que la política de los resultados prometidos.

347. ¿Qué actividad de recursos humanos (HR) es **MÁS** crucial en la administración de dispositivos móviles suministrados por la organización? Recursos Humanos proporciona:

A. las notificaciones de cese.

B. las verificaciones de antecedentes.

C. la estructura jerárquica.

D. asistencia de concienciación.

A es la respuesta correcta.

Justificación:

A. Cuando el departamento de recursos humanos (HR) notifica el cese del personal, la gerencia de seguridad puede realizar un desaprovisionamiento de los dispositivos móviles.

B. Las verificaciones de antecedentes en general no ayudan a la administración de dispositivos móviles.

C. Las estructuras jerárquicas en general no afectan a la administración de dispositivos móviles.

D. Recursos humanos (HR) puede respaldar programas de concienciación de la seguridad de la información. Sin embargo, desde la perspectiva de gestión, la recuperación de dispositivos después del cese de personal será más importante.

348. ¿Cuál de los siguientes tipos de información esperaría el gerente de seguridad que tuviera el nivel de protección de seguridad **MÁS BAJO** en una empresa multinacional que se cotiza en bolsa?

A. Plan estratégico de negocio
B. Próximos resultados financieros
C. Información personal del cliente
D. Resultados financieros anteriores

D es la respuesta correcta.

Justificación:

A. El plan estratégico de negocio es información privada y solo pueden acceder entidades autorizadas.
B. Los resultados financieros próximos son información privada y solo pueden acceder entidades autorizadas.
A. La información personal del cliente es información privada y solo pueden acceder entidades autorizadas.
D. Los resultados financieros anteriores son públicos; todas las otras opciones son información privada y solo pueden acceder entidades autorizadas.

349. ¿Cuál de los siguientes es el prerrequisito **PRINCIPAL** para implementar la clasificación de datos dentro de una empresa?

A. Definir las funciones de los puestos de trabajo
B. Realizar una evaluación de riesgo
C. Identificar los propietarios de datos
D. Establecer las políticas de retención de datos

C es la respuesta correcta.

Justificación:

A. Definir las funciones de los puestos de trabajo no es relevante.
B. Efectuar una evaluación del riesgo es importante, pero requerirá la participación de los propietarios de datos (que se deben identificar primero).
C. Identificar a los propietarios de datos es el primer paso, y es esencial para implementar la clasificación de los datos.
D. Establecer las políticas de retención de datos se puede hacer en cualquier momento.

350. A la hora de implementar una solución de computación en la nube que proporcionará el software como un servicio (SaaS) a la empresa, ¿cuál es la **MAYOR** inquietud para el gerente de seguridad de la información?

A. La falta de una normativa clara sobre el almacenamiento de datos con un tercero
B. La formación de los usuarios para acceder a la tecnología nueva de manera apropiada
C. El riesgo de fallo de la red y la consiguiente pérdida de disponibilidad de la aplicación
D. La posibilidad de divulgar datos sensibles en tránsito o almacenamiento

D es la respuesta correcta.

Justificación:

A. La divulgación de datos confidenciales es una de las preocupaciones principales del gerente de seguridad de la información.
B. Muchas jurisdicciones tienen normas sobre la privacidad de los datos. La inquietud del gerente de seguridad de la información es el cumplimiento de esas normas, no la falta de normas.
C. La formación sobre cómo usar el software como servicio (SaaS) no difiere de la necesidad de formación necesaria para soluciones más tradicionales. En la mayoría de los casos, el uso del SaaS es bastante sencillo y requiere una tecnología mínima, pero en ningún caso está dentro del alcance de la responsabilidad del gerente de seguridad de la información.
D. La pérdida de disponibilidad de la aplicación a consecuencia de un fallo en la red es un riesgo inherente asociado con el SaaS y la empresa debe tenerlo en cuenta a la hora de decidir pasar a la computación en la nube, pero esta es más una decisión comercial que una inquietud principal del gerente de seguridad de la información.

351. Una ventaja de usar una solución de computación en la nube frente a una solución alojada localmente es:

A. la capacidad de obtener almacenamiento y ancho de banda a demanda.
B. requisitos reducidos para la formación de usuarios y gerentes.
C. mayor seguridad como resultado del cifrado de datos en tránsito.
D. la oportunidad de controlar los cambios en las aplicaciones y los datos.

A es la respuesta correcta.

Justificación:

A. Una ventaja clave de la computación en la nube es la capacidad de ajustar rápidamente las necesidades de almacenamiento y ancho de banda de la red según sea necesario. Por lo general, esto no es posible en entornos alojados localmente.
B. La cantidad de capacitación requerida para usuarios y administradores no es sustancialmente diferente entre una solución en la nube y una solución local.
C. Los datos confidenciales se pueden cifrar en tránsito, independientemente de si están alojados localmente o en un proveedor de nube.
D. Se pueden establecer controles de acceso tanto en soluciones locales como en la nube.

352. A la hora de establecer la relación contractual entre entidades que utilizan infraestructura de clave pública, ¿cuál de las opciones que se indican a continuación debe proporcionar la autoridad de certificación?

A. Autoridad de registro
B. Un certificado digital
C. Capacidad de ausencia de repudio
D. Declaración de práctica de certificación

D es la respuesta correcta.

Justificación:

A. La autoridad de registro es responsable de autenticar a los usuarios antes de emitir un certificado.
B. Un certificado digital son las credenciales electrónicas de entidades individuales, pero no establece la relación contractual entre los usuarios y la autoridad de certificación.
C. El no repudio es una capacidad inherente de una infraestructura de clave pública en virtud de la capacidad de firma.
D. La declaración de práctica de certificación proporciona los requisitos contractuales entre las partes interesadas y la autoridad de certificación.

353. ¿Cuál de las siguientes prácticas de control representa la PRIMERA capa de una estrategia de defensa en profundidad?

A. La privacidad de datos
B. La autenticación
C. La respuesta a incidentes
D. Las copias de seguridad

B es la respuesta correcta.

Justificación:

A. La privacidad de datos es parte de la segunda capa, que es la contención.
B. La autenticación forma parte de la prevención, que es la primera capa de defensa en profundidad.
C. La respuesta a incidentes forma parte de la cuarta capa de defensa, que es la reacción.
D. La política de copia de seguridad forma parte de la última capa de defensa, que es la recuperación/restauración.

354. Un gerente de proyecto está desarrollando un portal para desarrolladores y solicita que el gerente de seguridad asigne una dirección pública de protocolo de Internet para que el personal interno y por los consultores externos puedan acceder a través de ella a la red de área local de la organización (LAN). ¿Qué debe hacer **PRIMERO** el gerente de seguridad?

A. Entender los requisitos de negocio del portal para desarrolladores.
B. Evaluar la vulnerabilidad del portal para desarrolladores.
C. Instalar un sistema de detección de intrusos.
D. Obtener un contrato firmado de no divulgación por parte de los consultores externos antes de permitir el acceso externo al servidor.

A es la respuesta correcta.

Justificación:

A. El gerente de seguridad de la información no puede tomar una decisión informada acerca de la solicitud sin primero entender los requisitos del negocio del portal para desarrolladores.
B. Evaluar la vulnerabilidad del portal para desarrolladores es prudente, pero se debe hacer después de comprender los requisitos.
C. La instalación de un sistema de detección de intrusos puede ser útil pero no tan esencial como comprender los requisitos.
D. Obtener un acuerdo de no divulgación firmado es una práctica prudente, pero es secundaria a los requisitos de comprensión.

355. La razón **MÁS** probable para segmentar una red por dominios de confianza es:

A. limitar las consecuencias de un compromiso.
B. reducir la vulnerabilidad a una violación.
C. facilitar el escaneo de red automatizado.
D. Implementar un esquema de clasificación de datos.

A es la respuesta correcta.

Justificación:

A. La segmentación por dominio de confianza limita las consecuencias potenciales de un compromiso efectivo al restringir el alcance del impacto.
B. La segmentación por dominio de confianza no cambia la vulnerabilidad de manera sustancial.
C. El escaneo de red automatizado puede tratar una red como segmentada lógicamente sin recurrir a dominios de confianza.
D. La segmentación no se implementa principalmente para facilitar la clasificación de datos.

356. Un sistema de misión crítica se ha identificado como que tiene una cuenta administrativa de sistema con atributos que impiden bloquear y cambiar privilegios y nombre. ¿Cuál sería la **MEJOR** forma de ataque de fuerza bruta de la cuenta?

   A. Evitar que se acceda al sistema de forma remota.
   B. Crear una fuerte contraseña aleatoria.
   C. Solicitar un parche del proveedor.
   D. Hacer un seguimiento del uso de la cuenta mediante pistas de auditoría.

B es la respuesta correcta.

Justificación:

   A. Evitar que se acceda al sistema de forma remota no es siempre una opción en los sistemas críticos y deja todavía riesgos de acceso local.
   B. Crear una contraseña aleatoria fuerte reduce el riesgo de un ataque de fuerza bruta al aumentar de forma exponencial el tiempo requerido.
   C. Los parches del proveedor no siempre están disponibles.
   D. Hace run seguimiento del uso es un control de detección y no impedirá un ataque.

357. La gerencia del negocio está finalizando el contenido de una matriz de segregación de funciones para cargarse en un sistema de órdenes de compra. ¿Cuál de las siguientes opciones debería recomendar el gerente de seguridad de la información para **MEJORAR MÁS** la efectividad de la matriz?

   A. Asegurarse de que los proyectos estén alineados con el organigrama
   B. Rastrear las rutas de los aprobadores para eliminar los interbloqueos de enrutamiento
   C. Establecer factores desencadenantes para que se activen en caso de excepciones
   D. Identificar conflictos en los límites de autoridad de los aprobadores

D es la respuesta correcta.

Justificación:

   A. Es posible que la estructura del aprobador en un sistema de órdenes de compra no esté necesariamente sincronizada con la estructura organizativa. Dependiendo de los requisitos del negocio, la jerarquía modificada es aceptable únicamente en términos de aprobación de ciertas transacciones.
   B. Es raro que la estructura de la vía de enrutamiento de un aprobador termine con interbloqueos. Si se desarrolla una estructura de aprobación extremadamente complicada, puede ocurrir algo similar a un punto muerto (p. ej., se tarda mucho tiempo hasta que se aprueba la solicitud). Aun así, es poco probable que la eficacia del enrutamiento se convierta en un impulsor principal para la mejora de la calidad.
   C. Establecer factores desencadenantes para que se activen en caso de excepciones es una característica técnica que se implementará dentro de la base de datos. No es un consejo pertinente que se deba dar a la gerencia del negocio.
   D. Para que la matriz de segregación de funciones sea completa, lo mejor es asegurarse de que no haya conflictos en las autoridades de aprobación. Si los hay, introducirá un fallo en el control, lo que resultará en la ejecución efectiva de transacciones no autorizadas.

358. Los programas de concienciación de la seguridad de la información influyen **PRINCIPALMENTE** en:

A. el riesgo aceptable.
B. el riesgo residual.
C. los objetivos del control.
D. los objetivos de negocio.

B es la respuesta correcta.

Justificación:

A. El nivel de riesgo que una empresa considera aceptable es una decisión de negocio. Los controles, incluidos los programas activos de concienciación sobre seguridad, se implementan para reducir el riesgo a niveles aceptables y no influyen en qué nivel de riesgo es aceptable.
B. Un programa de concienciación sobre la seguridad de la información es un control administrativo que reduce la vulnerabilidad y, por lo tanto, genera un riesgo residual más bajo.
C. La concienciación de seguridad puede ser un objetivo de control, dependiendo de la estrategia de seguridad de la información de la empresa, pero dicho programa no influye principalmente en los objetivos de otros controles.
D. La concienciación de seguridad no influye principalmente en los objetivos del negocio.

359. Una empresa ha desarrollado recientemente una tecnología importante. Como esta tecnología le podría dar una ventaja competitiva significativa, ¿cuál de las siguientes políticas regiría **PRIMERO** cómo ha de protegerse esta información?

A. Política de control de acceso
B. Política de clasificación de datos
C. Las normas de cifrado
D. Las políticas de uso aceptable

B es la respuesta correcta.

Justificación:

A. Sin una clasificación ordenada de grado de protección, es difícil determinar qué controles de acceso se deben instalar.
B. Las políticas de clasificación de datos definen el nivel de protección que se deben proporcionar para cada categoría de datos según el valor del negocio.
C. Sin esta clasificación ordenada de grado de protección, es difícil determinar qué niveles de cifrado se deben instalar.
D. Una política de uso aceptable está orientada hacia el usuario final y, por lo tanto, no resolvería específicamente qué controles se deben instalar para proteger información de manera adecuada.

360. A la hora de considerar la externalización de procesos técnicos o comerciales, una de las **PRINCIPALES** inquietudes del gerente de seguridad de la información es si el proveedor de servicios externo:

A. ofrecer un nivel de calidad aceptable para la base de clientes establecida de la empresa.
B. aceptará acuerdos de nivel de servicio con sanciones lo suficientemente elevadas como para compensar las pérdidas potenciales.
C. ofrecerá servicios técnicos a un coste más bajo de lo que costaría hacerlo a nivel interno.
D. cumplirá con los requisitos de seguridad de la empresa de manera continua y verificable.

D es la respuesta correcta.

Justificación:

A. La garantía de calidad constituye una inquietud al tratarse de proveedores de servicios externos, pero no es un enfoque principal del gerente de seguridad de la información.
B. Las sanciones escritas en acuerdos de nivel de servicio son una forma de transferencia de riesgo (compartir) que puede ser apropiada para los objetivos del negocio de una empresa, pero la suficiencia de este tipo de acuerdos no es una prioridad del gerente de seguridad de la información.
C. La reducción o el control de los costes suele ser uno de los principales motivos por los que las empresas optan por celebrar acuerdos de servicios externos, pero si dichos acuerdos generan o no los ahorros esperados no es una prioridad del gerente de seguridad de la información.
D. Cuando la empresa celebra un acuerdo de subcontratación con un proveedor de servicios externo, el gerente de seguridad de la información es el responsable de garantizar que el proveedor cumpla con los mismos requisitos de seguridad que se aplican a la propia empresa y de que se documenten las variaciones y se presenten a alta gerencia para poder ofrecer una respuesta al riesgo adecuada. El hecho de poder evaluar los comportamientos de seguridad de un proveedor de manera continua y verificable es una de las principales inquietudes del gerente de seguridad de la información a la hora de celebrar cualquier acuerdo de subcontratación.

361. La gerencia de TI ha estandarizado el navegador de Internet que se utiliza dentro de la empresa. ¿Esta práctica es **MÁS** efectiva para conseguir cuál de los siguientes objetivos?

A. Evitar ataques diseñados a explotar vulnerabilidades conocidas.
B. Asegurarse de que el recuento de suscripciones esté alineado con el contrato.
C. Invalidar el desarrollo ilegal de programas de secuencias de comandos de navegador.
D. Garantizar la compatibilidad con las aplicaciones internas basadas en web.

D es la respuesta correcta.

Justificación:

A. La estandarización de los navegadores dentro de las empresas suele generar retrasos en las actualizaciones y parches, lo que hace más probable que el navegador estandarizado sea susceptible a la explotación de vulnerabilidades conocidas.
B. Es posible que el control de la versión del navegador de Internet utilizado no sea compatible con la conciliación entre el número de suscripciones y el número de licencia del contrato.
C. El desarrollo de secuencias de comandos de navegador no suele estar limitado por la estandarización del navegador. Los gerentes de seguridad de la información cuyo objetivo es evitar la ejecución de scripts por lo general lo hacen estandarizando las configuraciones en lugar de las versiones.
D. Las aplicaciones web internas suelen depender de versiones particulares de un navegador web. Muchas empresas optan por conservar las versiones de sus navegadores más allá de los períodos de asistencia para mantener la compatibilidad con las aplicaciones implementadas.

362. ¿Cuál es el **MEJOR** método para mitigar los ataques de negación de servicio de red (DoS)?

A. Garantizar que todos los servidores estén actualizados con los parches del sistema operativo.
B. Emplear el filtrado de paquetes para dejar caer paquetes sospechosos.
C. Implementar la traducción de la dirección de red para hacer no enrutables las direcciones internas.
D. Implementar el equilibrio de carga para los dispositivos que se comunican con la Internet.

B es la respuesta correcta.

Justificación:

A. En general, los servidores de aplicación de parches no afectarán al tráfico de red.
B. Las técnicas de filtrado de paquetes son las únicas que reducen la congestión de red causada por un ataque de negación de servicio de red (DoS).
C. Implementar la traducción de dirección de red no sería tan efectivo para mitigar la mayoría de los ataques de DoS de red.
D. Implementar el equilibrio de carga no sería tan efectivo para mitigar la mayoría de los ataques de DoS de red.

363. ¿Cuál de las siguientes opciones sería la **MEJOR** métrica que podría usar un gerente de seguridad de la información para apoyar las solicitudes de financiación de controles nuevos?

A. Tendencias de incidentes anuales adversos
B. Hallazgos de auditoría sobre un cumplimiento deficiente
C. Los resultados de un análisis de vulnerabilidades
D. Mayores escaneos de puertos externos

A es la respuesta correcta.

Justificación:

A. Los incidentes de seguridad se producen porque uno de los controles ha fallado o porque no se había implementado un control. Las tendencias son una métrica que ofrecen sus propios puntos de referencia.
B. No es probable que los fallos de cumplimiento en controles existentes se resuelvan mediante controles adicionales. Además, un hallazgo de auditoría, si no hay otros hallazgos previos de cumplimiento u otro punto de referencia, es una medida, no una métrica.
C. El riesgo no se puede determinar sin conocer la exposición, la amenaza y el posible impacto, y será un apoyo deficiente para los nuevos controles. Además, los resultados de un escaneo de vulnerabilidad son una medida, no una métrica.
D. Los escaneos de puertos son comunes y no suelen respaldar la financiación de nuevos controles.

364. El enfoque **MÁS** oportuno y eficaz para detectar violaciones de seguridad no técnicas en una empresa es:

A. El desarrollo de los canales de comunicación en toda la empresa.
B. Auditorías externas periódicas de registros de informes de incidentes.
C. Un sistema de supervisión del cumplimiento de las políticas automático.
D. La implementación de casillas de sugerencias por toda la empresa.

A es la respuesta correcta.

Justificación:

A. La notificación oportuna de todas las actividades relacionadas con la seguridad proporciona la información necesaria para supervisar y responder a cuestiones del gobierno de la seguridad de la información. Los canales de comunicación efectiva son además importantes para diseminar la información relacionada con la seguridad de la empresa.
B. Las auditorías son una forma de generación de informes periódicos, pero son muy poco frecuentes para una gestión eficaz de la seguridad de la información en el día a día.
C. La supervisión automatizada del cumplimiento de las políticas es útil para informar sobre los procesos relacionados con las TI, pero por sí sola es insuficiente en el caso de violaciones de seguridad no técnicas.
D. Incluso si se puede persuadir al personal para que dejen notas sobre las violaciones de la política en los casilleros de sugerencias, no sería eficaz y es improbable que sea oportuno, a menos que las sugerencias sean recogidas a diario.

365. ¿Qué elemento del programa se debe implementar **PRIMERO** en la clasificación y control de activos?

A. Evaluación del riesgo
B. Clasificación
C. Valoración
D. Mitigación del riesgo

C es la respuesta correcta.

Justificación:

A. La evaluación del riesgo se realiza para identificar y cuantificar las amenazas a los activos de información que se seleccionan en el primer paso de valoración.
B. La clasificación es una medida posterior a la valoración.
C. La valoración se realiza primero para identificar y entender el valor de los activos que necesitan protección.
D. La mitigación del riesgo es un paso posterior a la valoración basada en la valoración.

366. ¿Por qué la clasificación de activos es importante para un programa de seguridad de la información efectivo?

A. Determina la prioridad y el alcance de los esfuerzos de mitigación de riesgos.
B. Determina el monto de seguro necesario en caso de pérdida.
C. Determina el nivel apropiado de protección para el activo.
D. Determina cómo se comparan los niveles de protección con los de empresas similares.

C es la respuesta correcta.

Justificación:

A. La clasificación no determina la prioridad y el alcance de los esfuerzos de mitigación de riesgos; la priorización de los esfuerzos de mitigación de riesgos se basa por lo general en el análisis de riesgo o un análisis del impacto en el negocio.
B. La clasificación no establece el monto del seguro necesario; el seguro, a menudo, no es una opción viable.
C. La clasificación se basa en el valor del activo para la empresa y ayuda a establecer el nivel de protección en proporción al valor del activo.
D. Los esquemas de clasificación difieren de empresa a empresa y, a menudo, no son adecuados para el estudio comparativo de mercado.

367. ¿Cuál es un enfoque razonable para determinar la efectividad del control?

A. Determinar si el control es preventivo, de detección o correctivo.
B. Revisar la capacidad del control para proporcionar notificación de fallo.
C. Confirmar la capacidad del control para cumplir con los objetivos esperados.
D. Evaluar y cuantificar la fiabilidad del control.

C es la respuesta correcta.

Justificación:

A. El tipo de control no es relevante.
B. La notificación de fallo no determina la efectividad del control.
C. La efectividad del control requiere un procedimiento para verificar que el proceso del control funcionó como se esperaba.
Ejemplos de contabilidad de control doble o por partida doble ofrecen verificación y garantía de que el proceso funcionó como se esperaba.
D. La fiabilidad no es señal de solidez del control; algunos controles débiles pueden ser más fiables, incluso si son controles ineficientes.

368. La razón **PRINCIPAL** para iniciar un proceso de excepción de políticas es cuando:
   A. el número de operaciones es demasiado elevado para el cumplimiento.
   B. el beneficio justifica el riesgo.
   C. es muy difícil hacer cumplir las políticas.
   D. puede causar molestias a los usuarios al principio.

B es la respuesta correcta.

Justificación:

   A. El exceso de obligaciones no justifica la excepción de políticas.
   B. Se justifica la excepción de políticas en circunstancias donde el cumplimiento pudiera ser difícil o imposible y los beneficios tengan mayor peso que el riesgo de incumplimiento.
   C. El hecho de que no se pueda hacer respetar su cumplimiento no justifica la excepción de políticas.
   D. La incomodidad de los usuarios no es una razón que justifique la excepción automática de una política.

369. ¿Cuál de los siguientes sería el factor **MÁS** relevante a la hora de definir la política de clasificación de la información?
   A. Cantidad de información
   B. Infraestructura de TI disponible
   C. El estudio comparativo de mercado
   D. Requisitos de los propietarios de los datos

D es la respuesta correcta.

Justificación:

   A. La cantidad de información no es un factor a la hora de definir la política de clasificación de la información.
   B. La disponibilidad de la infraestructura de TI no sería un factor significante a la hora de determinar la política.
   C. El estudio comparativo de mercado no sería un factor en la definición de la política de clasificación
   D. Cuando se define la política de clasificación de la información, se deben identificar los requisitos de los propietarios de los datos.

370. La comunicación anómala del servidor desde dentro de la organización hacia las partes externas puede controlarse para:
   A. registrar el rastro de amenazas persistentes avanzadas.
   B. evaluar la resiliencia del proceso de las operaciones del servidor.
   C. verificar la efectividad de un sistema de detección de intrusos.
   D. respaldar un marco de no repudio en el comercio electrónico.

A es la respuesta correcta.

Justificación:

   A. La característica más importante de los ataques objetivo, como se observa en las amenazas persistentes avanzadas, es que el malware envíe información de vuelta, de manera secreta, a un servidor de comando y control. Por lo tanto, el control de las comunicaciones salientes del servidor que no sigue rutas predefinidas será el mejor control para detectar dichos eventos de seguridad.
   B. Las comunicaciones del servidor, por lo general, no se controlan para evaluar la resiliencia de las operaciones del servidor.
   C. La efectividad de un sistema de detección de intrusos no se puede verificar mediante el control de las comunicaciones salientes del servidor.
   D. El no repudio se puede apoyar con tecnología, como una firma digital. La comunicación del servidor, en sí misma, no favorece la efectividad de un marco de comercio electrónico.

371. ¿Cuál de los siguientes métodos de autenticación previene la repetición de autenticación?

A. Implementación de hash de contraseña
B. Mecanismo desafío/respuesta
C. Uso del cifrado de privacidad equivalente al cableado
D. Autenticación básica del protocolo de transferencia de hipertexto

B es la respuesta correcta.

Justificación:

A. Capturar el protocolo de autenticación y repetirlo por la red no funcionará. El uso de hashes por sí solo no evitará una repetición.
B. Un mecanismo de desafío/respuesta evita ataques de repetición al enviar un desafío aleatorio diferente en cada evento de autenticación. La respuesta está vinculada a ese desafío.
C. Una clave de privacidad equivalente al cableado no evitará que se pueda buscar (sniffing), pero el atacante tardará más en descifrar la clave de WEP si aún no la tiene. Por lo tanto, no podrá evitar la grabación y reproducción de un protocolo de autenticación.
D. La autenticación básica del protocolo de transferencia de hipertexto es texto plano y no tiene ningún mecanismo para evitar la repetición.

372. ¿Cuál es el propósito **PRINCIPAL** de la segregación de funciones?

A. Supervisión de empleados
B. Reducir los requisitos de supervisión
C. Prevención de fraude
D. Cumplimiento mejorado

C es la respuesta correcta.

Justificación:

A. La segregación de funciones (SoD) no se relaciona con la supervisión.
B. Como beneficio secundario, es posible que haya alguna disminución en la supervisión.
C. SoD se utiliza principalmente para evitar las actividades fraudulentas.
D. Si la SoD es un requisito de la política, entonces un beneficio secundario es un mayor cumplimiento. No obstante, la política existe para reducir el fraude.

373. ¿Cuál es el **MEJOR** medio para estandarizar las configuraciones de seguridad en dispositivos similares?

A. Políticas
B. Procedimientos
C. Guías técnicas
D. Referencias

D es la respuesta correcta.

Justificación:

A. Las políticas establecen la dirección de alto nivel, no los detalles técnicos.
B. Los procedimientos se utilizan para proporcionar instrucciones para conseguir tareas específicas.
C. Las guías técnicas brindan apoyo, pero no necesariamente los requisitos.
D. Las referencias describen los requisitos mínimos de configuración en equipos, actividades o recursos similares.

374. ¿Cuál de las siguientes opciones brinda la **MEJOR** defensa contra la introducción de malware en ordenadores de usuarios finales a través del navegador de Internet?

A. Validar las entradas en la inyección de lenguaje de consulta estructurado.
B. Restringir el acceso a sitios de redes sociales
C. Eliminar archivos temporales
D. Restringir la ejecución de código móvil

D es la respuesta correcta.

Justificación:

A. La validación de controles sobre la inyección de lenguaje de consulta estructurado no se aplica en este escenario.
B. Restringir el acceso a los sitios de redes sociales puede ser útil, pero no es la fuente principal de malware.
C. Eliminar archivos temporales no es aplicable en este escenario.
D. Restringir la ejecución de códigos móviles es la manera más efectiva para evitar la introducción de malware en los ordenadores de los usuarios finales.

375. Un sistema de aplicación de redes sociales cuenta con un proceso para explorar comentarios publicados en busca de divulgaciones inadecuadas. ¿Cuál de las siguientes opciones evade este control?

A. Una configuración de fuente compleja
B. Uso de una identidad robada
C. Una publicación anónima
D. Una falta de ortografía en el texto

D es la respuesta correcta.
Justificación:

A. Según el estilo de la fuente, los mensajes de texto pueden volverse ilegibles; sin embargo, los códigos de caracteres siguen siendo los mismos en el fondo. Por lo tanto, la exploración puede no verse afectada por las configuraciones de fuente.
B. Incluso cuando un mensaje se publica con una identidad robada, la exploración podrá capturar una publicación inadecuada al verificar el texto en comparación con una tabla de vocabulario predefinida.
C. La ausencia de la identidad del usuario que publicó un mensaje inadecuado no puede ser un problema importante al realizar la exploración de la información publicada.
D. Los errores de escritura intencionales no son fáciles de detectar por búsqueda con teclado o reglas fijas porque es difícil que el sistema tenga en cuenta los posibles errores de escritura. El ordenador podría ignorar los elementos con errores de escritura. Debido a que los humanos pueden entender el contexto, nos es bastante fácil detectar la verdadera intención escondida detrás de un error de escritura.

376. ¿Cuál de los siguientes factores afectará **MÁS** la medida en que se deben estratificar los controles?

A. El alcance hasta el cual los controles son de procedimiento
B. El alcance hasta el cual los controles están sujetos a la misma amenaza
C. El coste total de propiedad para los controles existentes
D. El alcance hasta el cual los controles fallan en una condición cerrada

B es la respuesta correcta.

Justificación:

A. Si los controles son de procedimiento o técnicos no afectarán a los requisitos de estratificación.
B. Para gestionar el riesgo agregado del riesgo total, los modos de fallos comunes en los controles existentes se deben abordar agregando o modificando controles para que fallen en diferentes condiciones.
C. Es poco probable que el coste total excesivo del propietario se reduzca por agregar controles adicionales.
D. Los controles que fallan en una situación cerrada suponen un riesgo para la disponibilidad, mientras que los controles que fallan en una condición abierta pueden requerir capas de control adicionales para evitar el compromiso.

377. ¿Cuál de las siguientes es una medida preventiva?
   A. Una pancarta de advertencia
   B. Pistas de auditoría
   C. Un control de acceso
   D. Un sistema de alarma

C es la respuesta correcta.

Justificación:
   A. Una pancarta o anuncio de advertencia es un control disuasivo con una advertencia que puede ayudar a reducir o a evitar el peligro potencial.
   B. Las pistas de auditoría son un ejemplo de un control de detección.
   C. Los controles preventivos inhiben los intentos de violar las políticas de seguridad. Un ejemplo de este tipo de control es un control de acceso.
   D. Un sistema de alarmas es un ejemplo de un control de detección.

378. ¿Cuál de las siguientes opciones es **MÁS** importante tener presente cuando se evalúa el valor de la información?
   A. La pérdida financiera potencial
   B. El coste de volver a generar la información
   C. El coste de la cobertura de seguro
   D. Los requisitos regulatorios

A es la respuesta correcta.

Justificación:
   A. El potencial de pérdidas financieras es siempre un factor clave cuando se determina el valor de la información.
   B. El coste de volver a generar la información puede ser un factor que contribuye, pero no es el factor clave.
   C. El coste de la cobertura de seguro puede ser un factor que contribuye, pero no es el factor clave.
   D. Los requisitos regulatorios pueden ser un factor que contribuye, pero no son el factor clave.

379. El esquema de clasificación de la información debe:
   A. considerar el posible impacto de una violación de seguridad.
   B. clasificar la información personal en forma electrónica.
   C. desarrollarse por el gerente de seguridad de la información.
   D. basarse en una evaluación del riesgo.

A es la respuesta correcta.

Justificación:
   A. La clasificación de datos se determina por el valor de los activos del negocio (es decir, el posible impacto en el negocio de la pérdida, daño o divulgación de la información).
   B. La clasificación de información personal en formato electrónico es una respuesta incompleta porque aborda un subconjunto de datos organizacionales.
   C. La clasificación de la información la realiza el propietario de los datos en base a criterios de seguridad aceptados.
   D. El riesgo de un activo en particular no constituye la base para la clasificación, sino que el impacto potencial del compromiso es la base.

380. ¿Cuál de las siguientes opciones es el **MEJOR** método para proporcionarle a un nuevo usuario su contraseña inicial para acceder al sistema de correo electrónico?

A. Proporcionar una contraseña compleja con caducidad de 30 días generada por un sistema de correo interoficina.
B. Dar una contraseña temporal por el teléfono con caducidad inmediata.
C. No requerir contraseña, pero forzar al usuario a definir la suya en 10 días.
D. Fijar una contraseña inicial igual al ID del usuario con caducidad en 30 días.

B es la respuesta correcta.

Justificación:

A. Documentar la contraseña en papel no es el mejor método, incluso si se envía a través del correo interoficina – si la contraseña es compleja y difícil de memorizar, probablemente el usuario conservará la contraseña impresa y esto crea un problema de seguridad.
B. Una contraseña temporal que se deberá cambiar después del primer inicio de sesión es el mejor método porque se reestablece de inmediato y se reemplaza con la opción de contraseña del usuario, que hará más fácil que el usuario la recuerde. Si se le da a la persona equivocada, el usuario legítimo probablemente notificará a seguridad que todavía no puede acceder al sistema, de modo que el riesgo de seguridad es bajo.
C. Establecer una cuenta sin contraseña inicial es un problema de seguridad, incluso si es solo durante unos pocos días.
D. Esto supone la mayor amenaza de seguridad porque los ID de usuario los suelen conocer tanto los usuarios como el personal de seguridad, por lo que se compromete el acceso hasta 30 días.

381. Un parche no crítico de sistema operativo para aumentar la seguridad del sistema no se puede aplicar porque una aplicación crítica no es compatible con el cambio. ¿Cuál de las siguientes es la **MEJOR** solución?

A. Reescribir la aplicación para que se ajuste al sistema operativo actualizado.
B. Compensar por no instalar el parche con controles de mitigación.
C. Alterar el parche para permitir que la aplicación se ejecute en un estado privilegiado.
D. ejecutar la aplicación en una plataforma de prueba y ajustar la producción para permitir el parche y la aplicación.

B es la respuesta correcta.

Justificación:

A. Volver a escribir la solicitud no es una opción viable.
B. Como el parche de sistema operativo (SO) tendrá un impacto adverso sobre una aplicación crítica, se debe identificar un control mitigativo que proporcionará un nivel de seguridad equivalente.
C. Alterar el parche del SO para permitir que la aplicación se ejecute en un estado privilegiado puede crear nuevas debilidades de seguridad.
D. Ejecutar una aplicación de producción en una plataforma de prueba no es una alternativa aceptable porque significará ejecutar una aplicación crítica de producción en una plataforma no sujeta al mismo nivel de controles de seguridad.

382. ¿Cuál es la base **PRINCIPAL** para la selección de controles y medidas correctoras?

A. eliminar el riesgo de TI
B. El equilibrio de coste-beneficio
C. La gestión de recursos
D. La cantidad de activos protegidos

B es la respuesta correcta.

Justificación:

A. Se debe hacer énfasis en los riesgos de procedimiento, operacionales y otros, no solo el riesgo de TI.
B. El equilibrio entre el coste y los beneficios debe orientar la selección de los controles.
C. La gestión de recursos no está relacionada directamente con los controles.
D. La implementación de controles se basa en el impacto y el riesgo, no en el número de activos.

383. ¿Cuál es el propósito **PRINCIPAL** de realizar un ataque interno y prueba de penetración?

A. Identificar las debilidades en la seguridad del servidor y la red.
B. Identificar las maneras para mejorar el proceso de respuesta a incidentes.
C. Identificar los vectores de ataque en el perímetro de la red.
D. Identificar la respuesta óptima a ataques internos de intrusos.

A es la respuesta correcta.

Justificación:

A. Un ataque interno y las pruebas de penetración se han diseñado para identificar debilidades en la red y la seguridad de servidor.
B. Las pruebas internas del ataque y la penetración no se centran en la respuesta a los incidentes.
C. El perímetro de la red consiste en ataques externos.
D. Las posibles respuestas pueden ser un esfuerzo de seguimiento secundario tras el ataque interno y la prueba de penetración.

384. Cuando se debe compartir información comercial con entidades externas, ¿cuál de las siguientes tareas debería llevar a cabo el gerente de la seguridad de la información **PRIMERO**?

A. Firmar un acuerdo de no divulgación.
B. Revisar la clasificación de la información.
C. Establecer un canal de comunicación seguro.
D. Hacer obligatorio el cifrado de la información.

B es la respuesta correcta.

Justificación:

A. Es posible que se deba firmar un acuerdo de no divulgación después de determinar la clasificación de los datos que se compartirán.
B. El gerente de la seguridad de la información primero debe determinar si el hecho de compartir la información supone un riesgo para la empresa con base en la clasificación de la información.
C. El hecho de si se necesita o no un canal seguro es una función de la clasificación de los datos que se compartirán.
D. Los requisitos de cifrado se determinarán en función de la clasificación de los datos que se compartirán.

385. ¿Cuál de los siguientes elementos es el **MÁS** importante en la clasificación de activos de información?

A. Riesgo residual.
B. Segregación de funciones.
C. Impacto potencial
D. Necesidad de saber

C es la respuesta correcta.

Justificación:

A. El riesgo residual no está relacionado con la clasificación de activos.
B. La segregación de funciones no está relacionada con la clasificación de activos.
C. Los niveles de clasificación deben basarse en el nivel de impacto que ocurriría como resultado de un compromiso.
D. La necesidad de saber no está relacionada con la clasificación de activos.

Esta página se ha dejado en blanco deliberadamente

DOMINIO 4: GESTIÓN DE INCIDENTES DE SEGURIDAD (30%)

1. ¿Cuál de lo siguiente se determinaría **PRIMERO** cuando se establece un programa de continuidad del negocio?
   A. El coste de reconstruir las instalaciones de procesamiento de información
   B. El coste incremental diario de no disponibilidad de sistemas
   C. Ubicación y coste de los centros de recuperación fuera de las instalaciones
   D. Composición y misión de los equipos individuales de recuperación

B es la respuesta correcta.

Justificación:

A. Determinar el coste de reconstruir las instalaciones de tratamiento de información no sería lo primero que hay que determinar.

B. Antes de crear un plan detallado de continuidad del negocio, es importante determinar el coste incremental diario de perder diferentes sistemas. Esto permitirá determinar los objetivos de tiempo de recuperación.

C. La ubicación y el coste de la instalación de recuperación no pueden abordarse hasta que se calculen las posibles pérdidas, lo que determinará el tipo de sitio de recuperación que se necesita, y esto afectará el coste.

D. Los requisitos del equipo de recuperación individual se producirán cuando se determinen los requisitos para la continuidad del negocio.

2. Una empresa tiene una red de sucursales con servidores locales de archivo/impresión y correo; cada sucursal contrata individualmente un centro de emergencia alternativo completamente equipado. ¿Cuál de las siguientes sería la **MAYOR** debilidad en capacidad de recuperación?
   A. El uso exclusivo del centro de emergencia alternativo completamente equipado se limita a seis semanas.
   B. Es posible que el centro de emergencia alternativo completamente equipado se tenga que compartir con otros clientes.
   C. El tiempo de declaración determina la prioridad del acceso al sitio.
   D. El proveedor ofrece servicios a todas las principales compañías del área.

D es la respuesta correcta.

Justificación:

A. El acceso a un centro de emergencia alternativo completamente equipado no es indefinido; el plan de recuperación debe resolver una interrupción de largo plazo.

B. Compartir una instalación de centro de emergencia alternativo completamente equipado es a veces necesario en el caso de un desastre importante y no es necesariamente una debilidad.

C. El orden de llegada es una práctica habitual en las instalaciones alojadas y no constituye una debilidad importante.

D. En el caso de un desastre que afecte un área geográfica localizada, la instalación y las capacidades del proveedor podrían ser insuficientes para todos sus clientes, que competirán por el mismo recurso. Probablemente se dará preferencia a las corporaciones más grandes y esto puede demorar la recuperación de una sucursal que tal vez será más pequeña que otros clientes locales más establecidos.

3. ¿Cuál de las siguientes acciones se debe emprender cuando una compañía de negocios en línea descubre un ataque de red en curso?

   A. Cerrar todos los puntos de acceso a la red
   B. Volcar todos los registros de eventos en medios extraíbles
   C. Aislar el segmento de red afectado
   D. Habilitar el registro del seguimiento de todos los eventos

C es la respuesta correcta.

Justificación:

   A. Cerrar los puntos de acceso crearía una negación de servicio que podría tener como consecuencia la pérdida de ingresos.
   B. Volcar los registros de eventos, aunque tal vez es útil, no mitigaría la amenaza inmediata planteada por el ataque de red.
   C. Aislar el segmento de red afectado mitigará la amenaza inmediata mientras permite que las áreas no afectadas del negocio continúen procesando.
   D. Habilitar el registro del seguimiento, aunque tal vez es útil, no mitigaría la amenaza inmediata planteada por el ataque de red.

4. ¿Cuál de las siguientes opciones se debe evaluar después de que se haya determinado la probabilidad de una pérdida?

   A. La magnitud del impacto
   B. La tolerancia al riesgo
   C. El coste de reemplazo de los activos
   D. El valor contable de los activos

A es la respuesta correcta.

Justificación:

   A. La recuperación de desastres se impulsada por el riesgo, que es una combinación de la probabilidad y las consecuencias. Una vez que se haya determinado la probabilidad, el siguiente paso es determinar la magnitud del impacto.
   B. La tolerancia al riesgo es una desviación aceptable del riesgo aceptable. Se tiene en cuenta una vez que se haya cuantificado el riesgo, que depende de la determinación de la magnitud del impacto.
   C. El coste de reemplazo se necesita solo cuando se requiere el reemplazo.
   D. El valor contable no representa el valor real del activo y no puede utilizarse para medir la magnitud del impacto.

5. ¿Cuál es la **PRIMERA** prioridad para responder a un incidente de seguridad importante?

   A. Documentación
   B. Control
   C. Restauración
   D. Contención

D es la respuesta correcta.

Justificación:

   A. La documentación es importante, pero debe seguir la contención.
   B. El control es importante y debe ser continuo, pero no limita el impacto del incidente.
   C. La restauración sigue a la contención.
   D. La primera prioridad al responder a un incidente de seguridad es contenerlo para limitar el impacto.

6. Aunque la efectividad del control se ha probado recientemente, se ha producido un compromiso grave. ¿Cuál es la **PRIMERA** medida que debe tomar el gerente de seguridad de la información?
   A. Evaluar los objetivos de control.
   B. Desarrollar controles más estrictos.
   C. Un análisis de causa raíz.
   D. Repetir la prueba de control.

C es la respuesta correcta.
Justificación:

A. Los objetivos de control no se pueden evaluar hasta que se comprende la naturaleza exacta del compromiso; por lo tanto, no queda claro cuál es la mejor manera de brindar una solución.
B. El aumento de la restricción de los controles solo debe ocurrir si se determina que es necesario para resolver el problema mediante el análisis de causa raíz.
C. Evaluar la causa raíz es el primer paso para comprender si los objetivos de control y los controles son inadecuados o si se debe abordar alguna otra causa.
D. La repetición de la prueba de control no proporciona la causa raíz del compromiso que ocurrió.

7. ¿Cuál de los siguientes es el elemento **MÁS** importante para asegurar el éxito de una prueba de recuperación de desastres en un centro de emergencia alternativos completamente equipado proporcionado por el proveedor?
   A. Las pruebas se programan en fines de semana.
   B. Las direcciones de protocolo de Internet de red están predefinidas.
   C. El equipo en el centro de emergencia alternativo completamente equipado es idéntico.
   D. La gerencia de negocio participa de forma activa.

D es la respuesta correcta.
Justificación:

A. Las pruebas en fines de semana puede ser algo ventajoso, pero no es la opción más importante.
B. Como los centros de emergencia alternativos completamente equipados proporcionados por el proveedor están en cambio constante, no siempre es posible tener direcciones de red definidas por adelantado.
C. A pesar de que sería ideal disponer de equipos idénticos en el centro de emergencia alternativo completamente equipado, esto no siempre es práctico, ya que deben atender a varios clientes y las especificaciones de equipo, por lo tanto, variarán.
D. Las pruebas de recuperación de desastre requieren la asignación de recursos suficientes para tener éxito. Sin el apoyo de la gerencia, estos recursos no estarán disponibles, y en consecuencia las pruebas sufrirán.

8. En la conclusión de una prueba de recuperación de desastres, ¿cuál de las siguientes opciones debe efectuarse **SIEMPRE** antes de abandonar de la instalación del centro de emergencia alternativo completamente equipado del proveedor?
   A. Borrar los datos y el software de los dispositivos.
   B. Realizar una reunión para evaluar la prueba.
   C. Efectuar una evaluación del proveedor del centro de emergencia alternativo completamente equipado.
   D. Evaluar los resultados de todas las cadenas de comandos de prueba.

A es la respuesta correcta.
Justificación:

A. Por razones de seguridad y privacidad, todos los datos organizacionales y del software se deben borrar antes de la partida.
B. Las evaluaciones pueden efectuarse en la oficina después que todos hayan descansado, y los resultados generales se pueden debatir y comparar de forma objetiva.
C. La evaluación del proveedor del centro de emergencia alternativo completamente equipado se debe incluir en el análisis post mórtem.
D. Los resultados de la prueba forman parte de la autopsia.

9. ¿Cuál de las siguientes opciones es un componente clave de una política de respuesta a incidentes?
   A. Árboles de llamadas actualizados
   B. Criterios de escalación
   C. Plantillas de comunicado de prensa
   D. Inventario de archivos de copias de seguridad críticos

B es la respuesta correcta.

Justificación:

A. Los árboles de llamadas son demasiado detallados, cambian con demasiada frecuencia y no forman parte de la política.

B. Los criterios de escalación, que indican las circunstancias bajo las cuales se deben emprender acciones específicas, deben estar contenidos dentro de una política de respuesta a incidentes.

C. Las plantillas de comunicados de prensa son demasiado detalladas para incluirlos en un documento de políticas.

D. Las listas de archivos críticos de copias de seguridad son demasiado detalladas para incluirlos en un documento de políticas.

10. ¿De qué manera una solución de gestión de información de seguridad y eventos es **MÁS** probable que detecte la existencia de una amenaza persistente avanzada en su infraestructura?
   A. A través del análisis del historial de tráfico de la red
   B. A través de la inspección de estado de todos los paquetes del cortafuegos
   C. A través de la identificación de ataques de día cero
   D. A través de las evaluaciones de vulnerabilidades

A es la respuesta correcta.

Justificación:

A. Una amenaza persistente avanzada (APT) se refiere a ataques furtivos que no se descubren con facilidad sin el análisis detallado del comportamiento y los flujos del tráfico. Las soluciones de gestión de información de seguridad y eventos (SIEM) analizan el tráfico de la red durante largos períodos de tiempo para identificar variaciones en el comportamiento que pueden revelar APT.

B. La inspección de estado es una función de algunos cortafuegos, pero no forma parte de una solución de SIEM. Un cortafuegos de inspección de estado hace un seguimiento de la dirección de protocolo de Internet de destino de cada paquete que sale de la red interna de la empresa. Cada vez que se recibe la respuesta a dichos paquetes, se hace una referencia a este registro para asegurar que lo que esté llegando sea en respuesta a la solicitud que salió de la empresa.

C. Los ataques de día cero no son APT porque se desconocen hasta que se manifiestan por primera vez y no pueden detectarse de forma proactiva mediante las soluciones de SIEM.

D. La evaluación de vulnerabilidades identifica áreas que posiblemente se pueden explotar, pero no detecta intentos de explotación, por lo tanto, no está relacionada con la APT.

11. ¿Por qué un equipo de gestión de incidentes de seguridad debería realizar una revisión posterior al incidente?
   A. Para identificar pruebas electrónicas relevantes
   B. Para identificar las lecciones aprendidas
   C. Para identificar al intruso
   D. Para identificar las áreas afectadas

B es la respuesta correcta.

Justificación:

A. Evaluar la relevancia de las pruebas no es el propósito principal de una reunión posterior al incidente porque esto ya se debe haber establecido durante la respuesta al incidente.
B. Las revisiones posteriores al incidente son beneficiosas para determinar formas de mejorar el proceso de respuesta a través de lecciones aprendidas del ataque.
C. Identificar al atacante no es el propósito principal de una reunión posterior al incidente porque esto ya se debe haber establecido durante la respuesta al incidente.
D. Identificar las áreas afectadas no es el propósito principal de una reunión posterior al incidente porque estas ya se deben haber establecido durante la respuesta al incidente.

12. ¿Cuál es la preocupación **MÁS** importante cuando una empresa con varios centros de datos designa una de sus propias instalaciones como el centro de recuperación?
   A. La capacidad de la línea de comunicación entre los centros de datos
   B. Las cargas de la capacidad del procesamiento actual en los centros de datos
   C. Las diferencias en la seguridad lógica de cada centro
   D. La sincronización de las versiones del software del sistema publicadas

B es la respuesta correcta.

Justificación:

A. A pesar de que la capacidad de línea es importante desde una perspectiva de duplicación, es secundario a tener la capacidad necesaria para restaurar los sistemas críticos.
B. Si los centros de datos están operando a su capacidad o cerca, puede resultar difícil recuperar las operaciones críticas en un centro de datos alternativo.
C. Las diferencias en la seguridad lógica son un problema mucho más fácil de superar y son, por lo tanto, de menos preocupación.
D. La sincronización de las versiones de software del sistema es un problema mucho más fácil de superar y es, por lo tanto, de menos preocupación.

13. ¿Cuál de las siguientes opciones es la **MÁS** importante para determinar si una prueba de recuperación de desastre es efectiva?

   A. Solo se usan los archivos de datos del negocio provenientes del almacenamiento fuera del establecimiento.
   B. El personal de TI recupera por completo la infraestructura de procesamiento.
   C. Los procesos críticos del negocio se duplican.
   D. Todos los sistemas se restauran dentro de los objetivos de tiempo de recuperación.

C es la respuesta correcta.

Justificación:

A. A pesar de que asegurar que solo se usan los materiales tomados del almacenamiento fuera del establecimiento en la prueba es importante, no es tan crítico para determinar el éxito de una prueba.
B. Mientras que la recuperación total de la infraestructura de procesamiento es un hito clave de recuperación, no lo es asegurar el éxito de una prueba.
C. Para asegurar que una prueba de recuperación de desastres sea efectiva, es más importante determinar sí todas las funciones críticas se han recuperado y duplicado.
D. Lograr los objetivos de tiempo de recuperación es otro hito importante, pero no lo es necesariamente probar que las funciones críticas del negocio se pueden llevar a cabo, debido a interdependencias con otras aplicaciones y elementos clave tales como datos, personal, procesos manuales, materiales y accesorios, etc.

14. ¿Cuál de lo siguiente es **MÁS** importante cuando se decide si construir una instalación alternativa o suscribirse a un centro de emergencia alternativo completamente equipado de tercero?

   A. La ubicación de una instalación redundante de procesamiento y el coste de construirla
   B. El coste diario de perder sistemas críticos y objetivos de tiempo de recuperación
   C. La complejidad de la infraestructura y sensibilidad del sistema
   D. Resultados de criticidad del análisis del impacto sobre el negocio

A es la respuesta correcta.

Justificación:

A. La ubicación es crítica porque el centro de recuperación no debe sufrir el mismo desastre que el principal; el coste es la segunda consideración principal.
B. el coste de perder los sistemas críticos no se ve afectado por la opción de comprar o construir.
C. La complejidad de la infraestructura y sensibilidad del sistema son las mismas si se encuentra en instalaciones de terceros o no.
D. La criticidad es la misma independientemente de la elección del sitio alternativo.

15. Un nuevo virus de correo electrónico que usa un adjunto disfrazado como un archivo de fotografía se está expandiendo rápidamente por la Internet. ¿Cuál de lo siguiente se debe realizar **PRIMERO** en respuesta a esta amenaza?

   A. Poner en cuarentena todos los archivos de fotografía almacenados en los servidores de archivos.
   B. Bloquear todos los correos electrónicos que contenga adjuntos de archivos de fotografías.
   C. Poner en cuarentena todos los servidores de correo conectados con la Internet.
   D. Bloquear el correo entrante de Internet, pero permitir el correo saliente.

B es la respuesta correcta.

Justificación:

A. No hay indicios de infección y no es necesario poner todos los archivos de fotografía en cuarentena.
B. Hasta que los archivos de firma se puedan actualizar, el correo electrónico entrante que contenga adjuntos de archivos de fotografías se debe bloquear.
C. Poner en cuarentena todos los servidores de correo no es necesario ya que solo los correos electrónicos que contienen archivos adjuntos de fotografías están cuestionados.
D. No es necesario bloquear todo el correo entrante si los archivos de imagen están bloqueados.

16. Cuando una gran empresa descubre que es objeto de una investigación de red, ¿cuál de las siguientes acciones se debe emprender?
   A. Reiniciar el enrutador que conecta la zona desmilitarizada al cortafuegos.
   B. Apagar todos los servidores ubicados en el segmento de la DMZ.
   C. Controlar la investigación y aislar el segmento afectado.
   D. Habilitar el registro de seguimiento del servidor en el segmento afectado.

C es la respuesta correcta.

Justificación:

   A. No se garantiza el reinicio del enrutador.
   B. No se garantiza el apagado de los servidores de la zona desmilitarizada.
   C. En el caso de una investigación, la situación se debe controlar y el segmento de red afectado se debe aislar.
   D. No se garantiza la habilitación del enrutamiento de seguimiento del servidor.

17. Una empresa determinó que, si su sistema de correo electrónico fallaba durante tres días, el coste para la misma sería ocho veces mayor que si pudiera recuperarse en un día. Esta determinación fue **MUY** probablemente resultado de:

   A. planificación de recuperación en caso de desastre.
   B. análisis del impacto en el negocio.
   C. análisis de proximidad del centro.
   D. prueba de interrupción completa.

B es la respuesta correcta.

Justificación:

   A. Un plan de recuperación de desastres no incluye la pérdida del sistema. Se debe llevar a cabo un análisis del impacto en el negocio antes del plan de recuperación de desastres.
   B. Un análisis del impacto en el negocio se usa para establecer el escalado de pérdidas con el paso del tiempo, además de otros elementos.
   C. La proximidad del sitio es una consideración durante la planificación de la recuperación de desastres para ubicar un sitio de recuperación. La ubicación del sitio no indica el impacto en el negocio.
   D. La prueba de interrupción completa se utiliza para validar los planes de recuperación de desastres. Se debe llevar a cabo un análisis del impacto en el negocio antes del plan de recuperación de desastres.

18. ¿Cuál de las siguientes opciones debe efectuarse **PRIMERO** después de un ataque de negación de servicio (DoS)?

   A. Restaurar los servidores desde los medios de copias de seguridad almacenados fuera de las instalaciones.
   B. Efectuar una evaluación para determinar el estado del sistema.
   C. Realizar un análisis de impacto de la interrupción.
   D. Aislar la subred con filtro.

B es la respuesta correcta.

Justificación:

   A. Es posible que los servidores no se hayan visto afectados, por eso, en este momento no es necesario reconstruirlos.
   B. Se debe llevar a cabo una evaluación para determinar el estado general del sistema y si se ha producido algún daño permanente.
   C. Un análisis de impacto de la interrupción no proporcionará un beneficio inmediato.
   D. Aislar la subred filtrada es posterior al hecho y no aportará ningún beneficio.

19. ¿Cuál de los elementos siguientes es el **MÁS** importante para asegurar la recuperación de un negocio durante un desastre?
    A. Los planes técnicos detallados de recuperación se mantienen fuera de las instalaciones.
    B. La redundancia de red se mantiene a través de proveedores independientes.
    C. Las necesidades de equipos en el centro de emergencia alternativo completamente equipado se recertifican con regularidad.
    D. Se han establecido criterios de declaración adecuados.

A es la respuesta correcta.

Justificación:

A. **En un desastre importante, el personal puede resultar herido o tal vez no pueda viajar al centro de emergencia alternativo completamente equipado, de modo que las habilidades técnicas y los conocimientos del negocio se pueden perder. Es por lo tanto crítico mantener una copia actualizada del plan detallado de recuperación en un lugar fuera de las instalaciones. En una situación de desastre, sin el plan técnico detallado, la recuperación del negocio se verá seriamente obstaculizada.**
B. La continuidad del negocio requiere una redundancia de red adecuada. Lo ideal es que el programa de continuidad del negocio resuelva todo esto de manera satisfactoria.
C. La continuidad del negocio requiere una infraestructura de centro de emergencia alternativo completamente equipado certificada como compatible, junto con criterios claros. Lo ideal es que el programa de continuidad del negocio resuelva todas estas necesidades de manera satisfactoria.
D. La continuidad del negocio requiere criterios claros para declarar un desastre. Lo ideal es que el programa de continuidad del negocio resuelva todo esto de manera satisfactoria.

20. ¿Abordar la causa raíz de un incidente es un aspecto de cuál de los siguientes procesos de gestión de incidentes?
    A. Erradicación
    B. Recuperación
    C. Lecciones aprendidas
    D. Contención

A es la respuesta correcta.

Justificación:

A. **Determinar la causa raíz de un incidente y eliminarlo son actividades clave que ocurren como parte del proceso de erradicación.**
B. La recuperación se centra en restaurar los sistemas o los servicios a las condiciones especificadas en los objetivos de entrega del servicio (SDO) o los planes de continuidad del negocio (BCP).
C. Las lecciones aprendidas se documentan al final del proceso de respuesta a incidentes, después de que la causa raíz se ha identificado y remediado.
D. La contención se centra en prevenir la diseminación del daño asociado con un incidente, por lo general mientras la causa raíz aún se desconoce o se conoce, pero no se puede remediar.

21. Un gerente de seguridad de la información está investigando un incidente de seguridad cibernética interna y se le ha pedido que conserve pruebas potenciales. Después de crear una copia de imagen del disco duro de los sistemas sospechosos con una herramienta de uso común y hacer copias en las que realizar el análisis, ¿cuál de las acciones que se indican a continuación debe realizar **DESPUÉS** el responsable de seguridad de la información?
    A. Cifrar las imágenes del disco duro principal y de su copia de seguridad.
    B. Usar una herramienta alternativa para hacer una copia de imagen del disco duro.
    C. Genera hashes para las imágenes del disco duro principal y de su copia de seguridad.
    D. Documentar el proceso para hacer una copia de imagen del disco duro.

C es la respuesta correcta.

Justificación:

A. Garantizar la confidencialidad de los volcados de memoria no es una de las preocupaciones principales durante un análisis forense. Los volcados de memoria cifrada no se pueden analizar.

B. Si se desea realizar un volcado de memoria con una herramienta alternativa, debe realizarse solo después de que se haya generado el hash de los volcados principal y de la copia de seguridad existentes, de modo que, en caso de que sea necesario, se pueda establecer su autenticidad.

C. La generación de hashes de los volcados de memoria principal y de la copia de seguridad ofrece un medio para demostrar que el volcado que se utiliza en el análisis es idéntico al almacenado como referencia. Es fundamental ejecutar este paso antes de que algo pueda dañar la fuente de memoria original, de modo que debe realizarse lo antes posible.

D. Debe haber documentación del proceso como parte de los procedimientos de respuesta a incidentes, pero si no la hay, el mejor momento no es crearlo en mitad de un incidente.

22. Cuando una empresa está usando una herramienta automática para gestionar y alojar sus planes de continuidad del negocio, ¿cuál de las siguientes opciones es la preocupación **PRINCIPAL**?
    A. Asegurar la accesibilidad si ocurriera un desastre
    B. Dar una versión del control a medida que se modifican los planes
    C. Hiperenlaces rotos para los recursos almacenados en otra parte
    D. Hacer un seguimiento de los cambios en el personal y en los activos de planes

A es la respuesta correcta.

Justificación:

A. Si todos los planes existen solo en formato electrónico, esto presenta una seria debilidad si la versión electrónica dependiera de la restauración de la intranet o de otros sistemas que ya no están disponibles.

B. Dar una versión de control es en realidad más fácil con un sistema automatizado.

C. Los hipervínculos rotos son una preocupación, pero menos seria que la accesibilidad del plan.

D. Hacer un seguimiento de los cambios en el personal y en los activos de planes es en realidad más fácil con un sistema automatizado.

23. El gerente de seguridad de la información identifica una vulnerabilidad en una aplicación comercial expuesta públicamente durante las actividades de evaluación de riesgos. El **SIGUIENTE** paso que se debe tomar es:
    A. contención.
    B. erradicación.
    C. análisis.
    D. recuperación.

C es la respuesta correcta.

Justificación:

A. La contención es necesaria cuando se descubre que se ha producido un incidente. Antes del análisis, el gerente de seguridad de la información no tiene forma de saber si el incidente se ha producido en el pasado o si sigue ocurriendo, por lo que el análisis debe preceder a la contención.
B. La erradicación se realiza cuando se ha contenido el incidente, lo que requiere que primero se analice para determinar su alcance.
C. **La identificación de una vulnerabilidad no necesariamente implica que se haya producido un incidente, pero si cuando se identifica una vulnerabilidad se confía en los mecanismos de detección automatizados, cualquier compromiso que ya haya ocurrido podrá continuar sin obstáculos. El análisis es adecuado para saber si un amenazador ya ha explotado la vulnerabilidad y, de ser así, determinar el alcance del compromiso.**
D. La recuperación es el último paso que se da antes de concluir un incidente. En el momento en que se detecta una vulnerabilidad, no hay un impacto aparente, por lo que aún no es necesaria la recuperación. La erradicación y la recuperación se llevarán a cabo si se ha producido un incidente. No obstante, es importante determinar primero si se ha producido un incidente.

24. ¿Cuál de las siguientes acciones deben emprenderse cuando un gerente de seguridad de información descubre que un intruso está marcando el perímetro de red?
    A. Reiniciar el enrutador de frontera conectado al cortafuegos.
    B. Verificar los registros del sistema de detección de intrusos y vigilar en busca de ataques activos.
    C. Actualizar el software del sistema de detección de intrusos a la versión disponible más reciente.
    D. Habilitar el enrutamiento de seguimiento del servidor en el segmento de zona desmilitarizada.

B es la respuesta correcta.

Justificación:

A. Reiniciar el enrutador no sería relevante.
B. Seguridad de la información debe verificar los registros del sistema de detección de intrusos (IDS) y continuar vigilando la situación. Sería inapropiado emprender cualquier acción más allá de eso.
C. Actualizar el IDS podría crear una exposición temporal hasta que la nueva versión pueda ser ajustada correctamente.
D. Habilitar el enrutamiento de seguimiento del servidor no sirve de nada.

25. La fase de clasificación de prioridades del plan de respuesta a incidentes proporciona:

A. una instantánea del estado actual de toda actividad de incidentes notificados.
B. una visión global de alto nivel de los incidentes abiertos.
C. una revisión táctica de la progresión y resolución de un incidente.
D. una base integral para los cambios en la arquitectura de la empresa.

A es la respuesta correcta.

Justificación:

A. La priorización proporciona una fotografía instantánea basada en revisiones estratégicas y tácticas con el fin de asignar recursos limitados donde pueden ser más efectivos.
B. La priorización aborda el nivel táctico del incidente para poder determinar el mejor camino hacia la resolución y no se centra de manera exclusiva en la vista de alto nivel.
C. La priorización ofrece una vista de los niveles táctico y estratégico y tiene lugar antes de la resolución.
D. La priorización se produce antes del análisis de la causa raíz, por lo que no proporciona una base integral de los cambios en la arquitectura e la empresa.

26. ¿Cuál de las siguientes es la **MÁS** seria exposición de actualizar los archivos de firma de virus en cada computadora de escritorio cada viernes a las 11:00 p.m. (23.00 horas)?

A. La mayoría de las nuevas firmas de virus se identifican en los fines de semana.
B. El personal técnico no está disponible para ofrecer asistencia a la operación.
C. Los sistemas son vulnerables a nuevos virus durante la semana que comienza.
D. El éxito o fracaso de la actualización no se conoce hasta el lunes.

C es la respuesta correcta.

Justificación:

A. El hecho de que la mayoría de las nuevas firmas de virus se identifican en los fines de semana es secundario a dejar el sistema vulnerable durante la semana siguiente.
B. El hecho de que el personal técnico no esté disponible es un hecho secundario para dejar los sistemas vulnerables durante la semana que interviene.
C. Actualizar los archivos de firma de virus semanalmente tiene el riesgo de que los sistemas queden vulnerables a los virus emitidos durante la semana; una actualización mucho más frecuente es esencial.
D. El hecho de que el éxito o el fracaso de la actualización no se conozcan hasta el lunes es secundario a dejar el sistema vulnerable durante la semana siguiente.

27. Cuando se realiza un análisis del impacto en el negocio, ¿quién de los siguientes debe calcular el tiempo de recuperación y el coste?

A. Coordinador de continuidad del negocio
B. Gerente de seguridad de la información
C. Los propietarios del proceso de negocio
D. Gerencia de TI

C es la respuesta correcta.

Justificación:

A. El coordinador de continuidad del negocio no podrá proporcionar el nivel de conocimiento detallado correcto.
B. El gerente de seguridad de la información no podrá proporcionar el nivel de conocimiento detallado correcto.
C. Los propietarios del proceso de negocio están en la mejor posición para entender el verdadero impacto sobre el negocio que una interrupción de sistema crearía.
D. La gerencia de TI no podrá proporcionar el nivel de conocimiento detallado correcto.

28. ¿Cuál de las siguientes opciones está **MÁS** estrechamente asociada con un programa de continuidad del negocio?

A. Confirmar que existen planes técnicos detallados de recuperación
B. Probar periódicamente la redundancia de red
C. Actualizar la configuración del equipo del centro de emergencia alternativo completamente equipado cada trimestre
D. Desarrollar objetivos de tiempo de recuperación para las funciones críticas

D es la respuesta correcta.

Justificación:

A. Los planes técnicos de recuperación están asociados con la recuperación de desastres de la infraestructura.
B. La redundancia de red está asociada con la recuperación de desastres de la infraestructura.
C. Las necesidades de equipos están asociadas con la recuperación de desastres de la infraestructura.
D. De todas las opciones, solo los objetivos de tiempo de recuperación se relación de forma directa con la continuidad del negocio.

29. Una empresa acaba de sufrir un incidente importante que ha provocado la interrupción de procesos críticos para la empresa. ¿Cuál es el motivo **PRINCIPAL** para llevar a cabo una revisión posterior al incidente?

A. Identificar a las partes responsables y aplicar medidas disciplinarias o recompensas según corresponda.
B. Documentar el evento y garantizar de que se enumeran todas las medidas que se han implementado y los problemas encontrados
C. Garantizar que todos los daños derivados de la crisis se reparen y que los sistemas sean estables
D. Determinar la causa raíz de la crisis y tomar acciones para evitar que vuelva a ocurrir

D es la respuesta correcta.

Justificación:

A. La revisión posterior al incidente debe abordar las necesidades de formación y el personal que desempeñó un papel en el evento, pero este no es el objetivo principal.
B. El evento debería haberse documentado durante el incidente. La revisión posterior al incidente se basará en la documentación para saber qué sucedió y la cronología de los eventos.
C. Es importante asegurarse de que se hayan reparado todos los daños, pero esto debería haberse hecho antes de la revisión posterior al incidente.
D. Durante el incidente, es posible que los esfuerzos se hayan centrado en hacer que la empresa volviera a funcionar; la revisión posterior al incidente debe garantizar que se identifique y aborde la causa raíz del incidente.

30. ¿Cuál de los siguientes documentos debería contener **PRINCIPALMENTE** un equipo de respuesta a incidentes de ordenador manual?

A. Resultados de evaluación del riesgo
B. Criterios de gravedad
C. Directorio de árbol de llamadas de emergencia
D. Tabla de archivos críticos de copia de seguridad

B es la respuesta correcta.

Justificación:

A. Los resultados de evaluación del riesgo son un documento que probablemente se incluiría en un equipo de respuesta a incidentes de ordenador (CIRT) manual.
B. Categorizar con rapidez los criterios de gravedad de un incidente es un elemento clave de respuesta a incidentes.
C. El directorio de árbol de llamadas de emergencia es un documento que probablemente se incluiría en un equipo de respuesta a incidentes de ordenador (CIRT) manual.
D. Una tabla de archivos críticos de copia de seguridad es un documento que probablemente se incluiría en un equipo de respuesta a incidentes de ordenador (CIRT) manual.

31. ¿Cuál de lo siguiente representaría una violación de la cadena de custodia cuando una cinta de copia de seguridad se ha identificado como prueba en una investigación de fraude? La cinta fue:

A. eliminada y entregada en custodia a los investigadores de las autoridades.
B. guardada en la biblioteca de cintas pendientes de una revisión adicional.
C. sellada en un sobre firmado y guardada bajo llave en una caja fuerte con doble control.
D. entregada a investigadores independientes autorizados.

B es la respuesta correcta.

Justificación:

A. Eliminar la cinta y entregarla en custodia a los investigadores de las autoridades proporciona una clara indicación de quién custodiaba de la cinta en todo momento.
B. Como varias personas tendrían acceso a la biblioteca de cintas, y podrían haber accedido y alterado la cinta, la cadena de custodia no se pudo verificar.
C. Sellar la cinta en un sobre formado y guardarlo bajo llave en una caja fuerte con doble control proporciona una clara indicación de quién custodiaba de la cinta en todo momento.
D. Entregar la cinta a investigadores independientes autorizados proporciona una clara indicación de quién custodiaba de la cinta en todo momento.

32. Cuando se prueba debidamente, ¿cuál de lo siguiente apoyaría de forma **MÁS** efectiva a un gerente de seguridad de información para hacer frente a una violación de seguridad?

A. Plan de continuidad del negocio
B. Plan de recuperación en caso de desastres
C. Plan de respuesta a incidentes
D. Plan de administración de la vulnerabilidad

C es la respuesta correcta.

Justificación:

A. Un plan de continuidad se activaría durante la ejecución del plan de respuesta a incidente en el caso de que se convirtiera en un desastre que provoque una interrupción grave del negocio.
B. Un plan de recuperación en caso de desastres se activaría durante la ejecución del plan de respuesta a incidente si se convierte en un desastre.
C. Un plan de respuesta a incidentes documenta el proceso que se debe seguir paso a paso, junto con las funciones y responsabilidades relacionadas que corresponden a todas las partes involucradas en responder a una violación de seguridad de información.
D. Un plan de administración de la vulnerabilidad es un procedimiento para resolver las vulnerabilidades técnicas y mitigar el riesgo a través de cambios de configuración (administración de parches).

33. La **PRINCIPAL** manera en la cual la gestión de incidentes de seguridad añade valor a una organización es a través de:

A. la reducción del nivel de amenaza global.
B. la optimización de los esfuerzos de gestión de riesgos.
C. la eliminación de los planes de recuperación redundantes.
D. la racionalización de la estructura de informes.

B es la respuesta correcta.

Justificación:

A. La gestión de incidentes de seguridad se centra en la prevención, la contención y la restauración de actividades y no reduce el nivel de amenaza.
B. La gestión de incidentes de seguridades un componente de la gestión de riesgos que puede proporcionar un equilibrio óptimo entre la prevención, la contención y la restauración.
C. Los planes de recuperación los crean los propietarios del proceso de negocio. La gestión de incidentes de seguridad idealmente debe integrarse con los planes de recuperación y continuidad, pero una empresa no busca evaluar estos planes para identificar redundancias.
D. Las estructuras de información por lo general se crean por razones de negocios. La gestión de incidentes de seguridad puede jugar un papel en la aclaración o modificación de las estructuras utilizadas para informar incidentes en particular, pero racionalizar la estructura de informes no es la manera principal en la cual la gestión de incidentes de seguridad agrega valor a una empresa.

34. ¿Por qué es el espacio de inactividad de valor para un gerente de seguridad de información como parte de una investigación de incidentes?

A. Allí se pueden almacenar datos escondidos.
B. El espacio de inactividad contiene información de inicio de sesión.
C. El espacio de inactividad está cifrado.
D. Proporciona un espacio flexible para la investigación.

A es la respuesta correcta.

Justificación:

A. El espacio de inactividad es el espacio no utilizado entre el final de los datos del archivo y el final del grupo que los datos.
B. La información de inicio de sesión no se suele almacenar en el espacio de inactividad.
C. El cifrado para el espacio de inactividad no es diferente del resto del sistema de archivos.
D. El espacio de inactividad no es un medio viable de almacenamiento durante una investigación.

35. ¿Cuál es el objetivo **PRIMARIO** de una revisión posterior a un incidente en respuesta al mismo?

A. Ajustar la provisión presupuestaria
B. Preservar los datos forenses
C. Mejorar el proceso de respuesta
D. Asegurar que el incidente esté totalmente documentado

C es la respuesta correcta.

Justificación:

A. Ajustar la provisión presupuestaria es secundario.
B. Los datos forenses ya se deberían haber preservado y esto no forma parte de la revisión posterior al incidente.
C. El objetivo primario es encontrar cualquier debilidad en el proceso actual y mejorarlo.
D. El incidente debería haberse documentado en su totalidad antes de realizar la revisión posterior al incidente; garantizar su integridad es secundario.

36. ¿Cuál es la base **PRINCIPAL** para un plan detallado de continuidad del negocio?

A. Consideración de las diferentes alternativas
B. La solución que sea menos costosa
C. Estrategias que incluyan todas las aplicaciones
D. Estrategias validadas por la alta gerencia

D es la respuesta correcta.

Justificación:

A. La alta gerencia debe seleccionar la estrategia más apropiada de entre las alternativas ofrecidas.
B. Todas las estrategias de recuperación tienen costes asociados, que incluyen costes de prepararse para las interrupciones y ponerlas en uso en el caso de una interrupción. Esto último puede asegurarse, pero no lo primero. La mejor opción de recuperación no necesita ser la menos costosa.
C. La selección de estrategia depende de la criticidad del proceso de negocio y de las aplicaciones que apoyan el proceso. No es necesario que cubra todas las aplicaciones.
D. Una estrategia de recuperación identifica la mejor forma de recuperar un sistema en caso de desastre y proporciona orientación basada en procedimientos detallados de recuperación que se pueden desarrollar. Se deben desarrollar diferentes estrategias y todas las alternativas se deben presentar a la alta gerencia. La alta gerencia debe seleccionar la estrategia más apropiada de entre las alternativas ofrecidas. La estrategia seleccionada debe usarse para el desarrollo adicional del plan detallado de continuidad del negocio.

37. Un servidor web en una institución financiera que se ha visto comprometido con una cuenta de superusuario se ha aislado, y se han seguido los procesos forenses apropiados. ¿Cuál es el mejor paso siguiente?

A. Reconstruir el servidor desde la última copia de seguridad verificada.
B. Colocar el servidor web en cuarentena.
C. Apagar el servidor de manera organizada.
D. Reconstruir el servidor con medios originales y parches relevantes.

D es la respuesta correcta.

Justificación:

A. Reconstruir desde la última copia de seguridad conocida verificada implica el riesgo de que dicha copia se puede haber visto comprometida por el superusuario en un momento diferente.
B. Colocar el servidor web en cuarentena ya debe haber ocurrido en el proceso forense.
C. Apagar en una forma organizada está fuera de secuencia y ya no es un problema. El proceso forense ya está terminado y ya se han adquirido las pruebas.
D. Los medios originales deben usarse, ya que uno nunca puede estar seguro de todos los cambios que un superusuario puede haber hecho ni de los momentos en que estos cambios se hicieron.

38. Las pruebas de un servidor comprometido se deben adquirir para una investigación forense. ¿Cuál sería la **MEJOR** fuente?
   A. Una copia a nivel de bits de la unidad de disco
   B. La última copia de seguridad verificada almacenada fuera del centro
   C. Datos de memoria volátil
   D. Servidores de copia de seguridad

A es la respuesta correcta.

Justificación:

   A. El archivo de imagen de copia a nivel de bits asegura pruebas de calidad forense que son admisibles en un tribunal judicial.
   B. La última copia de seguridad verificada no copiará todo y no proporcionará una imagen de calidad forense para el trabajo de investigación.
   C. Volcar la memoria corre el riesgo de que los archivos de intercambio u otras actividades del disco alteren las pruebas basadas en el disco. El consejo habitual de las autoridades es desconectar el enchufe del servidor comprometido para maximizar la conservación de las pruebas.
   D. Es posible que los servidores de emergencia no se hayan visto comprometidos.

39. ¿Cuál de las siguientes opciones es **MÁS** útil para que un equipo de respuesta a incidentes determine el nivel de gravedad de los incidentes de seguridad notificados?
   A. Revisar los últimos incidentes para determinar el impacto
   B. Integrar la gestión de incidentes de seguridad con la continuidad del negocio
   C. Mantener un inventario de activos y recursos
   D. Hacer participar a gerentes de las áreas operativas afectadas

D es la respuesta correcta.

Justificación:

   A. Los últimos incidentes pueden ser una guía útil para los tipos y la gravedad de los incidentes, pero no necesariamente proporcionarán información sobre un incidente actual.
   B. Integrar la gestión de incidentes de seguridad con la continuidad del negocio facilita la respuesta a incidentes graves, pero el nivel de gravedad se debe determinar antes de invocar el plan de continuidad del negocio.
   C. Mantener un inventario de activos y recursos puede ser útil al determinar la gravedad de los incidentes, pero no es un requisito.
   D. El equipo de respuesta a incidentes probablemente no esté tan informado en lo que respecta a cada área operativa afectada por un incidente de seguridad como los gerentes de dichas áreas, por lo que tiene sentido consultar con los gerentes para obtener sus impresiones.

40. ¿Cuál es la **PRIMERA** acción que un gerente de seguridad de información debe emprender cuando se notifica el robo de un ordenador portátil de la empresa?
   A. Evaluar el impacto de la pérdida de información.
   B. Actualizar el inventario corporativo de ordenadores portátiles.
   C. Iniciar los procedimientos de respuesta a incidentes adecuados.
   D. Inhabilitar la cuenta de usuario de inmediato.

C es la respuesta correcta.

Justificación:

   A. Evaluar el impacto de la pérdida de información sería una parte de los procedimientos de respuesta a incidentes.
   B. Actualizar el inventario es menos importante y puede hacerse en cualquier momento.
   C. El primer paso es iniciar los procedimientos de respuesta a incidentes.
   D. La desactivación de la cuenta de usuario formaría parte de la respuesta al incidente.

41. ¿Cuál de las siguientes acciones debe ocurrir de inmediato después de que se notifique una violación de seguridad a un gerente de seguridad de información?
    A. Confirmar el incidente.
    B. Determinar el impacto.
    C. Notificar a las partes interesadas afectadas.
    D. Aislar el incidente.

A es la respuesta correcta.

Justificación:

A. Antes de efectuar un análisis del impacto, o aislar el incidente, se debe validar como un incidente de seguridad real.
B. Antes de efectuar un análisis del impacto de un incidente, se debe validar como un incidente de seguridad real.
C. Antes de notificar a las partes interesadas, se debe validar como un incidente de seguridad real.
D. Antes de aislar el incidente, se debe validar como un incidente de seguridad real.

42. ¿Cuál es el factor **PRINCIPAL** que debe tomarse en consideración cuando se diseña la solución técnica para un centro de recuperación de desastres?
    A. Objetivo de entrega del servicio
    B. Objetivo de tiempo de recuperación
    C. Ventana de interrupción aceptable
    D. Interrupción máxima tolerable

C es la respuesta correcta.

Justificación:

A. El objetivo de entrega del servicio es el nivel de funcionalidad necesario que se debe ofrecer durante el modo de servicio alternativo hasta que se restablezca la situación normal, lo que se relaciona directamente con las necesidades del negocio.
B. El objetivo de tiempo de recuperación (RTO) se suele definir como el período de tiempo que transcurre entre el momento en el que ocurre un desastre y el momento en el cual se regresa a las operaciones normales o aceptables, definidas por el objetivo de nivel de servicio. El RTO debe ser inferior a la ventana de interrupción aceptable (AIW).
C. La duración de la AIW se define por la administración del negocio y determina el período de tiempo aceptable que debe transcurrir entre el momento en el que ocurre el desastre y la restauración de aplicaciones y servicios críticos. AIW suele basarse en el tiempo de inactividad antes de que la empresa sufra un daño económico importante. La implementación técnica de la recuperación de desastres se basará en esta restricción, especialmente la definición entre las opciones de recuperación del sitio duplicado, en caliente (hot), semicaliente (warm) o en frío (cold).
D. El tiempo máximo tolerable de interrupción es el tiempo que la empresa puede operar en modo alternativo, basado en numerosos factores, como los niveles de accesibilidad y rendimiento.

43. ¿Cuál es el factor **PRINCIPAL** que debe tenerse en cuenta cuando se diseña una estrategia de respaldo coherente con una estrategia de recuperación ante desastres?
   A. Volumen de los datos confidenciales
   B. Objetivo de punto de recuperación
   C. Objetivo de tiempo de recuperación
   D. Ventana de interrupción

B es la respuesta correcta.

Justificación:

   A. El volumen de datos se usará para determinar la capacidad de la solución de copia de seguridad.
   B. El objetivo de punto de recuperación define la pérdida máxima de datos aceptable por el negocio (i.e., antigüedad de los datos que se van a restaurar). Determinará directamente los elementos básicos de la estrategia de seguridad— frecuencia de las copias de seguridad y qué tipo de copias de seguridad es la más apropiada (disco-a-disco, en cinta, o duplicación).
   C. El objetivo de tiempo de recuperación—el tiempo entre desastre y regreso a la operación normal—no tendrá impacto sobre la estrategia de respaldo.
   D. La disponibilidad para restaurar copias de seguridad en un marco de tiempo coherente con la ventana de interrupción se tendrá que verificar e influirá en la estrategia (p. ej., copias de seguridad completas frente a incrementales), pero este no será el factor principal.

44. ¿Cuál de las siguientes acciones es **MÁS** importante cuando un servidor se infecta con un virus?
   A. Aislar el servidor infectado de la red.
   B. Identificar todo daño potencial causado por la infección.
   C. Garantizar que los archivos de la base de datos del virus sean actuales.
   D. Establecer las debilidades de seguridad en el cortafuegos.

A es la respuesta correcta.

Justificación:

   A. La prioridad en este evento es minimizar el efecto de la infección de virus e impedir que se propague retirando el servidor afectado de la red.
   B. Después que la red quede protegida contra más infecciones, se puede efectuar la evaluación del daño.
   C. Los archivos de firmas de virus deben actualizarse con regularidad, independientemente de cuándo se infectó un servidor.
   D. La detección de una infección por virus es la función del software antivirus y generalmente no suele estar relacionada con la debilidad del firewall.

45. ¿Cuál de los siguientes proporciona la **MEJOR** confirmación de que los objetivos del plan de continuidad del negocio/recuperación ante desastres (BCP/DRP) se han logrado?

A. El tiempo objetivo de recuperación no se ha superado durante las pruebas.
B. Las pruebas objetivas del BCP/DRP se han llevado a cabo de manera uniforme.
C. Las pruebas de DRP demostraron que el punto de recuperación objetivo era inadecuado.
D. Los activos de información se han evaluado y asignado a los propietarios de conformidad con el BCP/DRP.

A es la respuesta correcta.

Justificación:

A. Los logros constantes de los objetivos de tiempo de recuperación durante las pruebas proporcionan la evidencia de que los objetivos del plan de continuidad del negocio/recuperación ante desastres (BCP/DRP) se han logrado.
B. Las pruebas objetivas del BCP/DRP no servirán como base para evaluar la alineación del proceso de gestión de riesgos en la planificación de la continuidad de negocio/recuperación ante desastres.
C. Si el objetivo del punto de recuperación no es adecuado, no se han alcanzado los objetivos de los BCP.
D. La mera valoración y asignación de los activos de información a los propietarios (según el BCP/DRP) no servirá como base para evaluar la alineación del proceso de gestión de riesgos en la planificación de continuidad de negocio/recuperación ante desastres.

46. ¿Cuál de las siguientes situaciones sería la **MAYOR** preocupación para un responsable de seguridad?

A. Los registros de auditoria no se han habilitado en un servidor de producción.
B. El ID de conexión para un analista de sistemas despedido aún existe en el sistema.
C. El centro de soporte ha recibido numerosos informes de usuarios que reciben correos electrónicos de phishing.
D. Se ha encontrado un troyano instalado en el ordenador portátil de un administrador del sistema.

D es la respuesta correcta.

Justificación:

A. Si no se habilitan los registros de auditoría en un servidor de producción, aunque es importante, no supone una amenaza tan inmediata o crítica como un troyano instalado en el ordenador portátil de un administrador del sistema.
B. El ID de inicio de sesión de un empleado despedido en el sistema supone un riesgo, pero a menos que sea un empleado descontento o con mala intención, es poco probable que suponga una amenaza crítica.
C. Varios informes de correos electrónicos de phishing constituyen un riesgo. Pero en este caso, los empleados reconocen la amenaza y están respondiendo de manera adecuada, por lo que no es una amenaza crítica.
D. El descubrimiento de un troyano instalado en el ordenador portátil del administrador del sistema es una amenaza muy significativa de un atacante y puede significar que las cuentas y contraseñas de usuarios privilegiados se han visto comprometidas.

47. Se ha informado de que una base de datos con información de tarjetas de crédito de clientes ha sido sustraída por intrusos. ¿Cuál es el **PRIMER** paso para abordar este ataque?
   A. Confirmar el incidente.
   B. Notificar a la alta dirección.
   C. Iniciar la contención.
   D. Notificar a las autoridades.

A es la respuesta correcta.

Justificación:

   A. Validar que la condición es un incidente de seguridad auténtico es el primer paso necesario para determinar la respuesta correcta.
   B. Notificar a la alta dirección podría ser parte del proceso de respuesta a incidentes que tiene lugar después de confirmar un incidente.
   C. La etapa de contención seguiría a la confirmación del incidente.
   D. Notificar a las autoridades a través de la parte adecuada podría ser parte del proceso de respuesta a incidentes que tiene lugar después de confirmar un incidente.

48. Se usó un root kit para capturar información detallada sobre las cuentas a cobrar. ¿Cuál es el siguiente paso para garantizar la admisibilidad de pruebas desde una perspectiva legal, una vez que el incidente se ha identificado y el servidor se ha aislado?
   A. Documentar cómo ocurrió el ataque.
   B. Notificar a las autoridades.
   C. Tomar una copia de imagen de los medios.
   D. Cerrar el sistema de cuentas por cobrar.

C es la respuesta correcta.

Justificación:

   A. La documentación sigue a la copia de la imagen y puede ser complementaria.
   B. Notificar a las autoridades viene después de la copia de la imagen, la conservación de las pruebas y el mantenimiento de la cadena de custodia.
   C. Sacar una copia de imagen de los medios, junto con la conservación de las demás pruebas y el mantenimiento de la cadena de custodia, es una práctica recomendada para garantizar la admisibilidad legal.
   D. Cerrar el sistema de cuentas a cobrar no es una solución práctica.

49. ¿Cuál de las siguientes opciones es **MÁS** importante cuando se recogen pruebas para el análisis forense?
   A. Garantizar la asignación de personal calificado.
   B. Pedir que el departamento de TI haga una copia de imagen.
   C. Desconectar de la red y aislar los dispositivos afectados.
   D. Garantizar que el personal de las autoridades esté presente antes de que comience el análisis forense.

A es la respuesta correcta.

Justificación:

   A. Sin la asignación inicial de experiencia forense, es posible que no se conserven adecuadamente los niveles necesarios de las evidencias.
   B. Es improbable que el departamento de TI tenga el nivel de experiencia necesario, por lo tanto, se le debe impedir que emprenda una acción.
   C. Desconectarse de la red puede ser un paso prudente antes de reunir pruebas, pero no elimina el requisito de contar con personal forense debidamente calificado.
   D. Es probable que se notifique a las autoridades después de que se haya realizado el análisis forense.

50. ¿Cuál de las siguientes medidas indicará **MEJOR** la efectividad de un proceso de respuesta incidentes?

A. Número de incidentes abiertos
B. Reducción del número de incidentes de seguridad
C. Reducción del tiempo promedio de respuesta ante un incidente
D. Número de incidentes gestionados por mes

C es la respuesta correcta.
Justificación:

A. El número total de incidentes abiertos no es un indicador de la efectividad de la respuesta incidentes, debido a que el equipo no tiene control directo sobre el número de incidentes que debe gestionar en un momento dado.
B. La reducción en el número de incidentes de seguridad por lo general no puede atribuirse a la efectividad del equipo de respuesta, sino más bien a controles mejorados.
C. La reducción en el tiempo de respuesta ayuda a mitigar el impacto del incidente y es el mejor indicador de la efectividad del proceso de respuesta a incidentes.
D. El número de incidentes gestionados por mes no sería un indicador directo de la efectividad del equipo.

51. Para justificar el establecimiento de un equipo de gestión de incidentes, ¿cuál de las siguientes opciones sería **MÁS** efectiva para el responsable de seguridad de información?

A. Evaluación del impacto de incidentes anteriores sobre el negocio
B. Necesidad de una revisión independiente de las causas del incidente
C. Necesidad de constante mejora del nivel de seguridad
D. Posibles beneficios del negocio provenientes de la reducción de un impacto de incidente

D es la respuesta correcta.

Justificación:

A. Se necesitaría efectuar una evaluación del impacto sobre el negocio de incidentes pasados para articular los beneficios.
B. Hacer una revisión independiente beneficia al proceso de gestión de incidentes.
C. La necesidad de una mejora continua en el nivel de seguridad es un beneficio para la organización.
D. Los beneficios del negocio provenientes de la reducción del impacto de incidentes sería la meta más importante para establecer un equipo de gestión de incidentes.

52. Una base de datos se ha visto comprometida porque se ha adivinado la contraseña para una cuenta administrativa compartida y se ha robado información confidencial de los clientes. ¿El responsable de seguridad de información ha podido detectar esta violación mediante el análisis de cuál de los siguientes?

A. Intentos no válidos de inicio de sesión
B. Violaciones de acceso de escritura
C. Inicios de sesión simultáneos
D. Registros de cortafuegos

A es la respuesta correcta.

Justificación:

A. Como la contraseña para la cuenta administrativa compartida se obtuvo adivinándola, es probable que hubiera múltiples intentos infructuosos de inicio de sesión antes de que se dedujera la contraseña correcta. Buscar los registros de intentos no válidos de inicio de sesión podría, por lo tanto, conducir al descubrimiento de esta actividad no autorizada.
B. Las violaciones de acceso de escritura no se observarían necesariamente porque la información solo se copió y no se alteró.
C. Como la cuenta es compartida, revisar los registros en busca de inicios de sesión simultáneos no revelaría actividad no autorizada; el uso simultáneo es habitual en esta situación.
D. Los registros del cortafuegos no contendrían necesariamente información respecto a los intentos de inicio de sesión.

53. La revisión posterior a un incidente de seguridad ha puesto de manifiesto que hubo un proceso que no fue supervisado. Como resultado, se ha implementado la funcionalidad de supervisión. ¿Cuál de las siguientes opciones sería la **MEJOR** que se espera de esta acción correctora?
   A. Reducción de la duración total de los incidentes
   B. Aumento de la tolerancia al riesgo
   C. Mejora en la identificación
   D. Facilitación del escalamiento

C es la respuesta correcta.

Justificación:

A. La supervisión puede alargar la duración del incidente, ya que todos los eventos se investigan y posiblemente se escalen para una posterior corrección.

B. La tolerancia al riesgo es una determinación de la alta dirección que se basa en los resultados de un análisis de riesgo y cuánto riesgo considera esta que es capaz de gestionar la empresa de manera efectiva. La tolerancia al riesgo no cambiará a partir de la implementación de un proceso de supervisión.

C. Cuando un proceso clave no se supervisa, puede hacer que una vulnerabilidad o amenaza de seguridad no se descubra, dando lugar a un incidente de seguridad. Cuando se implementa una supervisión coherente, la identificación de vulnerabilidades y amenazas mejorará.

D. La supervisión en sí misma es solo una herramienta de identificación y notificación; tiene poca relación con la forma en que la información se transmite a otros miembros del personal para que lo investiguen y resuelvan.

54. Para determinar cómo se produjo una violación de seguridad en la red corporativa, un responsable de seguridad analiza los registros de varios dispositivos. ¿Cuál de los siguientes facilita **MEJOR** la correlación y revisión de estos registros?
   A. Servidor de base de datos
   B. Servidor de nombres de dominio
   C. Servidor de tiempo
   D. Servidor de proxy

C es la respuesta correcta.

Justificación:

A. El servidor de base de datos no ayudará en la correlación y revisión de los registros.

B. El servidor de nombres de dominio no ayudará en la correlación y revisión de los registros.

C. Para reconstruir con exactitud el curso de los acontecimientos, se necesita una referencia de tiempo y eso lo suministra el servidor de tiempo.

D. El servidor proxy no ayudará en la correlación y revisión de los registros.

55. Una empresa ha sufrido varios ataques de seguridad basados en la red que parecen originarse internamente. ¿Cuál es la **MEJOR** acción?
   A. Requerir el uso de contraseñas seguras.
   B. Asignar direcciones de protocolo de Internet estáticas.
   C. Implementar software de registro centralizado.
   D. Instalar un sistema de detección de intrusos.

D es la respuesta correcta.

Justificación:

A. Requerir el uso de contraseñas fuertes no será lo suficientemente efectivo contra un ataque interno basado en la red.

B. Asignar direcciones de protocolo de Internet (IP) no será efectivo, ya que estas se pueden falsificar.

C. Implementar software de registro centralizado no necesariamente proporcionará información sobre la fuente del ataque.

D. Instalar un sistema de detección de intrusos (IDS) permitirá al responsable de seguridad de información señalar mejor la fuente del ataque para que se puedan tomar medidas correctoras. Un IDS no se limita a la detección de ataques que se originan externamente. La colocación correcta de agentes en la red interna puede usarse de manera efectiva para detectar un ataque interno.

56. Los incidentes de seguridad graves suelen conducir a un interés renovado por parte de la dirección en la seguridad de la información que luego se desvanece con el tiempo. ¿Qué oportunidad debe aprovechar el responsable de seguridad de la información para utilizar **MEJOR** este interés renovado?
   A. Mejorar la integración de los procesos de seguridad de la información y del negocio
   B. Aumentar los presupuestos y los niveles de personal de seguridad de la información
   C. Desarrollar controles más estrictos y esfuerzos de cumplimiento más fuertes
   D. Adquirir mejores controles de seguridad técnica suplementaria

A es la respuesta correcta.

Justificación:

A. Una integración más cercana del gobierno de la seguridad de la información con el gobierno corporativo es probable que proporcione mejor seguridad de la información a largo plazo mediante la institucionalización de actividades y el incremento de la visibilidad de todas las actividades organizacionales.

B. Incrementar los presupuestos y el personal puede mejorar la seguridad de la información, pero no tendrán el mismo impacto benéfico que incorporar la seguridad en los niveles estratégicos de las operaciones de la empresa.

C. La solidez en el control y los esfuerzos de cumplimiento deben equilibrarse con los requisitos del negocio, la cultura y otros factores organizativos que se acometen de mejor manera a nivel de gobierno.

D. Si bien los controles técnicos de seguridad pueden mejorar algunos aspectos de la seguridad, no abordarán aspectos gerenciales ni proporcionarán los cambios organizativos duraderos que se necesitan para mejorar los niveles de madurez.

57. Se ha informado y erradicado un incidente con un virus. El responsable de seguridad de la información está **MÁS** interesado en conocer:

A. la configuración del sistema de detección de intrusos.
B. el tipo y la carga de datos del virus.
C. la vía de entrada del virus.
D. el origen del virus.

C es la respuesta correcta.

Justificación:

A. Puesto que el virus se ha notificado y erradicado, no existe razón para sospechar que el sistema de detección de intrusos esté mal configurado. El primer paso es determinar la vía de entrada para que la investigación pueda identificar qué controles fallaron.
B. La información del tipo y la carga de datos del virus es una consideración secundaria porque la erradicación ha concluido.
C. Para prevenir la recurrencia, el responsable de seguridad debe averiguar de qué manera el virus entró al sistema e implementar los controles requeridos.
D. El origen del virus no es información con la que se pueda actuar de inmediato y no es necesariamente relevante.

58. ¿Cuál de los siguientes procesos es crítico para decidir priorizar las acciones en un plan de continuidad del negocio?

A. Análisis del impacto en el negocio
B. Evaluación de riesgos
C. Evaluación de vulnerabilidades
D. Asignación de los procesos de negocios

A es la respuesta correcta.

Justificación:

A. Un análisis de impacto en el negocio (BIA) proporciona resultados, tales como el impacto proveniente de un incidente de seguridad y tiempo de respuesta requerido. El BIA es el proceso más crítico para decidir a qué parte del sistema de información o proceso de negocio se le debe dar prioridad en caso de un incidente de seguridad.
B. La evaluación del riesgo es un proceso muy importante para la creación de un plan de continuidad del negocio. La evaluación del riesgo proporciona información sobre la probabilidad de que ocurra un incidente de seguridad y asiste en la selección de medidas correctoras, pero no en la asignación de sus prioridades.
C. Una evaluación de la vulnerabilidad proporciona información acerca de la debilidad de la seguridad en el sistema y apoya el proceso de análisis de riesgos.
D. La asignación de los procesos de negocios facilita la creación del plan porque ofrece orientación de la asignación sobre las acciones después de que se ha tomado la decisión sobre los procesos críticos del negocio – traduce la priorización del negocio en priorización de TI. La asignación de los procesos de negocios no ayuda a tomar una decisión, sino a implementarla.

59. Además de los datos de respaldo, ¿cuál de las siguientes opciones es la **MÁS** importante almacenar fuera del centro en caso de un desastre?
   A. Copias de contratos críticos y acuerdos de nivel de servicio
   B. Copias del plan de continuidad del negocio
   C. Contratos clave de depósito en custodia de software para los sistemas comprados
   D. Lista de números de emergencia de los proveedores de servicio

B es la respuesta correcta.

Justificación:

   A. Las copias de los contratos y los acuerdos de nivel de servicio no serían tan inmediatamente críticas como el propio plan de continuidad del negocio (BCP).
   B. Sin una copia del BCP, los esfuerzos de recuperación se verían gravemente obstaculizados o podrían no ser efectivos. El BCP contiene una lista de los números de emergencia de los proveedores de servicio.
   C. Los acuerdos clave de custodia de software no serían tan inmediatamente críticos como el propio BCP.
   D. La lista de números de emergencia formaría parte del BCP.

60. ¿Cuál de las siguientes es la consideración **MÁS** importante para una empresa que interactúa con los medios de comunicación durante un desastre?
   A. Comunicar mensajes redactados especialmente por medio de una persona autorizada
   B. Abstenerse de hacer comentarios hasta que se complete la recuperación
   C. Remitir los medios de comunicación a las autoridades
   D. Informar sobre las pérdidas y la estrategia de recuperación a los medios

A es la respuesta correcta.

Justificación:

   A. Se deben comunicar con rapidez mensajes apropiados a través de una persona específica identificada, de modo que no haya rumores o declaraciones que puedan dañar la reputación.
   B. Se recomienda abstenerse de hacer comentarios hasta que se complete la recuperación y hasta que el mensaje a comunicar esté claro y el portavoz se haya dirigido a los medios.
   C. No se recomienda remitir los medios de comunicación a las autoridades.
   D. No se recomienda informar sobre las pérdidas y la estrategia de recuperación a los medios.

61. Durante la revisión de seguridad de los servidores de la organización, se descubrió que un servidor de archivos que contiene datos de recursos humanos (HR) confidenciales estaba disponible para todos los ID de los usuarios. ¿Cuál es el **PRIMER** paso que debe realizar el responsable de seguridad?
   A. Copiar archivos de muestra como prueba.
   B. Eliminar los privilegios de acceso a la carpeta que contiene los datos.
   C. Informar de esta situación al propietario de los datos.
   D. Formar al equipo de Recursos Humanos sobre cómo controlar de forma adecuada los permisos de archivos.

C es la respuesta correcta.

Justificación:

A. No se recomienda copiar archivos de muestra como evidencia porque quebranta los requisitos de confidencialidad del archivo.

B. Eliminar privilegios de acceso a la carpeta que contiene los datos lo debe llevar a cabo el propietario de los datos o el responsable de seguridad en consulta con el propietario de los datos; con frecuencia el responsable de seguridad no tendría este derecho, de todas maneras, esto debería hacerse solo después de informar formalmente sobre el incidente.

C. Antes de tomar cualquier acción, se debe informar del problema al propietario de los datos.

D. Formar al equipo de recursos humanos sobre cómo controlar de forma adecuada los permisos de archivos es el método para prevenir este tipo de incidentes en el futuro, pero se debe realizar después de que se hayan completado las actividades de notificación e investigación del incidente.

62. ¿Cuál es el enfoque **PRINCIPAL** si una empresa considera emprender acciones legales debido a un incidente de seguridad?
   A. Obtener pruebas tan pronto como sea posible.
   B. Mantener la integridad de las pruebas.
   C. Desconectar todos los equipos de TI afectados.
   D. Reconstruir la secuencia de eventos.

B es la respuesta correcta.

Justificación:

A. Obtener pruebas tan pronto como sea posible forma parte del procedimiento de investigación, pero no es tan importante como preservar la integridad de las pruebas.

B. La integridad de las pruebas se debe mantener siguiendo las técnicas forenses apropiadas para obtenerlas y un procedimiento de cadena de custodia para mantenerlas (de modo que se acepten en un tribunal de justicia).

C. Desconectar todos los equipos de TI afectados forma parte del procedimiento de investigación, pero no es tan importante como preservar la integridad de las pruebas.

D. Reconstruir la secuencia de eventos forma parte del procedimiento de investigación, pero no es tan importante como preservar la integridad de las pruebas.

63. ¿Cuál de las siguientes consideraciones tiene la mayor prioridad cuando se define un plan de respuesta para casos de emergencia?

A. Datos críticos
B. Infraestructura crítica
C. Seguridad del personal
D. Datos demográficos

C es la respuesta correcta.

Justificación:

A. Los datos críticos son secundarios a la seguridad del personal.
B. La infraestructura crítica es secundaria a la seguridad del personal.
C. La seguridad de los empleados de una empresa debería ser la consideración más importante de conformidad con las leyes sobre seguridad de los recursos humanos. La seguridad del personal es la primera consideración en cualquier proceso o práctica de gestión.
D. Los datos demográficos son secundarios a la seguridad del personal.

64. La finalidad **PRINCIPAL** de involucrar a equipos externos para que lleven a cabo las revisiones posteriores a los incidentes de seguridad de la información es:

A. permitir una revisión independiente y objetiva de la causa raíz de los incidentes.
B. obtener apoyo para mejorar la pericia de los equipos externos.
C. identificar las lecciones aprendidas para mejorar aún más el proceso de gestión de seguridad de la información.
D. obtener mayor aceptación para el programa de seguridad de la información.

A es la respuesta correcta.

Justificación:

A. Siempre es recomendable evitar el conflicto de intereses que se crea al permitir que el equipo de seguridad de la información lleve a cabo la evaluación posterior al evento.
B. Obtener apoyo para mejorar la pericia de los equipos externos es una de las ventajas, pero no es el propósito principal.
C. Identificar las lecciones aprendidas para mejorar aún más el proceso de gestión de seguridad de la información es el propósito general de llevar a cabo la revisión posterior al incidente.
D. Obtener una mayor aceptación para el programa de seguridad de la información es una razón secundaria para involucrar equipos de terceros.

65. ¿Cuál es el objetivo **MÁS** importante de una revisión posterior al incidente?

A. Capturar las lecciones aprendidas para mejorar el proceso.
B. Desarrollar un proceso para la mejora continua.
C. Desarrollar un caso de negocio para el presupuesto del programa de seguridad.
D. Identificar nuevas herramientas de gestión de incidentes.

A es la respuesta correcta.

Justificación:

A. El objetivo principal de una revisión posterior al incidente es identificar áreas de mejora en el proceso.
B. Desarrollar un proceso para la mejora continua no es el objetivo de una revisión posterior al incidente.
C. Desarrollar un caso de negocio para el presupuesto del programa de seguridad puede estar respaldado por el análisis del incidente, pero no el objetivo principal.
D. Identificar nuevas herramientas de gestión de incidentes de seguridad puede derivarse del análisis del incidente, pero no es el objetivo principal.

66. ¿Cuál de las siguientes es la consideración **MÁS** crítica cuando se recogen y conservan pruebas admisibles durante la respuesta a un incidente?
   A. Desconexión de los sistemas
   B. La cadena de custodia
   C. Segregación de funciones
   D. Sincronización de los relojes

B es la respuesta correcta.

Justificación:

A. Desconectar los sistemas suele ser la opción elegida a la hora de preservar las pruebas, pero es solo un paso.
B. Una evidencia admisible debe de ser recogida y conservada manteniendo la cadena de custodia.
C. La segregación de funciones no es necesaria para recoger y conservar pruebas porque todo el proceso lo puede hacer una persona.
D. La sincronización de los relojes no es tan importante para la recogida y conservación de pruebas admisibles.

67. En una investigación forense, ¿cuál de los siguientes sería el factor **MÁS** importante?
   A. Operación de un proceso efectivo de gestión de incidentes
   B. Identificación de áreas de responsabilidad
   C. Participación de las autoridades
   D. Pericia de los recursos

D es la respuesta correcta.

Justificación:

A. La operación de un proceso efectivo de gestión de incidentes de seguridad debe ocurrir antes de una investigación.
B. La identificación de áreas de responsabilidad debe ocurrir antes de una investigación.
C. La participación de las autoridades depende de la naturaleza de la investigación.
D. El factor más importante en una investigación forense es la pericia de los recursos que participan en el proyecto debido a la complejidad inherente.

68. El factor **MÁS** importante en la planificación para la retención a largo plazo de registros del negocio almacenados en formato electrónico es tener en cuenta los posibles cambios en:
   A. la capacidad de almacenamiento y su tiempo de vida.
   B. los requisitos regulatorios y legales.
   C. la estrategia y dirección del negocio.
   D. las aplicaciones y medios de almacenamiento.

D es la respuesta correcta.

Justificación:

A. La capacidad de almacenamiento y el tiempo de vida en almacenamiento son importantes, pero son aspectos secundarios.
B. Los requisitos legales y reglamentarios generalmente no se aplican a la retención a largo plazo de registros de negocio que se almacenan en formato electrónico.
C. La estrategia y dirección de negocio por lo general no se aplican en la retención a largo plazo de registros de negocio que se almacenan en formato electrónico.
D. La retención a largo plazo de registros de negocio puede recibir un impacto muy grave de los cambios en las aplicaciones y medios de almacenamiento. Por ejemplo, los datos almacenados en formatos no estándar que solo pueden leer e interpretar aplicaciones puestas fuera de servicio antes pueden ser difíciles, si no imposibles, de recuperar.

69. Existen diferentes tipos de pruebas para probar la efectividad de los planes de recuperación. ¿Cuál de las siguientes opciones ocurre durante una prueba paralela, pero no lo hace durante una prueba de simulación?

A. Los miembros del equipo siguen las tareas individuales de recuperación.
B. Las operaciones en el centro principal se interrumpen.
C. Se utiliza un escenario ficticio para la prueba.
D. El centro de recuperación se lleva al estado de capacidad operativa.

D es la respuesta correcta.

Justificación:

A. Un recorrido de todas las tareas de recuperación necesarias es parte de ambas pruebas.
B. Solo una prueba de interrupción total incluye la interrupción de operaciones del sitio principal.
C. Las pruebas paralelas y de simulación dependen de escenarios ficticios.
D. Una prueba de recuperación paralela incluye la prueba de capacidades operativas del sitio de recuperación, mientras que una prueba de simulación se centra en el juego de roles.

70. ¿Cuál de las siguientes opciones es el **MEJOR** dato para la definición de las directrices de escalamiento?

A. Cuestiones de gestión de riesgos
B. Un análisis de impacto y riesgo
C. Informes de revisión de aseguramiento
D. La efectividad de los recursos

B es la respuesta correcta.

Justificación:

A. La gestión de riesgos debe lidiar principalmente con los controles y no es una base viable para la definición de las directrices de escalamiento.
B. Un análisis de impacto y riesgo será la base para determinar qué niveles de autoridad son necesarios para responder a incidentes particulares.
C. Los informes y los resultados de la revisión de aseguramiento, como la descripción de la efectividad de los informes, son principalmente adecuados para el control de la comunicación con las partes interesadas.
D. La efectividad de los recursos pertenece a la descripción de los informes y la comunicación y no es una base viable para la definición de directrices de escalamiento.

71. ¿Cuál de las siguientes opciones es **MÁS** importante verificar para garantizar la disponibilidad de los procesos clave de negocio en un centro alternativo?

A. Objetivo de tiempo de recuperación
B. Matriz de delegación funcional
C. Disponibilidad del personal en el lugar
D. Flujo de transacciones de extremo a extremo

D es la respuesta correcta.

Justificación:

A. El objetivo de tiempo de recuperación (RTO) puede abordar solo una parte de los requisitos para garantizar las operaciones del negocio de extremo a extremo en el centro alternativo.
B. La delegación funcional es de importancia secundaria para garantizar la disponibilidad del proceso en el sitio alternativo.
C. La disponibilidad del personal es importante solo en tanto tenga un impacto sobre la disponibilidad del proceso en el centro alternativo.
D. Hasta que se establezca el flujo de transacciones de extremo a extremo, la recuperación no es completa. Alcanzar el RTO es menos importante que alcanzar la recuperación total.

72. Una empresa verificó que la información de sus clientes estuvo expuesta recientemente. ¿Cuál de los siguientes es el **PRIMER** paso que debe dar un responsable de seguridad en esta situación?

   A. Informar a la alta dirección.
   B. Determinar la magnitud de la exposición.
   C. Notificar el incidente a las autoridades.
   D. Comunicarse con los clientes afectados.

B es la respuesta correcta.

Justificación:

   A. Antes de notificar el incidente a la alta dirección, es necesario evaluar la magnitud de la exposición.
   B. Antes de notificar el incidente a la alta dirección, los clientes afectados o las autoridades, se debe determinar la magnitud de la exposición.
   C. Notificar el incidente a las autoridades es una decisión de la gerencia y no depende del responsable de seguridad.
   D. La comunicación con los clientes afectados es una tarea de gestión y no es responsabilidad del responsable de seguridad.

73. ¿Cuál de las siguientes opciones es el **MEJOR** método para determinar el impacto de un ataque distribuido de denegación de servicio en un negocio?

   A. Identificar las fuentes de tráfico malicioso.
   B. Entrevistar a los usuarios y documentar sus respuestas.
   C. Determinar la criticidad de los servicios afectados.
   D. Revisar los registros de los cortafuegos y el sistema de detección de intrusos.

C es la respuesta correcta.

Justificación:

   A. Identificar las fuentes del ataque puede ser útil para detener el ataque, pero no ayuda a determinar el impacto.
   B. El impacto global de un ataque distribuido de denegación de servicio puede estar más allá de la comprensión de los usuarios ya que pueden verse afectados los servidores, bases de datos, enrutadores, etc.
   C. La criticidad de los servicios afectados determinará el impacto en el negocio. Si los servicios afectados no son críticos, entonces no hay una causa para alarmarse.
   D. Los registros pueden identificar la naturaleza del ataque en lugar del impacto.

74. ¿Cuál es la consideración **PRINCIPAL** cuando se define el objetivo de tiempo de recuperación para los activos de información?

   A. Requisitos reglamentarios
   B. Requisitos del negocio
   C. Valor financiero
   D. Disponibilidad de recursos de TI

B es la respuesta correcta.

Justificación:

   A. Los requisitos regulatorios podrían no ser coherentes con los requisitos del negocio.
   B. La criticidad para los negocios siempre debería prevalecer en la toma de dediciones.
   C. El valor financiero de un activo puede no corresponder con su valor de negocio y es irrelevante.
   D. Pese a ser una de las consideraciones, la disponibilidad de recursos de TI no es un factor principal.

75. ¿Qué acción se debería llevar a cabo una vez verificado el incidente de seguridad?

A. Identificar el incidente.
B. Contener el incidente.
C. Determinar la causa del incidente.
D. Evaluar la vulnerabilidad.

B es la respuesta correcta.

Justificación:

A. Identificar el incidente significa verificar si el incidente ocurrió y averiguar más detalles acerca del mismo.
B. Una vez que se ha confirmado (identificado) un incidente, el equipo de gestión de incidentes de seguridad debe evitar futuras exposiciones.
C. Después de contener el incidente, se determina la causa del mismo.
D. Una vez determinada la causa raíz del incidente, se evalúa la vulnerabilidad para comprobar si la vulnerabilidad se ha resuelto.

76. El factor **PRINCIPAL** que determina la interrupción máxima tolerable es:

A. recursos disponibles.
B. capacidades operativas.
C. diversidad de redes de larga distancia.
D. protección de la última milla.

A es la respuesta correcta.

Justificación:

A. La principal variable que afecta la capacidad de gestionar en el sitio de recuperación es la disponibilidad adecuada de recursos, al igual que el combustible diésel lo es para hacer funcionar los generadores. Aunque los recursos se tendrían en cuenta durante el cálculo inicial de la MTO, las circunstancias asociadas con la recuperación ante desastres suelen tener impactos inesperados en la disponibilidad de recursos. Como resultado, es posible que no se cumplan las expectativas durante los eventos del mundo real.
B. Las capacidades operativas del sitio de recuperación se habrían predeterminado y tenido en cuenta en la MTO.
C. La diversidad de largo recorrido no afecta a la MTO.
D. La protección de última milla no afecta a la MTO.

77. Al definir procedimientos de respuesta a incidentes, un responsable de seguridad de la información debe centrarse **PRINCIPALMENTE** en:

A. cerrar tickets de incidentes en un período de tiempo predeterminado.
B. reducir el número de incidentes.
C. Minimizar las interrupciones operativas.
D. cumplir con los objetivos de entrega del servicio.

D es la respuesta correcta.

Justificación:

A. Cerrar tickets no es una prioridad de respuesta a incidentes.
B. Reducir el número de incidentes es el enfoque de la gestión de incidentes de seguridad global.
C. Minimizar el impacto sobre las operaciones no es necesariamente el enfoque principal. Algunas interrupciones en las operaciones pueden estar dentro de los límites aceptables.
D. El enfoque principal de la respuesta a incidentes es garantizar que se cumplan los objetivos de entrega del servicio.

78. ¿Cuál de las siguientes capacidades es **MÁS** importante para un proceso de gestión de incidentes de seguridad efectivo? La capacidad de la empresa para:
    A. detectar el incidente.
    B. responder al incidente.
    C. clasificar el incidente.
    D. registrar el incidente.

A es la respuesta correcta.

Justificación:

A. **Una empresa debe tener la capacidad de detectar el incidente para responder a él, registrarlo y clasificarlo. Incluso si la respuesta no es posible, la detección permite a las partes interesadas estar informadas.**
B. Responder a un incidente es una parte esencial de la gestión de incidentes, pero se debe detectar primero.
C. Los incidentes detectados se deben clasificar según su impacto.
D. Los incidentes no se pueden registrar a menos que se detecten.

79. ¿Cuál de las siguientes opciones sería la **MÁS** apropiada para recopilar y guardar pruebas?
    A. Discos duros cifrados
    B. Software de auditoría genérico
    C. Procesos forenses probados
    D. Software de correlación de registros

C es la respuesta correcta.

Justificación:

A. El hecho de que los discos duros estén cifrados no es relevante a la hora de recopilar y conservar las pruebas.
B. El software de auditoría no es útil a la hora de recopilar y preservar pruebas.
C. **Cuando se recopilan pruebas sobre un incidente de seguridad, es sumamente importante seguir procedimientos forenses adecuados para tratar las evidencias electrónicas mediante un método aprobado por las jurisdicciones locales.**
D. El software de correlación de registros sería útil para recopilar los datos sobre un incidente; no obstante, si estos datos no se recogen mediante un método aprobado por las jurisdicciones locales pueden no aceptarse como prueba ante un tribunal.

80. ¿Cuál de los siguientes es el aspecto **MÁS** importante de las investigaciones forenses que puede acarrear acciones legales?
    A. La autonomía del investigador
    B. La puntualidad de las investigaciones
    C. La identificación del perpetrador
    D. La cadena de custodia

D es la respuesta correcta.

Justificación:

A. La autonomía del investigador puede ser un aspecto importante, aunque no el más relevante.
B. La puntualidad de la investigación es importante para contener el incidente, aunque no es tan relevante para la investigación forense.
C. La identificación del perpetrador es relevante, sin embargo, es más importante mantener la cadena de custodia para que el tribunal le declare culpable.
D. **Establecer la cadena de custodia es uno de los pasos más importantes cuando se llevan a cabo investigaciones forenses, puesto que este procedimiento preserva las evidencias de manera que las admita el tribunal.**

81. Durante el examen de un sistema informático para hallar pruebas forenses, los datos en el dispositivo sospechoso fueron alterados por error. ¿Cuál debió ser el **PRIMER** paso a seguir en el proceso investigativo?

A. Crear una copia de seguridad del dispositivo sospechoso en un dispositivo nuevo.
B. Crear una imagen bit a bit de la fuente del dispositivo original en un nuevo dispositivo.
C. Realizar una copia de todos los archivos relevantes para la investigación.
D. Ejecutar un programa de detección de errores en todas las unidades lógicas para garantizar que no hay errores de disco.

B es la respuesta correcta.

Justificación:

A. Una copia de seguridad no guarda el cien por cien de los datos, como archivos borrados o eliminados y datos en el espacio no utilizado del disco, que pueden ser cruciales para el proceso investigativo.
B. El disco duro original o el dispositivo sospechoso no deberían usarse nunca como la fuente para el análisis. La fuente o dispositivo original deberían estar asegurados físicamente y utilizarse únicamente como modelo principal para crear una imagen bit a bit. El original debería almacenarse utilizando los procedimientos de cadena de custodia apropiados, según su ubicación. En el análisis se debe utilizar la imagen creada para el análisis forense.
C. Una vez que los datos de la fuente se alteran, es posible que el tribunal ya no los admita.
D. Continuar la investigación y documentar la fecha, hora y datos alterados son acciones que tal vez no se admitan en un proceso judicial. La empresa necesita conocer los detalles correspondientes a la recopilación y conservación de pruebas forenses relativas a su jurisdicción.

82. ¿Cuál de las siguientes estrategias de recuperación tiene **MAYORES** posibilidades de fracasar?

A. Centro de emergencia alternativo completamente equipado
B. Centro redundante
C. Acuerdo de reciprocidad
D. Centro de emergencia alternativo sin equipos

C es la respuesta correcta.

Justificación:

A. Un centro de emergencia alternativo completamente equipado es incorrecto porque es un centro completamente equipado con capacidades de procesamiento y otros servicios establecidos por el proveedor.
B. Un centro redundante es incorrecto porque es un centro equipado y configurado exactamente como el sitio principal.
C. Un acuerdo de reciprocidad es un acuerdo que permite que dos empresas se apoyen mutuamente durante un desastre. Este método parece conveniente, pero tiene grandes posibilidades de fracasar debido a problemas que surgen cuando se necesita conservar los acuerdos, mantener los planes actualizados y proporcionar una capacidad de procesamiento adecuada.
D. Un centro de emergencia alternativo sin equipos es incorrecto porque es una construcción que cuenta con un ambiente básico (cableado eléctrico, aire acondicionado, suelo, etc.), listo para recibir equipos para operar.

83. El objetivo de punto de recuperación se puede utilizar para determinar ¿cuál de las siguientes acciones?

A. El periodo mínimo tolerable de la pérdida de datos
B. Tiempo improductivo mínimo tolerable
C. Niveles mínimos de resistencia operacional
D. Tiempo para restaurar las copias de seguridad

A es la respuesta correcta.

Justificación:

A. El objetivo de punto de recuperación (RPO) se determina tomando como base la pérdida de datos aceptables en el caso de interrupción de las operaciones. El RPO cuantifica de forma efectiva la cantidad permitida de pérdida de datos en caso de interrupción.
B. El RPO no se puede utilizar para determinar el tiempo de inactividad permitido.
C. El RPO no define la referencia de resiliencia operacional.
D. El RPO determinará la frecuencia requerida y el tipo de copia de seguridad. Cuanto más corto sea el RPO, más frecuentes serán las copias de seguridad.

84. ¿Cuál de las siguientes opciones es el objetivo **PRINCIPAL** de mantener un historial de incidentes de seguridad de la información?

A. Proporcionar pruebas para un análisis forense
B. Registrar el progreso y las excepciones de documentos
C. Determinar una clasificación de gravedad de incidentes
D. Realizar seguimiento de los errores para asignar responsabilidad

B es la respuesta correcta.

Justificación:

A. Registrar incidentes ayudar a proporcionar pruebas para un análisis forense en caso de que se requiera una acción legal. Proporcionar pruebas para un análisis forense puede o no ser el requisito principal para todos los incidentes.
B. Registrar incidentes de seguridad de la información ayuda a mantener un registro de eventos, desde la detección del incidente hasta el cierre del mismo. Esto ayuda a los equipos de gestión de incidentes de seguridad garantizar que se cubran todos los aspectos relacionados necesarios para resolver, cerrar y prevenir la recurrencia de incidentes.
C. Registrar incidentes ayuda a identificar todos los parámetros necesarios para determinar una clasificación de gravedad; sin embargo, la gestión de incidentes de seguridad se centra en la contención, la prevención y la recuperación.
D. Registrar errores para asignar responsabilidad no es el propósito principal para registrar detalles de los incidentes de seguridad de la información. La mejora del proceso es el propósito principal.

85. Cuando se solicita información almacenada en formato electrónico durante una investigación de fraude, ¿cuál de las siguientes acciones debería ser la **PRIMERA** prioridad?
   A. Asignar responsabilidades para adquirir los datos
   B. Encontrar los datos y conservar su integridad
   C. Crear imágenes reconocidas desde el punto de vista forense
   D. Emitir una retención para litigios con todas las partes afectadas

B es la respuesta correcta.

Justificación:

A. Aunque asignar responsabilidades para adquirir los datos es un paso que deberá tenerse en cuenta, no es el primero ni es la prioridad más alta.
B. Encontrar los datos y conservar su integridad son las primeras prioridades.
C. Crear imágenes reconocidas desde el punto de vista forense puede o no ser un paso necesario, según el tipo de investigación, pero nunca será la primera prioridad.
D. Emitir una retención para litigios a todas las partes afectadas puede ser un paso necesario al comienzo de ciertos tipos de investigación, pero no es la prioridad más alta.

86. Cuando se crea una imagen forense de un disco duro ¿cuál de los siguientes debería ser el **PRIMER** paso?
   A. Identificar una herramienta de software forense reconocida para crear la imagen.
   B. Establecer una cadena de registro de custodia.
   C. Conectar el disco duro a un bloqueador de escritura.
   D. Generar un hash criptográfico del contenido del disco duro.

B es la respuesta correcta.

Justificación:

A. Identificar una herramienta de software forense reconocida para crear la imagen es uno de los pasos importantes, pero debería efectuarse después de otras opciones.
B. Mantener la cadena de custodia siempre debería ser el primer paso en cualquier investigación que requiera la creación de una imagen forense.
C. Conectar el disco duro a un bloqueador de escritura es un paso importante, pero se debe realizar después de haber establecido la cadena de custodia.
D. Generar un hash criptográfico del contenido del disco duro es otro paso posterior importante.

87. Cuando se produce una violación significativa de la seguridad, ¿qué es lo PRIMERO que se debería notificar a la alta dirección?
   A. Un resumen de los registros de seguridad que ilustre la secuencia de eventos
   B. Una explicación del incidente y de la acción correctiva tomada
   C. Un análisis del impacto de ataques similares en otras empresas
   D. Un caso de negocio para implementar controles de acceso lógico más fuertes

B es la respuesta correcta.

Justificación:

A. Un resumen de los registros de seguridad sería demasiado técnico para notificarlo a la alta dirección.
B. Cuando se notifica un incidente a la alta dirección, la información inicial que se comunicará debería incluir una explicación de lo que ocurrió y de cómo se resolvió la violación.
C. Un análisis del impacto de ataques similares sería ideal; sin embargo, esto se comunicaría más adelante en el proceso.
D. Puede ser necesario un caso de negocio para mejorar los controles después de investigar la causa de la infracción.

88. El **MEJOR** momento para determinar quién debería ser responsable de declarar un desastre es:

A. durante el establecimiento del plan.
B. después de que el personal de operaciones haya confirmado un incidente.
C. después de haber probado exhaustivamente el plan de gestión de incidentes.
D. después de haber aprobado los detalles sobre la implementación del plan.

A es la respuesta correcta.

Justificación:

A. Los roles y las responsabilidades de todos los que participan en la respuesta a incidentes se deben establecer cuando se establece el plan de respuesta a incidentes.
B. Determinar los roles y responsabilidades durante un desastre no es el mejor momento para tomar tales decisiones, a menos que sea absolutamente necesario.
C. Aunque la fase de prueba del plan puede sugerir ciertos cambios en los roles de acuerdo con los resultados de las pruebas, los roles (incluso quién declara el desastre) se deben haber establecido antes de las pruebas y la aprobación del plan.
D. Los roles y las responsabilidades de todos los que participan en la respuesta a incidentes se deben establecer cuando se define el plan de respuesta a incidentes, no después de que la información se haya aprobado.

89. El objetivo **PRINCIPAL** de la respuesta a incidentes es:

A. investigar y notificar los resultados del incidente a la gerencia.
B. recoger pruebas.
C. minimizar las interrupciones del negocio.
D. ayudar a las autoridades en investigaciones.

C es la respuesta correcta.

Justificación:

A. Investigar y notificar los resultados del incidente es responsabilidad de los equipos de respuesta a incidentes, pero no es su objetivo principal.
B. Recoger pruebas es una actividad que puede realizar un equipo de respuesta a incidentes, según las circunstancias, pero no es un objetivo principal.
C. El rol principal de la respuesta a incidentes es detectar, gestionar y contener los incidentes a fin de mitigar su impacto en las operaciones del negocio.
D. Atender a las fuerzas del orden público es una actividad que puede realizar un equipo de respuesta a incidentes, según las circunstancias, pero no es su objetivo principal.

90. Un responsable de seguridad de la información investiga una intrusión en la red. Se sospecha de uno de los empleados de la empresa. El gerente obtuvo recientemente el ordenador y la unidad de disco duro del sospechoso. ¿Cuál de los siguientes es el paso **MÁS** indicado?

A. Crear una imagen de la unidad de disco.
B. Cifrar los datos de la unidad de disco.
C. Examinar la unidad de disco original.
D. Crear una copia lógica de la unidad de disco.

A es la respuesta correcta.

Justificación:

A. Uno de los primeros pasos en una investigación es crear una imagen de la unidad de disco original. Una copia física copiará los datos, bloque por bloque, incluidos bloques de datos ocultos y particiones ocultas que se pueden usar para ocultar pruebas.
B. El cifrado no es necesario.
C. Examinar la unidad de disco duro no es una buena práctica porque se corre el riesgo de destruir o dañar las pruebas.
D. Una copia lógica solo copiará los archivos y carpetas y es posible que no copie otros datos necesarios para examinar adecuadamente la unidad de disco duro en busca de pruebas forenses.

91. El factor que **MAYOR** probabilidad tiene de identificar incidentes de seguridad es:

A. procesos efectivos de comunicación e informes.
B. políticas claras que detallen los niveles de gravedad de incidentes.
C. capacidades del sistema de detección de intrusos.
D. formación en la concienciación de la seguridad.

D es la respuesta correcta.

Justificación:

A. La comunicación y notificación oportunas solo son útiles después de que se ha identificado un incidente.
B. Comprender cómo establecer los niveles de gravedad es importante, pero no es un elemento esencial para garantizar que el responsable de seguridad de la información sea consciente de eventos anómalos que pudieran indicar un incidente.
C. Los sistemas de detección de intrusos son útiles para detectar incidentes relacionados con TI, pero no son útiles para identificar otros tipos de incidentes tales como la ingeniería social o la intrusión física.
D. Asegurar que todos los empleados tengan el conocimiento para reconocer y notificar un supuesto incidente debería conducir a la identificación de incidentes de seguridad.

92. ¿Cuál de las siguientes funciones es responsable de determinar los miembros de los equipos de respuesta de la empresa?

A. Gobierno
B. Gestión de riesgos
C. Cumplimiento
D. Seguridad de la información

D es la respuesta correcta.

Justificación:

A. La función de gobierno determinará la estrategia y las políticas que establecerán el alcance y las reglas para las capacidades de gestión y respuesta a incidentes.
B. Aunque la respuesta es un componente de la gestión de riesgos, los requisitos de gobierno y estrategia determinan la base de la gestión de riesgos.
C. El cumplimiento no estaría relacionado directamente con esta actividad, aunque esta función puede tener representación en el equipo de respuesta a incidentes.
D. El responsable de seguridad de la información, o el gerente designado para respuesta a incidentes, debe elegir los miembros del equipo para asegurar que todas las disciplinas requeridas estén representadas en el equipo.

93. El requisito típico para que los incidentes de seguridad se resuelvan con rapidez y el servicio se restablezca es:

A. es siempre la mejor opción para la empresa.
B. con frecuencia está en conflicto con una gestión de problemas efectiva.
C. es la base para las actividades relacionadas con la gestión del riesgo empresarial.
D. es un componente de formación forense.

B es la respuesta correcta.

Justificación:

A. Restablecer el servicio con rapidez no siempre será la mejor opción, como en los casos de actividad delictiva, los cuales requieren que se conserven las pruebas y se prohíba el uso de los sistemas involucrados.
B. La gestión de problemas se centra en investigar y descubrir la causa raíz de los incidentes, lo que con frecuencia será un problema cuando la restauración del servicio comprometa las pruebas necesarias.
C. La gestión de riesgos va más allá de la rápida restauración de los servicios (por ejemplo, si al hacerlo aumentan desproporcionadamente otros riesgos).
D. La formación forense tiene que ver con la recogida y conservación de las pruebas de un modo legalmente adecuado, no con la continuidad del servicio.

94. ¿Cuál de las siguientes sería la **PRIMERA** acción que se debe realizar cuando se propaga un incendio en todo el edificio?

A. Verificar los registros de acceso a las instalaciones.
B. Reunir los miembros del equipo de gestión de crisis.
C. Activar el plan de recuperación ante desastres.
D. Activar el plan de continuidad del negocio.

A es la respuesta correcta.

Justificación:

A. La seguridad de las personas siempre está primero; por lo tanto, verificar los registros de acceso del personal a las instalaciones debería ser la primera acción a fin de asegurar que todo el personal se localizar.
B. Reunir al equipo de gestión de crisis debe ser una actividad posterior a la respuesta de emergencia inicial (es decir, la evacuación de las personas).
C. Poner en marcha el plan de recuperación en caso de desastres no es la primera acción.
D. Poner en marcha el plan de continuidad del negocio no es la primera acción.

95. ¿Cuál de las siguientes pruebas proporciona la **MAYOR** garantía de que un plan de continuidad del negocio funciona, sin afectar potencialmente las operaciones del negocio?
   A. Pruebas de verificación
   B. Pruebas de simulación
   C. Pruebas de revisión
   D. Pruebas operativas completas.

B es la respuesta correcta.

Justificación:

A. Con las pruebas de verificación, se distribuyen copias del plan de continuidad del negocio a varias personas para que las revisen. En estas pruebas, las personas no practican un plan.
B. Los coordinadores de la continuidad del negocio se reúnen para practicar la ejecución del plan basándose en un escenario específico. Esto no interrumpe las operaciones normales y proporciona la mayor seguridad sobre el funcionamiento de los métodos no intrusivos.
C. En las pruebas de revisión, los representantes se reúnen para repasar el plan (uno o más escenarios) y garantizar su exactitud. El plan en sí no se ejecuta.
D. Las pruebas operativas completas son las más intrusivas para las operaciones regulares y la productividad del negocio. El sitio original se cierra y el procesamiento se lleva a cabo en otro lugar, con lo cual se obtiene la mayor seguridad, pero se interrumpe la productividad normal del negocio.

96. el ordenador de un empleado se ha infectado con un nuevo virus. ¿Cuál debería ser la **PRIMERA** acción?
   A. Buscar el virus.
   B. Notificar el incidente a la alta dirección.
   C. Formatear el disco duro.
   D. Aislar el ordenador de la red.

D es la respuesta correcta.

Justificación:

A. El virus puede empezar a infectar otros ordenadores mientras se hace el análisis.
B. Solo se debería notificar a la alta dirección cuando el impacto en el entorno de TI es significativo.
C. Un caso de detección de virus no justifica la acción. Formatear el disco duro es el último recurso.
D. La primera acción debería ser contener el riesgo (es decir, desconectar el ordenador para que no infecte a otros ordenadores en la red).

97. La razón **PRINCIPAL** para una revisión por parte de la alta dirección de los incidentes de seguridad de la información es:

A. asegurar que se implementen las acciones correctoras adecuadas.
B. demostrar el compromiso de la gerencia con el proceso de seguridad de la información.
C. evaluar el proceso de respuesta a incidentes para detectar deficiencias.
D. evaluar la capacidad del equipo de seguridad.

A es la respuesta correcta.

Justificación:

A. Aunque el equipo de seguridad y el equipo de respuesta a incidentes estén tomando algunas medidas correctoras, la revisión por parte de la alta dirección establecerá si es necesario tomar otras acciones correctoras. A veces esto tiene como resultado mejoras en las políticas de seguridad de la información.
B. La alta dirección no revisará incidentes de seguridad de la información solo para demostrar el compromiso de la dirección.
C. La gerencia no realizará una revisión para detectar fallos, como por ejemplo examinar el proceso de respuesta a incidentes para detectar deficiencias.
D. La gerencia no realizará una revisión para detectar fallos para evaluar la capacidad del equipo de seguridad.

98. La **PRINCIPAL** razón para revisar las observaciones hechas por el personal durante una prueba de recuperación ante desastres es:

A. identificar las personas que no siguieron el proceso.
B. determinar las lecciones aprendidas.
C. identificar los equipos necesarios.
D. mantener pruebas de la revisión.

B es la respuesta correcta.

Justificación:

A. La finalidad de las observaciones no es identificar a las personas que no siguieron el proceso.
B. Después de una prueba, los resultados se deben revisar para asegurar que se apliquen las lecciones aprendidas.
C. Identificar los equipos que son necesarios puede ser parte de las lecciones aprendidas, pero no es la única razón para la revisión.
D. La revisión se lleva a cabo no solo para mantener las pruebas, sino para hacer mejoras.

99. El **PRINCIPAL** criterio de selección para una instalación de almacenamiento de medios externa es:

A. que las instalaciones principal y externa no estén supeditadas a los mismos desastres ambientales.
B. que la instalación de almacenamiento externa no se encuentre cerca del sitio principal.
C. los costes totales de almacenamiento y mantenimiento de la instalación externa.
D. la disponibilidad de servicios de transporte de medios rentables.

A es la respuesta correcta.

Justificación:

A. Es importante prevenir que un desastre pueda afectar a ambos sitios y garantizar que las instalaciones principal y externa no estén supeditadas a los mismos desastres ambientales resuelve este problema.
B. La distancia entre los sitios puede ser importante en casos de desastres generalizados; sin embargo, esto se incluye asegurando que las instalaciones principal y externa no estén supeditadas a los mismos desastres ambientales.
C. Los costes son un criterio secundario de selección.
D. Un servicio de transporte de medios rentable puede ser una consideración, pero no es la principal preocupación.

100. ¿En cuál de los siguientes hitos se alcanza el objetivo de tiempo de recuperación?

A. Declaración de desastre
B. Recuperación de las copias de seguridad
C. Restauración del sistema
D. Regresar el negocio al procesamiento normal

C es la respuesta correcta.

Justificación:

A. La declaración del desastre ocurre al comienzo de este periodo.
B. La recuperación de las copias de seguridad ocurre poco tiempo después del comienzo de este periodo.
C. El objetivo de tiempo de recuperación (RTO) se basa en el tiempo requerido para restaurar un sistema.
D. El regreso del negocio al procesamiento normal, ocurre significativamente más tarde que el RTO. Debe considerarse que el RTO es un objetivo, y una restauración total puede o no coincidir con el RTO. El RTO puede ser el nivel operacional mínimo aceptable, que puede ser aún más bajo que el nivel normal de operaciones.

101. ¿Cuál de los siguientes requiere el objetivo de punto de recuperación?

A. Declaración de desastre
B. Restauración de imagen anterior
C. Restauración del sistema
D. Procesamiento de imagen posterior

B es la respuesta correcta.

Justificación:

A. La declaración de desastre es independiente de este punto de verificación de procesamiento.
B. El objetivo de punto de recuperación es el punto en el flujo de proceso en el cual se debe producir la recuperación del sistema. Este es el estado predeterminado del procesamiento de aplicaciones y de los datos usados para restaurar el sistema y continuar el flujo de procesamiento.
C. La restauración del sistema puede suceder en una fecha posterior.
D. El procesamiento de imagen posterior puede suceder en una fecha posterior.

102. ¿Quién estaría en la **MEJOR** posición para determinar el objetivo de punto de recuperación de las aplicaciones del negocio?

A. Coordinador de continuidad del negocio
B. Director de operaciones
C. Gerente de seguridad de la información
D. Auditoría interna

B es la respuesta correcta.

Justificación:

A. Sería inapropiado que el coordinador de continuidad del negocio determinara el objetivo de punto de recuperación (RPO) porque ese rol no es directamente responsable de los datos o de la operación.
B. El RPO es el punto de control de procesamiento al que los sistemas son recuperados. Además de los propietarios de los datos, el director de operaciones es la persona con más conocimientos para tomar esta decisión.
C. Sería inapropiado que el responsable de seguridad de la información determinara el RPO porque ese rol no es directamente responsable de los datos o de la operación.
D. Sería inapropiado que la auditoría interna determinara el RPO porque ese rol no es responsable de los datos o de la operación.

103. Cuando el equipo de respuesta a incidentes informáticos encuentra evidencias claras de que un intruso ha penetrado en la red corporativa y ha modificado información de clientes, un responsable de seguridad de la información **PRIMERO** debe notificar a:

A. El comité de dirección de seguridad de la información.
B. Los clientes que puedan haber sido afectados.
C. Los propietarios de los datos que puedan haber sido afectados.
D. Las agencias regulatorias que supervisan la privacidad.

C es la respuesta correcta.

Justificación:

A. Al comité directivo de seguridad de la información se le notificará más tarde, según lo exigen los requisitos de la política corporativa.
B. A los clientes se les notificará más tarde, según lo exijan la política corporativa y los requisitos normativos.
C. A los propietarios de los datos se les debe notificar primero para que ellos puedan tomar acciones para determinar la extensión del daño y coordinar un plan de acción correctora con el equipo de respuesta a incidentes informáticos.
D. A las agencias regulatorias se les notificará más tarde, según lo exijan la política corporativa y los requisitos normativos.

104. El administrador de sistemas se olvidó de notificar inmediatamente al responsable de seguridad un ataque malicioso. Un responsable de seguridad de la información podría prevenir esta situación:

A. probando periódicamente los planes de respuesta a incidentes de seguridad.
B. probando periódicamente el sistema de detección de intrusos.
C. estableciendo formación obligatoria de todo el personal.
D. revisando periódicamente los procedimientos de respuesta a incidentes de seguridad.

A es la respuesta correcta.

Justificación:

A. Los planes de respuesta a incidentes de seguridad se deben probar para encontrar deficiencias y mejorar los procesos existentes.
B. Probar el sistema de detección de intrusos es una buena práctica, pero no habría evitado esta situación.
C. Todo el personal necesita pasar por una formación reglada para garantizar que comprenden el proceso, las herramientas y la metodología necesarios para gestionar los incidentes de seguridad. Sin embargo, la prueba de los planes reales es más efectiva para asegurar que el proceso funciona como se ha previsto.
D. Revisar los procedimientos de respuesta no es suficiente; el plan de respuesta de seguridad se debe probar con regularidad.

105. ¿Cuál de los siguientes establecería un responsable de seguridad para determinar el objetivo para restaurar el procesamiento normal?

A. Objetivo de tiempo de recuperación
B. Interrupción máxima tolerable
C. Objetivos de punto de recuperación
D. Objetivos de entrega del servicio

A es la respuesta correcta.

Justificación:

A. El objetivo de tiempo de recuperación es el tiempo que transcurre desde el momento en que se produce una interrupción, hasta el momento en que un proceso debe estar funcionando a un nivel de servicio suficiente para limitar los impactos financieros y operacionales a un nivel aceptable.
B. El máximo tiempo tolerable de interrupción es el tiempo máximo en el que una empresa puede operar en un modo alternativo.
C. El objetivo de punto de recuperación se refiere a la antigüedad de los datos necesarios para la recuperación.
D. Los objetivos de entrega del servicio son los niveles de servicio requeridos para conseguir unas operaciones aceptables.

106. ¿Cuál de los siguientes sería el fundamento **PRINCIPAL** para tomar la decisión de establecer un centro alternativo de recuperación en caso de desastre?
   A. Un análisis de impacto en el negocio que identifique los requisitos de disponibilidad de procesos de negocio críticos
   B. Una distancia adecuada entre el centro principal y el alternativo, de manera que el mismo desastre no tenga impacto simultáneo en ambos
   C. Un análisis comparativo de empresas similares situadas en la misma región geográfica para demostrar la diligencia debida
   D. Diferencias entre los requisitos regulatorios aplicables en el centro principal y los que se aplican en el alternativo

A es la respuesta correcta.

Justificación:

   A. El análisis del impacto en el negocio ayudará a determinar el objetivo de tiempo de recuperación y el objetivo de punto de recuperación para la empresa. Esta información condicionará la decisión sobre los requisitos necesarios para un centro alternativo.
   B. Los desastres naturales son solo uno de los múltiples factores que debe considerar una empresa cuando decide buscar un lugar alternativo para la recuperación en caso de desastre.
   C. Si bien un análisis comparativo podría proporcionar información útil, la decisión se debería basar en un BIA que considere factores específicos para la empresa.
   D. Los requisitos normativos son solo uno de los múltiples factores que debe considerar una empresa cuando decide buscar un lugar alternativo para la recuperación en caso de desastre.

107. Durante una prueba del plan de continuidad del negocio, un departamento descubrió que su nueva aplicación de software no se iba a restaurar con suficiente celeridad para satisfacer las necesidades del negocio. Esta situación se puede evitar en el futuro:
   A. realizando periódicamente y por escenarios un análisis del impacto en el negocio para determinar las necesidades del negocio durante una recuperación.
   B. asignando a nuevas aplicaciones un mayor grado de importancia y programándolas en primer lugar para la recuperación.
   C. desarrollando un proceso de tickets en el centro de soporte que permita a los departamentos solicitar la recuperación de software durante un desastre.
   D. realizando una exhaustiva evaluación del riesgo antes de adquirir el software.

A es la respuesta correcta.

Justificación:

   A. Un análisis de impacto en el negocio (BIA) periódico puede ayudar a compensar los cambios de las necesidades del negocio para la recuperación durante un desastre.
   B. Asignando a nuevas aplicaciones un mayor grado de importancia y programarlas en primer lugar para su recuperación indica que se ha asumido de forma incorrecta la importancia automática de un nuevo programa.
   C. Desarrollando un proceso de tickets en el centro de soporte que permita a los departamentos solicitar la recuperación de software durante un desastre no es un procedimiento de recuperación adecuado porque permite a cada unidad de negocio tomar decisiones unilaterales sin tener en cuenta las consecuencias de un modo más amplio.
   D. La evaluación del riesgo tal vez no incluya el BIA.

108. El servidor de correo principal de una institución financiera se ha visto comprometido a nivel de superusuario; la única forma de garantizar que el sistema es seguro sería:

A. cambiar la contraseña del sistema.
B. implementar la autenticación de múltiples factores.
C. reconstruir el sistema desde el medio original de instalación.
D. desconectar el servidor de correo de la red.

C es la respuesta correcta.

Justificación:

A. Cambiar la contraseña raíz del sistema no asegura la integridad del servidor de correo.
B. Implementar la autenticación de múltiples factores es una medida posterior y no despeja las amenazas de seguridad existentes.
C. Reconstruir el sistema desde el medio original de instalación es la única forma de garantizar que todas las vulnerabilidades de seguridad y los potenciales programas maliciosos de robo se hayan destruido.
D. Desconectar el servidor de correo de la red es un paso inicial, pero no garantiza la seguridad.

109. ¿Cuál de las siguientes actividades **DEBE** hacer una empresa de servicios financieros con respecto a un servicio basado en la web que está creciendo en popularidad entre los clientes?

A. Realizar una mitigación de vulnerabilidad anual.
B. Mantener un seguro de responsabilidad de terceros.
C. Llevar a cabo un análisis periódico del impacto en el negocio.
D. Diseñar una capacidad de conexión de seguridad en tiempo real.

C es la respuesta correcta.

Justificación:

A. La gestión de vulnerabilidades es una parte importante de la gestión de cualquier sistema, no solo un servicio basado en la web, pero las decisiones de mitigación se toman en función del riesgo y no se aíslan de una actividad anual.
B. La decisión de contar con un seguro de responsabilidad de terceros es una decisión de negocio que se toma en función del riesgo cuantificado.
C. Un servicio que está ganando popularidad aumentará de valor para la empresa a medida que crece, y esto impulsará el crecimiento correspondiente en la magnitud de pérdida potencial si el servicio se interrumpe. Los análisis del impacto en el negocio (BIA) periódicos cuantifican esta magnitud y garantizan que las capacidades de recuperación adecuadas se encuentren vigentes.
D. Las capacidades de conexión de seguridad en tiempo real se pueden garantizar, pero la decisión de diseñar e implementar dichas capacidades es una decisión del negocio que se basa en mayor medida en una BIA que cuantifica la magnitud de una pérdida potencial si el servicio se interrumpe.

110. La efectividad de un equipo de respuesta a incidentes se mide **MEJOR** por medio del:

A. el porcentaje de incidentes resuelto dentro de los límites de tiempo acordados previamente.
B. el número de solicitudes de cambio presentados como resultado de los incidentes notificados.
C. el porcentaje de eventos no resueltos aún abiertos al final de un mes determinado.
D. el número de incidentes que se originan de fuentes externas.

A es la respuesta correcta.

Justificación:

A. El objetivo de la respuesta a incidentes es resolver incidentes dentro de límites de tiempo acordados.
B. El número de solicitudes de cambio relacionadas con los cambios de infraestructura solo indica que ha habido solicitudes de cambios de la arquitectura interna. Estas solicitudes de cambio pueden tener algo que ver o no con las vulnerabilidades encontradas en los incidentes notificados.
C. [Insertar aquí el cuerpo del resumen de la explicación]
D. La fuente de incidentes no proporciona información relacionada con la efectividad de la gestión de incidentes.

.

111. La priorización de las actividades de respuesta a incidentes está principalmente impulsada por:

A. objetivo de punto de recuperación.
B. evaluación cuantitativa de riesgos.
C. plan de continuidad del negocio.
D. análisis del impacto en el negocio.

D es la respuesta correcta.

Justificación:

A. El objetivo de punto de recuperación identifica la pérdida de datos máxima aceptable asociada con una recuperación efectiva. No prioriza el orden de respuesta a incidentes.
B. La evaluación del riesgo (cualitativa y cuantitativa) examina las fuentes de amenazas, las vulnerabilidades asociadas y la probabilidad de ocurrencia. En el momento en que se produce un incidente, ya no se desconoce el aspecto de probabilidad del riesgo, por lo que el nivel de impacto impulsa la priorización de la respuesta ante incidentes, obtenida en el análisis especializado del impacto en el negocio.
C. Los planes de continuidad del negocio definen los procedimientos a seguir cuando las funciones del negocio se ven afectadas. No priorizan el orden de respuesta a incidentes.
D. El análisis del impacto en el negocio es una actividad sistemática que se ha diseñado para evaluar el efecto sobre una empresa asociado con el deterioro o la pérdida de una función. En el momento en que se produce un incidente, ya no se desconoce su probabilidad, por lo que el impacto potencial en la empresa es lo que determina la priorización de las actividades de respuesta.

112. ¿Cuál de los siguientes es el **MEJOR** indicador de que el riesgo operacional se gestiona de forma efectiva en una empresa?

A. Un plan de continuidad del negocio/recuperación ante desastres probado
B. Un aumento en la notificación oportuna de incidentes por parte de los empleados
C. Magnitud de la educación sobre gestión de riesgos
D. Revisión periódica del riesgo por parte de la alta dirección

A es la respuesta correcta.

Justificación:

A. Un plan de continuidad del negocio/recuperación ante desastres probado es el mejor indicador de que el riesgo operacional se gestiona de manera efectiva en la empresa.
B. Los informes de incidentes por parte de los empleados son un indicador, pero no son la mejor opción, ya que dependen de sus conocimientos.
C. El nivel de educación en la gestión de riesgos no es correcto, porque no indica necesariamente que el riesgo se gestiona de manera efectiva en la empresa. Un alto nivel de educación en la gestión de riesgos sería útil, pero no significaría necesariamente que el riesgo se gestiona de manera efectiva en la empresa.
D. La revisión periódica del riesgo por parte de la alta dirección no es correcta, porque no indica necesariamente que el riesgo se gestiona de manera efectiva en la empresa. La participación de la alta dirección sería de gran ayuda, pero no significaría necesariamente que el riesgo se gestiona de manera efectiva.

113. La aceptación de la recuperación parcial del sistema después de un incidente de seguridad se basará **MUY** probablemente en el (la):

A. capacidad para reanudar las operaciones normales.
B. interrupción máxima tolerable.
C. objetivo de entrega del servicio.
D. ventana de interrupción aceptable.

C es la respuesta correcta.

Justificación:

A. La capacidad para reanudar las operaciones normales es situacional y no sería una norma para la aceptabilidad.
B. Aunque la interrupción máxima tolerable, además de otros muchos factores, es parte de un objetivo de entrega del servicio (SDO), no aborda por sí misma la aceptabilidad de un nivel específico de recuperación operacional.
C. El SDO es la determinación previa de los niveles aceptables de operación en el caso de una interrupción. El SDO puede establecerse a niveles operativos que son menores a los de la operación normal, pero suficientes para mantener las funciones esenciales del negocio.
D. Aunque la ventana de interrupción tolerable, además de otros muchos factores, es parte de un SDO, no aborda por sí misma la aceptabilidad de un nivel específico de recuperación operacional.

114. Se utilizó una herramienta de descifrado para capturar información detallada de cuentas bancarias y números de identificación personal. Una vez confirmado el incidente, el **SIGUIENTE** paso es:

A. notificar a las autoridades.
B. iniciar la contención.
C. hacer una copia de imagen del medio.
D. aislar los servidores afectados.

B es la respuesta correcta.

Justificación:

A. La notificación a las autoridades debe llevarse a cabo una vez ejecutado el plan de contención.
B. Una vez que se ha confirmado un incidente, la contención es la primera prioridad de la respuesta al incidente, ya que por lo general mitiga un impacto mayor.
C. Hacer una copia de imagen del medio debe llevarse a cabo una vez ejecutado el plan de contención.
D. Aislar los servidores afectados es parte de la contención.

115. Un empleado ha encontrado un archivo sospechoso en un servidor. El empleado piensa que el archivo es un virus y se pone en contacto con el responsable de seguridad de la información. ¿Cuál es el **PRIMER** paso que debe darse?

A. Contener el archivo.
B. Borrar el archivo.
C. Verificar si el archivo es malicioso.
D. Informar del archivo sospechoso a la gerencia.

C es la respuesta correcta.

Justificación:

A. La contención es el siguiente paso en el ciclo de respuesta al incidente.
B. Borrar el archivo podría ser parte del proceso de contención, después de que se determine que hacerlo es seguro.
C. El primer paso en la respuesta a incidentes consiste en validar si el archivo es malicioso.
D. Informar a la gerencia sería un paso posterior en el ciclo de gestión del incidente y variará de acuerdo con las políticas, pero no se lleva a cabo antes de la verificación o la contención general.

116. ¿Cuál de los siguientes reduce de manera **MÁS** efectiva las alertas por falsos positivos generadas por un proceso gestión de eventos e información de seguridad?
   A. Elaborar casos de uso
   B. Llevar a cabo un análisis de tráfico de la red
   C. Llevar a cabo una evaluación del riesgo basada en activos
   D. La calidad de los registros

A es la respuesta correcta.

Justificación:

   A. La implementación de un proceso de gestión de eventos e información de seguridad (SIEM) ayuda a garantizar que se identifiquen de manera correcta los incidentes y se gestionen adecuadamente. Como un proceso SIEM depende de un análisis de registros basado en reglas predefinidas, la forma más efectiva de reducir alertas por falsos positivos es desarrollar casos de uso para amenazas conocidas sobre sistemas críticos identificados. Los casos de uso se utilizarían entonces para desarrollar reglas adecuadas para la solución SIEM.
   B. Aunque el control de la seguridad requiere de análisis de tráfico, únicamente los casos de uso bien definidos pueden garantizar que se definan las reglas con exactitud y se identifiquen los eventos de manera apropiada, reduciendo de esta forma las alertas por falsos positivos.
   C. Una evaluación de riesgos no reducirá las alertas de falsos positivos.
   D. La calidad de los registros puede afectar a las alertas, pero suele ser una consideración de menor importancia.

117. Se encargó a un equipo forense que llevara a cabo un análisis de los procesos no reconocidos que se ejecutan en un ordenador personal de sobremesa. El investigador jefe aconsejó al equipo no desconectar la alimentación para:
   A. evitar que se dañe el disco.
   B. llevar a cabo un hot-swap del disco principal.
   C. evitar la pérdida de datos en los registros del servidor
   D. evitar la pérdida de los datos almacenados en la memoria volátil.

D es la respuesta correcta.

Justificación:

   A. Evitar que se dañe el disco no previene la captura de los datos existentes en la memoria volátil.
   B. Realizar un intercambio en caliente del disco principal no previene la captura de los datos existentes en la memoria volátil.
   C. Evitar la pérdida de los datos almacenados en los registros del servidor no previene la captura de los datos existentes en la memoria volátil.
   D. Desconectar la alimentación de un sistema puede dar como resultado la pérdida de los datos almacenados en la memoria volátil. Esos datos podrían ser vitales para la investigación y para entender la extensión del impacto del evento. No se recomienda desconectar la alimentación cuando se requiera un análisis de procesos en ejecución o del contenido de la memoria volátil.

118. Al intentar recuperar datos de un archivo específico durante un análisis forense, un investigador tendría el **MAYOR** desafío cuando:

A. se han borrado todos los archivos en el directorio.
B. se ha borrado la tabla de partición del disco.
C. se ha sobrescrito el contenido del archivo.
D. se ha llevado a cabo el formateo de alto nivel del disco.

C es la respuesta correcta.

Justificación:

A. Los archivos borrados que no se han sobrescrito físicamente pueden recuperarse utilizando herramientas forenses de uso habitual.
B. Las tablas de partición pueden recuperarse utilizando herramientas forenses de uso habitual.
C. Cuando se sobrescribe el contenido real del archivo en el disco, generalmente no se puede recuperar sin utilizar recursos significativos y herramientas muy especializadas; con frecuencia no puede recuperarse de ninguna manera.
D. Los discos que se han sometido a un formateado de alto nivel pueden recuperarse utilizando herramientas forenses de uso habitual.

119. Los eventos más importantes de seguridad con serias implicaciones legales deben comunicarse a:

A. autoridades civiles apropiadas cuando se ha cometido un crimen.
B. la gerencia después de haber verificado el incidente y haber determinado la severidad.
C. todas las partes interesadas afectadas, incluido el departamento legal y el asegurador.
D. solo al departamento de recursos humanos y al departamento legal para que tomen la acción adecuada.

B es la respuesta correcta.

Justificación:

A. Hay pocas circunstancias, si es que existen, en las que el responsable de seguridad de la información deba ponerse en contacto directamente con las autoridades externas.
B. La comunicación en relación con eventos de seguridad, en particular aquellos que tienen implicaciones legales, es una decisión de negocios que es responsabilidad de la gerencia.
C. Es también decisión de la gerencia determinar a qué partes interesadas y entidades externas se debe informar. Este proceso debe detallarse en el plan de comunicación de respuesta de incidentes de la empresa.
D. Los departamentos de recursos humanos y jurídico no serían los únicos que participarían en las comunicaciones en este caso.

120. ¿Cuál de los siguientes es el método **MÁS** efectivo para garantizar que un plan de continuidad del negocio (BCP) satisface las necesidades de una empresa?

A. Requerir una actualización trimestral del BCP.
B. Automatizar la encuesta de los propietarios del plan para obtener contribuciones acerca del plan.
C. Probar periódicamente el plan interdepartamental con escenarios variados.
D. Llevar a cabo reuniones cara a cara con la gerencia para discusión y análisis.

C es la respuesta correcta.

Justificación:

A. Las actualizaciones trimestrales no establecen que un plan satisfaga las necesidades de la empresa.
B. Las encuestas automatizadas son un método que podría usarse durante las pruebas, pero que no son suficientes por sí mismas.
C. Las pruebas interdepartamentales de un plan con escenarios variados es el método más efectivo para determinar la validez de un plan de continuidad del negocio (BCP).
D. Las reuniones presenciales son un método que podría usarse durante las pruebas, pero que no son suficientes por sí mismas.

121. Después de que se haya producido una violación de seguridad significativa, ¿cuál es el elemento MÁS importante que se debe notificar director de informática?

A. Un resumen de los registros de seguridad que ilustre la secuencia de eventos
B. Un análisis del impacto de ataques similares en otras empresas
C. Un caso de negocio para implementar controles de acceso lógico más fuertes
D. El impacto del incidente y las acciones correctoras que se tomaron

D es la respuesta correcta.

Justificación:

A. Un resumen de los registros de seguridad sería demasiado técnico para pasárselo al director de informática (CIO).
B. Un análisis del impacto de ataques similares sería útil, pero no es el elemento más importante que se debe notificar.
C. Sería útil notificar a la gerencia un caso de negocio para establecer controles más fuertes, pero no es el elemento más importante que se debe notificar y seguiría a la notificación del impacto y las acciones correctoras.
D. **El impacto real sobre la empresa y las acciones correctoras tomadas sería los elementos más importantes a compartir con el CIO.**

122. En una gran empresa, la gestión efectiva de los incidentes de seguridad dependería **MAYORMENTE** de:

A. Políticas claras que detallen los niveles de gravedad de incidentes.
B. Capacidad de detección de intrusiones ampliamente extendidas.
C. Formación de los empleados para reconocer incidentes de seguridad.
D. Procesos efectivos de comunicación e informes.

D es la respuesta correcta.

Justificación:

A. Entender los niveles de gravedad es importante, pero por sí mismo no es suficiente para garantizar que el responsable de seguridad de la información sea capaz de gestionar el incidente de manera efectiva.
B. La detección de intrusiones es una herramienta útil para detectar posibles incidentes de seguridad en la red, pero sin procesos sólidos de comunicación y notificación, es menos efectiva.
C. Realizar formaciones en concienciación de manera que los empleados puedan reconocer posibles incidentes es importante, pero no es efectivo a menos que la información no se comunique a las personas adecuadas de manera oportuna.
D. **Las comunicaciones y notificaciones oportunas muy probablemente garantizarán que el responsable de seguridad de la información reciba la información necesaria para gestionar de manera efectiva un incidente de seguridad. La comunicación efectiva ayudaría también a garantizar que se dediquen los recursos correctos en el momento apropiado.**

123. ¿Cuál de las siguientes opciones incluye la actividad de evaluar la infraestructura informática al realizar una evaluación y valoración proactiva de la seguridad?
  A. Un plan de recuperación ante desastres
  B. Un plan de continuidad del negocio
  C. Un plan de gestión de incidentes
  D. Un plan de continuidad de operaciones

C es la respuesta correcta.

Justificación:

  A. Un plan de recuperación ante desastres es una serie de recursos humanos, físicos, técnicos y de procedimientos orientados a recuperar, en tiempos y costes definidos, una actividad interrumpida por una emergencia.
  B. Un plan de continuidad del negocio es un plan utilizado por una empresa para responder a la interrupción de los procesos críticos de negocio. Depende del plan de contingencia para la restauración de los sistemas críticos.
  C. **Esta actividad forma parte de la fase de protección del flujo del proceso de planificación de la gestión de incidentes.**
  D. Un plan de continuidad de operaciones es un esfuerzo realizado en las agencias y departamentos ejecutivos individuales para garantizar que las funciones primarias esenciales continúen desempeñándose durante una amplia gama de emergencias, incluidas las catástrofes naturales, los accidentes y las emergencias tecnológicas y relacionadas con ataques.

124. Los factores de proximidad deben considerarse cuando:
  A. se lleva a cabo un análisis de impacto del negocio.
  B. se lleva a cabo una prueba de continuidad de escritorio.
  C. se desarrollan métricas de recuperación ante desastres.
  D. se selecciona un centro de recuperación alternativo.

D es la respuesta correcta.

Justificación:

  A. La proximidad a los peligros no es una consideración principal cuando se lleva a cabo un análisis de impacto en el negocio.
  B. La proximidad a los peligros no es una consideración principal cuando se lleva a cabo una prueba de proximidad de escritorio.
  C. La proximidad a los peligros no es una consideración principal cuando se desarrollan métricas de recuperación de desastres.
  D. **La proximidad al centro principal, el alcance de los peligros potenciales y su posible impacto sobre el centro de recuperación son consideraciones importantes al seleccionar la ubicación de un centro de recuperación.**

125. El responsable de seguridad de la información de una empresa desearía garantizar que se prioricen de manera correcta las operaciones para su recuperación en caso de un desastre. ¿Cuál de las siguientes sería **MEJOR** utilizar?

  A. Un análisis de impacto en el negocio
  B. Una evaluación de riesgos del negocio
  C. Un mapa de procesos del negocio
  D. Una declaración de amenaza

A es la respuesta correcta.

Justificación:

  A. **Un análisis del impacto en el negocio (BIA) garantiza que se prioricen de manera correcta las operaciones para la recuperación en caso de un desastre.**
  B. Una evaluación de riesgos del negocio no facilitaría la priorización de la recuperación de los sistemas.
  C. Un mapa de procesos del negocio no facilitaría la priorización de la recuperación de los sistemas.
  D. Una declaración de amenaza no facilitaría la priorización de la recuperación de los sistemas.

126. El objetivo de la gestión y la respuesta a incidentes es:

A. recuperar una actividad interrumpida por una emergencia o desastre, dentro de unos parámetros de tiempo y coste definidos.
B. realizar un recorrido de los pasos necesarios para recuperarse de un evento adverso.
C. reducir las primas del seguro de interrupción comercial para el negocio.
D. abordar eventos disruptivos con el objetivo de mantener el impacto en niveles aceptables.

D es la respuesta correcta.

Justificación:

A. Esta es la definición de un plan de recuperación ante desastres (DRP). El proceso de respuesta a incidentes es secuencialmente la primera respuesta a un evento adverso para evitar que escale a un desastre.
B. Una prueba de simulación de DRP o recorrido se realiza para hacer un ejercicio simulado de DRP en un escenario de prueba para determinar si los pasos que la empresa necesita tomar para la recuperación se han documentado de forma adecuada
C. El seguro de interrupción de negocios es un instrumento de la estrategia de gestión de riesgos para diversificar y distribuir los costes asociados con un evento adverso a un tercero. Las primas de seguros de negocios no son dependientes de la gestión y respuestas de incidentes.
D. La respuesta y la gestión de incidentes de seguridades un componente de la planificación de continuidad del negocio. Como primera respuesta a los eventos adversos, el objetivo de la gestión y respuesta a incidentes es evitar que estos se conviertan en problemas y evitar que los problemas se conviertan en desastres.

127. Para las empresas globales, ¿cuál de los siguientes es el **MÁS** esencial para la continuidad de las operaciones en una situación de emergencia?

A. Un plan de sucesión documentada
B. La distribución de documentos de los procesos clave
C. Un acuerdo recíproco con un centro alternativo
D. Un liderazgo directivo fuerte

B es la respuesta correcta.

Justificación:

A. Durante situaciones de contingencia, se puede perder contacto con uno o más gerentes. En tales casos, un plan de sucesión documentado es importante como medio para establecer quién está facultado para tomar decisiones en nombre de la empresa. Sin embargo, si una empresa que está viviendo una situación de contingencia tiene solo un plan de sucesión y ninguna documentación de los procesos clave distribuidos, se limitará la efectividad de la autonomía de la toma de decisiones. Un plan de sucesión es por lo tanto importante, pero menos importante que la documentación del proceso.
B. Muchos factores entran en juego durante situaciones de contingencia, pero la continuidad solo es posible cuando el personal que es capaz de reanudar los procesos clave tiene los conocimientos para hacerlo. Cuando se distribuye la documentación de los procesos clave a ubicaciones de contingencia, el mismo está disponible para su uso para el personal que acuda a estos centros durante la contingencia, y en tanto que la documentación esté al día, la pueden utilizar incluso aquellos que normalmente no desempeñen esas funciones.
C. Cuando los sitios de contingencia se comparten entre varios socios comerciales, se establecen acuerdos recíprocos. Hay justificaciones de negocios para el establecimiento de estas relaciones, pero tenerlos establecidos por lo general no va a garantizar la continuidad de las operaciones.
D. Un fuerte liderazgo directivo conduce la preparación que deriva en la continuidad de la planificación de las operaciones antes de que surja una situación de contingencia. Sin embargo, asumiendo que esta preparación ha sido adecuada, las funciones de continuidad las debe llevar a cabo el personal de la organización siempre que el liderazgo durante la contingencia esté interrumpido o carente de fuerza.

128. El objetivo **PRINCIPAL** de la supervisión continua es:

A. mitigar la magnitud del impacto.
B. alinear el programa de seguridad con los objetivos de TI.
C. identificar los activos de información críticos.
D. reducir el número de excepciones de políticas.

A es la respuesta correcta.

Justificación:

A. **La supervisión continua ayuda a una organización a identificar los eventos adversos de manera oportuna. Reducir los tiempos de demoras para tomar medidas para contener los daños resulta en una minimización del impacto.**
B. Alinear el programa de seguridad con los objetivos de TI es un beneficio derivado de la supervisión continua en lugar del objetivo principal.
C. La identificación de activos de información críticos es un requisito previo para la implementación de una supervisión continua.
D. La reducción de excepciones de la política no es un beneficio directo de la supervisión continua.

129. ¿Cuál de los siguientes es el **PRIMER** paso en el desarrollo de un plan de respuesta a incidentes?

A. Establecer el tiempo mínimo necesario para responder a incidentes.
B. Establecer un proceso para notificar los incidentes a la alta dirección.
C. Garantizar la disponibilidad de recursos calificados.
D. Clasificar los incidentes basados en la probabilidad e impacto.

D es la respuesta correcta.

Justificación:

A. Determinar el tiempo de respuesta se basa en la categorización de los incidentes.
B. El proceso de notificación depende de la categorización. La gerencia puede desear que solo se le notifiquen los incidentes de alta gravedad.
C. Los recursos requeridos dependen de la categorización del incidente y del tiempo de respuesta establecido.
D. **Los incidentes con una alta probabilidad e impacto merecen más atención.**

130. Un centro de operaciones de seguridad detectó un intento de ataque mediante una inyección de lenguaje de consultas estructuradas, pero no
se pudo determinar si tuvo éxito. ¿A cuál de los siguientes recursos debe acercarse el responsable de seguridad de la información para evaluar el posible impacto?

A. Equipo de asistencia de la aplicación
B. Propietario del proceso de negocio
C. Equipo de administración de la red
D. Administrador del sistema

A es la respuesta correcta.

Justificación:

A. **Una inyección de lenguaje de consultas estructuradas (SQL) es un ataque basado en la aplicación. Como el centro de operaciones de seguridad ha detectado un intento de inyección de SQL y no se pudo determinar si tuvo éxito, el responsable de seguridad de la información debe contactar con el equipo de asistencia de la aplicación que tiene acceso a los datos con el fin de identificar el impacto.**
B. El propietario del proceso de negocio puede ayudar a que el equipo de asistencia de la aplicación determine el impacto global, después de que se haya determinado si el ataque ha tenido éxito.
C. Como la inyección SQL es un ataque basado en la aplicación, el equipo de administración de la red no es el mejor recurso para evaluar el posible impacto.
D. El administrador del sistema no es el mejor recurso para evaluar el posible impacto, pero puede ayudar al equipo de asistencia de aplicación y también con las actividades de respuesta a incidentes, si el ataque ha tenido éxito.

131. ¿Cuál de los siguientes es el **PRIMER** paso después de que el sistema de detección de intrusos envíe una alerta sobre un posible ataque?

A. Evaluar el tipo y gravedad del ataque.
B. Determinar si se trata de un incidente real.
C. Contener los daños para mitigar el riesgo.
D. Mitigar la interrupción de los recursos informáticos.

B es la respuesta correcta.

Justificación:

A. Deben estudiarse el tipo y gravedad del ataque después de llegar a la conclusión de que el incidente es válido.
B. **Un administrador que realiza actividades periódicas de mantenimiento puede activar una alarma de falsos positivos desde el sistema de detección de intrusos. Se debe validar un incidente real antes de tomar cualquier acción.**
C. El daño se debe contener y el riesgo se debe reducir al mínimo después de confirmar un incidente válido, para descubrir así el tipo y la gravedad del ataque.
D. Uno de los objetivos de la respuesta a incidentes es mitigar la interrupción de los recursos informáticos.

132. Después de la interrupción de un servicio crítico del sistema, el equipo de respuesta a incidentes considera que se necesita activar el centro de recuperación seguro. Tras descubrir que la velocidad de procesamiento es la mitad que la del centro principal, el equipo no obstante notifica a la gerencia que se ha restaurado el sistema crítico. Esto es **MÁS** probable porque se ha logrado el:

A. objetivo de punto de recuperación.
B. objetivo de tiempo de recuperación
C. objetivo de entrega del servicio.
D. interrupción máxima tolerable.

C es la respuesta correcta.

Justificación:

A. El objetivo de punto de recuperación (RPO) se determina tomando como base la pérdida de datos aceptable en el caso de interrupción de las operaciones. Indica el punto más temprano en el tiempo que es aceptable para recuperar los datos. El RPO cuantifica con eficacia la cantidad permisible de pérdida de datos en caso de interrupción.
B. El objetivo de tiempo de recuperación es el tiempo necesario para restablecer los servicios a las operaciones normales o al objetivo de entrega del servicio (SDO).
C. **El SDO es el nivel acordado del servicio requerido para reanudar las operaciones aceptables.**
D. La interrupción máxima tolerable es el tiempo máximo que la organización puede operar en el centro de recuperación.

133. El hecho de que la falta de detalles en el plan de recuperación pueda impedir que una empresa cumpla con sus objetivos de tiempo requeridos cuando se produce un incidente de seguridad es motivo de preocupación. ¿Cuál de las siguientes opciones garantiza con MAYOR probabilidad que se cumplan los objetivos de tiempo de recuperación?
   A. Establecimiento de centros de operación distribuidos
   B. Delegación de la autoridad en la ejecución de la recuperación
   C. Externalización del proceso de restauración del negocio
   D. Copias de seguridad incrementales de bases de datos voluminosas

B es la respuesta correcta.

Justificación:

A. El establecimiento de centros de operación distribuidos no compensa la falta de detalle en el plan de recuperación.

B. **Cuando la recuperación está en marcha en respuesta a un incidente, hay muchos casos en los que se deben tomar decisiones en cada nivel de gerencia. Esto puede llevar un tiempo considerable debido a los procedimientos de escalada. Por lo tanto, es deseable que la delegación de autoridad se haga efectiva durante el proceso de recuperación. El alcance de la delegación de autoridad en la ejecución de la recuperación puede evaluarse y documentarse en las políticas y procedimientos de continuidad del negocio.**

C. La externalización no resolverá ningún incumplimiento de los objetivos de tiempo de recuperación, a menos que la estrategia de recuperación incluya una jerarquía de autoridad clara y detalles adecuados en el plan.

D. Se puede recomendar la copia de seguridad incremental de bases de datos voluminosas para acelerar el proceso de copia de seguridad de los datos. No obstante, suele aumentar el tiempo necesario para recuperársela recuperación.

134. El objetivo **MÁS** importante de la implementación de un plan de respuesta a incidentes es:
   A. evitar que ocurran incidentes.
   B. asegurar la continuidad del negocio.
   C. formar a los usuarios en la resolución de incidentes.
   D. promover la resiliencia del negocio.

D es la respuesta correcta.

Justificación:

A. El plan de respuesta a incidentes es un medio para responder a un evento, pero no impide que este se produzca.

B. Los planes de continuidad del negocio, no los planes de respuesta a incidentes, se han diseñado para restablecer las operaciones de negocio después de un desastre; no aseguran el resultado real.

C. El plan de gestión de incidentes de seguridad puede abordar la formación de los usuarios, pero el plan de respuesta a incidentes no lo hace.

D. **La resiliencia del negocio se refiere a la capacidad de resistir la interrupción. Un plan de respuesta a incidentes eficaz minimiza el impacto de un incidente hasta un nivel en el que es transparente para los usuarios finales y los socios de negocio.**

135. ¿Cuál de los siguientes ofrece la **MAYOR** garantía de eficacia del plan de recuperación ante desastres de la empresa?

A. Pruebas de verificación
B. Ejercicios de simulación
C. Prueba de interrupción completa
D. Prueba de simulación

C es la respuesta correcta.

Justificación:

A. Una lista de verificación no proporciona más aseguramiento que una prueba de interrupción completa. Las listas de verificación son un paso preliminar a una prueba real. Las listas de verificación de recuperación se distribuyen a todos los miembros de un equipo de recuperación para revisar y asegurar que la lista de recuperación esté vigente.

B. Un ejercicio de simulación no proporciona más garantía que una prueba de interrupción completa. Los ejercicios de simulación pueden consistir en recorridos virtuales del plan de recuperación en caso de desastres (DRP) o pueden implicar recorridos virtuales del DRP, basados en diferentes escenarios.

C. **Una prueba de interrupción completa ofrece la mejor garantía a la empresa porque es la prueba más próxima a un desastre real. Por lo general se trata de dar de baja las operaciones en el centro principal y cambiarlas al centro de recuperación según el plan de recuperación; esta es la forma más rigurosa de pruebas.**

D. Una simulación de la lista de control no proporciona más aseguramiento que una prueba de interrupción completa. Durante las pruebas de simulación, el equipo de recuperación representa un escenario de desastre preparado sin activar el procesamiento en el centro de recuperación.

136. Un responsable de seguridad de la información ha sido notificado de que se ha violado un servidor que se utiliza en toda la empresa. ¿Cuál es el **PRIMER** paso que debe darse?

A. Informar a la gerencia.
B. Notificar a los usuarios.
C. Aislar el servidor.
D. Verificar la información.

D es la respuesta correcta.

Justificación:

A. El responsable de seguridad de la información debe informar a la gerencia, pero no antes de verificar la información.

B. Es necesario notificar a los usuarios después de que el responsable de seguridad de la información haya verificado la información e informado a la gerencia.

C. Aislar el servidor no es el primer paso que el responsable de seguridad de la información debe tomar.

D. **Antes de tomar cualquier acción, el responsable de seguridad de la información debe verificar que ha habido una violación.**

137. ¿Cuál de las siguientes opciones contribuye con **MAYOR** probabilidad a mejorar la efectividad del equipo de respuesta a incidentes?

A. Informar a los miembros del equipo sobre la naturaleza de nuevas amenazas a la seguridad de los sistemas de información (SI)
B. Pruebas y actualizaciones periódicas para incorporar a las lecciones aprendidas
C. Asegurarse de que todos los miembros tengan un buen entendimiento de la tecnología de SI
D. Una estructura no jerárquica para asegurar que los miembros del equipo compartan ideas

B es la respuesta correcta.

Justificación:

A. El hecho que las amenazas puedan materializarse en un incidente requiere de la presencia de vulnerabilidades del sistema. Son estas vulnerabilidades las que deben ser el centro del análisis cuando se consideren los procedimientos de gestión de incidentes.
B. Las pruebas y actualizaciones periódicas para incorporar a las lecciones aprendidas asegurarán que la implementación del plan de respuestas de gestión de incidentes de seguridad esté alineada y se mantenga actual con las prioridades del negocio establecidas por la gerencia del negocio.
C. No todos los miembros del equipo de gestión de incidentes de seguridad deben tener conocimientos de SI. Los miembros a cargo de la implementación del plan de respuesta de gestión de incidentes de seguridad deben ser capaces de utilizar diferentes habilidades para garantizar el alineamiento con los procedimientos y políticas de la organización.
D. Es importante que alguien se responsabilice de la aplicación del plan de gestión de incidentes; por ejemplo, para declarar formalmente que un plan debe aplicarse después de un incidente. Una estructura no jerárquica puede introducir ambigüedad de quién es el responsable de qué aspectos del plan de respuesta de gestión de incidentes.

138. ¿Cuál de las siguientes es la **MEJOR** forma de confirmar que el plan de recuperación ante desastres está actualizado?

A. La auditoría de los cambios del proceso de negocio
B. El mantenimiento de las últimas configuraciones
C. Las pruebas regulares del plan de recuperación ante desastres
D. El mantenimiento de la lista de contacto del personal

C es la respuesta correcta.

Justificación:

A. La auditoría de los cambios en los procesos de negocio no necesariamente permitirá el mantenimiento del plan de recuperación ante desastres (DRP).
B. El mantenimiento de la configuración más reciente no mostrará lo actualizado que está el proceso, y esto es vital para el plan de recuperación ante desastres (DRP).
C. Cuando un DRP se prueba de forma correcta, los resultados de las pruebas revelarán las deficiencias y las oportunidades de mejora.
D. El mantenimiento de la lista de contacto del personal es una indicación del personal que participará en el DRP. Aunque es indicativo de lo actualizado que está el DRP, este también debe incluir a los proveedores, clientes y proveedores necesarios para su éxito.

139. ¿Cuál de las siguientes actividades es la que **MÁS** incrementa la probabilidad de que una empresa sea capaz de reanudar las operaciones después de un desastre?

A. Las pruebas de restauración
B. El establecimiento de un centro de emergencia alternativo parcialmente equipado
C. Las copias de seguridad de datos diarias
D. Un plan de respuesta a incidentes

A es la respuesta correcta.

Justificación:

A. Una capacidad demostrada para restaurar los datos es la mejor manera para asegurar que los datos pueden restaurarse después de un desastre, y los datos son la base de la mayoría de los procesos del negocio. Si una empresa es incapaz de restaurar sus datos, será de poco valor tener otras consideraciones en cuenta. Por otro lado, si los datos se pueden restablecer, la empresa probablemente encontrará soluciones para otros retos a los que se pueda enfrentar.
B. Tener un centro de emergencia alternativo parcialmente equipado acelera el proceso de recuperación ante desastres, proporcionando las instalaciones y los equipos donde se puedan restaurar los datos y reconstituir las operaciones. Sin embargo, si no se puede restaurar los datos, tener las instalaciones y el equipo no será muy útil.
C. Realizar copias de seguridad de datos a diario o con otra frecuencia es una buena práctica, sin embargo, mientras no se intente realizar una recuperación con dichos datos, la empresa no sabrá si las copias de seguridad son efectivas. Una organización puede haber estado haciendo diligentemente copias de seguridad durante meses o años y descubrir que no puede restaurar los datos, todo el tiempo y los recursos invertidos en las copias de seguridad se habrán perdido.
D. Los procedimientos de recuperación se documentan en el plan de recuperación ante desastres y no en el plan de respuesta a incidentes.

140. ¿Cuál de las siguientes opciones es la que **MEJOR** contribuye al diseño del plan de restauración de datos?

A. Tiempo de procesamiento de la transacción
B. Tiempo medio entre fallos
C. Objetivos de entrega del servicio
D. Duración del trabajo de restauración de datos

C es la respuesta correcta.

Justificación:

A. El tiempo de procesamiento de la transacción puede ser un motivo de preocupación cuando se evalúa la eficacia de un sistema de aplicación. Por lo general no es la acción principal en la etapa de restauración.
B. El tiempo medio entre fallos (MTBF) es el tiempo transcurrido previsto entre fallos inherentes de un sistema durante el funcionamiento. El MTBF no es un factor en la determinación de la restauración de datos.
C. El objetivo de entrega del servicio (SDO) se relaciona directamente con las necesidades del negocio; el SDO es el nivel de servicios que se debe alcanzar durante el modo de proceso alternativo hasta que se restablezca la situación normal.
D. La duración de un trabajo de restauración de datos puede ser de importancia secundaria. En primer lugar, se debe considerar la importancia estratégica de los datos.

141. ¿Cuál de las siguientes opciones contribuye **MÁS** a la eficiencia del equipo de respuesta a incidentes?

A. Políticas y procedimientos de seguridad
B. Roles y responsabilidades definidos
C. Habilidades de análisis forense digital
D. Estructura jerárquica

B es la respuesta correcta.

Justificación:

A. Conocer los procedimientos y las políticas de seguridad puede ser importante. Sin embargo, este conocimiento no es un elemento obligatorio para que un equipo de respuesta a incidentes trabaje de forma eficiente.

B. Los miembros del equipo de respuesta a incidentes deben trabajar en un entorno interrumpido; por lo tanto, es esencial que sean claramente conscientes de los roles y la responsabilidad antes del compromiso.

C. Podría haber una instancia cuando se necesita un analista forense digital. En tal caso, la asignación de un profesional calificado puede ser la mejor solución, en lugar de que el equipo de respuesta tenga que aprender las habilidades.

D. La estructura jerárquica es un componente obligatorio para que un equipo opere. Sin embargo, en caso de respuesta a incidentes, el tamaño del equipo suele ser reducido y la jerarquía puede ser plana. Por lo tanto, no puede ser un factor que contribuya mucho a la eficiencia.

142. ¿Cuál de las siguientes opciones se debe considerar con **MAYOR** seriedad cuando se diseña el programa de gestión de respuesta a incidentes basado en riesgos?

A. La posibilidad de colusión entre el personal
B. La degradación de la calidad de la investigación
C. La minimización de alertas de falsos positivos
D. La supervisión de eventos repetidos de bajo riesgo

D es la respuesta correcta.

Justificación:

A. En general, cualquier práctica de control es vulnerable a la colusión, y si un incidente lo impulsan con cuidado varios empleados, es difícil de detectar. Sin embargo, la colusión con éxito no es habitual.

B. Siempre que se defina bien, es poco probable que la calidad de la investigación de un incidente sea mediocre.

C. Un enfoque basado en el riesgo no puede garantizar la minimización de las alertas de falsos positivos.

D. Un enfoque basado en el riesgo se centra en temas de alto riesgo. Quienes intentan cometer fraudes pueden aprovecharse de sus debilidades. Cuando se establece la supervisión basada en riesgos, hay una mayor probabilidad de pasar por alto las actividades de bajo riesgo. Aunque el impacto de un evento de bajo riesgo es pequeño, es posible que no se pueda ignorar el daño acumulado de su aparición repetida. Por lo tanto, es fundamental revisar la probabilidad de repetición de eventos de bajo riesgo.

143. ¿Cuál es el enfoque de gestión de respuesta a incidentes de TI **MÁS** apropiado para una empresa que ha externalizado su TI y la función de gestión de incidentes de seguridad de TI?

A. Un plan probado y un equipo para proporcionar supervisión
B. Una persona que sirva de enlace entre las partes
C. Una notificación clara y canales de notificación
D. Una auditoría periódica de las capacidades del proveedor

A es la respuesta correcta.

Justificación:

A. Un plan probado y aprobado garantizará la capacidad del proveedor para abordar incidentes en un tiempo de recuperación aceptable, y la capacidad de un equipo interno para proporcionar funciones de supervisión y enlace que aseguren que la respuesta se lleve a cabo de acuerdo con el plan.
B. Identificar una cláusula contractual / legal no es suficiente por sí mismo para ofrecer aseguramiento del desempeño adecuado de respuesta a incidentes.
C. La notificación y los informes no proporcionan suficiente seguridad de que se hagan las actividades adecuadas de respuesta, ni proporcionan datos de entrada, participación ni abordan las materias relacionadas de forma oportuna.
D. Las auditorías ofrecen una instantánea periódica de la suficiencia de los planes y capacidades del proveedor, pero no son suficientes para gestionar los problemas colaterales y consecuentes en caso de un incidente significativo.

144. ¿Cuál de las siguientes opciones es la **MÁS** importante para garantizar la admisibilidad de las pruebas forenses?

A. Un adecuado período de retención
B. Almacenamiento en medios de solo lectura
C. Revisión por parte de una autoridad independiente
D. Trazabilidad del control

D es la respuesta correcta.

Justificación:

A. Aunque las pruebas deben retenerse necesariamente bastante tiempo para enviarse, la duración del período de retención por sí misma no afecta su admisibilidad.
B. Los medios de solo lectura reducen la posibilidad de manipulación como una capacidad técnica, pero el mantenimiento de una cadena de custodia sirve como una protección adecuada en cualquiera de los casos.
C. La revisión por parte de una autoridad independiente no garantiza la admisibilidad.
D. Las pruebas son inadmisibles sin una cadena de custodia clara, que es la capacidad de poder rastrear quién tuvo el control de las pruebas durante el proceso.

145. ¿Qué medida debe tomar un equipo de respuesta a incidentes si la investigación de un evento de respuesta a incidentes no puede finalizarse en el tiempo asignado?

A. Seguir trabajando en la acción actual.
B. Escalar al siguiente nivel para su resolución.
C. Pasar a la siguiente acción del plan.
D. Declarar un desastre.

B es la respuesta correcta.

Justificación:

A. Cada acción que no se finaliza solo desperdicia tiempo; es necesario escalar y continuar.
B. Debido a que el proceso de investigación debe tener limitaciones de tiempo, si el equipo inicial no puede encontrar una solución dentro del tiempo asignado en el plan, deben escalar la resolución al siguiente nivel y continuar con la recuperación del sistema.
C. La actividad en un evento de respuesta a incidentes no debe detenerse hasta que se haya determinado la causa raíz, pero es posible que se deba solicitar a otros equipos que dividan el trabajo y completen el plan de respuesta.
D. No se debe declarar un desastre hasta que se haya determinado la causa raíz o hasta que la alta dirección haya determinado que la resolución llevará más tiempo del aceptable para una interrupción del sistema.

146. ¿Cuál de las siguientes opciones es una característica de la tecnología de gestión de eventos e información de seguridad (SIEM)?

A. SIEM promueve el cumplimiento de las políticas de seguridad.
B. SIEM es principalmente un medio para gestionar el riesgo residual.
C. SIEM reemplaza la necesidad de instalar un cortafuegos.
D. SIEM proporciona una gama completa de controles compensatorios.

A es la respuesta correcta.

Justificación:

A. La gestión de eventos e información de seguridad (SIEM) puede proporcionar información sobre el cumplimiento de la política, así como de la supervisión de incidentes y otras capacidades, si se desarrolla, configura y ajusta de forma adecuada.
B. La SIEM no se utiliza para gestionar el riesgo residual.
C. La SIEM es una revisión automatizada de los registros a través de la agregación y correlación, y no sustituye la necesidad de cortafuegos.
D. La SIEM proporciona una serie de controles de detección, no controles compensatorios.

147. ¿Cuál de los siguientes elementos es **MÁS** importante para determinar el objetivo de punto de recuperación de un proceso crítico en una empresa?

   A. La cantidad de horas de tiempo improductivo aceptable
   B. El coste total para recuperar sistemas críticos
   C. La reducción aceptable del nivel del servicio
   D. La cantidad de datos perdidos que sea aceptable

D es la respuesta correcta.

Justificación:

   A. El objetivo de tiempo de recuperación (RTO) es el tiempo permitid para la recuperación de una función o un recurso del negocio después de un desastre. El RTO no es un factor para determinar el objetivo de punto de recuperación (RPO).
   B. La determinación del RPO ya habría tenido en cuenta el coste.
   C. El nivel de prestación de servicios se relaciona directamente con las necesidades del negocio. Es el nivel de servicios que se ha alcanzado durante el modo de proceso alternativo hasta que la situación normal se restablezca.
   D. El RPO se determina según la pérdida de datos aceptables en caso de una interrupción de las operaciones. Indica el punto más temprano en el tiempo que es aceptable para recuperar los datos. El RPO cuantifica con eficacia la cantidad permisible de pérdida de datos en caso de interrupción.

148. ¿Qué acción debería tomar **PRIMERO** el responsable de seguridad cuando los informes de incidentes de distintas unidades organizacionales no son coherentes y muy inexactos?

   A. Garantizar que existe una definición clara de incidente organizacional y una jerarquía de gravedad.
   B. Iniciar un programa de concienciación y formación sobre identificación de incidentes en toda la empresa.
   C. Escalar el asunto al comité directivo de seguridad para que tome la medida adecuada.
   D. Hacer partícipe al departamento de Recursos Humanos en la implantación de un programa de cumplimiento de notificaciones.

A es la respuesta correcta.

Justificación:

   A. La primera medida es validar que se hayan establecido y comunicado a toda la empresa una definición clara de incidente y sus criterios de gravedad.
   B. Un programa de formación no será efectivo hasta que se hayan establecido criterios de gravedad y una identificación clara de incidente.
   C. El comité de dirección puede participar después de que se hayan establecido y comunicado claramente los criterios de incidente.
   D. Las actividades de cumplimiento no serán efectivas a menos que se hayan establecido y comunicado claramente los criterios de incidente.

149. ¿Cuál de las siguientes medidas se integra en el plan de respuesta a incidentes mediante esta declaración: «Si la base de datos se daña por un incidente, debe restaurarse la copia de seguridad correspondiente al cierre del día anterior»?

A. El objetivo de tiempo de recuperación
B. El objetivo de punto de recuperación
C. El objetivo de entrega del servicio
D. El tiempo máximo tolerable de interrupción

B es la respuesta correcta.

Justificación:

A. El objetivo de tiempo de recuperación (RTO) es el tiempo permitido para la recuperación de una función o un recurso del negocio después de que ocurre un desastre. La declaración no menciona el tiempo para que concluya la restauración.
B. El objetivo de punto de recuperación (RPO) se determina tomando como base la pérdida de datos aceptable en el caso de interrupción de las operaciones. Indica el punto más temprano en el tiempo que es aceptable para recuperar los datos. El RPO cuantifica con eficacia la cantidad permisible de pérdida de datos en caso de interrupción. La declaración permite la pérdida de datos del día actual.
C. Directamente relacionado con las necesidades de negocio, el objetivo de entrega del servicio (SDO) es el nivel de servicios que se deben alcanzar durante el modo de proceso alternativo hasta que se vuelva a la situación normal. El SDO es el nivel de servicio aceptable dentro del RTO.
D. El tiempo máximo tolerable de interrupción es el tiempo máximo durante el cual una empresa puede continuar el proceso en modo alternativo.

150. En el seguimiento de un incidente de seguridad, el administrador del sistema copiará los datos de un disco duro a otro. Desde el punto de vista forense, ¿cuál de las siguientes tareas se debe garantizar?

A. Copiar en el mismo modelo de disco que el original.
B. Realizar una copia de seguridad doble del disco original.
C. Mantener el hash digital de los dos discos duros.
D. Realizar una prueba de restauración después de la replicación.

C es la respuesta correcta.

Justificación:

A. Para realizar una copia, el disco duro de destino no necesita tener la misma especificación que el original; por lo tanto, esta no es la mejor opción.
B. Es recomendable realizar una copia de seguridad doble; sin embargo, eso no demuestra que alguien no haya podido modificar los datos.
C. Para probar que los datos no se han modificado antes o después de la copia, es mejor mantener un hash digital de los dos discos duros. Los hashes por sí mismos no son adecuados para cumplir con las normas de admisibilidad de las pruebas, pero respaldarán otros aspectos de integridad en el contexto del análisis forense de los datos.
D. Es recomendable realizar una prueba de restauración. Esto es para asegurar la disponibilidad en lugar de mantener la capacidad de las pruebas.

151. A pesar de que un ejercicio de recuperación ante desastres en el centro de emergencia alternativo completamente equipado de una empresa restauró todos los servicios esenciales, la prueba se consideró un fracaso. ¿Cuál de las siguientes circunstancias sería la causa **MÁS** probable?

A. El tiempo máximo tolerable de interrupción excedió la ventana de interrupción aceptable (AIW).
B. Los planes de recuperación especificaron versiones del sistema operativo desactualizadas.
C. Algunos sistemas restaurados excedieron los objetivos de entrega del servicio.
D. Las actividades de recuperación agregadas excedieron la AIW.

D es la respuesta correcta.

Justificación:

A. El tiempo máximo tolerable de Interrupción, el tiempo que la empresa puede operar en modo alternativo, suele exceder la ventana de interrupción aceptable (AIW).
B. Si bien una diferencia en las versiones del sistema operativo puede causar un retraso, probablemente sea menor.
C. Los objetivos de entrega del servicio (SDO) se relacionan directamente con las necesidades del negocio. El SDO es el nivel de servicios que se ha alcanzado durante el modo de proceso alternativo hasta que la situación normal se restablece. El incumplimiento de los SDO en algunos sistemas podría ser una preocupación, pero no necesariamente llevaría a la conclusión de que la prueba fue un fracaso.
D. Exceder la AIW provocaría un daño significativo en la empresa y debe evitarse. La ventana de interrupción aceptable es el periodo máximo que un sistema puede no estar disponible antes de que se ponga en riesgo el logro de los objetivos de negocio de la empresa.

152. ¿Cuál de las siguientes opciones es el recurso de respuesta a incidentes **MÁS** importante para la identificación oportuna de un incidente de seguridad de la información?

A. Un sistema de detección de intrusos totalmente actualizado
B. Múltiples canales para la distribución de la información
C. Un plan de comunicación bien definido y estructurado
D. Una agenda regular para revisar los registros de los dispositivos de red

C es la respuesta correcta.

Justificación:

A. No todos los incidentes de seguridad de la información se originan en la red; un sistema de detección de intrusos no podrá ser de utilidad para la detección de una variedad de tipos de incidentes.
B. La diversificación de los medios de comunicación aumenta las probabilidades de que la información llegue a las personas a las que se envía, pero no hace nada para garantizar que las personas correctas reciban la información correcta en el tiempo correcto.
C. Un incidente no se identifica dentro de una empresa hasta que se declara, lo cual es una responsabilidad de negocio que está más allá del alcance del personal técnico. Un plan de comunicación bien definido y estructurado garantiza que la información fluye del personal técnico a los responsables de la toma de decisiones de manera oportuna, permitiendo que los incidentes se reconozcan, declaren y aborden correctamente.
D. La revisión de los registros proporciona la oportunidad de identificar patrones de tráfico irregulares que pueden indicar un incidente de seguridad de la información, pero estos registros proporcionan información sobre un subconjunto de vectores de ataque solo (por ejemplo, la penetración externa normalmente se cubriría, pero las amenazas internas no). Además, si los analistas que identifican información potencialmente reveladora no cuentan con mecanismos para compartir esas revelaciones con otros en la empresa, es menos probable que obtengan una respuesta efectiva.

153. ¿Cuál de las siguientes acciones es la **MEJOR** para garantizar que las actividades de respuesta a incidentes sean coherentes con los requisitos de continuidad del negocio?
   A. Desarrollar un escenario y realizar un recorrido estructurado.
   B. Redactar y publicar una práctica clara para la respuesta a incidentes a nivel empresarial.
   C. Establecer un grupo de trabajo con representantes de los distintos departamentos para compartir perspectivas.
   D. Desarrollar un plan de proyecto para las pruebas completas de la recuperación ante desastres.

A es la respuesta correcta.

Justificación:

A. Un recorrido estructurado que incluye la respuesta a incidentes y el personal encargado de la continuidad del negocio brinda la mejor oportunidad para identificar brechas o desalineaciones entre los planes.

B. Publicar un plan de respuesta a incidentes a nivel empresarial sería efectivo solo si la continuidad del negocio se he alienado con la respuesta a incidentes. La respuesta a incidentes apoya la continuidad del negocio, y no a la inversa.

C. Compartir las perspectivas es útil, pero un grupo de trabajo no necesariamente logra garantizar que las interfaces entre los planes se puedan aplicar.

D. Un plan de proyecto desarrollado para la recuperación ante desastres no necesariamente abordará las deficiencias en la continuidad del negocio o la respuesta a incidentes.

154. Un responsable de seguridad de la información recién contratado examina el plan de continuidad del negocio que tiene 10 años de antigüedad y observa que el tiempo máximo tolerable de interrupción (MTO) es mucho más corto que la ventana de interrupción aceptable (AIW). ¿Qué medida debería tomarse como resultado de esta información?
   A. Reevaluar el MTO.
   B. Llevar a cabo un análisis del impacto sobre el negocio y actualizar el plan.
   C. Incrementar el objetivo de entrega del servicio.
   D. No tomar ninguna medida; el MTO no se relaciona con la AIW.

B es la respuesta correcta.

Justificación:

A. La realización de un análisis del impacto en el negocio (BIA) incluirá la reevaluación del tiempo máximo tolerable de interrupción (MTO); hasta ese momento, no hay manera de determinar si es el MTO o es la ventana de interrupción aceptable (AIW) la incorrecta.

B. El primer problema es determinar si el plan está vigente y actualizar los requisitos según sea necesario. Lo más probable es que el BIA sea un esfuerzo de colaboración con los propietarios del proceso de negocio.

C. El objetivo de entrega del servicio deberá actualizarse mediante un BIA.

D. El MTO siempre debe ser al menos igual a la AIW y por lo general es mayor.

155. ¿Cuál de los siguientes beneficios que recibe la empresa al trabajar un programa de gestión de incidentes de seguridad sistemático con una metodología formal es **MÁS** importante?
   A. Una metodología formal hace que la gestión de incidentes de seguridad sea más flexible.
   B. Una metodología formal depende más de las actividades de continuidad del negocio.
   C. Cada encargado de responder ante el incidente puede adquirir amplia experiencia.
   D. Las pruebas de diligencia debida apoyan la gestión de reclamaciones legales y de responsabilidad.

D es la respuesta correcta.

Justificación:

   A. Cuanto más formalizado se vuelva algo, menos flexible es.
   B. Una metodología formal en realidad puede funcionar con mayor facilidad como una función independiente y depender menos de las actividades de continuidad del negocio.
   C. Tener una metodología formal significa que las funciones por lo general se asignan en base a la competencia y a la disponibilidad de tiempo.
   D. Las reclamaciones legales y de responsabilidad son más creíbles cuando los mecanismos utilizados para recopilarlas se documentan de modo formal, son repetibles y se practican con regularidad.

156. Los planes de respuesta no probados:
   A. dependen de información de contacto actualizada.
   B. presentan un riesgo inaceptable para la empresa.
   C. presentan el riesgo de que el plan no funcionará cuando se necesite.
   D. se distinguen con rapidez de los planes probados.

C es la respuesta correcta.

Justificación:

   A. Aunque la información de contacto actualizada es importante, no es más importante en un plan no probado de lo que sería para un plan probado.
   B. Si un riesgo es aceptable o no, es una determinación de negocio y no una función de prueba.
   C. Un plan de respuesta puede no ser viable en las pruebas a pesar de cubrir todas las áreas según se registró.
   D. Si un plan se probó no se observa con rapidez durante la inspección.

157. ¿Qué es lo que hace que un programa de gestión de incidentes de seguridad sea efectivo?
   A. Identifica, evalúa y previene la repetición de incidentes.
   B. Detecta y documenta los incidentes.
   C. Incluye una estrategia de gestión de riesgos.
   D. Muestra las capacidades de la empresa.

A es la respuesta correcta.

Justificación:

   A. La gestión de incidentes de seguridad identifica y evalúa los incidentes cuando ocurren. Después implementa mejoras para evitar que ocurran en el futuro.
   B. La detección y documentación de los incidentes solo forma parte del proceso; se deben abordar y prevenir futuras ocurrencias.
   C. La gestión de riesgos ocurre fuera del programa de gestión de incidentes.
   D. Los objetivos se establecen en base a la necesidad del negocio y las capacidades se crean para cumplir con esos objetivos.

158. Una empresa se preocupa sobre todo por el impacto financiero del tiempo de inactividad asociado con un incidente de seguridad de la información. ¿Cuál de los siguientes elementos sería el control compensatorio **MÁS** apropiado que se debería tener en marcha?

A. Un contrato de almacenamiento de medios fuera del centro
B. Seguro contra la interrupción del negocio
C. Una arquitectura de conexión de apoyo en tiempo real
D. Un plan de recuperación ante desastres

B es la respuesta correcta.

Justificación:

A. Almacenar los medios de seguridad fuera del centro mejora la probabilidad de que estén disponibles para utilizar en las actividades de recuperación, pero también incrementa el tiempo necesario para finalizar la recuperación. En una situación donde la principal preocupación es el impacto financiero del tiempo de inactividad, un contrato de almacenamiento de medios fuera del centro no resulta útil.

B. El seguro contra la interrupción del negocio no ayuda a restaurar las operaciones, pero sí compensa a un negocio por el impacto financiero asociado con la interrupción. En este escenario, el impacto financiero del tiempo de inactividad es la principal preocupación, por lo tanto, el seguro es un control compensatorio apropiado.

C. Una arquitectura que proporciona conexión de apoyo en tiempo real evita el impacto financiero del tiempo de inactividad, pero lo hace a un coste significativo. Es poco probable que una empresa que se preocupa principalmente por el impacto financiero (en lugar de la eficiencia operacional u otros asuntos) acepte este coste más elevado, ya que los otros beneficios asociados con la conexión de apoyo en tiempo real no se ven como algo justificable.

D. Un plan de recuperación ante desastres ayuda a la empresa a adoptar los pasos necesarios para volver a las operaciones normales después de un desastre, pero incluso un plan claramente desarrollado y probado no compensa el impacto financiero del tiempo de inactividad, y muchos incidentes de seguridad de la información tienen impactos que no cumplen con el umbral de desastres.

159. Si una organización tiene un requisito basado en la continuidad de sus operaciones, ¿cuál de los siguientes enfoques sería **MEJOR** para probar la respuesta y recuperación?

A. Una prueba de interrupción completa
B. Una prueba de simulación
C. Una prueba paralela
D. Un recorrido estructurado

C es la respuesta correcta.

Justificación:

A. Una prueba de interrupción completa, en la que las operaciones se cierran en el centro principal y se envían al centro de recuperación, es la forma de prueba de recuperación y respuesta más estricta, pero posiblemente sea perjudicial. Incluso cuando la empresa en este escenario pueda aceptar el coste de dicha prueba, la necesidad de mantener la continuidad de sus operaciones hace que sea inapropiado.

B. Las pruebas de simulación afectan a las personas y los procesos, pero no el inicio de las operaciones en el centro de recuperación; por lo tanto, proporcionan un nivel de aseguramiento inferior al que proporcionaría una prueba paralela.

C. La empresa en este escenario requiere la continuidad en sus operaciones. Una prueba paralela, en la que las operaciones se realizan en línea en el centro de recuperación junto con las operaciones del centro principal, es lo más cerca que una empresa puede llegar a una prueba completa sin arriesgarse a un impacto en el negocio, por eso es lo que mejor se ajusta al requisito.

D. Los recorridos estructurados son actividades con lápiz y papel. Un recorrido puede ayudar a identificar las limitaciones, deficiencias y oportunidades de mejora, pero el nivel de aseguramiento que proporciona es relativamente bajo comparado con una prueba paralela.

160. Al establecer un nuevo equipo de gestión de incidentes de seguridad cuyos miembros prestarán servicio a tiempo parcial, ¿cuál de los siguientes medios de formación es el **MÁS** efectivo?

A. Formación formal
B. Tutoría
C. Formación en el sitio de trabajo
D. Inducción

A es la respuesta correcta.

Justificación:

A. La formación formal es una buena opción cuando alguien es nuevo debido a que no presupone ningún conocimiento previo y garantiza que todos cubran el mismo material.
B. La tutoría es más efectiva cuando los miembros principales de un equipo establecido pueden complementarse con nuevos miembros. No funciona bien cuando alguien es nuevo.
C. La formación en el sitio de trabajo es una opción adecuada cuando el material que se debe aprender forma parte de las tareas diarias de los participantes. Para un equipo de gestión de incidentes de seguridad compuesto por miembros a tiempo parcial, habrá oportunidades limitadas para formarse en el curso de actividades diarias y regulares.
D. La inducción proporciona una descripción básica de las actividades del equipo de gestión de incidentes de seguridad sirve como base para una futura formación. En sí no es un medio de formación efectivo.

161. Los objetivos **PRINCIPALES** de la gestión de incidentes de seguridad son los siguientes:

A. contención.
B. análisis de causa raíz.
C. erradicación.
D. control de impacto.

D es la respuesta correcta.

Justificación:

A. La contención es uno de los pasos del proceso estándar en la gestión de incidentes, no el objetivo principal. Según la naturaleza del incidente y su impacto potencial en la empresa, la contención puede ser una prioridad o no.
B. El análisis de la causa raíz facilita la reparación a largo plazo de las vulnerabilidades para evitar la repetición de un determinado tipo de incidente, pero no es el objetivo de la gestión de incidentes.
C. La erradicación es uno de los pasos del proceso estándar de la gestión de incidentes, no el objetivo principal.
D. El propósito de la gestión de incidentes de seguridad es el de identificar y responder a eventos perjudiciales inesperados con el fin de controlar el impacto y mantenerlo en niveles aceptables.

162. ¿Cuál de las tecnologías siguientes será MÁS útil para contrarrestar amenazas persistentes avanzadas?
   A. Sistema de detección de intrusos basado en anomalías
   B. Sistema de gestión de información y eventos de seguridad
   C. Herramientas de exploración de vulnerabilidades automatizadas
   D. Sistema de gestión de red integrado

B es la respuesta correcta.

Justificación:

A. Los sistemas de detección de intrusos pueden detectar y notificar un posible ataque, pero no aportan información sobre infracciones posteriores, por lo que son menos efectivos a la hora de identificar amenazas persistentes que los sistemas de gestión de eventos e información del sistema (SIEM).

B. Los sistemas SIEM pueden identificar incidentes o posibles incidentes, priorizar en función del posible impacto, realizar un seguimiento de los incidentes hasta que se cierren y proporcionar un análisis de tendencias sustancial a lo largo del tiempo.

C. Las herramientas de escaneo de vulnerabilidades identifican debilidades en sistemas y redes que corresponden a paradigmas conocidos. En general, las amenazas persistentes avanzadas (APT) implican explotaciones que están fuera del alcance de las vulnerabilidades publicadas, lo que hace que el escaneo de vulnerabilidades sea una medida correctora limitada contra las APT.

D. La gestión de red integrada suele proporcionar un subconjunto limitado de las capacidades de SIEM totalmente implementado.

163. A la hora de fijar procesos efectivos de escalamiento de incidentes del equipo de respuesta a incidentes, **PRINCIPALMENTE** es necesario indicar cómo:
   A. cuánto debe esperar un miembro para obtener una respuesta y qué hacer si no se obtiene ninguna respuesta.
   B. de crítico es el incidente y qué unidades de negocio están afectadas de manera directa.
   C. se comunica el incidente a la alta dirección y demás partes interesadas afectadas.
   D. se informa rápidamente a los gerentes de los equipos de respuesta a incidentes acerca de los incidentes de alto riesgo.

A es la respuesta correcta.

Justificación:

A. A la hora de definir y fijar procesos efectivos de escalamiento de incidentes, ante todo es relevante indicar cuánto tiempo debe esperar un miembro del equipo para recibir una respuesta a un incidente y qué hacer si esta no se produce. Esta es la plataforma (inicial) necesaria para todos los pasos posteriores de un proceso de escalamiento efectivo.

B. Es importante saber cómo de crítico es un incidente y qué unidades de negocio se ven afectadas, pero a la hora de fijar procesos de escalamiento, es mucho más relevante indicar cuánto tiempo debe esperar una persona para recibir una respuesta y qué hacer si no se produce la misma.

C. La comunicación con las partes interesadas forma parte del proceso de respuesta a incidentes, pero es más importante fijar tiempos de espera y respuestas alternativas porque el tiempo es vital.

D. Es importante informar lo antes posible a los gerentes del equipo de respuesta a incidentes, pero al principio es más relevante indicar cuánto tiempo debe esperar una persona para recibir una respuesta y qué hacer si esta no se produce.

164. Al desarrollar procedimientos de respuesta a incidentes, un responsable de seguridad de la información debe garantizar que el procedimiento **PRINCIPALMENTE** esté dirigido a:

A. contener incidentes para minimizar daños.
B. identificar las causas raíz de los incidentes.
C. implementar soluciones para prevenir la recurrencia.
D. registrar y cerrar tickets de incidentes.

A es la respuesta correcta.

Justificación:

A. Los procedimientos de respuesta a incidentes se centran sobre todo en contener el incidente y minimizar el daño.
B. El análisis de causa raíz es un componente del proceso general de gestión de incidentes de seguridad más que el procedimiento de respuesta a incidentes.
C. Implementar soluciones es posible solo después de que se haya determinado una causa raíz.
D. Registrar y cerrar informes es parte de un proceso de documentación posterior, pero no es el centro principal de la respuesta a incidentes.

165. ¿Cuál de los siguientes sería el **MEJOR** indicador de la preparación del equipo de respuesta a incidentes en el contexto general del programa de gestión de incidentes?

A. El tiempo para la detección de incidentes
B. El tiempo transcurrido entre la detección del incidente y la determinación de la gravedad
C. El tiempo transcurrido entre la detección y la respuesta
D. El tiempo transcurrido entre que se produce el incidente y su resolución

C es la respuesta correcta.

Justificación:

A. El tiempo de detección es una medida de la capacidad de detección, que suelen proporcionar los controles automatizados.
B. El tiempo transcurrido entre la detección y la determinación de la gravedad forma parte de la respuesta.
C. La preparación es el tiempo que se tarda para iniciar una respuesta desde la detección. La primera vez que el equipo de respuesta a incidentes suele darse cuenta de un evento es cuando los mecanismos de supervisión proporcionan una alerta.
D. El tiempo transcurrido entre el incidente y la resolución es una función de la capacidad de respuesta.

166. Una empresa decide que su antigua instalación de recuperación ya no es adecuada porque no es capaz de funcionar durante un largo período de tiempo. La empresa decide construir una nueva instalación en otro lugar que pueda abordar las principales deficiencias de la antigua instalación y tener más espacio para una posible ampliación en el futuro. Hasta que la nueva instalación esté lista, ¿cuál de los siguientes objetivos de recuperación tendrá que modificarse?

A. Interrupción máxima tolerable
B. Objetivo de punto de recuperación
C. Objetivo de entrega del servicio
D. Ventana de interrupción aceptable

C es la respuesta correcta.

Justificación:

A. Aunque la instalación de recuperación actual no puede hacer frente a la interrupción máxima tolerable (MTO), eso no cambia la MTO. La empresa debe documentar la imposibilidad de cumplir con la MTO y seguir construyendo una nueva instalación que pueda cumplir el objetivo.
B. El objetivo de punto de recuperación (RPO) no se ve afectado por las deficiencias indicadas en las instalaciones de recuperación actuales.
C. El objetivo de entrega del servicio (SDO) representa un compromiso con el cliente interno para cumplir ciertos niveles de rendimiento. Para ser realista, el objetivo debe cambiarse a fin de reflejar las capacidades operativas de la instalación de recuperación actual.
D. El MTO debe ser al menos tan grande como la ventana de interrupción aceptable (AIW). Por lo tanto, es posible que exceder la MTO implique no poder cumplir con la AIW, lo que implicará en un daño inaceptable para la empresa. No obstante, al igual que con la MTO, la imposibilidad de cumplir con la AIW no hace que el daño asociado sea aceptable, por lo que no sería adecuado cambiar la AIW.

167. ¿Cuál de las siguientes opciones plantea el MAYOR desafío para establecer procesos eficientes de gestión de incidentes de seguridad de seguridad?

A. Las tecnologías de seguridad no están actualizadas.
B. Las partes interesadas no están definidas en las políticas de seguridad.
C. Los propietarios de los procesos no controlan los incidentes.
D. Las rutas de escalamiento no están suficientemente definidas.

D es la respuesta correcta.

Justificación:

A. Las tecnologías de seguridad no suelen ser la causa de retos sustanciales en la construcción de procesos de seguridad efectivos.
B. Las políticas de seguridad rara vez definen a todas las partes interesadas y la notificación a estas suele estar fuera del alcance de la gestión inicial de incidentes, lo que hace que la definición de rutas de escalamiento sea una preocupación mucho mayor. Los procesos de escalamiento suelen ser procedimientos.
C. El control de los incidentes por parte de los propietarios de los procesos no es un requisito principal para una gestión eficaz de los incidentes de seguridad.
D. Las vías de escalamiento definidas de forma inadecuada pueden derivar en una falta de autoridad apropiada, retrasos sustanciales, falta de notificación a las personas correspondientes y demás impactos negativos significativos.

168. Una empresa ha determinado que, en el peor de los casos, no era factible recrear todos los datos perdidos en un fallo del sistema en el tiempo disponible. Varias limitaciones evitan aumentar la frecuencia de las copias d seguridad. ¿Qué otras soluciones a este problema podrían sugerir el responsable de seguridad de la información?

A. Aumentar el objetivo de tiempo de recuperación
B. Reducir el objetivo de entrega del servicio
C. Ajustar el tiempo máximo tolerable de interrupción
D. Aumentar la ventana de interrupción aceptable

A es la respuesta correcta.

Justificación:

A. **Puesto que no se puede cumplir el objetivo de tiempo de recuperación (RTO) original debido al tiempo que se necesita para restaurar los datos, el RTO se podría aumentar.**
B. Reducir el objetivo de entrega del servicio aumentaría el problema y no es una solución.
C. Ajustar el tiempo máximo tolerable de Interrupción (MTO) no tendría ningún efecto en esta situación.
D. El aumento de la ventana de interrupción permitida (AIW) se basa en el tiempo máximo que la empresa puede estar inactiva antes de que se produzcan repercusiones financieras importantes.

169. ¿Cuál es el **PRIMER** paso a la hora de investigar un incidente de seguridad de la información por el que la empresa puede querer presentar cargos penales?

A. Notificar a las autoridades y a la alta dirección
B. Prevenir la contaminación de las pruebas
C. Activar el equipo de respuesta a incidentes
D. Contener el alcance del impacto.

B es la respuesta correcta.

Justificación:

A. La notificación a las autoridades o a la alta dirección puede ocurrir junto con otras actividades, pero evitar la contaminación de las pruebas es prioritario. En muchas empresas, la decisión de notificar a las autoridades la toma la alta dirección.
B. **Si se pueden presentar cargos penales, prevenir la contaminación de las pruebas es la máxima preocupación para facilitar el enjuiciamiento.**
C. La activación del equipo de respuesta a incidentes debe retrasarse hasta que se hayan adoptado las medidas necesarias para evitar la contaminación de las pruebas en casos en los que se puedan presentar cargos penales.
D. La contención forma parte de una estrategia eficaz de respuesta a incidentes, pero la prevención de la contaminación de las pruebas tiene prioridad sobre la contención en aquellos casos en los que se pueden presentar cargos penales.

170. ¿Cuál de los siguientes sería **MÁS** útil para desarrollar una serie de tiempos objetivos de recuperación?

A. Análisis de deficiencias
B. Análisis de regresión
C. Análisis de riesgos
D. Análisis del impacto en el negocio

D es la respuesta correcta.

Justificación:

A. Un análisis diferencial es útil para evaluar las diferencias entre el estado actual y un estado futuro.
B. El análisis de regresión se utiliza para volver a probar las terminaciones anómalas y tempranas del programa o los errores lógicos que ocurrieron durante la etapa de prueba inicial.
C. El análisis de riesgos es un proceso por el cual se calculan la frecuencia y la magnitud de los escenarios de riesgos de TI.
D. Los objetivos de tiempo de recuperación (RTO) son uno de los resultados principales de un análisis del impacto en el negocio. El RTO define el tiempo permitido para la recuperación de una función o recurso de negocio después de que se produzca un desastre.

171. Un análisis del impacto en el negocio es la **MEJOR** herramienta para determinar:

A. el coste total de propiedad.
B. la prioridad de restauración.
C. las pérdidas anuales esperadas.
D. el riesgo residual.

B es la respuesta correcta.

Justificación:

A. No se usa un análisis del impacto en el negocio (BIA) para determinar el coste total de propiedad para la empresa.
B. Un BIA es la mejor herramienta para determinar la prioridad de restauración de las aplicaciones.
C. El BIA no se utiliza para determinar la expectativa de pérdida anual de la empresa.
D. El BIA no se utiliza para determinar el riesgo residual de la empresa.

172. ¿Cuál de las siguientes opciones es la **MEJOR** base para determinar la criticidad y sensibilidad de los activos de información?

A. Una evaluación de las amenazas
B. Una evaluación de vulnerabilidades
C. Una evaluación de dependencias de recursos
D. Una evaluación de impacto

D es la respuesta correcta.

Justificación:

A. La evaluación de las amenazas enumera solo las amenazas a las que el activo de información está expuesto; no considera el valor del activo y el impacto de la amenaza en dicho valor.
B. La evaluación de vulnerabilidades enumera solo las vulnerabilidades inherentes en el activo de información que pueden atraer las amenazas. No considera el valor del activo ni el impacto de las amenazas percibidas en el valor.
C. Las evaluaciones de dependencias de recursos proporcionan necesidades del proceso, pero no el impacto.
D. La criticidad y la sensibilidad de los activos de información dependen del impacto y de la probabilidad de las amenazas que explotan vulnerabilidades en el activo y considera el valor de los activos y el deterioro del mismo.

173. ¿Cuál de los siguientes elementos son componentes fundamentales de un análisis del impacto en el negocio?

A. Tolerancia a tiempos de inactividad, recursos y criticidad
B. El coste de las interrupciones del negocio en un año como un factor del presupuesto de seguridad
C. La metodología de las pruebas de continuidad del negocio implementada
D. La estructura del equipo de gestión ante crisis

A es la respuesta correcta.

Justificación:

A. Un análisis del impacto en el negocio (BIA) es un ejercicio que determina el impacto que tendría en una empresa perder el apoyo de algún recurso, establece el incremento de dicha pérdida con el paso del tiempo, identifica los recursos mínimos que se requieren para recuperarse, y prioriza la recuperación de procesos y sistemas de apoyo. Los principales insumos en un BIA son la criticidad de un proceso o una función del negocio, los recursos asociados y el tiempo de inactividad máximo tolerable.
B. El coste de las interrupciones del negocio se asocia con los planes de continuidad del negocio, pero no está relacionado con el BIA.
C. La metodología de las pruebas de continuidad del negocio se asocia con los planes de continuidad del negocio, pero no está relacionada con el BIA.
D. La estructura del equipo de gestión ante crisis se asocia con los planes de continuidad del negocio, pero no está relacionada con el BIA.

174. ¿Cuál de los siguientes procesos es **CRÍTICO** para decidir la prioridad de las acciones en un plan de continuidad del negocio?

A. Análisis del impacto en el negocio
B. Evaluación de riesgos
C. Evaluación de vulnerabilidades
D. Asignación de los procesos de negocios

A es la respuesta correcta.

Justificación:

A. El análisis del impacto en el negocio (BIA) es el proceso crítico para decidir las prioridades de la restauración del sistema de información/procesos de negocios en caso de un incidente de seguridad.
B. La evaluación del riesgo proporciona información acerca de la probabilidad de que ocurra un incidente de seguridad y ayuda en la selección de las medidas correctoras, pero no en la priorización de la restauración.
C. Una evaluación de la vulnerabilidad proporciona información acerca de la debilidad de la seguridad en el sistema y apoya el proceso de análisis de riesgos.
D. El mapeo de procesos de negocio ayuda a llevar a cabo un BIA, pero se necesita información adicional obtenida durante un BIA para determinar la priorización de la restauración.

175. Después de llevar a cabo una clasificación de activos, el responsable de seguridad de la información es el **MÁS** capacitado para determinar:

A. el nivel de riesgo para los recursos de información.
B. el impacto de un compromiso.
C. los requisitos de la solidez del control.
D. las pérdidas anuales esperadas.

B es la respuesta correcta.

Justificación:

A. El valor de los recursos no proporciona información acerca del riesgo de dichos recursos.
B. El conocimiento del valor de un recurso de información proporciona una comprensión del impacto potencial de la pérdida del recurso.
C. La información relacionada con el impacto potencial no es adecuada para determinar los requisitos de solidez del control; también deben entenderse los niveles de riesgo.
D. La expectativa de pérdida anual solo puede calcularse después de determinar la magnitud de la pérdida y frecuencia de ocurrencia.

176. ¿Cuál de las siguientes acciones debe ocurrir cuando se lleva a cabo un análisis del impacto en el negocio?

A. Identificación de amenazas a la seguridad y vulnerabilidades
B. Desarrollo de procedimientos de notificación y activación
C. Enumeración de las prioridades de la investigación
D. Enumeración de los recursos críticos del negocio

D es la respuesta correcta.

Justificación:

A. Identificar las amenazas a la seguridad es parte de una evaluación del riesgo, no de un análisis del impacto en el negocio (BIA).
B. Los procedimientos de notificación y activación no son parte de un BIA, pero deben ser parte de un plan de continuidad del negocio.
C. Enumerar las prioridades de investigación no forma parte de un BIA.
D. Los resultados críticos de un BIA incluyen enumerar recursos críticos del negocio, identificar impactos de interrupción y tiempos permitidos de interrupción de actividades y el desarrollo de las prioridades de recuperación.

177. ¿Cuál de las siguientes actividades es **MÁS** probable que aumente la dificultad de erradicar por completo el código malicioso que no se detecta de inmediato?

A. Aplicar parches
B. Cambiar las reglas de acceso
C. Ampliar la capacidad del hardware
D. Hacer copias de seguridad de los archivos

D es la respuesta correcta.

Justificación:

A. Aplicar parches no aumenta de manera significativa el nivel de dificultad.
B. Cambiar las reglas de acceso no afecta de ninguna forma en la erradicación del código malicioso.
C. Ampliar la capacidad del hardware no aumenta de manera significativa el nivel de dificultad.
D. Si el código malicioso no se detecta de inmediato, lo más probable es que se hagan copias de seguridad del mismo como parte del proceso normal de copia de seguridad en cinta. Cuando se descubra más tarde, el código puede se podrá erradicar del dispositivo, pero seguirá sin ser detectado en una cinta de copia de seguridad. Cualquier restauración posterior que use esa cinta podrá volver a introducir el código malicioso.

178. ¿Cuál de las opciones siguientes es la **MEJOR** manera de proteger la integridad de la evidencia en un dispositivo para que sea admisible ante un tribunal de justicia?

A. Crear una imagen del dispositivo objetivo
B. Instalar un bloqueador de escritura en el dispositivo
C. Escanear software malicioso en el dispositivo
D. Eliminar archivos innecesarios para reducir el tamaño del volumen

B es la respuesta correcta.

Justificación:

A. Solo se debe crear una imagen forense del dispositivo después de garantizar la integridad del mismo.
B. El bloqueador de escritura se utiliza para mantener la integridad de los medios de almacenamiento originales. Lo hace impidiendo que los usuarios puedan escribir o modificar información en el medio de almacenamiento original.
C. Escanear un dispositivo en busca de software malicioso podría modificar el dispositivo y comprometer su integridad.
D. Modificar un dispositivo antes de crear una imagen de sonido forense comprometería la admisibilidad ante un tribunal de justicia.

179. El **MEJOR** momento para decidir quién debe informar a las entidades externas que se ha producido una violación de la seguridad de la información que implique datos personales del cliente es:

A. después de que el incidente se detecte y se confirme.
B. después de que la alta dirección autorice el incidente.
C. durante el desarrollo de un plan de respuesta a incidentes.
D. según leyes y regulaciones aplicables.

C es la respuesta correcta.

Justificación:

A. Determinar las funciones y responsabilidades durante un incidente es contraproducente y genera confusión.
B. La alta dirección no aprueba los incidentes; los equipos de respuesta a incidentes son quienes los confirman.
C. Las responsabilidades, incluidas las de quién debe comunicar qué y cómo, se deben establecer cuando se desarrolla el plan de respuesta a incidentes. Esto garantiza que los equipos sepan cuáles sus roles y responsabilidades antes de que se produzca un incidente
D. Las leyes y regulaciones, así como los requisitos, forman parte de las bases de un plan de respuesta a incidentes.

180. ¿Cuál de las opciones que se muestran a continuación es la que **MÁS** ayuda a un responsable de seguridad de la información a indicar si se volverá a producir un incidente similar?

A. Una evaluación de vulnerabilidades
B. Supervisión automatizada de los registros
C. Un análisis de causa raíz
D. Investigaciones forenses

C es la respuesta correcta.

Justificación:

A. Una evaluación de vulnerabilidades identificará las vulnerabilidades existentes en el sistema. No obstante, la reaparición de amenazas depende de los controles y de las medidas correctivas que se implementen.
B. La supervisión automatizada de registros ayuda a detectar un incidente de forma temprana, pero es posible que no indique la posibilidad de que vuelva a ocurrir.
C. Un análisis de causa raíz determina las vulnerabilidades explotadas por amenazas y cómo fueron explotadas. Basándose en el análisis, el responsable de seguridad de la información puede sugerir medidas correctivas para evitar una explotación futura.
D. Las investigaciones forenses podrían ayudar a determinar el método de ataque y quién que lo lanzó, pero es posible que no indiquen la reiteración.

181. ¿Cuál de las siguientes es el objetivo **PRINCIPAL** de un sistema de detección y respuesta de punto final y?
   A. Analizar las alertas de seguridad generadas por dispositivos de red.
   B. Para revisar los datos de actividad y los registros de los puntos finales y sistemas para indicar una amenaza
   C. Para bloquear y eliminar los virus de los puntos finales
   D. Utilizar herramientas forenses y de análisis para investigar amenazas identificadas y actividades sospechosas

D es la respuesta correcta.
Justificación:

   A. Un sistema de supervisión de red proporciona un análisis de las alertas de seguridad generadas por los dispositivos de red.
   B. Un sistema de gestión de eventos e información de seguridad supervisa los datos y registros de actividad de los puntos finales y de los sistemas que podrían indicar la presencia de una amenaza.
   C. La detección y respuesta de puntos finales (EDR) no solo incluye antivirus, sino que también contiene herramientas de seguridad como cortafuegos, herramientas de listas blancas, herramientas de supervisión, etc., para ofrecer una protección integral frente a las amenazas digitales. Sin embargo, esto no es su función principal.
   D. Un sistema EDR, además de proporcionar análisis y prevención, tiene capacidades forenses que facilitan la investigación tras el incidente y la investigación de seguridad.

182. ¿Qué es lo primero que debe hacer el responsable de seguridad de la información cuando el equipo del centro de operaciones de seguridad le alerta sobre un posible incidente de ciberseguridad?
   A. Contener y erradicar el incidente
   B. Comenzar el análisis inicial
   C. Recopilar y obtener evidencias
   D. Realizar la erradicación y recuperación de incidentes

B es la respuesta correcta.
Justificación:
   A. La contención y erradicación del incidente solo se produciría después de que se haya validado el incidente.
   B. El primer paso en la respuesta a incidentes es confirmar que el incidente es válido. Esto se realizaría mediante el análisis de incidentes.
   C. La recopilación de pruebas, la erradicación y la contención se producen después de que se haya confirmado el incidente.
   D. La recuperación, la recopilación de pruebas, la erradicación y la contención se producen después de que se haya confirmado el incidente.

183. ¿Cuál es la **MEJOR** forma de proceder a la hora identificar la fuente de una infección por malware para reducir el riesgo de que se vuelva a producir?
   A. Revisar los informes de las pruebas de penetración
   B. Llevar a cabo un análisis de causa raíz
   C. Analizar los escaneos de vulnerabilidad
   D. Evaluar los escaneos de cumplimiento

B es la respuesta correcta.
Justificación:

   A. La prueba de penetración consiste en un ciberataque simulado contra el sistema informático propio para verificar vulnerabilidades que se pueden explotar. Los informes de pruebas de penetración varían en función del tipo y el alcance, y es posible que no contengan información sobre malware o debilidades generales en la red y los sistemas de la empresa.
   B. El análisis de causa raíz expone las causas principales de los problemas a la hora identificar las soluciones adecuadas. Realizar un análisis de causa raíz es la mejor forma de proceder porque se trata de una investigación exhaustiva que tiene en cuenta los resultados de todas opciones posibles.
   C. Los escaneos de vulnerabilidades ofrecen información relativa a las vulnerabilidades conocidas en el objetivo. Aunque podrían ser útiles para determinar el origen, por si mismos no son la mejor respuesta.
   D. La comprobación de cumplimiento escanea el objetivo y evalúa el cumplimiento en función de las normas seleccionadas para el escaneo.

184. ¿Cuál de las actividades que se muestra a continuación se realiza durante la fase de detección y análisis del ciclo de vida de respuesta a incidentes?

A. Ayudar en la gestión de la comunicación a los medios de comunicación.
B. Asignar una categoría basada en el impacto del incidente.
C. Determinar la responsabilidad de la causa raíz
D. Notificar a las partes interesadas

B es la respuesta correcta.

Justificación:

A. Ayudar en la gestión proactiva de los medios de comunicación, las redes sociales, los reguladores, los proveedores y otros terceros forma parte de la fase de contención, erradicación y recuperación.
B. Durante la fase de detección y análisis se determinan los impactos financieros, legales, regulatorios, operativos y reputacionales. A partir de este análisis, se puede asignar una categoría al incidente.
C. La identificación de las partes responsables de la causa raíz del incidente y la asignación de la propiedad de los recursos forma parte de la fase de actividad posterior al incidente.
D. Notificar a las partes interesadas implicadas forma parte de las actividades de respuesta en el plan de respuesta a incidentes.

185. ¿Cuál de las siguientes consideraciones es la **MÁS** importante cuando se lleva a cabo una investigación forense de un incidente de ciberseguridad?

A. Identificar los agentes de amenazas que han causado el incidente.
B. Recopilar y conservar pruebas en su forma original.
C. Analizar las pruebas para entender la causa raíz.
D. Determinar si se debe informar a las autoridades.

B es la respuesta correcta.

Justificación:

A. Identificar a los actores de la amenaza puede ser el resultado de la investigación, pero no es el objetivo principal del análisis forense.
B. La investigación forense se centra en recopilar pruebas no contaminadas que puedan presentarse en su forma original.
C. Es importante determinar la causa raíz del incidente de ciberseguridad; sin embargo, la investigación forense puede seguir después de determinar la causa raíz.
D. La decisión de notificar a las autoridades corresponde a la alta dirección, y depende de varios factores que se identifican durante una investigación forense.

186. ¿Cuál de las siguientes razones es la **MÁS** importante para desarrollar un plan de comunicación sobre incidentes de seguridad como parte de un programa de gestión de incidentes?

A. Aumentar la concienciación sobre seguridad
B. Cumplir con los requisitos normativos
C. Identificar los flujos de comunicación a las partes interesadas
D. Mejorar la respuesta ante incidentes

D es la respuesta correcta.

Justificación:

A. Aunque el plan de comunicación ayuda a aumentar la concienciación, no es el motivo más importante.
B. Cumplir con los requisitos de cumplimiento puede ser uno de los requisitos en algunos casos, pero no es la razón más importante para notificar los incidentes.
C. Los flujos de comunicación forman parte del plan de comunicación para mejorar la resolución del incidente.
D. El principal objetivo del plan de comunicación es mejorar la respuesta a incidentes. Una comunicación efectiva facilita que las partes interesadas respondan al incidente.

187. El objetivo **PRINCIPAL** de elaborar un plan de comunicación de crisis relacionado con la gestión de incidentes de seguridad importantes de ciberseguridad es:

A. proporcionar detalles sobre cuándo y cómo ponerse en contacto con las partes interesadas.
B. Minimizar la pérdida de información de un incidente importante de ciberseguridad.
C. definir detalles y procedimientos para comunicarse con el proveedor del ciberseguro.
D. abordar cómo y cuándo ponerse en contacto con los medios de comunicación, incluyendo quién está autorizado a hablar.

A es la respuesta correcta.

Justificación:

A. La finalidad de establecer un plan de comunicación de crisis es proporcionar procedimientos sobre la divulgación de comunicaciones internas y externas.
B. Si bien el plan de comunicación de crisis puede reducir el impacto general de un incidente de ciberseguridad, como puede ser el daño a la reputación, no minimiza la pérdida de información o datos de un incidente de ciberseguridad grave, que es el objetivo de la respuesta a incidentes.
C. Los detalles sobre cómo y cuándo ponerse en contacto con los proveedores de ciberseguridad se suele incluir en el plan de comunicación para todo tipo de incidentes.
D. La comunicación con los medios es solo una parte del plan de comunicación de crisis.

188. El equipo de respuesta a incidentes informáticos ha sido notificado acerca de una base de datos no segura que se encuentra alojada en un entorno en nube que exponía cientos de registros con información confidencial. Tras recibir una notificación del incidente, ¿a cuál de los siguientes grupos se debe notificar **PRIMERO**?

A. Comité de dirección de seguridad de la información
B. Los clientes que puedan haber sido afectados
C. Las agencias regulatorias que supervisan la privacidad
D. Los propietarios de los datos que puedan haber sido afectados

D es la respuesta correcta.

Justificación:

A. Al comité directivo para la seguridad de la información se le notificará más tarde, como indican los requisitos de la política corporativa y normativos.
B. A los clientes se les notificará más tarde, según lo exijan la política corporativa y los requisitos normativos.
C. A las agencias regulatorias se les notificará más tarde, según lo exijan la política corporativa y los requisitos normativos.
D. A los propietarios de los datos se les debe notificar primero para que ellos puedan tomar acciones para determinar la extensión del daño y coordinar un plan de acción correctora con el equipo de respuesta a incidentes informáticos.

189. ¿Cuál de las siguientes acciones sería la **MEJOR** cuando una alerta indica una gran cantidad de tráfico saliente de un servidor crítico para la empresa?

A. Notificar a la alta dirección acerca del incidente.
B. Vigilar el tráfico desde el servidor.
C. Comparar los archivos de registro de tráfico de días anteriores.
D. Iniciar el proceso de respuesta a incidentes.

D es la respuesta correcta.

Justificación:

A. Se notificaría a la alta dirección tras confirmar el incidente.
B. La supervisión del tráfico desde el servidor podría iniciarse como parte del proceso de respuesta a incidentes.
C. Comparar los archivos de registro se podría iniciar como parte del proceso de respuesta ante incidentes.
D. En el caso de un servidor corporativo crítico, el proceso de gestión de incidentes de seguridad debe iniciarse lo antes posible, es decir, cuando una alerta advierta sobre tráfico inusual.

190. Para contener un incidente, ¿cuál de las siguientes opciones sería la MÁS efectiva para garantizar que se usan las herramientas, tecnologías y expertos adecuados?

A. procesos
B. equipo
C. plan
D. estrategia

D es la respuesta correcta.

Justificación:

A. Los procesos se desarrollarán en función de la estrategia.
B. Cuando se desarrollan los procesos, la estrategia define los equipos.
C. El plan no se puede desarrollar a menos que se defina una estrategia.
D. Una estrategia es lo más eficaz, ya que define el objetivo general de la respuesta al incidente.

191. La manera **MÁS** efectiva para probar el plan de respuesta a incidentes es llevar a cabo:

A. prueba del equipo rojo.
B. una prueba de penetración.
C. una prueba de simulación.
D. un escaneo de vulnerabilidades.

C es la respuesta correcta.

Justificación:

A. La prueba de equipo rojo es una simulación de un ataque real a la empresa. No está necesariamente relacionado con probar el plan de respuesta a incidentes.
B. Una prueba de penetración es un intento simulado para entrar en la infraestructura de la red de una empresa. No está necesariamente relacionado con probar el plan de respuesta a incidentes.
C. Una prueba de simulación garantizará que todo el personal sepa exactamente qué hacer cuando se produzca el incidente.
D. El escaneo de vulnerabilidades detecta defectos en la infraestructura y las aplicaciones de la empresa. No está necesariamente relacionado con probar el plan de respuesta a incidentes.

192. ¿Cuál de las siguientes actividades tiene **MAYOR** probabilidad d llevarse a cabo durante la erradicación de un incidente de seguridad de la información confirmado y con éxito?

A. Identificar y evitar que el incidente se propague por la red.
B. Retirar y limpiar todos los componentes de los incidentes de los sistemas afectados.
C. Recuperar y devolver los sistemas afectados a las operaciones normales.
D. Clasificar y asignar una prioridad al incidente.

B es la respuesta correcta.

Justificación:

A. La contención incluye encontrar qué es lo que ha afectado al incidente y limitar la medida en la que se propaga a través de la red, aislando los sistemas afectados o apagándolos después de recopilar las pruebas necesarias.
B. Erradicar el incidente requiere determinar y eliminar la causa raíz para que no pueda provocar más daños. Las acciones necesarias para eliminar por completo la amenaza del incidente de la red o de los sistemas incluyen limpiar los archivos infectados, cambiar las reglas y configuraciones, y realizar copias de seguridad para mitigar los impactos del incidente.
C. Restaurar el sistema sencillamente consiste volver a poner el sistema a funcionar normalmente. Esto se consigue después de la erradicación y durante la fase de recuperación del incidente.
D. La identificación, confirmación, clasificación y asignación de prioridad a un incidente se realizan durante la fase de detección de la respuesta a incidentes.

193. ¿Cuál de las opciones siguientes es el enfoque **PRINCIPAL** de la respuesta ante incidentes tras una violación de datos?

A. Análisis de causa raíz
B. Restaurar los sistemas a la producción
C. Identificar cambios en la seguridad
D. Evitar que la infracción se repita

A es la respuesta correcta.

Justificación:

A. Después de la fase de erradicación, la empresa debe comprender la causa del incidente para garantizar la implementación de controles adicionales adecuados, la solución de fallos de control y pueda iniciar el proceso de recuperación.
B. Antes de restaurar los sistemas, lo primero que debe hacer la empresa es identificar la causa.
C. Antes de que se puedan implementar los cambios, se debe comprender la causa del incidente.
D. Evitar que vuelva a ocurrir es una parte importante de la fase de las lecciones aprendidas. Antes de que la empresa pueda protegerse contra futuras infracciones, se necesita un análisis

194. ¿Cuál de los siguientes procesos de respuesta a incidentes debe completarse antes de que los sistemas puedan recuperarse después de sufrir un ataque de phishing?

A. Desarrollar un cronograma para la recuperación.
B. Documentar las lecciones aprendidas de la violación.
C. Desarrollar un plan para evitar violaciones futuras.
D. Eliminar el malware de los sistemas.

D es la respuesta correcta.

Justificación:

A. La violación debe contenerse antes de desarrollar planes para la recuperación.
B. Antes de que se puedan documentar las lecciones aprendidas, se debe erradicar la amenaza.
C. Desarrollar un plan para prevenir futuras violaciones forma parte de la fase de las lecciones aprendidas. Primero se debe erradicar la amenaza para evitar que la empresa sufra más pérdidas.
D. Se debe eliminar el malware antes de que los sistemas puedan recuperarse. De lo contrario, podría volver a introducirse en el entorno durante la fase de recuperación.

195. ¿Cuál de los siguientes controles es el **MEJOR** para limitar el impacto de un ataque de ransomware con éxito?

A. Plan de respuesta a incidentes
B. Concienciación del usuario
C. Copias de seguridad de air-gapped
D. Plan de recuperación en caso de desastres

C es la respuesta correcta.

Justificación:

A. Los planes de respuesta ante incidentes son controles correctivos y reactivos y no abordarán de forma directa la pérdida asociada con un ataque de ransomware con éxito.
B. La concienciación del usuario ayudará a reducir la posibilidad de un ataque con éxito, pero no a limitar el daño de un ataque efectivo.
C. Las copias de seguridad air-gapped son el mejor control para limitar el daño porque son copias de seguridad fuera de línea y no estarían infectadas con el ransomware. Estas copias de seguridad permitirían a la empresa recuperar datos en función del objetivo del punto de recuperación.
D. Los planes de recuperación ante desastres son controles correctivos y no abordarán la pérdida asociada con un ataque de ransomware exitoso de forma directa.

196. ¿Cuál es la **PRINCIPAL** ventaja de contar con un plan de comunicación actualizado cuando se produce un incidente?

A. Proporciona orientación sobre cómo y qué comunicar a las autoridades reguladoras.
B. Orienta al personal sobre cuándo recurrir al plan de continuidad del negocio.
C. Permite al personal saber qué se debe comunicar a las partes interesadas.
D. Proporciona las plantillas necesarias para la comunicación de incidentes.

C es la respuesta correcta.

Justificación:

A. La orientación detallada sobre la comunicación con las autoridades regulatorias es solo uno de los muchos tipos de información relevante que se documenta en el plan de comunicación. Si no queda claro quién debe comunicar qué a quién y cómo, el plan es ineficiente.
B. La invocación del plan de continuidad del negocio (BCP) de la empresa puede o no estar documentada en el plan de comunicación.
C. Uno de los principales objetivos del plan de comunicación es informar a los miembros del personal acerca de sus funciones y responsabilidades, incluido a quién contactar y cómo comunicarse con ellos durante un incidente. Mantener el plan de comunicación actualizado garantizará que esta información esté actualizada si se produce un incidente.
D. Las plantillas para la comunicación de incidentes son solo uno de los muchos datos relevantes documentados en el plan de comunicación. Sin embargo, no son útiles si no queda claro quién debe usar las plantillas y cuándo.

197. ¿Cuál de los siguientes sería el **PRIMER** paso que debería tomar un equipo de respuesta a incidentes cuando se identifica un ransomware en varias estaciones de trabajo?

A. Eliminar los sistemas afectado de la red.
B. Avisar a los propietarios del sistema.
C. Restaurar los puestos de trabajo afectados con las copias de seguridad.
D. Revisar los registros de eventos para identificar otros sistemas infectados.

A es la respuesta correcta.

Justificación:

A. Debido a que el ransomware se propaga rápido y podría dañar más sistemas, la respuesta más efectiva es contener el incidente eliminando los sistemas afectados de la red. Esta opción es la fase de contención, que es el primer paso después de confirmar el incidente. El responsable de seguridad de la información tiene la responsabilidad de proteger la empresa, por lo que lo prioritario sería la contención en este caso.
B. El tiempo que se necesita para notificar a los propietarios del sistema ayudaría a que la infección por ransomware se propagase a otros sistemas. La notificación puede ocurrir después de contener el incidente.
C. Tratar de restaurar desde copias de seguridad podría hacer que dichas copias de seguridad se infectasen y destruirían las pruebas necesarias para investigar el incidente.
D. La infección por ransomware sin contener se propagaría a otros sistemas a medida que se revisan los registros.

198. Para garantizar la identificación oportuna de los incidentes de seguridad, el **MEJOR** curso de acción es:

A. documentar un análisis de impacto en el negocio.
B. revisar un análisis de riesgos.
C. implementar la detección de incidentes.
D. aplicar controles preventivos y de detección

C es la respuesta correcta.

Justificación:

A. El análisis de impacto en el negocio identifica y analiza procesos y actividades de negocio con el objetivo de comprender el impacto del tiempo de inactividad, lo que impulsa la asignación de objetivos de recuperación y la priorización. El tiempo de inactividad es una variable ligada al requisito de disponibilidad en el ámbito de la seguridad de la información.
B. El análisis de riesgos no garantiza la identificación oportuna de los incidentes de seguridad de la información. El rendimiento del proceso de incidentes se encarga de las operaciones oportunas. El análisis de riesgos se encarga sobre todo de calcular la probabilidad y el impacto de un riesgo potencial.
C. **La detección de incidentes notifica el incidente de manera oportuna y podría garantizar la activación e identificación oportunas de incidentes. Posteriormente, la implementación de la detección de incidentes garantiza una respuesta adecuada a los incidentes, reduciendo los impactos a niveles aceptables.**
D. La gestión de incidentes de seguridad se basa en controles reactivos porque debe gestionar efectos que no se pueden manejar con controles preventivos. Los controles de detección representan una amplia variedad de medidas correctoras y no garantizan la identificación y la gestión oportunas de los incidentes.

199. El objetivo **PRINCIPAL** de medir la capacidad de respuesta ante incidentes de ciberseguridad es:

A. reducir el número total de incidentes a lo largo del tiempo.
B. reducir el tiempo medio de detección, erradicación y recuperación de incidentes.
C. aumentar la concienciación de la efectividad de las capacidades de la alta dirección.
D. aumentar la precisión de la detección de incidentes de ciberseguridad.

B es la respuesta correcta.

Justificación:

A. El objetivo es medir la efectividad de la respuesta a los incidentes de ciberseguridad, no reducir el número de incidentes en general.
B. **Reducir el tiempo medio de detección, respuesta y recuperación está alineado con el objetivo de respuesta a los incidentes de ciberseguridad.**
C. Aunque es importante aumentar la concienciación, no es un objetivo principal de la respuesta ante incidentes.
D. Aumentar la precisión de la detección de incidentes de ciberseguridad es el objetivo del control de seguridad, no la respuesta a los incidentes.

200. Durante la investigación de seguridad y privacidad, los investigadores forenses notaron que los distintos discos duros recogidos como evidencia no se manipularon correctamente antes de presentarse como prueba. ¿Cuál de las siguientes opciones es la preocupación **MÁS** significativa que los investigadores forenses deberían presentar a las autoridades?

A. Se ha roto la cadena de custodia de los discos duros.
B. Se han dañado los discos duros.
C. Se han borrado los datos de los discos duros.
D. Se han alterado los datos en los discos duros.

A es la respuesta correcta.

Justificación:

A. La cadena de custodia documenta cómo se recogen, usan y gestionan las pruebas durante un caso en particular. La cadena de custodia protege la integridad de las pruebas y garantiza su uso durante los procesos judiciales. Esta sería la preocupación principal en este escenario.
B. Si los discos duros sufriesen daños, sería un problema, pero el problema más importante sería la pérdida de integridad de las pruebas con la interrupción de la cadena de custodia.
C. La eliminación de los datos es un resultado potencial si la cadena de custodia se rompe.
D. La alteración de los datos es un resultado potencial si la cadena de custodia se rompe.

201. El malware se ha propagado por varios departamentos de una empresa después de que un empleado instalase un software desde una unidad de bus serial universal (USB). ¿Cuál de las opciones es **MÁS** crucial para la contención adecuada del incidente?

A. Restauración de los servidores
B. Protección de las pruebas
C. Formación de los empleados
D. Actualizar a la gerencia

B es la respuesta correcta.

Justificación:

A. Restaurar los servidores es importante; no obstante, no está relacionado con la contención y suele producirse después de la contención.
B. El equilibrio entre proteger las pruebas de un incidente y contener el mismo para evitar un mayor impacto es delicado. Si las pruebas se destruyen, puede resultar difícil determinar la causa raíz y demandar al atacante.
C. La formación de los empleados es importante; no obstante, no está relacionado con la contención y por lo general se produce como una medida de protección.
D. Actualizar la gestión es importante; no obstante, no está relacionado con la contención.

202. ¿Cuál de las medidas que se indican a continuación es la **PRIMERA** que una empresa debe tomar para hacer frente al posible impacto de ataques de día cero?

A. Establecer mecanismos integrales de prevención, detección y respuesta.
B. Disponer de un análisis del impacto en el negocio actualizado.
C. Realizar un análisis de escenarios de día cero.
D. Llevar a cabo una prueba de recorrido del plan de respuesta a incidentes.

A es la respuesta correcta.

Justificación:

A. Para detectar y mitigar de manera eficaz los ataques de día cero, son necesarias una defensa coordinada y optimizada y planes de respuesta probados Estos deben incluir la mejor tecnología de prevención y detección, un plan que tenga en cuenta los peores escenarios y un plan de respuesta integral.
B. El análisis de impacto en el negocio identifica y analiza los procesos de negocio, lo que impulsa la asignación de objetivos de recuperación y la priorización. Se puede utilizar para ayudar a desarrollar el plan de respuesta ante incidentes.
C. Un análisis de escenario ayuda a evaluar el riesgo de forma cualitativa y forma parte de un proceso de evaluación de riesgo. No obstante, el plan de respuesta a incidentes sería una herramienta más eficaz para hacer frente a los ataques de día cero.
D. Un tutorial prueba el diseño y la eficacia de los controles existentes. Sin embargo, los controles existentes por lo general no protegen frente a ataques de día cero no identificados.

203. Si la intrusión se ha diseñado minuciosamente, es posible que los perpetradores no dejen ningún rastro en los registros de transacciones. Si se prevé este tipo de ataque, ¿cuál de las siguientes opciones será la fuente de información **MÁS** crítica desde un punto de vista forense?

A. Resultados de conciliación contra declaraciones externas
B. Revisiones de los pasos de aprobación ejecutados por los gerentes de negocio
C. Entrevistas recogidas por el personal de operaciones
D. Datos volátiles que permanecen en los recursos informáticos

D es la respuesta correcta.

Justificación:

A. Si la intrusión se completa con precisión, puede ser difícil encontrar cualquier rastro de prueba perceptible del ataque. Por lo tanto, la reconciliación con las declaraciones o registros externos puede no ser efectiva, ya que es posible que no queden rastros del ataque.
B. Lo más probable es que la intrusión se haga desde el back-end. Por lo tanto, es posible que los procedimientos de aprobación del negocio no proporcionen información vital desde una perspectiva forense.
C. Las entrevistas son subjetivas y, por lo tanto, no constituyen una prueba sólida desde una perspectiva forense.
D. Los atacantes se aseguran de ocultar las pruebas de infiltración, como borrar registros, editar informes de control, etc. Desde una perspectiva forense, es igual de importante capturar datos volátiles, como puertos abiertos, procesos activos, datos de RAM, etc., para una mayor investigación.

204. ¿Cuál de las opciones que se indican a continuación recomendaría con **MAYOR** probabilidad el responsable de seguridad de la información para mantener la resiliencia del negocio cuando una empresa tiene varias fábricas ubicadas en áreas remotas?

A. Ejecutar los procedimientos operativos estándar
B. Introducir un programa de rotación de personal de la empresa
C. Delegar la autoridad a la gerencia local
D. Fomentar una asociación con la comunidad local.

C es la respuesta correcta.

Justificación:

A. Tener un conjunto de procedimientos operativos estándar es una buena práctica. Sin embargo, si se produce una interrupción del negocio, los procesos pueden no funcionar como se espera, por lo que el procedimiento operativo estándar por sí solo no es la mejor opción.
B. La rotación del personal es una buena práctica; sin embargo, no está diseñado principalmente para un programa de continuidad del negocio.
C. En caso de que se produzca una interrupción del negocio, la cadena de mando centralizada puede quedar inhabilitada. Para estar preparado ante esta situación, puede resultar eficaz delegar autoridad a la gerencia local a fin de garantizar la continuidad de las operaciones.
D. Por esta razón la empresa establece una asociación con la comunidad local. Sin embargo, se suele llevar a cabo desde una perspectiva de responsabilidad social más que el interés de una empresa (es decir, la continuidad del negocio en cada región).

205. ¿Cuál de las siguientes opciones garantizaría **MEJOR** que las operaciones puedan seguir realizándose en una instalación alternativa si se produce una interrupción del negocio?

A. La restauración de datos debe cumplir los objetivos de tiempo de recuperación
B. Probar los procesos de principio a fin en el centro alternativo
C. Despliegue de personal en el centro alternativo
D. Un acuerdo de nivel de servicio con el equipo de TI

B es la respuesta correcta.

Justificación:

A. Es crucial cumplir los objetivos de tiempo de recuperación referentes a la restauración de datos. Sin embargo, si la empresa no funciona de extremo a extremo, seguirá habiendo problemas y los datos no se podrán utilizar.
B. Es muy importante garantizar que las operaciones se realicen igual en las instalaciones alternativas que en el sitio de producción. El punto clave para confirmar en las instalaciones alternativas es que los procesos de extremo a extremo funcionen correctamente. Si no se han garantizado los procesos de extremo a extremo, es difícil concluir que las instalaciones alternativas están listas para continuar con el negocio si se produce una interrupción.
C. Es importante tener el personal adecuado en el centro alternativo. Sin embargo, esto sería secundario o formaría parte de garantizar que los procesos se ejecuten correctamente.
D. Un acuerdo de nivel de servicio es un proceso de negocio fundamental. Sin embargo, es una preocupación secundaria a la hora de garantizar que los procesos del negocio funcionen en las instalaciones alternativas.

206. ¿Cuál de las siguientes técnicas incluiría **PRINCIPALMENTE** los métodos y prácticas destinadas a revelar la intención y el alcance de un ciberataque contra una empresa?

A. Evaluación de vulnerabilidades
B. Ejercicio del equipo rojo
C. Revisión posterior al incidente
D. Análisis forense

D es la respuesta correcta.

Justificación:

A. Una evaluación de vulnerabilidad identifica las debilidades del sistema, no la intención y el alcance del incidente.
B. Un ejercicio de equipo rojo es una réplica de un ataque en un entorno controlado. No obstante, no ayudaría a determinar el impacto de un ataque en curso.
C. La revisión posterior al incidente es el último paso en la respuesta a un incidente y es más probable que ponga de manifiesto las lecciones aprendidas que revelar la intención y el alcance del ciberataque.
D. El análisis forense desempeña un papel vital en la investigación de un ciberataque. Incluye analizar la intrusión y resumir los hallazgos. Otras opciones, como la evaluación de vulnerabilidades, la revisión posterior al incidente y los ejercicios del equipo rojo, ayudan a prevenir el ciberataque pero no son de utilidad después.

207. Los análisis forenses digitales se centran **PRINCIPALMENTE** en encontrar evidencias digitales:

A. en base a informes de inteligencia de amenazas.
B. después de que se haya producido una brecha de seguridad.
C. inmediatamente después de que se notifique un incidente de seguridad
D. cuando los archivos de registro son inadecuados para la investigación.

B es la respuesta correcta.

Justificación:

A. Sería un derroche de recursos si los análisis forenses se basan en informes de inteligencia de amenazas.
B. Se pueden realizar análisis forenses para determinar presuntas infracciones o infracciones reales basadas en pruebas digitales. Se centran sobre todo en encontrar pruebas digitales después de que se haya producido una infracción.
C. No todos los incidentes de seguridad requieren un análisis forense. Sería más útil iniciar el análisis forense cuando se ha producido una infracción que después de que se notifique.
D. El análisis forense no será útil sin los registros. Si los archivos no están disponibles como se desea, las pruebas serán insuficientes.

208. Después de que se hayan aplicado medidas para contener la escalada de un incidente de seguridad, el **SIGUIENTE** paso debe ser:

A. actualización del registro de riesgos.
B. llevar a cabo una evaluación después del incidente.
C. actualizar el plan de respuesta a incidentes
D. restaurar los sistemas a su estado operativo.

D es la respuesta correcta. Justificación:

A. Actualizar el registro de riesgos es importante, pero debe realizarse después de restaurar los sistemas a su estado operativo.
B. Se debe realizar una revisión posterior al incidente después de restaurar los sistemas a su estado operativo.
C. Se debe realizar la actualización del plan de respuesta a incidentes después de restaurar los sistemas a su estado operativo.
D. Tras completarse la contención, se deben restaurar las operaciones del sistema para garantizar la continuidad del negocio.

209. Se **DEBE** realizar un análisis forense:

A. en el medio original.
B. en una copia exacta del soporte original.
C. después de reiniciar el sistema.
D. en un sistema aislado.

B es la respuesta correcta.

Justificación:

A. El análisis forense contaminará las pruebas si se realiza en los medios originales.
B. El análisis forense debe realizarse solo en una copia de los medios originales para que las pruebas no se contaminen como parte de la investigación.
C. Un reinicio del sistema contaminará las pruebas.
D. El análisis forense se puede realizar en sistemas aislados y en vivo.

210. ¿Cuál de las siguientes opciones es la consideración **MÁS** importante del método de contención de incidentes?

A. Preservar las pruebas forenses
B. Instalar herramientas de evaluación de vulnerabilidades
C. Habilitar mecanismos de registro del ordenador
D. Sincronizarlos relojes del sistema en todos los sistemas

A es la respuesta correcta.

Justificación:

A. Las pruebas forenses deben protegerse para no sufrir daños ni contaminarse. Si las pruebas forenses se pierden o se dañan después de que se notifique el incidente, la respuesta al incidente posterior no será concluyente.
B. La instalación de herramientas de evaluación de vulnerabilidades ayuda a prevenir los incidentes, pero no a contenerlos.
C. Habilitar el mecanismo de registro del ordenador después de un incidente ayudará a detectar incidentes futuros, pero no en los esfuerzos de contención.
D. La sincronización de los relojes del sistema admite la investigación de incidentes, pero no contiene el incidente.

211. ¿Cuál es el **PRIMER** paso que debe dar un equipo de respuesta a incidentes cuando se ha detectado el incidente y su origen?

A. Escalar el incidente.
B. Evaluar los daños.
C. Determinar la gravedad.
D. Contener el incidente.

D es la respuesta correcta.

Justificación:

A. Escalar el incidente a la alta dirección sin contenerlo primero aumentará el daño provocado de manera potencial.
B. El daño puede evaluarse únicamente después de contener el incidente, de lo contrario, el daño aumentará aún más.
C. La gravedad únicamente se puede determinar después de contener el incidente, de lo contrario, el daño aumentará aún más.
D. Cuando se ha detectado un incidente y su origen, se debe contener el incidente a fin de evitar una mayor propagación o daño.

212. La razón **PRINCIPAL** para garantizar la cadena de custodia es asegurarse de que:
   A. la propiedad del sistema comprometido se puede rastrear de manera eficiente.
   B. el custodio del activo se actualiza en el inventario de activos de la empresa.
   C. la persona que comprometió el sistema puede se puede rastrear de forma adecuada.
   D. las pruebas forenses son válidas y admisibles ante un tribunal.

D es la respuesta correcta. Justificación:
   A. Se puede usar un inventario de activos para rastrear el activo, pero no es el motivo principal de la cadena de custodia.
   B. La cadena de custodia no está relacionada con el custodio de los activos ni con la actualización del inventario de activos.
   C. El análisis forense, no la cadena de custodia, puede mostrar quién comprometió el sistema.
   D. Para que las pruebas sean admisibles ante un tribunal, se debe garantizar la cadena de custodia.

213. El objetivo **PRINCIPAL** para llevar a cabo el análisis de causa raíz de un incidente es:
   A. documentar el incidente de forma detallada para que pueda notificarse a las partes interesadas pertinentes.
   B. asegurar que los auditores estén satisfechos con la eficacia de los controles de gestión de incidentes.
   C. saber cómo evitar que el incidente se vuelva a producir o reducir el impacto de incidentes similares.
   D. compartir los hallazgos y lo aprendido del incidente con la alta dirección.

C es la respuesta correcta.

Justificación:
   A. El incidente debe documentarse de forma detallada en el registro de incidentes. El plan de comunicación establecería cómo se deben notificar los detalles del incidente a las partes interesadas.
   B. El principal objetivo del análisis de la causa raíz no es pasar una auditoría o satisfacer a los auditores.
   C. El análisis de la causa raíz se realiza para entender cómo evitar que el incidente se vuelva a producir en el futuro o reducir el impacto de incidentes similares si se producen en el futuro.
   D. El principal objetivo del análisis de la causa raíz es entender más sobre el incidente y cómo evitarlo en el futuro o reducir su impacto. Notificar a la alta dirección solamente es una parteo del análisis.

214. Los investigadores forenses pueden determinar lo que está sucediendo en un sistema mediante el examen de:
   A. una copia bit por bit.
   B. sistemas aislados.
   C. datos volátiles.
   D. el medio original.

C es la respuesta correcta.

Justificación:
   A. Una copia bit por bit de los datos es una actividad de generación de imágenes, y la generación de imágenes de la memoria volátil no es posible con este método.
   B. Tanto los sistemas aislados como los vivos se pueden analizar de manera forense.
   C. Los datos volátiles solo están presentes mientras el ordenador funciona. Durante la investigación, los datos volátiles pueden contener información crítica que se perdería si no se recopilase primero. Por ejemplo, muchos tipos de malware están diseñados para estar presentes en la memoria del ordenador mientras funciona y desaparecer cuando el ordenador se apaga, sin dejar rastro.
   D. El análisis forense nunca debe realizarse en medios originales y no facilitará información sobre la memoria volátil.

215. ¿Cuál de las siguientes técnicas ayudaría **MEJOR** a los investigadores forenses a intentar averiguar si los archivos se han eliminado de los medios?
   A. Cambiar el ordenador al modo seguro
   B. Crear una copia bit por bit del dispositivo original
   C. Desconectar de la red
   D. Reiniciar el sistema

B es la respuesta correcta.

Justificación:

   A. Cambiar el ordenador al modo seguro resultará en un cambio de estado, lo que puede derivar en la pérdida de pruebas.
   B. Una copia bit por bit del medio original sería la mejor ayuda para los investigadores forenses en este caso. Los investigadores podrían comparar los medios en su estado actual con la copia bit por bit de los medios originales para buscar discrepancias.
   C. Desenchufar el sistema resultará en un cambio de estado, lo que puede derivar en la pérdida de pruebas.
   D. Reiniciar el sistema resultará en un cambio de estado, lo que puede derivar en la pérdida de pruebas.

216. ¿Cuándo resulta **MÁS** importante recoger pruebas para el análisis forense?

   A. llevar a cabo una evaluación de vulnerabilidades de la aplicación afectada
   B. utilizar una solución de gestión de derechos digitales para acceder a los datos.
   C. seguir los procedimientos de conservación de datos.
   D. crear una copia de seguridad del dispositivo afectado al nuevo.

C es la respuesta correcta.

Justificación:

   A. Una vez determinada la causa raíz del incidente, se lleva a cabo una evaluación de vulnerabilidad para encontrar nuevas vulnerabilidades, no para recoger pruebas.
   B. La solución de gestión de derechos digitales no está diseñada para respaldar el análisis forense.
   C. El responsable de seguridad de la información debe seguir los procedimientos de conservación de las pruebas y garantizar que se cuente con una cadena de custodia que sea suficiente en términos legales y sea apropiada para cumplir con los objetivos de negocio.
   D. El dispositivo sospechoso no debería usarse nunca como la fuente para el análisis. La fuente o dispositivo original se deberían proteger y solo usarse para crear una imagen bit por bit.

217. Ha llegado a oídos del responsable de seguridad de la información que se ha producido un incidente de seguridad activo en el que los atacantes han realizado una exfiltración de datos organizacionales. ¿Cuál es la **PRIMERA** acción que debería hacer el responsable de seguridad de la información?
   A. Informar al propietario del sistema de la situación.
   B. Determinar la causa del incidente.
   C. Asegúrese de que el sistema afectado esté apagado para conservar las pruebas forenses.
   D. Bloquear el tráfico que va a los servidores del atacante.

D es la respuesta correcta. Justificación:

   A. Se debería notificar al propietario del sistema, pero eso no es lo primero en lo que debe centrarse un responsable de seguridad de la información.
   B. Se debe determinar la causa del incidente, si es posible, pero esta no sería la primera medida que debería tomarse.
   C. Apagar el sistema resultará en un cambio de estado, lo que puede derivar en la pérdida de pruebas forenses.
   D. La prioridad en un caso de exfiltración de datos sería limitar el daño bloqueando el tráfico saliente a los servidores del atacante.

218. La razón **MÁS** importante para probar con frecuencia el manual de respuesta ante incidentes de malware es:

A. identificar deficiencias en los procedimientos.
B. reducir el coste de ejecución.
C. proporcionar protección frente a malware en tiempo real a los clientes.
D. reducir la duración de la fase de contención del incidente.

A es la respuesta correcta. Justificación:

A. **La razón más importante para probar con frecuencia un manual de respuesta a incidentes es identificar las debilidades y las lagunas en los procedimientos durante las actividades de erradicación y recuperación de incidentes.**
B. El coste no es la razón principal para probar el manual.
C. Los manuales se utilizan para erradicar el malware después de la infección, no para proteger en tiempo real.
D. El manual de respuesta a incidentes no reduce la duración del proceso de contención de incidentes.

219. ¿Cuál de las siguientes es la **MEJOR** solución para abordar el retraso en identificación de incidentes cuando la detección depende principalmente de revisar los registros de eventos?

A. Introducir el análisis de impacto en el proceso de revisión de eventos de registro.
B. Aumentar el número de empleados para analizar los eventos capturados en los registros.
C. Reducir el número de eventos de seguridad anotados en los registros.
D. Asociar los eventos de los registros con un sistema de gestión de eventos e información de seguridad.

D es la respuesta correcta.

Justificación:

A. El análisis de impacto puede ayudar a evaluar el daño al negocio. Puede mejorar ligeramente la calidad del análisis de registros; sin embargo, no apoyaría la detección oportuna de un incidente.
B. Aumentar el número de empleados es un planteamiento costoso que requiere una carga de trabajo adicional. Todavía hay un riesgo de que se pasen por alto eventos significativos, incluso si el registro se revisa con un mayor número de empleados.
C. Reducir el número de eventos de seguridad que se debe registrar puede no contribuir de manera directa a detectar un incidente de manera oportuna. Reducir la cantidad de eventos notificados en los registros puede aumentar el riesgo de eventos no identificados.
D. **Un sistema de supervisión, como un sistema de eventos y gestión de la información, podría ser la interfaz con los sistemas de producción. Por lo tanto, los eventos de registro se enviarían a la capa de agente del sistema de administración de seguridad, a los que seguirán el análisis y el escalamiento. Este planteamiento compensará las desventajas que implica la revisión periódica de eventos de registro.**

220. El objetivo **PRINCIPAL** de una revisión posterior al incidente es:

A. recoger pruebas para acometer acciones legales posteriores.
B. identificar las personas que no tomaron las medidas adecuadas.
C. elaborar un informe para la gerencia sobre el incidente.
D. identificar formas para mejorar el proceso de respuesta.

D es la respuesta correcta.

Justificación:

A. Las pruebas forenses se deben haber obtenido en etapas anteriores del proceso.
B. Una revisión posterior al incidente no debe centrarse en encontrar y castigar a las personas que no tomaron las acciones apropiadas o en conocer la identidad del atacante.
C. Aun cuando una revisión posterior al incidente puede servir para elaborar un informe/presentación para la gerencia, esta no es su meta principal.
D. **La meta principal de una revisión posterior al incidente es identificar formas en las cuales se pueda mejorar el proceso de respuesta a incidentes.**

221. ¿Cuál sería la cualidad **MÁS** apropiada que debe poseer de un gestor de incidentes?:

A. Habilidades de presentación de informes a la gerencia
B. Habilidad para seguir las políticas y los procedimientos
C. Integridad en todas las acciones.
D. Habilidad para soportar el estrés

D es la respuesta correcta.

Justificación:

A. Las habilidades de presentación son útiles para preparar informes para la gerencia, pero no son la cualidad más esencial.
B. La capacidad de respetar las políticas y los procedimientos es importante, pero los incidentes son imprevistos y caóticos. Es probable que no existan procedimientos y políticas específicas para tratarlos, y si una persona no puede lidiar con el estrés de un incidente, su capacidad es de poco valor.
C. La integridad es una cualidad esencial, pero si un empleado no la tiene probablemente la empresa no lo debería contratar.
D. Los gestores de incidentes trabajan en ambientes muy estresantes cuando se ocupan de los incidentes. Si una persona no es capaz de manejar el estrés, se pueden tomar decisiones incorrectas; por lo tanto, la cualidad principal de los gestores de incidentes es soportar el estrés.

222. ¿Cuál es la razón **PRINCIPAL** para llevar a cabo una priorización de emergencias?

A. Para priorizar recursos limitados a la hora de gestionar los incidentes
B. Para alinearse con los pasos obligatorios del proceso de gestión de incidentes
C. Para mitigar las probabilidades de que se produzca un incidente
D. Detectar un incidente antes de que se extienda más

A es la respuesta correcta.

Justificación:

A. La razón principal para llevar a cabo una priorización de emergencias es que los recursos para el manejo de incidentes son limitados y deben utilizarse para el beneficio de todos. Con una clasificación, priorización y asignación de incidentes basados en su criticidad, es posible asignar los recursos con mayor eficiencia.
B. La priorización de emergencias, en general, no se considera un proceso obligatorio en el manejo de incidentes.
C. La priorización de emergencias no mitiga un incidente, pero aplica recursos disponibles de manera más eficaz para abordar el impacto.
D. La priorización de emergencias no sirve para detectar incidentes.

223. ¿Cuál de las opciones siguientes es la **MÁS** importante al decidir si se construirá una instalación alternativa o se utilizará un centro de emergencia alternativo completamente equipado operado por un proveedor externo?

A. El coste de reconstruir las instalaciones de procesamiento de información
B. El coste diario incremental de perder los diferentes sistemas que se tienen
C. La ubicación y el coste de los equipos comerciales de recuperación
D. La expectativa de pérdidas anuales estimada basada en los riesgos clave

C es la respuesta correcta.

Justificación:

A. El coste para reconstruir la instalación de procesamiento principal no es un factor para elegir un centro de recuperación alternativo.
B. El coste diario de perder sistemas es el mismo, tanto si el centro alternativo se construye o alquila.
C. La decisión, ya sea de construir un centro alternativo o de alquilar instalaciones de un centro de emergencia alternativo completamente equipado a un tercero, debe basarse en los costes y debe garantizar que la ubicación no sea susceptible a los mismos riesgos ambientales que el centro principal.
D. La expectativa de pérdidas anuales no es un factor para elegir construir o alquilar un sitio alternativo.

224. ¿Cuál de los siguientes documentos debe contener un manual para el equipo de respuesta a incidentes informáticos?:

A. Evaluación de riesgos
B. Criterios de gravedad
C. Directorio telefónico de emergencia
D. Tabla de todos los archivos de copias de seguridad

B es la respuesta correcta.

Justificación:

A. Las evaluaciones de riesgos estarían disponibles para el equipo de respuesta. Sin embargo, suelen cambiar al menos una vez al año, y no tendría sentido incluirlas en el manual.

B. Los criterios de gravedad permanecerán relativamente estáticos y es la única opción que resulta apropiada para el manual. Las otras opciones cambiarán con frecuencia y no tendría sentido volver a imprimir el manual cada vez que cambien los números telefónicos o los archivos de copia de seguridad.

C. Un directorio telefónico cambiará con frecuencia por lo que no se incluiría en el manual.

D. Una tabla de archivos de copia de seguridad, suele ser muy grande y cambia con frecuencia, por lo que no se incluiría en el manual.

225. Si una empresa necesita contratar un seguro contra la conducta deshonesta o fraudulenta de sus propios empleados, ¿cuál de los siguientes tipos de cobertura necesitaría obtener?

A. Fidelidad
B. Interrupción del negocio
C. Documentos y registros valiosos
D. Continuidad del negocio

A es la respuesta correcta.

Justificación:

A. La cobertura de fidelidad es una cobertura de seguro contra la pérdida ocasionada por la deshonestidad o fraude cometido por empleados.

B. El seguro contra interrupción del negocio protege contra las pérdidas por eventos que impiden que funcione el negocio.

C. El seguro para documentos y registros de valor protege contra los costes asociados con la destrucción de registros del negocio por causa de incendio, inundación u otro incidente.

D. El seguro para la continuidad del negocio es similar a la cobertura de interrupción del negocio, pero, en general, brinda una protección más amplia.

226. ¿Cuál de los siguientes métodos garantizaría **MEJOR** la suficiencia de un plan de recuperación ante desastres?

A. Revisiones periódicas de la información del plan de recuperación
B. Revisión sobre el papel de los planes de recuperación en caso de desastre
C. Ejercicios de recuperación periódicos, utilizando a personal experto
D. Auditorías periódicas de las instalaciones de recuperación en caso de desastre

A es la respuesta correcta.

Justificación:

A. **El fallo más común de los planes de recuperación ante desastres es la falta de información operativa esencial actualizada.**
B. Las revisiones sobre el papel son útiles solo si la información sobre los sistemas y las versiones son actuales y están actualizadas.
C. Los ejercicios de recuperación son críticos para probar los planes y procedimientos. Sin embargo, usar el personal experto hace que las pruebas de recuperación sean menos útiles porque ya cuentan con el conocimiento para recuperar los sistemas sin utilizar los planes ni los procedimientos por escrito, y no se puede garantizar que estas personas estén disponibles en un desastre real.
D. Las auditorías pueden ser útiles, pero suelen ser poco frecuentes y utilizan un muestreo; por lo tanto, proporcionan un aseguramiento limitado y solo ocasional de que la información de los planes de recuperación esté actualizada.

227. ¿Si un intruso o programa malicioso ha obtenido un acceso de superusuario (por ejemplo, root) a un sistema, ¿cuál de los siguientes procedimientos proporcionaría la **MEJOR** protección?

A. Evitar que el administrador del sistema acceda al sistema hasta que se investigue el incidente.
B. Inspeccionar con detenimiento el sistema y el resultado de la detección de intrusos para identificar todos los cambios a fin de revertirlos después.
C. Reconstruir el sistema utilizando los dispositivos originales.
D. Cambiar todas las contraseñas para después retomar las operaciones normales.

C es la respuesta correcta.

Justificación:

A. Evitar el acceso por parte de los administradores del sistema no brinda protección y no contribuye en nada a restablecer el sistema.
B. El acceso root hace que sea posible iniciar los cambios que son difíciles o imposibles de localizar, por lo que deshacer todos los cambios no es una opción aceptable para resolver el problema.
C. **Si alguna persona o programa malicioso, obtiene privilegios de superusuario en un sistema sin autorización, la empresa nunca sabe lo que el atacante o programa le ha hecho al sistema. La única manera de asegurar su integridad es limpiar el sistema realizando un formateado de bajo nivel en el disco duro o reemplazándolo por uno nuevo (por lo general, después de realizar una copia de seguridad de bits con el propósito de hacer análisis posteriores y para evitar la destrucción de los datos que pudieran no existir en otro lado) y comenzar de nuevo reinstalando el sistema operativo y las aplicaciones con los dispositivos originales.**
D. El cambio de contraseñas no brinda protección contra ningún cambio malicioso realizado al sistema.

228. ¿Cuál de las opciones siguientes será el desafío **MÁS** significativo al desarrollar un plan de gestión de incidentes?

A. Desalineación entre las metas de la organización y del plan
B. Implementación de la centralización de registros, correlación y seguimiento de eventos
C. Desarrollo de métricas de incidentes
D. Falta de apoyo de la gerencia y consenso organizacional

D es la respuesta correcta.

Justificación:

A. El plan de gestión de incidentes de seguridades un subconjunto de la estrategia de seguridad, que ya concuerda con las metas de la organización y, por lo tanto, no representa un reto importante.
B. Se requiere la implementación de la centralización de registros, correlación y seguimiento de eventos, pero no es el desafío más significativo.
C. Deben desarrollarse métricas de incidentes, pero estas son sencillas y no son un desafío significativo.
D. Obtener la aprobación de la alta dirección con frecuencia resulta difícil, pero es el primer paso que se requiere para llevar adelante cualquier plan de gestión de incidentes.

229. ¿Si se requiere una copia forense de un disco duro, ¿cuál de las siguientes opciones sería **MÁS** fácil de defender desde una perspectiva legal?

A. Una copia comprimida de todo el contenido del disco duro
B. Una copia que incluya todos los archivos y directorios
C. Una copia bit por bit de todos los datos
D. Una copia cifrada de todo el contenido del disco duro

C es la respuesta correcta.

Justificación:

A. Que una copia esté o no comprimida no es relevante, y una operación de copia directa no incluirá todo el contenido del disco duro que no esté identificado por el sistema operativo como un archivo estándar.
B. Una copia de todos los archivos y directorios no será una imagen del disco duro y no podrá copiar varios datos, que incluyen los datos entre el final de un archivo y el final del sector de disco («slack space») y los archivos eliminados que no se hayan sobrescrito.
C. No existe alternativa a hacer una copia bit por bit. Para proporcionar pruebas con validez legal suficiente, solo una copia de bits generará una imagen real del disco duro.
D. Que los datos estén cifrados no es relevante, y copiar todos los archivos y las carpetas producirá la pérdida de determinados datos, como por ejemplo, los datos entre el final de un archivo y el final del sector de disco («slack space»).

230. En un análisis del impacto en el negocio, el valor de un sistema de información debe basarse en el:

A. coste global de recuperación.
B. coste global para recrear.
C. coste global de oportunidad.
D. coste global de operaciones de emergencia.

C es la respuesta correcta.

Justificación:

A. El coste de recuperar el sistema no constituye la base para determinar el valor del sistema para la empresa. La base principal es la pérdida de ingresos u otros costes.
B. El coste de recrear no constituye la base para valorar el sistema; el coste para la empresa de la pérdida de la función es la base.
C. El coste de la oportunidad refleja el coste para la empresa resultante de la pérdida de una función.
D. El coste de las operaciones de emergencia no está relacionado con el valor de un sistema de información.

PRUEBA POSTERIOR

Si desea hacer una prueba posterior para determinar los puntos fuertes y débiles, el examen de prueba empieza en la página 417 y la hoja de respuestas de la prueba en la página 438. Puede obtener la puntuación de su examen con la clave de respuestas y referencias del examen de ejemplo en la página 440.

Esta página se ha dejado en blanco deliberadamente

EXAMEN DE MUESTRA

1. El componente **MÁS** importante de una política de privacidad es:
   A. notificaciones.
   B. garantías.
   C. obligaciones.
   D. las normas.

2. ¿Cuál de los siguientes elementos es **MÁS** probable que permanezca constante a lo largo del tiempo para la seguridad de la información? Respecto a la seguridad de la información:
   A. política.
   B. norma.
   C. estrategia.
   D. procedimiento.

3. ¿Cuál es el factor **PRINCIPAL** que debe tenerse en cuenta cuando se diseña una estrategia de respaldo coherente con una estrategia de recuperación ante desastres?
   A. Volumen de los datos confidenciales
   B. Objetivo de punto de recuperación
   C. Objetivo de tiempo de recuperación
   D. Ventana de interrupción

4. Cuando se realiza un análisis del impacto en el negocio, ¿quién de los siguientes debe calcular el tiempo de recuperación y el coste?
   A. Coordinador de continuidad del negocio
   B. Gerente de seguridad de la información
   C. Los propietarios del proceso de negocio
   D. Gerencia de TI

5. ¿Cuál es la razón **MÁS** importante para documentar formalmente los procedimientos de seguridad?
   A. Garantizar que los procesos sean repetibles y sustentables.
   B. Garantizar la alineación con los objetivos del negocio.
   C. Garantizar la auditabilidad por parte de agencias reguladoras.
   D. Garantizar los criterios objetivos para la aplicación de la métrica.

6. ¿Cuál de las siguientes opciones se debe evaluar después de que se haya determinado la probabilidad de una pérdida?
   A. La magnitud del impacto
   B. La tolerancia al riesgo
   C. El coste de reemplazo de los activos
   D. El valor contable de los activos

7. ¿Cuál es el **MEJOR** método para confirmar que todas las reglas de cortafuegos y parámetros de configuración del enrutador son adecuadas?
   A. Revisión periódica de la configuración de la red
   B. Revisar los registros del sistema de detección de intrusos en busca de pruebas de ataques
   C. Realizar periódicamente pruebas de penetración
   D. Revisión diaria de los registros del servidor en busca de pruebas de actividad de hackers

8. ¿Cuál de las siguientes opciones es el **MEJOR** método para garantizar que los empleados temporales no reciban derechos de acceso excesivos?
   A. Controles de acceso obligatorio
   B. Controles de acceso discrecional
   C. Controles de acceso basado en estructura
   D. Controles de acceso basado en roles

9. Cuando se diseña un sistema de detección de intrusos, el gerente de seguridad de la información debe recomendar que se coloque:
   A. fuera del cortafuegos.
   B. en el servidor del cortafuegos.
   C. en una subred con filtro.
   D. en el enrutador externo.

10. Para mejorar al **MÁXIMO** la alineación de los objetivos de seguridad de la información en una empresa, el gerente de seguridad de la información debe:
   A. revisar el programa de seguridad de la información.
   B. evaluar un cuadro de mando del negocio.
   C. realizar sesiones periódicas de concienciación de usuarios.
   D. realizar pruebas de penetración.

11. ¿Cuál de los siguientes factores es el **MÁS** importante para la implementación exitosa de un programa de seguridad de la información de una empresa?
   A. Apoyo de la alta gerencia
   B. Presupuesto para las actividades de seguridad
   C. Evaluaciones de vulnerabilidad regulares
   D. Administradores con conocimientos en seguridad

12. La gerencia decidió que la empresa no logrará el cumplimiento con un conjunto de normativas recientemente emitidas. ¿Cuál de las siguientes es la razón **MÁS** probable para la decisión?
   A. Las normativas son ambiguas y difíciles de interpretar.
   B. La administración tiene un bajo nivel de tolerancia al riesgo.
   C. El coste del cumplimiento excede el de posibles sanciones.
   D. Las normas son incompatibles con la estrategia de la organización.

13. Las empresas implementan entrenamiento sobre ética **PRINCIPALMENTE** para proporcionar una guía para los individuos involucrados en:
   A. controlar las actividades del usuario.
   B. implementar los controles de seguridad.
   C. gestionar la tolerancia al riesgo.
   D. asignar el acceso.

14. Para implementar un gobierno de seguridad de la información una organización debería **PRIMERO**:
   A. adoptar normas de seguridad.
   B. determinar las referencias de seguridad.
   C. definir la estrategia de seguridad.
   D. establecer políticas de seguridad.

15. ¿Cuál es el **MEJOR** método para verificar que todos los parches de seguridad aplicados a servidores se habían documentado debidamente?
   A. Rastrear las solicitudes de control de cambio con los registros de parches del sistema operativo (SO)
   B. Rastrear los registros de parches del SO con la documentación de actualización del proveedor del SO
   C. Rastrear los registros de parches del SO con las solicitudes de control de cambio
   D. Revisar documentación de control de cambios para servidores clave

16. ¿Cuál de lo siguiente se determinaría **PRIMERO** cuando se establece un programa de continuidad del negocio?
   A. El coste de reconstruir las instalaciones de procesamiento de información
   B. El coste incremental diario de no disponibilidad de sistemas
   C. Ubicación y coste de los centros de recuperación fuera de las instalaciones
   D. Composición y misión de los equipos individuales de recuperación

17. ¿Cuál de las siguientes es la razón **PRINCIPAL** para realizar continuamente la evaluación del riesgo?
    A. Se debe justificar continuamente el presupuesto de la seguridad.
    B. Se descubren vulnerabilidades nuevas todos los días.
    C. El entorno de riesgo cambia constantemente.
    D. La gerencia necesita recibir información continuamente acerca del riesgo emergente.

18. ¿Cuál es la **MEJOR** manera para garantizar que las configuraciones de seguridad en cada plataforma cumplan con los procedimientos y las políticas de seguridad de la información?
    A. Realizar pruebas de penetración.
    B. Establecer las referencias de seguridad.
    C. Implementar las configuraciones predeterminadas del proveedor.
    D. Vincular las políticas a una norma independiente.

19. Los nuevos requisitos regulatorios y de cumplimiento legal que tendrán un efecto en la seguridad de la información será **MÁS** probable que provengan de:
    A. el oficial legal corporativo.
    B. el departamento de auditoría interna.
    C. los departamentos afectados.
    D. el director de cumplimiento.

20. ¿Abordar la causa raíz de un incidente es un aspecto de cuál de los siguientes procesos de gestión de incidentes?
    A. Erradicación
    B. Recuperación
    C. Lecciones aprendidas
    D. Contención

21 ¿Cuál es el objetivo **PRINCIPAL** de la concienciación de seguridad?
    A. Garantizar que se comprendan las políticas de seguridad.
    B. Influir en el comportamiento de los empleados.
    C. Garantizar el cumplimiento regulatorio y legal.
    D. Notificar las acciones para identificar el incumplimiento.

22. ¿Cuál de las siguientes opciones es **MÁS** importante cuando se recogen pruebas para el análisis forense?
    A. Garantizar la asignación de personal calificado.
    B. Pedir que el departamento de TI haga una copia de imagen.
    C. Desconectar de la red y aislar los dispositivos afectados.
    D. Garantizar que el personal de las autoridades esté presente antes de que comience el análisis forense.

23. Una empresa transfiere sus operaciones de TI a una ubicación en el extranjero. Un gerente de seguridad de la información debe centrarse **PRINCIPALMENTE** en:
    A. revisar nuevas leyes y regulaciones.
    B. actualizar procedimientos operativos.
    C. validar las calificaciones del personal.
    D. llevar a cabo una evaluación del riesgo.

24. ¿Cuál de las siguientes consideraciones tiene la mayor prioridad cuando se define un plan de respuesta para casos de emergencia?
    A. Datos críticos
    B. Infraestructura crítica
    C. Seguridad del personal
    D. Datos demográficos

25. ¿Quién debe ser designado como propietario de los datos sensibles de los clientes que sólo utiliza el departamento de ventas y que se almacenan en una base de datos central?
   A. El departamento de ventas
   B. El administrador de base de datos
   C. El director de TI
   D. El director del departamento de ventas

26. ¿Con cuál de las siguientes opciones necesitan estar **MÁS** estrechamente alineadas las políticas de seguridad?
   A. Buenas prácticas de la industria
   B. Necesidades de la organización
   C. Normas generalmente aceptadas
   D. Leyes y regulaciones locales

27. A la hora de desarrollar una estrategia efectiva de protección de datos, el gerente de seguridad de la información debe comprender el flujo de datos y su protección en varias etapas. Esto se consigue **MEJOR** con:
   A. una evaluación externa de vulnerabilidades.
   B. una metodología hecha a medida y basada en la exposición.
   C. una póliza de seguros para pérdidas accidentales de datos.
   D. un sistema de tokenización montado en un entorno de red seguro.

28. ¿Cuál de las siguientes opciones es la **MÁS** esencial al evaluar un riesgo?
   A. Proporcionar cobertura equitativa para todos los tipos de activos
   B. Comparar datos de empresas similares
   C. Considerar el valor monetario y la probabilidad de pérdida
   D. Centrarse en pérdidas de negocio y amenazas pasadas válidas

29. ¿Cuál de las siguientes opciones es un componente clave de una política de respuesta a incidentes?
   A. Árboles de llamadas actualizados
   B. Criterios de escalación
   C. Plantillas de comunicado de prensa
   D. Inventario de archivos de copias de seguridad críticos

30. Una empresa verificó que la información de sus clientes estuvo expuesta recientemente. ¿Cuál de los siguientes es el **PRIMER** paso que debe dar un responsable de seguridad en esta situación?
   A. Informar a la alta dirección.
   B. Determinar la magnitud de la exposición.
   C. Notificar el incidente a las autoridades.
   D. Comunicarse con los clientes afectados.

31. ¿Cuál de los siguientes es el **MEJOR** método para una empresa que desee proteger su propiedad intelectual?
   A. Llevar a cabo sesiones de concienciación sobre la política de propiedad intelectual.
   B. Exigir que todos los empleados firmen un contrato de no revelación.
   C. Eliminar con rapidez todos los accesos cuando un empleado deja la empresa.
   D. Restringir el acceso conforme a lo que necesita conocerse.

32. ¿Cuál de los siguientes pasos debe ser el **PRIMERO** para desarrollar un plan de seguridad de la información?
   A. Realizar una evaluación técnica de vulnerabilidades.
   B. Analizar la estrategia actual del negocio.
   C. Llevar a cabo un análisis del impacto en el negocio.
   D. Evaluar los niveles actuales de concienciación sobre seguridad.

33. ¿Cuál de las siguientes personas estaría en la **MEJOR** posición para patrocinar la creación de un equipo de dirección de seguridad de la información?
    A. Gerente de seguridad de la información
    B. Director de operaciones
    C. Auditor interno
    D. Asesor legal

34. ¿Qué mecanismo debe utilizarse para identificar las deficiencias que podrían dar a los atacantes la oportunidad de comprometer un sistema informático?
    A. Análisis del impacto en el negocio
    B. Un análisis de deficiencias de seguridad
    C. Métricas de desempeño del sistema
    D. Procesos de respuesta a incidentes

35. ¿Cuál de las siguientes actividades es la manera **MÁS** directa de determinar con precisión los niveles mínimos de control en un sistema de TI?
    A. Revisar las normas y el cumplimiento del sistema.
    B. Probar las configuraciones de hardware y software.
    C. Revisar los registros del servidor y sistema en busca de anomalías.
    D. Realizar las pruebas de penetración internas y externas.

36. ¿Cuál de los siguientes proporciona la **MEJOR** confirmación de que los objetivos del plan de continuidad del negocio/recuperación ante desastres (BCP/DRP) se han logrado?
    A. El tiempo objetivo de recuperación no se ha superado durante las pruebas.
    B. Las pruebas objetivas del BCP/DRP se han llevado a cabo de manera uniforme.
    C. Las pruebas de DRP demostraron que el punto de recuperación objetivo era inadecuado.
    D. Los activos de información se han evaluado y asignado a los propietarios de conformidad con el BCP/DRP.

37. ¿Cuál de las siguientes situaciones sería la **MAYOR** preocupación para un responsable de seguridad?
    A. Los registros de auditoria no se han habilitado en un servidor de producción.
    B. El ID de conexión para un analista de sistemas despedido aún existe en el sistema.
    C. El centro de soporte ha recibido numerosos informes de usuarios que reciben correos electrónicos de phishing.
    D. Se ha encontrado un troyano instalado en el ordenador portátil de un administrador del sistema.

38. ¿Cuál de las siguientes opciones prepararía **MEJOR** a un gerente de seguridad de la información para las revisiones regulatorias?
    A. Asignar un administrador de seguridad de la información como enlace regulatorio.
    B. Realizar autoevaluaciones con directrices e informes regulatorios.
    C. Evaluar los informes regulatorios anteriores con los comentarios de los propietarios del proceso.
    D. Garantizar que el departamento legal apruebe todas las consultas regulatorias.

39. ¿Cuál de las siguientes opciones es la que **MEJOR** protege la confidencialidad de la información?
    A. Clasificación de la información
    B. Segregación de funciones
    C. El mínimo nivel de privilegios
    D. Control de sistemas

40. ¿Cuál de las siguientes técnicas es la que **MÁS** claramente identifica si se deberían implementar controles específicos de reducción de riesgos?
    A. El análisis de rentabilidad
    B. Pruebas de penetración
    C. Programas frecuentes de evaluación del riesgo
    D. Cálculos de las expectativas de pérdida anual

41. Un responsable de seguridad de la información investiga una intrusión en la red. Se sospecha de uno de los empleados de la empresa. El gerente obtuvo recientemente el ordenador y la unidad de disco duro del sospechoso. ¿Cuál de los siguientes es el paso **MÁS** indicado?

   A. Crear una imagen de la unidad de disco.
   B. Cifrar los datos de la unidad de disco.
   C. Examinar la unidad de disco original.
   D. Crear una copia lógica de la unidad de disco.

42. ¿Cuál de las siguientes opciones es el **MEJOR** indicador del estado del gobierno de seguridad de la información?

   A. Un nivel de madurez definido
   B. Una estrategia de seguridad desarrollada
   C. Normas y políticas completas
   D. Bajos números de incidentes

43. ¿Cuál es la configuración de sensibilidad conveniente para un sistema de control de acceso biométrico que proteja un centro de datos de alta seguridad?

   A. Una tasa de falso rechazo alta
   B. Una tasa de aceptación falsa alta
   C. Menor que la tasa de error cruzado
   D. La tasa de error cruzado exacta

44. ¿Cuál de los siguientes es el enfoque **MÁS** rentable para lograr la alineación estratégica?

   A. Preguntar con regularidad a la gerencia
   B. Implementar un marco de gobierno
   C. Garantizar que los controles cumplen con los objetivos
   D. Desarrollar una arquitectura de la empresa

45. ¿Por cuál de las siguientes opciones se puede cuantificar **MEJOR** el nivel del riesgo aceptable?

   A. Encuestar a los propietarios del proceso de negocio y altos directivos
   B. Determinar el porcentaje del presupuesto de TI asignado a la seguridad
   C. Determinar la relación entre el seguro contra la interrupción de negocios y su coste
   D. Determinar la cantidad y la gravedad de incidentes que impactan a la empresa

46. ¿Cuál de los siguientes controles de seguridad aborda la disponibilidad?

   A. El mínimo nivel de privilegios
   B. Infraestructura de clave pública
   C. Acceso basado en roles
   D. Planificación de contingencia

47. ¿Cuál de las siguientes medidas sería **MÁS** efectiva contra las amenazas internas a la información confidencial?

   A. Un control de acceso basado en roles
   B. El control de las pistas de auditoría
   C. La política de privacidad
   D. La defensa en profundidad

48. En lo que respecta a la implementación de los programas de concienciación de la seguridad en una empresa, es **MÁS** relevante entender que uno de los siguientes aspectos puede cambiar:

   A. La cultura de seguridad
   B. La tecnología de información
   C. Los requisitos de cumplimiento
   D. Las amenazas y vulnerabilidades

49. Hay un retraso entre el momento en que se publica por primera vez una vulnerabilidad de seguridad y el momento en que se entrega un parche. ¿Cuál de las siguientes opciones debería ser la **PRIMERA** en llevarse a cabo para mitigar el riesgo durante este período de tiempo?
   A. Identificar los sistemas vulnerables y aplicar controles compensatorios.
   B. Minimizar el uso de los sistemas vulnerables.
   C. Comunicar la vulnerabilidad a los usuarios del sistema.
   D. Actualizar la base de datos de firmas de los sistemas de detección de intrusos.

50. ¿Cuál de lo siguiente es **MÁS** probable que reduzca las probabilidades de que una persona no autorizada acceda a los recursos informáticos pretendiendo ser una persona autorizada que necesita que le reactiven su contraseña?
   A. Revisar los establecimientos de nueva contraseña
   B. Llevar a cabo programas de concienciación de la seguridad
   C. Aumentar la frecuencia de cambios de contraseña
   D. Implementar la verificación automática de sintaxis de contraseña

51. La estrategia de seguridad de la información presentada a la alta dirección para su aprobación **DEBE** incorporar:
   A. tecnologías específicas.
   B. mecanismos de cumplimiento.
   C. prioridades del negocio.
   D. procedimientos detallados.

52. Al contratar servicios de proveedores externos para garantizar que estos cumplan con la política de seguridad de la empresa, ¿qué se debería llevar a cabo?
   A. Un programa de reuniones predefinido
   B. Una auditoría de seguridad periódica
   C. Incluir en el contrato una lista de personas a las que se puede acudir en caso de un incidente (cadena de llamadas)
   D. Incluir en el contrato una cláusula de confidencialidad

53. ¿Cuál de las siguientes medidas indicará **MEJOR** la efectividad de un proceso de respuesta incidentes?
   A. Número de incidentes abiertos
   B. Reducción del número de incidentes de seguridad
   C. Reducción del tiempo promedio de respuesta ante un incidente
   D. Número de incidentes gestionados por mes

54. ¿Cuál de lo siguiente protegerá **MEJOR** contra la actividad maliciosa de un ex empleado?
   A. Investigación de antecedentes previos al empleo
   B. Control riguroso de los usuarios
   C. Formación periódica en concienciación
   D. Procedimientos efectivos de despido

55. La fase de clasificación de prioridades del plan de respuesta a incidentes proporciona:
   A. una instantánea del estado actual de toda actividad de incidentes notificados.
   B. una visión global de alto nivel de los incidentes abiertos.
   C. una revisión táctica de la progresión y resolución de un incidente.
   D. una base integral para los cambios en la arquitectura de la empresa.

56. ¿Cuál de las opciones que se indica a continuación conlleva el **MAYOR** desafío para una empresa que busca priorizar las actividades de gestión de riesgos?
   A. Un catálogo incompleto de los activos de información
   B. Una evaluación de las amenazas que no es completa
   C. Una evaluación de vulnerabilidades que no está actualizada
   D. Una valoración de los activos de información que no es precisa

57. ¿Cuál de las siguientes es la **MÁS** seria exposición de actualizar los archivos de firma de virus en cada computadora de escritorio cada viernes a las 11:00 p.m. (23.00 horas)?

A. La mayoría de las nuevas firmas de virus se identifican en los fines de semana.
B. El personal técnico no está disponible para ofrecer asistencia a la operación.
C. Los sistemas son vulnerables a nuevos virus durante la semana que comienza.
D. El éxito o fracaso de la actualización no se conoce hasta el lunes.

58. El factor que **MAYOR** probabilidad tiene de identificar incidentes de seguridad es:

A. procesos efectivos de comunicación e informes.
B. políticas claras que detallen los niveles de gravedad de incidentes.
C. capacidades del sistema de detección de intrusos.
D. formación en la concienciación de la seguridad.

59. El requisito **MÁS** básico para un programa de gobierno de seguridad de la información es:

A. estar alineado con la estrategia corporativa del negocio.
B. basarse en un método correcto de gestión de riesgos.
C. proporcionar un cumplimiento regulatorio adecuado.
D. proporcionar las mejores prácticas para las iniciativas de seguridad.

60. ¿Cuál es la **MEJOR** manera de determinar si un sistema de detección de intrusos (IDS) basado en anomalías se ha instalado de forma correcta?

A. Simular un ataque y revisar el desempeño del IDS.
B. Utilizar un señuelo para verificar la actividad inusual.
C. Auditar la configuración del IDS.
D. Realizar un estudio comparativo del IDS con un sitio similar.

61. ¿Cuál de las siguientes opciones debe efectuarse **PRIMERO** después de un ataque de negación de servicio (DoS)?

A. Restaurar los servidores desde los medios de copias de seguridad almacenados fuera de las instalaciones.
B. Efectuar una evaluación para determinar el estado del sistema.
C. Realizar un análisis de impacto de la interrupción.
D. Aislar la subred con filtro.

62. ¿Cuándo se debería emitir una petición de propuestas?

A. En la etapa de viabilidad de un proyecto
B. Tras la aprobación del proyecto por la administración
C. Previo al desarrollo del presupuesto de un proyecto
D. Cuando se desarrolla el caso de negocio

63. ¿Cuál de los siguientes factores es el **MÁS** significativo al determinar el apetito de riesgo de una empresa?

A. La naturaleza y el alcance de las amenazas
B. Las políticas organizacionales
C. La estrategia general de seguridad
D. La cultura organizacional

64. Desde el punto de vista de la seguridad de la información, ¿cuál de las siguientes opciones tendrá el **MAYOR** impacto sobre una empresa financiera con oficinas en varios países y que realiza transacciones transfronterizas?

A. Tecnologías actuales y futuras
B. Regulaciones evolutivas de protección de datos
C. Economizar los costes de ancho de banda de redes
D. Economizar los costes de ancho de banda de redes se consideraría una parte de los costes del negocio; sin embargo, no es una consideración relevante para la seguridad de la información.

65. ¿Con cuál de las siguientes funciones del negocio es **MÁS** probable que la integración de la seguridad de la información resulte en que el riesgo se aborde como un elemento estándar del procesamiento de producción?
    A. Aseguramiento de la calidad
    B. Adquisiciones
    C. Cumplimiento
    D. Gestión de proyectos

66. ¿Cuál de las siguientes opciones mide **MEJOR** la efectividad de una evaluación de riesgos?
    A. El tiempo, la frecuencia y el coste de evaluar el riesgo
    B. El alcance y la gravedad del nuevo riesgo descubierto
    C. El posible impacto colectivo del riesgo definido
    D. El porcentaje de incidentes como consecuencia de riesgos desconocidos

67. ¿Cuál de las siguientes opciones es el punto único de fallo **MÁS** significativo en una infraestructura de clave pública?
    A. Una clave pública de la autoridad de certificación (CA)
    B. Una clave privada de un tercero de confianza
    C. Una clave privada de CA
    D. Una clave pública de un tercero de confianza

68. ¿Cuál de las siguientes opciones es el **MEJOR** dato para la definición de las directrices de escalamiento?
    A. Cuestiones de gestión de riesgos
    B. Un análisis de impacto y riesgo
    C. Informes de revisión de aseguramiento
    D. La efectividad de los recursos

69. ¿Cuál es la **MEJOR** forma de asegurar que los usuarios cumplan con los requisitos de seguridad de la organización con respecto a la complejidad de la contraseña?
    A. Incluir requisitos de construcción de contraseñas en las normas de seguridad.
    B. Requerir que cada usuario confirme los requisitos de contraseñas.
    C. Implementar penalizaciones estrictas por incumplimiento de los usuarios.
    D. Habilitar la configuración de contraseña ejecutada por el sistema.

70. El responsable de seguridad de la información debe usar técnicas de evaluación del riesgo para:
    A. justificar la selección de las estrategias de mitigación del riesgo.
    B. maximizar el retorno de la inversión.
    C. proporcionar documentación para auditores y reguladores.
    D. cuantificar los riesgos que, de otro modo, serían subjetivos.

71. ¿Cuál de las siguientes funciones es responsable de determinar los miembros de los equipos de respuesta de la empresa?
    A. Gobierno
    B. Gestión de riesgos
    C. Cumplimiento
    D. Seguridad de la información

72. Cuando una gran empresa descubre que es objeto de una investigación de red, ¿cuál de las siguientes acciones se debe emprender?
    A. Reiniciar el enrutador que conecta la zona desmilitarizada al cortafuegos.
    B. Apagar todos los servidores ubicados en el segmento de la DMZ.
    C. Controlar la investigación y aislar el segmento afectado.
    D. Habilitar el registro de seguimiento del servidor en el segmento afectado.

73. El concepto de gobierno, riesgo y cumplimiento sirve **PRINCIPALMENTE** para:

   A. alinear las funciones de aseguramiento de la empresa.
   B. garantizar que la política aborde las tres actividades.
   C. presentar la secuencia correcta de las actividades de seguridad.
   D. definir las responsabilidades de la seguridad de la información.

74. El consejo de administración de una empresa está preocupado por los recientes intentos de fraude originados en Internet. ¿Qué acción deberá tomar la junta para abordar esta preocupación?

   A. Dirigir directamente las operaciones de seguridad de la información para encontar las soluciones específicas que se necesitan para abordar el riesgo.
   B. Investigar soluciones para determinar las acciones apropiadas para la empresa.
   C. No tomar ninguna medida; la seguridad de la información no informa al consejo.
   D. Encargar a la dirección ejecutiva que evalúe el riesgo e informe de los resultados al consejo de administración.

75. ¿En qué circunstancias las buenas prácticas de seguridad de la información dictan una reevaluación completa del riesgo?

   A. Después de un fallo material en el control
   B. Cuando las evaluaciones regulares muestran riesgos que no se han mitigado
   C. Después de instalar un sistema operativo actualizado
   D. Después de que se hayan iniciado los cambios de emergencia

76. ¿Qué actividad debe realizarse para un riesgo aceptado anteriormente?

   A. El riesgo debe volver a evaluarse periódicamente porque cambia con el tiempo.
   B. El riesgo aceptado se debe señalar para evitar futuros esfuerzos de reevaluación.
   C. El riesgo se debe evitar la próxima vez para optimizar el perfil de riesgo.
   D. El riesgo se debe eliminar del registro de riesgos después de aceptarlo.

77. Se prefiere **PRINCIPALMENTE** el uso de cifrado de clave pública con el propósito de brindar claves de cifrado a una gran cantidad de individuos porque:

   A. el cifrado de clave pública es más eficiente en el uso de recursos informáticos.
   B. el escalamiento es menos problemático que utilizar una clave simétrica.
   C. el cifrado de clave pública es menos costoso de mantener que la clave simétrica para grupos pequeños.
   D. el cifrado de clave pública brinda mayor fuerza de cifrado que las opciones de claves secretas.

78. ¿Cuál de las siguientes acciones se debe emprender cuando una compañía de negocios en línea descubre un ataque de red en curso?

   A. Cerrar todos los puntos de acceso a la red
   B. Volcar todos los registros de eventos en medios extraíbles
   C. Aislar el segmento de red afectado
   D. Habilitar el registro del seguimiento de todos los eventos

79. ¿Cuál de las siguientes opciones está **MÁS** estrechamente asociada con un programa de continuidad del negocio?

   A. Confirmar que existen planes técnicos detallados de recuperación
   B. Probar periódicamente la redundancia de red
   C. Actualizar la configuración del equipo del centro de emergencia alternativo completamente equipado cada trimestre
   D. Desarrollar objetivos de tiempo de recuperación para las funciones críticas

80. Las vulnerabilidades identificadas durante una evaluación deben:

   A. manejarse como un riesgo, aun cuando no exista una amenaza.
   B. priorizarse para su solución basada únicamente en su impacto.
   C. ser una base para analizar la eficacia de los controles.
   D. evaluarse para determinar las amenazas, el impacto y el coste de mitigación.

81. ¿Cuál de los siguientes factores de una evaluación de riesgos involucra típicamente la **MAYOR** cantidad de especulación?
    A. Exposición
    B. Impacto
    C. Vulnerabilidad
    D. Probabilidad

82. ¿Qué acción se debería llevar a cabo una vez verificado el incidente de seguridad?
    A. Identificar el incidente.
    B. Contener el incidente.
    C. Determinar la causa del incidente.
    D. Evaluar la vulnerabilidad.

83. ¿Cuál es la preocupación **MÁS** importante cuando una empresa con varios centros de datos designa una de sus propias instalaciones como el centro de recuperación?
    A. La capacidad de la línea de comunicación entre los centros de datos
    B. Las cargas de la capacidad del procesamiento actual en los centros de datos
    C. Las diferencias en la seguridad lógica de cada centro
    D. La sincronización de las versiones liberadas del software del sistema publicadas

84. ¿Cuál de los siguientes factores ayuda a determinar **MEJOR** el nivel de protección adecuado para un activo de información?
    A. El coste de adquisición e implementación del activo
    B. Conocimiento de las vulnerabilidades presentes en el activo
    C. El grado de exposición a amenazas conocidas
    D. La criticidad de la función de negocio a la que apoya el activo

85. ¿Cuál es el enfoque **PRINCIPAL** si una empresa considera emprender acciones legales debido a un incidente de seguridad?
    A. Obtener pruebas tan pronto como sea posible.
    B. Mantener la integridad de las pruebas.
    C. Desconectar todos los equipos de TI afectados.
    D. Reconstruir la secuencia de eventos.

86. ¿Cuál es la consideración **PRINCIPAL** cuando se define el objetivo de tiempo de recuperación para los activos de información?
    A. Requisitos reglamentarios
    B. Requisitos del negocio
    C. Valor financiero
    D. Disponibilidad de recursos de TI

87. ¿En qué punto del proceso de la gestión de riesgos se determina el riesgo residual?
    A. Al evaluar los resultados de la aplicación de controles nuevos o existentes o de medidas correctoras
    B. Al identificar y clasificar los activos o los recursos de información que necesitan protección
    C. Al evaluar las amenazas y las consecuencias de una brecha de seguridad
    D. Después de que se han establecido los elementos de riesgo, al combinarlos para formar una visión general del riesgo

88. ¿Cuál de los siguientes sería el **MAYOR** reto al desarrollar un programa de formación de concienciación estándar para una empresa global?
    A. Los requisitos técnicos de entrada de datos para el personal de seguridad de TI
    B. La evaluación de la efectividad de los programas de formación
    C. La diferencia de conocimientos generales y habilidades técnicas de los usuarios finales
    D. La disponibilidad de los usuarios durante los fines de semana o después del horario de trabajo

89. ¿Cuál es la razón **PRINCIPAL** de utilizar métricas para evaluar la seguridad de la información?

A. Identificar las debilidades de seguridad
B. Justificar los gastos presupuestarios
C. Permitir la mejora continua
D. Incrementar la concienciación sobre los asuntos de seguridad

90. El hecho de que una empresa pueda sufrir una interrupción significativa como resultado de un ataque distribuido de denegación de servicio (DDoS) se considera:

A. un riesgo intrínseco.
B. un riesgo sistémico.
C. un riesgo residual.
D. un riesgo operacional.

91. ¿Cuál de lo siguiente representa un área **PRIORITARIA** de interés cuando se lleva a cabo una prueba de penetración?

A. Minería de datos
B. Asignación de red
C. Sistema de detección de intrusos
D. Datos del cliente

92. Contactos en las autoridades avisan al gerente de seguridad de la información que existen pruebas de que su compañía es objetivo de una banda de experimentados intrusos (hackers) conocida por usar diversas técnicas, incluidas la ingeniería social y la penetración en redes. El **PRIMER** paso que debe dar el gerente de seguridad es:

A. realizar una evaluación exhaustiva de la exposición de la empresa a las técnicas de los intrusos (hackers).
B. iniciar formación de concienciación para hacer frente a la ingeniería social.
C. ofrecer sugerencias de forma inmediata a la alta gerencia sobre el riesgo elevado.
D. incrementar las actividades de supervisión a fin de proporcionar una detección temprana de intrusos.

93. ¿Cuál de los siguientes roles es responsable de la obligación legal y regulatoria por los fallos de seguridad en la empresa?

A. Director de seguridad
B. Director de asesoría legal
C. El comité de dirección y la alta gerencia
D. El grupo de dirección de seguridad de la información

94. La finalidad **PRINCIPAL** de involucrar a equipos externos para que lleven a cabo las revisiones posteriores a los incidentes de seguridad de la información es:

A. permitir una revisión independiente y objetiva de la causa raíz de los incidentes.
B. obtener apoyo para mejorar la pericia de los equipos externos.
C. identificar las lecciones aprendidas para mejorar aún más el proceso de gestión de seguridad de la información.
D. obtener mayor aceptación para el programa de seguridad de la información.

95. Después de una evaluación del riesgo, un banco con operaciones globales decidió continuar operando en ciertas regiones del mundo donde el robo de identidad es desenfrenado. El gerente de seguridad de la información debe estimular al negocio para:

A. aumentar los esfuerzos de concienciación del cliente en esas regiones.
B. implementar técnicas de supervisión para detectar y reaccionar ante el posible fraude.
C. externalizar el procesamiento de tarjetas de crédito.
D. hacer responsable al cliente de las pérdidas si no siguiera el consejo del banco.

96. ¿Qué dos componentes deben ser evaluados **PRINCIPALMENTE** en un análisis efectivo del riesgo?

A. Visibilidad y duración
B. Posibilidad e impacto
C. Probabilidad y frecuencia
D. Impacto financiero y duración

97. Al designar las normas de seguridad de la información para una empresa, el gerente de seguridad de la información debe requerir que se coloque un servidor de extranet:
   A. fuera del cortafuegos.
   B. en el servidor del cortafuegos.
   C. en una subred con filtro.
   D. en el enrutador externo.

98. Al definir procedimientos de respuesta a incidentes, un responsable de seguridad de la información debe centrarse **PRINCIPALMENTE** en:
   A. cerrar tickets de incidentes en un período de tiempo predeterminado.
   B. reducir el número de incidentes.
   C. Minimizar las interrupciones operativas.
   D. cumplir con los objetivos de entrega del servicio.

99. ¿Cuál es el factor **PRINCIPAL** que debe tomarse en consideración cuando se diseña la solución técnica para un centro de recuperación de desastres?
   A. Objetivo de entrega del servicio
   B. Objetivo de tiempo de recuperación
   C. Ventana de interrupción aceptable
   D. Interrupción máxima tolerable

100. ¿Por qué un equipo de gestión de incidentes de seguridad debería realizar una revisión posterior al incidente?
   A. Para identificar pruebas electrónicas relevantes
   B. Para identificar las lecciones aprendidas
   C. Para identificar al intruso
   D. Para identificar las áreas afectadas

101. El servidor de correo de una compañía permite el acceso anónimo a protocolo de transferencia de archivos (FTP) que podría ser explotado. ¿Qué proceso debe desplegar el gerente de seguridad de la información para determinar la necesidad de una acción de remediación?
   A. Una prueba de penetración
   B. Una revisión de seguridad de referencia
   C. Una evaluación del riesgo
   D. Un análisis de impacto en el negocio

102. ¿Cuál de las siguientes opciones es el **MEJOR** método para determinar el impacto de un ataque distribuido de denegación de servicio en un negocio?
   A. Identificar las fuentes de tráfico malicioso.
   B. Entrevistar a los usuarios y documentar sus respuestas.
   C. Determinar la criticidad de los servicios afectados.
   D. Revisar los registros de los cortafuegos y el sistema de detección de intrusos.

103. Un gerente de seguridad de la información está investigando un incidente de seguridad cibernética interna y se le ha pedido que conserve pruebas potenciales. Después de crear una copia de imagen del disco duro de los sistemas sospechosos con una herramienta de uso común y hacer copias en las que realizar el análisis, ¿cuál de las acciones que se indican a continuación debe realizar **DESPUÉS** el responsable de seguridad de la información?
   A. Cifrar las imágenes del disco duro principal y de su copia de seguridad.
   B. Usar una herramienta alternativa para hacer una copia de imagen del disco duro.
   C. Genera hashes para las imágenes del disco duro principal y de su copia de seguridad.
   D. Documentar el proceso para hacer una copia de imagen del disco duro.

104. La razón **MÁS** importante por la cual los sistemas de detección de intrusos (stat IDS) basados en anomalías estadísticas se usan con menor asiduidad que los IDS basados en firma, es que los IDS basados en anomalías estadísticas:

A. crean más costes generales que los IDS basados en firma.
B. causan falsos positivos desde cambios menores hasta variables de sistema.
C. generan falsas alarmas a partir de diversas acciones del usuario o del sistema.
D. no pueden detectar nuevos tipos de ataques.

105. ¿Cuál de las siguientes herramientas debe utilizarse para determinar **MEJOR** el nivel de esfuerzo necesario para cumplir con los objetivos de mejora específicos en la gestión de riesgos?

A. Un diagrama de flujo de trabajo
B. Un gráfico de Gantt
C. Un análisis de deficiencias (gap analysis)
D. El cálculo del retorno de la inversión

106. ¿Cuál de lo siguiente es la consecuencia **MÁS** inmediata de no ajustar un sistema de detección de intrusos recién instalado con el umbral fijado a un valor bajo?

A. El número de falsos positivos aumenta
B. El número de falsos negativos aumenta
C. Falta de sondeo activo
D. Se ignoran los perfiles de ataque

107. ¿En cuál de las siguientes opciones debe basarse **PRINCIPALMENTE** el nivel de clasificación de un activo?

A. Criticidad y sensibilidad
B. Posibilidad e impacto
C. Coste de valoración y reemplazo
D. Vector de amenazas y exposición

108. El gerente de seguridad de la información debe tratar requisitos de cumplimiento normativo tales como:

A. un mandato de la organización.
B. una prioridad de la gestión de riesgos.
C. una cuestión puramente operacional.
D. tan solo otro riesgo.

109. Una empresa utiliza un solo empleado para actualizar los servidores, revisar los registros de auditoría y mantener los controles de acceso. ¿Cuál de las siguientes opciones es el **MEJOR** control de compensación?

A. Verificar que solo se realicen cambios aprobados.
B. Realizar pruebas de penetración trimestrales.
C. Realizar exploraciones para detectar vulnerabilidades mensualmente.
D. Implementar la revisión de archivos de registro por parte de un supervisor.

110. Los proyectos de seguridad de la información deben priorizarse en función de:

A. el tiempo requerido para la implantación.
B. el impacto sobre la empresa.
C. el coste total de la implantación.
D. la combinación de recursos que se requiere.

111. Un gerente de seguridad de la información recibe un informe que muestra un aumento en la cantidad de eventos de seguridad. La explicación **MÁS** probable para esto es:

A. la explotación de una vulnerabilidad en el sistema de información.
B. agentes de amenazas dirigidos contra la empresa en mayor cantidad.
C. fallo de un control de detección implementado con anterioridad.
D. aprobación de una nueva excepción por incumplimiento por parte de la gerencia.

112. Un proveedor de servicios externalizado debe manejar información confidencial del cliente. ¿Cuál de las siguientes opciones es **MÁS** importante que un gerente de seguridad de la información conozca?
    A. Seguridad en almacenamiento y transmisión de datos confidenciales
    B. El nivel de cumplimiento del proveedor con las normas de la industria
    C. Las tecnologías de seguridad existente en la instalación
    D. Resultados de la última revisión independiente de seguridad

113. Una empresa acaba de sufrir un incidente importante que ha provocado la interrupción de procesos críticos para la empresa. ¿Cuál es el motivo **PRINCIPAL** para llevar a cabo una revisión posterior al incidente?
    A. Identificar a las partes responsables y aplicar medidas disciplinarias o recompensas según corresponda.
    B. Documentar el evento y garantizar de que se enumeran todas las medidas que se han implementado y los problemas encontrados
    C. Garantizar que todos los daños derivados de la crisis se reparen y que los sistemas sean estables
    D. Determinar la causa raíz de la crisis y tomar acciones para evitar que vuelva a ocurrir

114. ¿Cuál de las siguientes es una característica de la gestión centralizada de la seguridad de la información?
    A. Más caro de administrar
    B. Mayor adhesión a las políticas
    C. Mejor capacidad de respuesta a las necesidades de las unidades de negocio.
    D. Mayor rapidez en la resolución de las solicitudes

115. Existen diferentes tipos de pruebas para probar la efectividad de los planes de recuperación. ¿Cuál de las siguientes opciones ocurre durante una prueba paralela, pero no lo hace durante una prueba de simulación?
    A. Los miembros del equipo siguen las tareas individuales de recuperación.
    B. Las operaciones en el centro principal se interrumpen.
    C. Se utiliza un escenario ficticio para la prueba.
    D. El centro de recuperación se lleva al estado de capacidad operativa.

116. Durante la revisión de seguridad de los servidores de la organización, se descubrió que un servidor de archivos que contiene datos de recursos humanos (HR) confidenciales estaba disponible para todos los ID de los usuarios. ¿Cuál es el **PRIMER** paso que debe realizar el responsable de seguridad?
    A. Copiar archivos de muestra como prueba.
    B. Eliminar los privilegios de acceso a la carpeta que contiene los datos.
    C. Informar de esta situación al propietario de los datos.
    D. Formar al equipo de Recursos Humanos sobre cómo controlar de forma adecuada los permisos de archivos.

117. El departamento a cargo del acceso a las instalaciones de una gran empresa financiera utiliza tarjetas electrónicas para administrar el acceso físico. El gerente de seguridad de la información solicita que las instalaciones proporcionen al gerente acceso de solo lectura a los datos de acceso físico. ¿Cuál es el propósito **MÁS** probable?
    A. Controlar que el personal cumpla con las disposiciones contractuales
    B. Determinar quién está en el edificio en caso de incendio
    C. Comparar el acceso lógico y físico a fin de detectar potenciales anomalías
    D. Garantizar que el sistema de control de acceso físico funciona correctamente

118. ¿Quién debe determinar la clasificación apropiada de los datos del libro mayor de contabilidad ubicados en un servidor de base de datos y mantenido por un administrador de base de datos en el departamento de TI?
    A. El administrador de la base de datos
    B. Gerencia del departamento de finanzas
    C. Gerente de seguridad de la información
    D. Gerencia del departamento de TI

119. ¿Cuál de las siguientes acciones es **MÁS** importante cuando un servidor se infecta con un virus?

   A. Aislar el servidor infectado de la red.
   B. Identificar todo daño potencial causado por la infección.
   C. Garantizar que los archivos de la base de datos del virus sean actuales.
   D. Establecer las debilidades de seguridad en el cortafuegos.

120. ¿Cuál de los elementos siguientes es el **MÁS** importante para asegurar la recuperación de un negocio durante un desastre?

   A. Los planes técnicos detallados de recuperación se mantienen fuera de las instalaciones.
   B. La redundancia de red se mantiene a través de proveedores independientes.
   C. Las necesidades de equipos en el centro de emergencia alternativo completamente equipado se recertifican con regularidad.
   D. Se han establecido criterios de declaración adecuados.

121. Desde la perspectiva de un gerente de seguridad de la información, ¿cuál es el beneficio inmediato de funciones y responsabilidades claramente definidas?

   A. Mayor cumplimiento de las políticas
   B. Mejores flujos de procedimiento
   C. Segregación de funciones
   D. Mejor rendición de cuentas

122. ¿Qué deben lograr los procedimientos/normas documentados para el uso de la criptografía en toda la empresa?

   A. Deben definir las circunstancias en las que debe utilizarse la criptografía.
   B. Deben definir los algoritmos criptográficos y la longitud de las claves.
   C. Deben describir los procedimientos de manejo de las claves criptográficas.
   D. Deben establecer el uso de soluciones criptográficas.

123. ¿Cuál de las siguientes opciones es **MÁS** importante verificar para garantizar la disponibilidad de los procesos clave de negocio en un centro alternativo?

   A. Objetivo de tiempo de recuperación
   B. Matriz de delegación funcional
   C. Disponibilidad del personal en el lugar
   D. Flujo de transacciones de extremo a extremo

124. Un importante socio de negocio con acceso a la red interna no está dispuesto o no puede remediar serias exposiciones de seguridad de información dentro de su entorno. ¿Cuál de las siguientes es la **MEJOR** recomendación?

   A. Firmar un acuerdo legal asignándoles toda la responsabilidad por cualquier violación
   B. Eliminar todos los accesos del socio de negocio hasta que mejore la situación.
   C. Establecer reglas de cortafuegos que restrinjan el tráfico de red desde ese lugar.
   D. Enviar recordatorios periódicos avisándoles sobre su incumplimiento.

125. ¿Cuál de las siguientes opciones es la **MÁS** útil para determinar las posibles consecuencias de una brecha de seguridad mayor?

   A. Evaluación de riesgos
   B. Valoración de activos
   C. Pruebas de penetración
   D. Revisión de la arquitectura

126. ¿Cuál de las siguientes pautas es la **MÁS** importante cuando se usa software para buscar exposiciones de seguridad dentro de una red corporativa?

   A. Nunca usar herramientas de código fuente abierto.
   B. Centrarse solo en los servidores de producción.
   C. Seguir un proceso lineal para los ataques.
   D. No interrumpir los procesos de producción.

127. La alineación estratégica se logra **PRINCIPALMENTE** cuando los servicios proporcionados por el departamento de seguridad de la información:
    A. reflejan los requisitos de las partes interesadas comerciales principales.
    B. reflejan los deseos del equipo ejecutivo de TI.
    C. reflejan los requisitos de las buenas prácticas de la industria.
    D. son fiables y rentables.

128. Una implementación con éxito del gobierno de seguridad de la información requerirá **PRIMERO**:
    A. formación en la concienciación de la seguridad.
    B. políticas de seguridad actualizadas.
    C. un equipo de gestión de incidentes de seguridad informáticos.
    D. una arquitectura de seguridad.

129. Una empresa está considerando un acuerdo recíproco con una empresa similar como opción de recuperación. ¿Cuál de los siguientes es el **MAYOR** riesgo asociado con los acuerdos recíprocos?
    A. Las variaciones entre las evaluaciones del riesgo y el impacto
    B. Frecuencia de las pruebas de los planes de recuperación y continuidad
    C. Similitudes en la infraestructura y la capacidad
    D. Diferencias en las políticas y los procedimientos de seguridad

130. ¿Cuál de las siguientes opciones revela **MEJOR** la naturaleza cambiante de los ataques en un entorno en línea?
    A. Un señuelo de alta interacción
    B. Un punto de acceso no autorizado.
    C. Grupos de seguimiento de la industria
    D. Un escáner de vulnerabilidades

131. Suponiendo que el valor de los activos de información sea conocido, ¿cuál de las siguientes opciones le proporciona al gerente de seguridad de la información la base **MÁS** objetiva para determinar que el programa de seguridad de la información esté entregando valor?
    A. El número de controles
    B. El coste de alcanzar objetivos de control
    C. La efectividad de los controles
    D. Los resultados de pruebas de los controles

132. ¿Cuál de los siguientes puntos está relacionado **PRINCIPALMENTE** con el surgimiento del gobierno, el riesgo y el cumplimiento?
    A. La creciente necesidad de controles
    B. El proceso de desarrollo de políticas
    C. La integración de las actividades relacionadas con el aseguramiento
    D. Un modelo para el desarrollo del programa de seguridad de la información

133. ¿Cuál de los siguientes responsables tiene **MÁS** posibilidades de establecer los requisitos de seguridad de la información sobre una aplicación?
    A. Comité de dirección de TI
    B. El propietario de los datos
    C. Propietario del sistema
    D. Auditor de TI

134. ¿Cuál es el procedimiento de gestión de cambios **MÁS** apropiado para lidiar con cambios de programas de emergencia?
    A. La documentación formal no necesita completarse.
    B. La aprobación de la gerencia del negocio debe obtenerse antes del cambio.
    C. La documentación se completa con la aprobación poco después del cambio.
    D. Los cambios de emergencia eliminan algunos requisitos de documentación.

135. ¿Cuál de los siguientes garantiza **MEJOR** que las modificaciones hechas a las aplicaciones del negocio desarrolladas localmente no introduzcan nuevas exposiciones de seguridad?
   A. Prueba de estrés
   B. Gestión de los parches
   C. Gestión de cambios.
   D. Referencias de seguridad

136. ¿Cuál de los siguientes elementos es el **MÁS** importante que se debe considerar cuando se evalúan productos para controlar la seguridad en toda la empresa?
   A. Facilidad de instalación
   B. Documentación de producto
   C. Disponibilidad de asistencia
   D. Gastos generales del sistema

137. El factor **PRINCIPAL** que determina la interrupción máxima tolerable es:
   A. recursos disponibles.
   B. capacidades operativas.
   C. diversidad de redes de larga distancia.
   D. protección de la última milla.

138. Una empresa tiene una red de sucursales con servidores locales de archivo/impresión y correo; cada sucursal contrata individualmente un centro de emergencia alternativo completamente equipado. ¿Cuál de las siguientes sería la **MAYOR** debilidad en capacidad de recuperación?
   A. El uso exclusivo del centro de emergencia alternativo completamente equipado se limita a seis semanas.
   B. Es posible que el centro de emergencia alternativo completamente equipado se tenga que compartir con otros clientes.
   C. El tiempo de declaración determina la prioridad del acceso al sitio.
   D. El proveedor ofrece servicios a todas las principales compañías del área.

139. Una empresa determinó que, si su sistema de correo electrónico fallaba durante tres días, el coste para la misma sería ocho veces mayor que si pudiera recuperarse en un día. Esta determinación fue **MUY** probablemente resultado de:
   A. planificación de recuperación en caso de desastre.
   B. análisis del impacto en el negocio.
   C. análisis de proximidad del centro.
   D. prueba de interrupción completa.

140. ¿Por qué es importante desarrollar una referencia de seguridad de la información? La referencia de seguridad ayuda a definir:
   A. los recursos de información crítica que necesitan protección.
   B. una política de seguridad para toda la empresa.
   C. la seguridad mínima aceptable que se debe implementar.
   D. los controles de acceso físico y lógico necesarios.

141. ¿Cuál de las siguientes acciones debe ocurrir de inmediato después de que se notifique una violación de seguridad a un gerente de seguridad de información?
   A. Confirmar el incidente.
   B. Determinar el impacto.
   C. Notificar a las partes interesadas afectadas.
   D. Aislar el incidente.

142. ¿Cuál de las siguientes medidas de control aborda de forma **MÁS** efectiva la integridad?
   A. La ausencia de repudio
   B. Marcas de tiempo
   C. Escaneos biométricos
   D. Cifrado

143. ¿Cuál de las siguientes opciones es el vínculo **MÁS DÉBIL** en el proceso de registro del usuario autorizado?

A. La clave privada de la autoridad certificadora
B. La clave privada de la autoridad registradora
C. La clave privada de la parte de confianza
D. Una clave privada de comunicación protegida

144. ¿Cuál de las siguientes es la **MEJOR** métrica para evaluar la efectividad de la formación en la concienciación de la seguridad?

A. La cantidad de restablecimientos de contraseña.
B. La cantidad de incidentes notificados.
C. La cantidad de incidentes resueltos.
D. La cantidad de violaciones de las normas de acceso.

145. ¿De qué manera una solución de gestión de información de seguridad y eventos es **MÁS** probable que detecte la existencia de una amenaza persistente avanzada en su infraestructura?

A. A través del análisis del historial de tráfico de la red
B. A través de la inspección de estado de todos los paquetes del cortafuegos
C. A través de la identificación de ataques de día cero
D. A través de las evaluaciones de vulnerabilidades

146. La **MEJOR** razón para que una empresa implemente dos cortafuegos discretos conectados directamente a Internet y a la misma zona desmilitarizada sería:

A. proporcionar defensa en profundidad.
B. separar prueba y producción.
C. permitir equilibrar la carga del tráfico.
D. prevenir un ataque de denegación de servicio.

147. El objetivo **PRINCIPAL** de la respuesta a incidentes es:

A. investigar y notificar los resultados del incidente a la gerencia.
B. recoger pruebas.
C. minimizar las interrupciones del negocio.
D. ayudar a las autoridades en investigaciones.

148. Una institución bancaria en línea está preocupada de que una violación de la información personal de clientes tenga un impacto financiero significativo debido a la necesidad de notificar y de compensar a los clientes cuya información personal se pueda haber comprometido. La institución determina que el riesgo residual será siempre demasiado alto y decide:

A. mitigar el impacto comprando seguros.
B. implementar un cortafuegos a nivel de circuito para proteger la red.
C. incrementar la resiliencia de las medidas de seguridad implementadas.
D. implementar un sistema de detección de intrusos en tiempo real.

149. El **MEJOR** momento para determinar quién debería ser responsable de declarar un desastre es:

A. durante el establecimiento del plan.
B. después de que el personal de operaciones haya confirmado un incidente.
C. después de haber probado exhaustivamente el plan de gestión de incidentes.
D. después de haber aprobado los detalles sobre la implementación del plan.

150. ¿Cuál de los siguientes es un riesgo que **MÁS** probablemente se pasaría por alto en una revisión de la seguridad de la información durante una inspección in situ de proveedor deslocalizado?

A. Diferencias culturales
B. Habilidades técnicas
C. La defensa en profundidad
D. Políticas adecuadas

Manual de Preguntas, Respuestas y Explicaciones de Preparación para el Examen CISM® 10ª Edición

HOJA DE RESPUESTAS DEL EXAMEN DE MUESTRA

Pregunta n.º del examen	Clave	Pregunta n.º del examen	Clave	Pregunta n.º del examen	Clave	Pregunta n.º del examen	Clave
1		27		53		79	
2		28		54		80	
3		29		55		81	
4		30		56		82	
5		31		57		83	
6		32		58		84	
7		33		59		85	
8		34		60		86	
9		35		61		87	
10		36		62		88	
11		37		63		89	
12		38		64		90	
13		39		65		91	
14		40		66		92	
15		41		67		93	
16		42		68		94	
17		43		69		95	
18		44		70		96	
19		45		71		97	
20		46		72		98	
21		47		73		99	
22		48		74		100	
23		49		75		101	
24		50		76		102	
25		51		77		103	
26		52		78		104	

Pregunta n.° del examen	Clave
105	
106	
107	
108	
109	
110	
111	
112	
113	
114	
115	
116	
117	
118	
119	
120	
121	
122	
123	
124	
125	
126	
127	
128	
129	
130	
131	
132	

Pregunta n.° del examen	Clave
133	
134	
135	
136	
137	
138	
139	
140	
141	
142	
143	
144	
145	
146	
147	
148	
149	
150	

Manual de Preguntas, Respuestas y Explicaciones de Preparación para el Examen CISM® 10ª Edición

HOJA DE RESPUESTAS DEL EXAMEN DE MUESTRA

Pregunta n.º del examen	Clave	Pregunta n.º del examen	Clave	Pregunta n.º del examen	Clave	Pregunta n.º del examen	Clave
1		27		53		79	
2		28		54		80	
3		29		55		81	
4		30		56		82	
5		31		57		83	
6		32		58		84	
7		33		59		85	
8		34		60		86	
9		35		61		87	
10		36		62		88	
11		37		63		89	
12		38		64		90	
13		39		65		91	
14		40		66		92	
15		41		67		93	
16		42		68		94	
17		43		69		95	
18		44		70		96	
19		45		71		97	
20		46		72		98	
21		47		73		99	
22		48		74		100	
23		49		75		101	
24		50		76		102	
25		51		77		103	
26		52		78		104	

Pregunta n.º del examen	Clave
105	
106	
107	
108	
109	
110	
111	
112	
113	
114	
115	
116	
117	
118	
119	
120	
121	
122	
123	
124	
125	
126	
127	
128	
129	
130	
131	
132	

Pregunta n.º del examen	Clave
133	
134	
135	
136	
137	
138	
139	
140	
141	
142	
143	
144	
145	
146	
147	
148	
149	
150	

Manual de Preguntas, Respuestas y Explicaciones de Preparación para el Examen CISM® 10ª Edición

CLAVE DE RESPUESTAS DEL EXAMEN DE MUESTRA

Examen n.º	Clave	Referencia n.º	Examen n.º	Clave	Referencia n.º	Examen n.º	Clave	Referencia n.º	Examen n.º	Clave	Referencia n.º
1	A	1-146	26	B	3-108	51	C	1-145	76	A	2-84
2	C	1-126	27	B	3-177	52	B	3-86	77	B	3-58
3	B	4-43	28	C	2-26	53	C	4-50	78	C	4-3
4	C	4-27	29	B	4-9	54	D	3-121	79	D	4-28
5	A	3-175	30	B	4-72	55	A	4-25	80	D	2-131
6	A	4-4	31	D	3-176	56	D	3-147	81	D	2-115
7	C	3-138	32	B	3-165	57	C	4-26	82	B	4-75
8	D	3-106	33	B	1-11	58	D	4-91	83	B	4-12
9	C	3-6	34	B	2-47	59	A	1-40	84	D	3-10
10	B	3-56	35	A	3-94	60	A	3-109	85	B	4-62
11	A	1-144	36	A	4-45	61	B	4-18	86	B	4-74
12	C	2-125	37	D	4-46	62	C	1-13	87	A	2-160
13	A	3-34	38	B	1-36	63	D	1-12	88	C	3-85
14	C	1-39	39	C	3-162	64	B	1-113	89	C	3-137
15	C	3-119	40	A	2-75	65	A	2-94	90	D	2-114
16	B	4-1	41	A	4-90	66	D	2-161	91	B	3-122
17	C	2-76	42	A	1-112	67	C	3-136	92	C	2-85
18	B	3-89	43	A	3-70	68	B	4-70	93	C	1-38
19	C	1-128	44	A	1-160	69	D	3-135	94	A	4-64
20	A	4-20	45	C	2-159	70	A	2-25	95	B	2-56
21	B	3-120	46	D	3-88	71	D	4-92	96	B	2-24
22	A	4-49	47	A	2-55	72	C	4-16	97	C	3-8
23	D	2-93	48	D	3-107	73	A	1-143	98	D	4-77
24	C	4-63	49	A	2-74	74	D	1-127	99	C	4-42
25	D	1-115	50	B	3-93	75	A	2-155	100	B	4-11

Examen n.°	Clave	Referencia n.°
101	C	2-54
102	C	4-73
103	C	4-21
104	C	2-77
105	C	2-153
106	A	3-145
107	A	3-71
108	D	2-124
109	A	3-164
110	B	1-35
111	A	2-27
112	A	3-43
113	D	4-29
114	B	1-9
115	D	4-69
116	C	4-61
117	C	3-55
118	B	3-163
119	A	4-44
120	A	4-19
121	D	1-37
122	A	3-144
123	D	4-71
124	C	3-143
125	B	2-154
126	D	3-36
127	A	1-114
128	B	1-10

Examen n.°	Clave	Referencia n.°
129	C	3-123
130	C	2-123
131	B	3-57
132	C	1-161
133	B	1-162
134	C	3-146
135	C	3-37
136	D	3-35
137	A	4-76
138	D	4-2
139	B	4-17
140	C	3-53
141	A	4-41
142	A	3-87
143	B	3-54
144	B	3-9
145	A	4-10
146	C	3-7
147	C	4-89
148	A	2-46
149	A	4-88
150	A	2-48

*El primer número hace referencia al dominio donde se puede encontrar la pregunta. El segundo número es el número de pregunta dentro de dicho dominio.

Por ejemplo, el número de Referencia 1-1 haría referencia al Dominio 1, Pregunta 1.

Esta página se ha dejado en blanco deliberadamente

PGIL2024USA